記憶のなかのベルギー中世

歴史叙述にみる領邦アイデンティティの生成

青谷秀紀【著】

京都大学学術出版会

序

「歴史的動物 zoon historikon」としての人間。人は過去を想起することから逃れられず、また過去を自らの生に用立てることもやめられない。それが人間を外側から捕らえ、規定するものであれ、あるいは人間がそれを能動的に規定しようと試みるのであれ、人は常に歴史との対峙のうちに生を営み、世界を構築する。学術的定義の紹介は後に譲るとして、筆者なりにこの概念をパラフレーズすれば、以上のごとくになろう。しかし当然のように、その対峙のあり方そのものにも歴史性が宿る。たとえば、一五二六年に『ブラバント公年代記』を出版したネーデルラントの人文主義者アドリアヌス・バルランドゥスが、古典や同時代の歴史家に拠りながら、「身体が農業により維持されるごとくに、精神は事物の記憶により維持される」と述べ、知性の高みを要求し、生に美徳をもたらすものと歴史を定義するとき[1]、そこには、まさにルネサンス期の人文主義者的な歴史との向き合い方が見いだされる。

人間の精神と知性を信頼し、生と美徳の価値を疑わぬ者が高らかにうたいあげる歴史の有用性に関する主張は、われわれ現代に生きる者の耳にも、ある種の馴染みやすい響きを伴っている。もっとも、われわれにも近しいからといって、本書は現代を遡って直接このバルランドゥスやその周辺の年代記および歴史思想にアプローチするわけではない。そうではなく、バルランドゥスが活躍した一六世紀前半を一応の終着点として、さらにその向こう側に広がる中世ネーデルラントの豊穣なる歴史叙述の世界を取りだし、近代の遺産を継承しつつ生きる「歴史的動物」、つまりわれわれ自身にこの異他なるものとの対話を迫ることが、本書の第一の課題となる。具体的な作業としては、一〇世紀以来のネーデルラントにおける歴史編纂の場の移行やそれに伴う世界観の変化を明らかにし、中世の歴史叙述が示す多様性と動態性を見逃すことなく描ききることが目標とされよう。そして、このように「歴史叙述の歴史」における中世という時代の展開を追うことで、じつは意外にも、バルランドゥスのような歴史家たちの生きた世界が、われわれにも親しみやすい伸びやかな知の時代たるルネサンスというイメージを裏切るような条件を備えていた、という事実も明らかになってゆくだろう。

さて、以下の本論には登場することのないバルランドゥスにもう少しだけこだわっておくならば、彼の人文主義者的な装いの下に、伝統主義者の顔が隠されている点も指摘しておかねばなるまい。彼が上記の引用文につづいて記すのは、ブラバント地方で一三世紀に成立して以来の伝統を誇る、君主の系譜年代記なのである。この点で、彼は中世の年代記作者の系譜を継ぐ者であり、何らの革新を起こしたわけでもなかった。そして、バルランドゥスにより中世から継承された伝統は、近代のとば口にまでつづくものでもあった。本書は、こうした伝統の形成と、向こう見ずにも近代におけるその断絶・変容の過程を追う作業にも従事することになるだろう。

結局のところ、本書の目的は、歴史叙述における中世という時代を明らかにすることであり、中世が築いたものの提示を通じて近世、とりわけ近代を浮かび上がらせることである。そうした課題を、近代国民国家成立の過程でことさらに「中世」に頼ることの多かったベルギーという地域において検証することとなる。この地域的枠組みの点についても、若干の説明を施しておこう。

ベルギーとは、本書の以下で説明されているように、一八三〇年にようやく誕生した国家である。中世後期以来、古代の一部族の名に倣って「ベルガエ Belgae」の表記やこれに類するものがこの地域の事象に適用されたことは、なくはない。しかし中世から近世にかけて、あくまでも政治や民族の単位としてはフランドルやブラバントといった領邦が基本的な枠組みを提供していた。これらが統合され近代ベルギー国家が誕生するわけだが、その国家においては北部のフラマン語（オランダ語）地域と南部のワロン語（フランス語）地域の新たな区分が形成され、これが近現代ベルギー史を大きく規定してゆくこととなる。ブラバント地方の中心都市アントウェルペン近郊を舞台にした物語が、なぜ『フランダースの犬』と題されるのか。パトラッシュはどうして「ブラバントの犬」ではなく、「フランダースの犬」なのか。答えは、近代ベルギーで発達したフラマン語の言語ナショナリズムが、それ以前に強固な政治的・民族的伝統を誇ったフランドルやブラバントといった領邦国家の枠組みを消し去り、フラマン語地域がすべてフランドル＝フランダースの名のもとにイメージされるようになったからである。こうした経緯を受けて近代以降の歴史叙述も、もはやそれ以前の領邦史の伝統を忘れ去ってしまうことだろう。近代に創られた常識と伝統を逆照射するために、中世の姿を明らかにすること。じつは中世をよりよく理解するためにも、われわれの認識を大きく規定している近代を検証する、このような作業が必要なのである。歴史叙述の中世と近代、そして現代を行き来するうちに、ベルギー中世、さらには欲張りなことに近現代ベルギーの歴史意識や「歴史的動物」たるわれわれ自身の特質をも浮かび上がらせてみたいというのが本書の最終的な目標である。

なお、本書は多様な読み方の可能性に開かれているつもりである。もちろん筆者としては、はじめから順次読み通すことが最良であると信じているが、第一部の歴史認識の問題や中世歴史叙述研究の動向についてやや難解に思われる向きには、これらを途中あるいは最後に読んでいただいても構わない。いち早く中世の歴史叙述をめぐる議論にたどり着きたい方には、やはり同じく第一部の近代ベルギー史学を扱った部分の確認を最後にまわしていただいても結構である。各自なりの読み方で、ベルギー中世の歴史叙述がもつきわめて興味深い特質に触れ、「歴史的動物」としての自らの姿を省みる契機としていただきたい。

15世紀，ブルゴーニュ公支配下のネーデルラント（出典：*Splendour of the Burgundian Court. Charles the Bold (1433–1477)* [Antwerpeni: Mercatorfonds, 2009] 収録の地図をもとに作成）

序　i

目次

第一部　中世歴史叙述研究とベルギー史学の現在

第一章　歴史叙述研究の動向と問題の所在　3

はじめに　3

一．歴史叙述と歴史認識　5

二．理念史から記憶の歴史学へ　7

三．修道院歴史叙述から領邦史へ　15

四．本書の課題　22

おわりに　28

第二章　ベルギー史学と文化史研究　31

はじめに　31

一．一九世紀ベルギー史学と中世の歴史叙述　32

二．ピレンニスム・ナショナリズム・社会経済史　34

三．フラマン・ナショナリズムと学術動向　39

おわりに　46

小　括　48

第二部　中世初期～盛期フランドルにおける歴史叙述の展開

第一章　一〇世紀フランドルの歴史叙述とその霊的機能　53
はじめに　53
一．一〇世紀のフランドルと歴史叙述　60
二．証書利用とその傾向　61
(一) 証書と支配家系　61
(二) 聖人伝としての『事績録』　64
(三) カロリング家の肖像　66
(四) 墓所としての修道院　70
三．聖遺物と修道院の霊的権威　75
おわりに　79
第二章　シャルル・ル・ボンの暗殺と一二世紀フランドルの歴史叙述　83
はじめに　83
一．暗殺の事件史　87
二．〝殉教する君主〟シャルル像の政治社会的機能　89
三．〝殉教〟と「正義」の支配　97

四．シャルルの政治的実践と「公共の福利」観念　105
五．〝殉教〟と思想史的転換　110
おわりに　113
小　括　117

第三部　中世盛期ブラバントにおける歴史叙述の伝統

第一章　一二世紀ブラバントの修道院建立譚と典礼的世界観　121
はじめに　121
一．アフリヘム修道院と歴史叙述　122
二．修道院の記憶と歴史叙述　126
（一）『編年誌』第一部　126
（二）『年代記』第一部　127
（三）『編年誌』第二部　131
（四）『年代記』第二部　133
（五）『年代記』第三部　137
三．アフリヘムの典礼世界と歴史叙述　140
おわりに　143

第二章　一三世紀ブラバントの系譜的歴史叙述と民族意識　147
はじめに　147
一．ブラバント歴史叙述の誕生　152
（一）『家系譜』の出現と事件史　152
（二）『家系譜』の構成と意味　156
二．ブラバントにおける歴史叙述・出自神話・民族意識　162
（一）共同体としてのブラバント　162
（二）ブラバントにおける出自神話の発展　166
（三）『ブラバント公列伝』と民族的歴史叙述の完成　172
おわりに　175
小　括　181
第四部　中世後期南ネーデルラントの歴史叙述と歴史文化
第一章　君主の記憶と都市の記憶
──フランドルの都市建立伝説とアイデンティティをめぐる闘争　185
はじめに　185
一．中世後期フランドルの歴史叙述　186
二．フランドル伯と出自神話　188

三．都市の建立伝説　190
四．建立伝説の読み替えと記憶のアプロプリアシオン＝横領　200
（一）シント・バーフの歴史叙述と君主の表象　200
（二）都市建立者から征服者へ　203
おわりに　208
第二章　歴史叙述における「中世」の終焉
——一六世紀前半ブルッヘの歴史文化をめぐって　211
はじめに　211
一．一五一五年の周辺で——修辞家と歴史文化　213
二．一五三一年のあと——出版・検閲と〝窮屈な知〟の創出　222
おわりに　229
小　括　231
結　論　233
あとがき　243
参考文献　270
註　326
索　引　334

第一部　中世歴史叙述研究とベルギー史学の現在

中世の歴史叙述に現代の歴史家たちが熱い視線を注ぎ始めたのは、さほど昔のことではない。しかしそれでも、ここしばらくの間に数多くの重要な成果が提示されてきているし、すでに幾たびかの研究潮流の変化も生じている。第一部では、中世ヨーロッパ研究のなかで歴史叙述が占める位置や、そこに映しだされた歴史研究の手法の変遷を浮かび上がらせることが第一の目的となる。理念史から記憶の歴史学への問題関心の移行といった、大きくは観念や心的世界を対象とする歴史学全般に確認されるこうした傾向が、歴史叙述の分野にいかに反映されているか。まずは、この点が概観される。そのうえで、より限定された中世ベルギー地域の領邦史叙述に関する研究動向も概観され、本書の議論の基本的な枠組みが提示されることになる。しかし、これに引きつづき、ベルギーにおける文化史研究の立ち遅れも確認されることになるだろう。H・ピレンヌという巨人の長い影に規定される形で社会経済史研究を中心に発展してきた近現代ベルギー史学では、文化史研究が相応の地位を与えられてきたとはいいがたい。さらに、そこでは歴史叙述の研究がきわめて乏しい関心の対象にしかなりえなかったことはいうまでもない。こうしたベルギー史学特有の構造を露見させた上で、ベルギー地域に埋蔵されている中世の歴史作品の豊かな鉱脈を掘り起こす作業がいかに有益なものであるか、それを示すための準備がここで整えられる。

第一章　歴史叙述研究の動向と問題の所在

はじめに

そもそも、中世ヨーロッパの歴史叙述や歴史意識を研究することにどのような意味があるのか。具体的な中世の歴史叙述の研究やベルギー史研究の動向を振り返る前に、本書の問題意識と基本的なスタンスを明確にするため、ひじょうに大雑把なこの問いから出発してみよう。

まず、こうした問いと共に周囲を眺めてみるとき、われわれも直接多くを負っている近代歴史学が批判し、乗り越えようとしたものを探ろうとする史学史的探求がしばしば見いだされる。この場合、近代の歴史思想は、結局のところキリスト教的な歴史観を批判しつつもその根底にある直線的な歴史の進展という図式を引き継いだのだとされ、中世の歴史叙述と歴史家たちへと遡って議論が展開されることがある。あるいは、これに対して中世のキリスト教的な救済史観と近代の歴史観の相違を浮き彫りにし、これらの間にいかなる共通点をも認めず、断絶を唱える立場もある。このとき、中世の歴史思想は単なる過去の遺物か文化遺産となる。

じつのところ、こうした連続か断絶かという問いは、さまざまに形を変えつつも、歴史叙述に限定されない中世研究全般につきまとうものであろう。連続性を重視するものとしては、近代の起源を中世に求めるというかつての立場があるが、これは現在ではもはや、いささかナイーヴにすぎる見方に立脚したものであるように思われる。また、それを乗り越える形で登場したものに、われわれとは異なる社会として中世を捉えようとする立場がある。筆者は、こうした異なる社会・文化としての側面を追求する立場の有効性を否定するわけではない。しかし、その一部は過剰に異なる要素のみを過去に追い求め、現代的関心からは完全に遊離してしまっているようにも見受けられるし、起源探しほどの説得力をもちえていないようにも思われる。もちろん、歴史研究は単なる起源探しに終わってはならない。しかしそれと同時に、徹頭徹尾われわれと異なる文化の姿を追い求めることだけに終始してもならないだろう。好事家的な探求、あるいは冷たくわれわれの姿を映しだすだけの鏡を創りだす作業は虚しい。ここで再び中世の歴史叙述に話を戻せば、中世の歴史家や年代記に、われわれにまで連綿とつづく合理性や近代性の萌芽のみを追い求めることは無意味だし、荒唐無稽な夢物語やこれを語る幻視者の姿のみを見いだすのも誤りだということである。

こうしたとき、やはり歴史研究のもつ対話的な側面を強調せねばならない。歴史研究が、問いを通じて、過去の史料とともに繰り広げられる不断の対話のプロセスであり、こうした対象との対話と相互作用の過程を経て一つの歴史像を構築する作業であるならば、歴史叙述研究もこの例外ではないだろう。この場合史料のみならず、叙述者自身も対話相手となる。われわれが対話をなすには異質な相手であってこそはじめて互いの認識を深め、相互に作用を及ぼしあうことができるが、その際にも対話の議題だけは共有していなければならない。そうであるならば、歴史認識や歴史意識のあり方に想いをめぐらす現代の歴史研究者が対話を呼びかけるとき、近代という壁を一枚隔てて向きあう中世ヨーロッパの歴史家たちの他に相応しい相手が存在するだろうか。本書は、基本的に以上のような対話としての歴史叙述研究という問題関心から出発している。

一・歴史叙述と歴史認識

ごく簡単にではあるが、以上に本書の基本的なスタンスを提示した。しかし本書のテーマが、こと歴史認識にも大きくかかわる問題である限り、素朴に対話のプロセスを強調するだけでは不十分であろう。二〇世紀後半以降の言語論的転回や歴史の物語り論の登場を受けて、今や実証主義的な陣営に属する歴史家にさえも歴史認識に関するなにがしかの態度表明が求められている時代である。過去の歴史叙述を専門とする歴史家には、なおさらのこと自らの歴史研究の指針を示すことが要求されよう。

過去の客観的な実在に懐疑を唱え、歴史叙述は主体によって恣意的に物語られた出来事の連鎖であるとして歴史のフィクション性を主張する物語り論が、歴史家に対しても大きな課題を突きつけてすでに久しい。この歴史の物語り論については、フランスの構造主義やA・ダントーの著述に代表される英米圏の分析哲学など複数の起源が指摘されているが、歴史学に対してもっとも挑戦的な試みとして受け取られたのがH・ホワイトの研究であることに疑いはないだろう。周知のようにホワイトは、一九世紀の歴史叙述をロマンス・悲劇・喜劇・風刺といったプロットに沿って構成されたものとして捉え、ランケを始めとする実証的歴史学を形成したとされる歴史家たちの、「客観的」ではなく「主観的」な歴史の構築性を提示した。文学と歴史の本質的な差異を解消してしまった感のあるホワイトの主張は、われわれの主体とは独立的で、客観的な過去の実在を信じて疑わない実証主義的な歴史家たちに大きな反発をもって迎えられた。しかし、同じ歴史学の範疇においても、かつては文学研究の範囲で取り扱われていた歴史叙述の問題に取り組む研究者のなかには、このホワイトによる懐疑論のインパクトを肯定的に受け止める者もいた。とりわけ、中世の歴史叙述という点では、W・ゴッファートが与えたインパクトは大きい。ゴッファートは、ヨルダネスをはじめとする中世初期の部族史を記した歴史家たちを「語り手 Narrators」と称し、明らかにホワイト的な方法を駆使してこれらの歴史家の作品の物語的性格、文学性を指摘したのである。[1] 彼はポストモダン的な批評理論を中世研究にもち込むことで大きな反響を得たのだが、P・ギアリの整理が示すように、[2] 賛同するにせよ批判するにせよ、一時期、中世初期の歴史叙述研究はほとんどこの研究の周辺で展開されている感すらあった。ゴッファートに触発されたかのように、ホワイトの議論をほとんど無批判に引用している研究もあれば、徹底してゴッファートに反発し素朴な実証主義・現実主義的議論に終始しているものも多かった。さすがに現在では、状況は幾分落ち着いたようにも感じられるが、かといってこの対立が根本的に正面から解決されたようにも見えない。そこでひとまず、筆者なりに事態を受け止め、より生産的な見方を提示しておく必要があるように思われる。その際、あらかじめ確認しておくべきは、少なくとも中世盛期以降の歴史叙述を中心に研究する筆者にとっても、本書全体で示されるように歴史叙述の物語性を否定することは難しいということである。しかしだからといって、歴史の構築的性質を唱えることが、中世人の歴史叙述も結局はひたすら恣意的に構成されたものであり、そこに現実はありえないとする懐疑論的立場にそのまま通じているのだろうか。この点で、われわれがいかなる道を選択するかを判断するとき、C・ギンズブルグの議論が手がかりとなる。史料を逆なでに読むことを提唱するギンズブルグに倣って、歴史叙述をその叙述者の意図に逆らう形で読み込み、叙述から隠蔽されてしまったもの、排除されてしまったものの痕跡を叙述自体やコンテクストから見いだし、突きつけること。これによって、歴史叙述は客観的現実を写すものでもなく、外部とのかかわりをもたないそれのみで自足したテクストでもないことを知ることができる。[3] 中世の歴史家たちは、自らの関心、現在的要求に従って記憶を選択し、出来事を恣意的に切り取り選びだしたが、同時にその出来事により叙述に何らかの痕を遺さざるをえないように作用を及ぼされながら、あるいは排除した異質なものによりテクストに作用を及ぼされながら歴史を記したのである。作品の構造的歪みや内部の矛盾、綻び、そしてコンテクストに見いだされる作品の内外にさまざまな形で影響を及ぼす競合的な事象の存在を通じて、彼らが現実との対話の内に作品を構成していたことが明らかになるだろう。ギンズブルグは、史料を〝歪んだガラス〟に喩えている。本書でいえば、ガラスの歪みを通じて映しだされる現実よりも、歪んだガラスを創りだした職人たちの技巧や歪める目的、あるいは透明なガラスを創りだそうとした職人たちに知らず知らずのうちに歪みを生みだすように作用した条件、これらが分析の対象となるのである。そして、こうした自覚的・非自覚的な歪みの度合いや、これをもたらした条件の検証については、次節にて紹介する記憶の歴史学が、ここしばらくの間その手法を洗練させてきた。歴史叙述の中世と記憶の歴史学の接点を見いだすべく、次にようやく中世歴史叙述研究の動向を概観してみよう。

二 理念史から記憶の歴史学へ

年代記をはじめとする中世の歴史叙述は、近代歴史学の形成期以来、第一に客観的現実を知るための情報源と看做されてきたので、そのスタイルや叙述内容自体が批判的な研究の対象となったのは二〇世紀に入ってからのことである。かつては、歴史叙述は第一に客観的現実を伝える史料であり、それが中世の事実をどれだけ忠実に伝えているかが、その史料の評価に直結していたのである。叙述が現実を伝えているのか、あるいは虚偽の報告をなしているのか。近代歴史学のメルクマールとなる厳密な史料批判も、もっぱらこの点をめぐってのみ歴史叙述に細やかな分析を施していたにすぎない。しかし、二〇世紀前半ドイツのJ・シュペールルの研究以来、歴史叙述が〝事実〟を伝える際にもつイデオロギー性が明らかにされるようになった。(4) シュペールルと彼に影響を受けたドイツの研究者たち、とりわけH・ボイマンらが取り組んだのは、主に中世の歴史叙述に現れる政治理念の解明だった。(5) 他方、フランスでは一九世紀末から二〇世紀初頭にかけてG・モノによる先駆的研究は見られたものの、二〇世紀前半の間、中世の歴史家とその作品は不当に低い評価しか与えられてこなかった。その後、アナールの歴史家やE・ジルソンといった哲学史家による再評価によって、中世の歴史叙述に関する研究はようやくさまざまな観点から進められることになる。二〇世紀中葉以降のドイツおよびフランスで盛んになった歴史叙

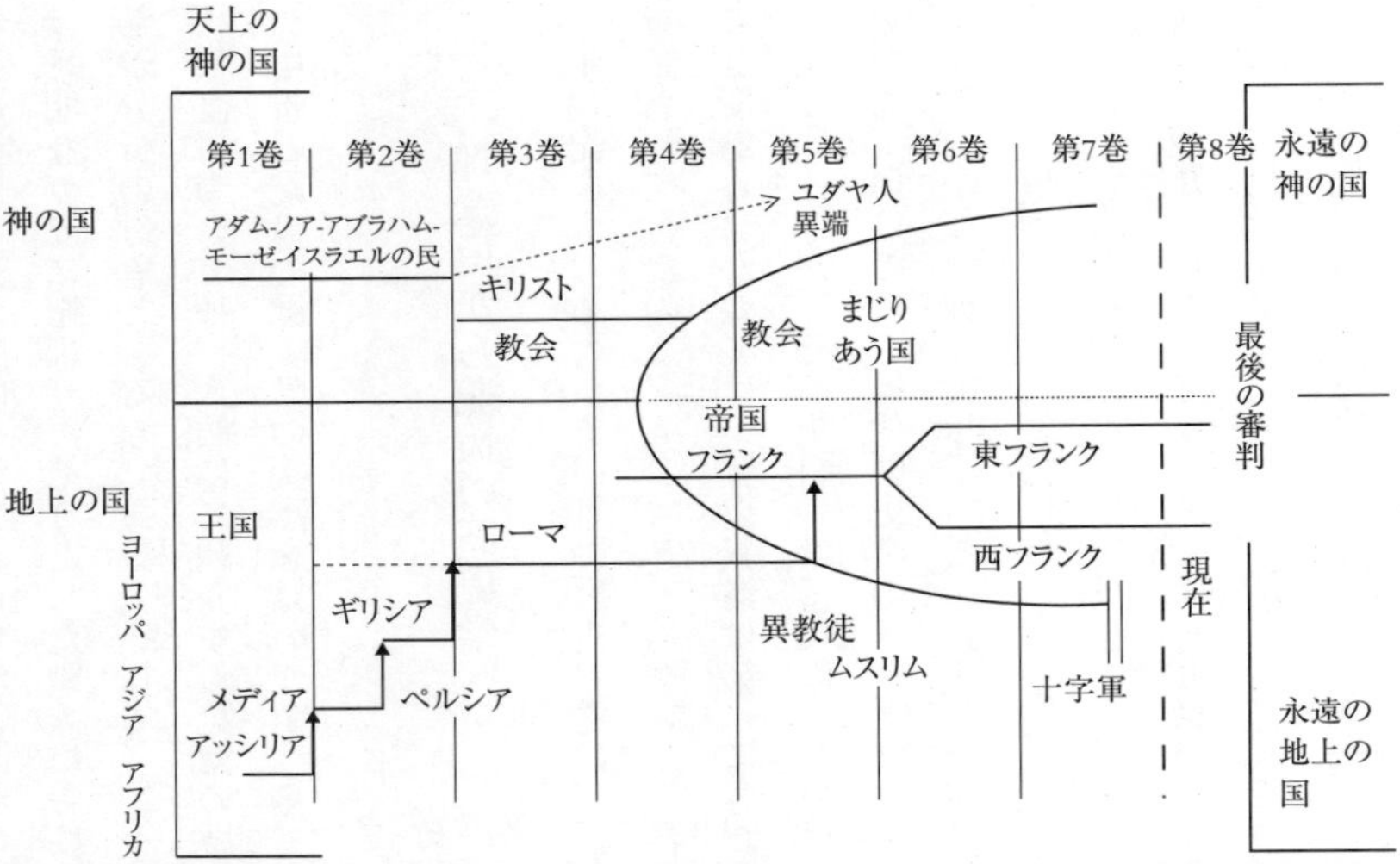

図１　中世年代記を代表するフライジングのオットー『二つの国の歴史』（12 世紀）の壮大な歴史神学を図式化したもの。中世の救済史的理念を明瞭に表した作品として、頻繁に取り上げられた。ただし、オットーの作品は今なお多くの歴史家の関心を惹きつけている（H.-W. Goetz, *Geschichtsschreibung und Geschichtsbewußtsein im hohen Mittelalter* [Berlin: Akademie Verlag, 1999]）。

述研究が、中世の歴史作品に見いだそうとしたのは以下のようなテーマである。歴史神学、救済史、中世人の時間経験、時代区分、古代意識と現代意識、終末論……。これらのテーマは際限なく付けくわえることができよう(6)。しかしいずれのテーマにせよ、叙述の客観性と結びついた現実世界でなく、そこに反映された思想世界や観念を対象としていることに相違はない（図1）。

O・プレッソウの整理によれば、こうした歴史叙述を素材とした「理念史 Ideengeschichte」研究と連続する形で、「機能主義 Funktionalismus」の新たな潮流が登場するのは一九八〇年代である。F・グラウスが、歴史叙述の政治的機能や、これが機能する場の研究を提唱し、以後こうした問題関心のもと歴史叙述の研究が推し進められることになるのである。プレッソウは、この間、ドイツの歴史家たちにもフランスの心性史研究や記憶の歴史学の影響が及んでいたとごく簡単に指摘しているが、筆者の見るところ、この点はより立ち入った紹介に値するものである。そして、プレッソウの「理念史から機能主義へ」という整理も、「理念史から、心性史、そして記憶の歴史学へ」という図式に整理され直すべきであると筆者には思われる。[7]

そうしたとき、B・グネをはじめとするフランスの歴史家たちが果たした役割は大きい。とりわけグネの本格的な総合研究は、この分野の記念碑的な著作として特筆に価する。グネは、歴史叙述に現れる理念や思想のみならず叙述行為そのものに多大な関心を向ける。さらに、叙述を構成し、またそれが生みだす歴史イメージや、これに規定された中世人の思考・行動形態にまで考察を広げ、中世初期から中世後期までの歴史叙述と叙述者を取り巻く文化を膨大な学識のもとに描きだしたのである。[8] そのアプローチは、グラウスの提唱とともに、歴史叙述を、その生成や機能の場から構造的に捉えるよう促し、必ずしも高尚な理念を反映しているとは限らない平均的な著作群にも関心を向ける契機を与えたといえるかもしれない。

このグネの著作以後、さまざまなテーマを扱った論集の存在は別として、[9] 本格的な総合研究として取り上げられるべきなのは一九九九年のH－W・ゲッツの著作であろう。グネの著作よりも限定的に、一一世紀後半から一三世紀前半といった中世盛期のヨーロッパを扱ったこの作品は、この時期の歴史叙述と歴史意識のあり方を詳細かつ包括的に検討している。[10] ゲッツの研究は、そのタイトルにもある通り、歴史叙述と歴史意識の関係を探るものである。グネ同様に広範な地域・類型の作品を取り上げるゲッツの議論だが、最大のポイントは、これまで曖昧に用いられてきた「歴史意識」を明確に定義した上で中世盛期の歴史叙述と歴史意識の関係を明らかにしている点である。その決定的な特徴としては、これまた従来曖昧に用いられてきた「歴史像」が歴史事象の解釈を含む合理的な側面を有しているのに対し、「歴史意識」は非科学的あるいは前科学的な心的傾向を有し思想や行動を方向づけるものであり、歴史に対する内的な立場、考え方であるとする点が挙げられる。[11] おおよそこうした定義のもと、一一世紀後半以来の政治的・社会的、そして学問的な大変革が歴史意識の変化に与えた影響にも目配りしつつ、ゲッツは諸作品の分析に向かい、中世盛期の歴史叙述に表された救済史的構図に基盤を置く歴史意識の諸相を明らかにする。こうして彼は、これまで総合的に概観が試みられることのなかった、なぜ、何を目的として、どのように中世人は歴史を記したのかという大きな問題に答えようと試みたのである。歴史意識の概念が心的傾向と結びつけられている点、歴史意識の問題がしばしば心性史的な用語と論調により提示されている点、そして歴史意識が広く文化と関連づけられている点などは、かつての理念史研究から心性史的なアプローチの影響を受けた研究への推移を表しているように思われる。

しかし、上記のゲッツの定義の根幹には、それを規定しているより根本的な見解が存在する。それは、歴史を過去の「記憶 Erinnerung」と看做す考え方である。人間は zoon historicon、すなわち「歴史的動物」であり、記憶する力を有する人間から歴史は取り上げられない。歴史的記憶は集合的記憶あるいは文化的記憶の一部であり、社会的記憶である。歴史意識は記憶に値するものを現在的関心や目的に沿って取捨選択し、それらを整序する。こうして歴史を記憶に値する過去の選択および集積と看做し、歴史の構築性をそこに見るのがゲッツ自身の歴史観ともいうべき見解である。たとえば、中世盛期においてはグレゴリウス改革によって特定の立場に立った者が、その党派性によって記憶に値する過去を選び叙述を行い、その党派のイデオロギー性に染まった歴史像を形成する。この一定の関心に沿った過去の選択によって「歴史像」は特定のグループ・組織と関連したものとなるし、この一連の流れを駆動しているのが歴史意識なのである(12)。

このように、歴史意識と記憶の関係を説くゲッツの見解を目にするとき、ゲッツ自身もしばしば参照するアメリカの中世史家P・ギアリの記憶と忘却をめぐる研究に言及せずには済まされない。一九九四年に発表されたギアリの著作は、歴史叙述に限定されたものではなく、中世社会において、何が記憶され伝えられるべきで、何が忘れ去られるべきか、過去をいかに記憶し、利用し、そして時にはいかに変形させるかといった中世人の一般的なレヴェルでの実践の様態を扱うものである。本論に関係する限りで重要なのは、集合的記憶の研究で知られる二〇世紀フランスの社会学者M・アルブヴァクス、およびその見解を引き継いだ記憶の歴史学の提唱者P・ノラと、ギアリの相違である。アルブヴァクス以降の見解では、個人的記憶と集合的記憶の間のみならず、集合的記憶と歴史の間にもはっきりとした区分が設けられている。集合的記憶は自然かつ目的をもたないものであるが、歴史は政治的かつ操作的なプロセスにより生みだされるものである。また前者は過去と現在の間の絆を創りだし、オーラルなものであるのに対し、後者はそれに断絶をもたらすし、書かれたものでもある。歴史は集合的記憶が果てるところに始まるのである。しかし、こうした明確な区分は、中世における歴史と記憶の役割を考える場合有害である。この区分は、とくに中世社会において歴史家が彼を取り巻く周囲のオーラルな集合的記憶の世界と取り結ぶ相互関係、簡単にいえば歴史家の政治的・社会的コンテクストを見逃しているのである。修道院では口承の担い手たる長老から、都市では執筆を依頼する当局から、歴史家が強い影響をこうむる姿を想像してみるとよい。書斎で孤独に客観的な著述を完成させる歴史家という像は、近代人であるわれわれの幻想にすぎない（図２）。歴史家が著述する際に、あるいは著述後に集合的記憶から促される修正・変化、その著述された歴史が集合的記憶に同化されることでこれに与える歴史の影響といった点から、歴史との流動的な関係にある集合的記憶も歴史と同様に政治的なものであり、歴史に劣らず選択や削除という戦略を通じてオーケストレートされたものなのである。「個人的」

図２　年代記を執筆中の都市の歴史家（15世紀）（出典：R. Schmid, *Geschichte im Dienst der Stadt. Amtliche Historie und Politik im Spätmittelalter* [Zürich: Chronos, 2009]）。

であれ、「集合的」であれ、そして「歴史的」であれ、あらゆる記憶は何かのための記憶であり、政治性を帯びたものとなろう。(13)

記憶の政治性、言い換えれば現在的関心により編成される過去の構築的な性質を論じたこのギアリの見解が、上記のゲッツの見解といかに通じているかは明らかだろう。この過去の構築的な性質、現在的に志向された歴史像といったイメージは、まさにゲッツの議論の基軸となっている。ギアリの議論は集合的記憶と歴史的記憶の間の境界を従来よりも流動的なものとして設定しており、これにより歴史叙述の研究にも記憶を一つの中心的な分析視角として導入することが可能である。しかし、当然ながらギアリの記憶研究は歴史叙述に限定されるものではない。その射程には証書集から図像、儀礼に至る多様な史料・分析対象が収められており、むしろ、これまで歴史意識や歴史像の研究で中心的な位置を占めてきた歴史叙述は、ここでは記憶の研究を構成する数多の分析視角、分析対象史料のうちの、単なる一つの構成要素に成り下がる。(14)過去像や歴史意識は、中世の多種多様な史料に遍在する。これは、神の意志と神による救済史プランが歴史に遍在すると考えた中世人の思考様式を鑑みるならばなおさらに当然のことであり、それらは中世社会の至る所に見いだせるし、また中世人は至る所にその痕跡を遺したのである。他ならぬゲッツ自身、史料としての歴史叙述が歴史意識研究においてもつこの限界を認識していたはずである。なぜなら、彼自らが非歴史叙述史料における中世盛期の歴史意識をテーマにした論集を編纂しているのだから。(15)

以上に紹介したゲッツとギアリの研究は、一九九〇年代以降の研究潮流を最も明確に反映し、またその流れを決定づけた研究と見てよいだろう。事実、この両者の書物に見られる「過去の利用」、「過去の構成」といった表現あるいはそれに類するものをタイトルに課した論考は二〇〇〇年代に入っても枚挙に暇がない。若干の例を挙げるならば、二〇〇〇年の中世初期史研究者たちによる論集は、タイトルそのものが『中世初期における過去の利用』と題されている。ここでも、法書や歴史叙述、聖書註釈等において、旧約聖書の諸イメージ、トロイア人や過去の聖人たちの表象がいかに中世初期の社会における王家や貴族のプロパガンダ、そしてアイデンティティの形成に用いられたのかがテーマとなっている。これらを生かす形でいかに現在に適合的な過去が選ばれたのか、またいかに不適合な記憶が抹消される形で過去像が形成されたのかを、著者たちは多様な側面から論じているのである。[16] また、その後ギアリも編者の一人として、そしてゲッツも執筆者の一人として参加する形で『過去の中世的概念 ――儀礼・記憶・歴史叙述――』なる論集が編まれてもいる。この論集は、各論考においてより広いテーマと史料を扱っているが、議論の根本的な流れとしては上記の論集と大きく異なるところはない。[17] ゲッツの書物は依然心性史的な用語や概念規定により占められている部分も多いが、同時に記憶の問題系もそこには流れ込んでいた。それ以降の研究がますますこの記憶と歴史の関係を問題にし始めていることは以上に明らかである。

では、このような動向を受けて本書ではいかなる立場をとるのか。筆者自身、以上で概観したように、歴史叙述研究が歴史意識や記憶の研究ではもはや特権的な位置にはないことを認めざるをえない。しかし同時に、なおも特定の時代の歴史意識が最も明瞭になるのは歴史叙述においてであることも確かであると考えている。多様な史料に過去の表象を読み取る研究が盛んとなる一方、一九九六年の中世年代記学会設立や同会の雑誌刊行（一九九九年以降）など、歴史叙述に対する関心もますます高まりつつある事実は筆者の見解を裏付けている。[18] むしろ、非歴史叙述史料をも対象とする歴史意識・記憶の研究が洗練させてきた手法を取り込むことで、歴史叙述の研究にも新たな成果が付けくわえられるのではないか。たとえば、一五世紀後半にスイスの都市ベルンで有力家系に属する者の依頼により『シュピーツ年代記』が記されたとき、ベルン市民を熊に見立てた挿絵が挿入された（図3）。この挿絵の意味するところを、一二世紀に領主が熊狩りの際に都市を建設したという伝説、そしてこれにちなんで、当時、広場で熊が飼育されていたという事実と併せて考えるならば、年代記テクストの受容のあり方にも新たな知見がもたらされるだろう。こうした事例は、記憶の歴史学の手法を視野に入れた新たな年代記研究のアプローチの必要性を示しているようにも思われる(19)。もとより、本書で検討する諸史料はこれまで疑いなく歴史叙述と看做され用いられてきたものではあるが、現実には聖人伝、系譜や証書など周辺史料と重なる形態・要素を含んだものも多い。図像やモニュメント、伝説なども含めた多様な史料のなかに歴史叙述を位置づけようとするそうしたアプローチは、ここでも大きな成果をもたらすだろう。具体的には、さまざまな史料との関連のうちに、歴史叙述に現れる過去像・歴史像が、いかに選択的な記憶の編纂作業によって構成されていくのか、そしていかなる世界観・歴史意識がこれらを規定し、中世人のアイデンティティを形作っていたのかを明らかにすることが目指される。

こうした作業に促される形で、中世初期と盛期、そして後期の歴史意識は明瞭にその相違を浮き彫りにしてゆくだろう。

図３　ディーボルト・シリンクによる『シュピーツ年代記』の一葉で、ベルン市民が都市の自由をめぐる戦いに出立する際の様子を描いたもの。都市民が熊として描かれている。伝承によれば、1190–91年、ツェーリンゲンのベルトルト５世が熊狩りに出かけた際、アーレ川の湾曲部に好都合な場所を発見して新都市ベルンを建設し、特権を与えたという（出典：*Berner-deine Geschichte. Landschaft und Stadt Bern von der Urzeit bis zur Gegenwart (Illustrierte Berner Enzyklopädie)*[Bern, 1981]）。

三 修道院歴史叙述から領邦史へ

以上の議論は、中世の歴史叙述と歴史意識研究の全般的潮流を整理し、その意義と限界を提示した上で、本書の前提となる立場を明らかにしたものである。しかし、本研究はあくまでも南ネーデルラントの領邦国家という特定の空間に出現した歴史叙述を分析の対象とするものである。したがって、こうした全般的研究動向に規定される形で展開された個別研究のなかから本書に関連するものを整理することで、より厳密なフィールドを設定することが要求されるだろう。

本書は、フランドルとブラバントという中世のベルギー地域、すなわち南ネーデルラントを代表する二つの領邦国家における歴史叙述の出現とその後の展開を扱うわけだが、ベルギー史学界において中世南ネーデルラント諸領邦の歴史叙述を包括的に論じた研究はこれまでほとんどなかった。たしかに、S・ファンデルプッテンによる八世紀から一五世紀までの修道院歴史叙述を論じた著作や、A・ケルダースによるフランドル年代記の、そしてR・ステインによるブラバント年代記の分析など、本書の随所で参照されるであろうすぐれた考察が近年発表されてはいる。しかし、基本的にそれらの考察は修道院や領邦といった政治単位あるいは社会集団の枠組みを越えることがなく、本書が目指す複数の場を跨いだ歴史叙述のジャンル形成や歴史意識の発展の解明に直接導きの糸をもたらすものではない。ここで最も基本的な視座を提供してくれるのは、本来ドイツ史を主たる専門とする研究者たちである。まず取り上げるべきは、J-M・ムグランによる研究であろう。これまでバイエルンをはじめとするドイツ諸領邦における歴史叙述の問題について積極的な議論を展開してきたムグランは、近年、フランドルの同様な問題に関する論考をいくつか発表している。そこでムグランは、主として一一世紀後半から一六世紀までのフランドルを対象に議論を進めるなか、社会諸階層によって領邦意識が初めて表現される一一世紀後半から一二世紀半ばまでの歴史叙述に、「ナショナルな歴史叙述」の誕生を見いだしている。以降、フランドルでは、伯の家系譜を軸に、こうした領邦意識の表現手段としての歴史叙述が複数の社会層によって活用されつつ大いに発展を見るという。ムグランの研究は、先に挙げたベルギー史研究者と異なり、修道院や都市など様々な政治・社会集団の歴史叙述を包括的に議論しており、本書の考察と重なる部分も多い。しかしながら、ブラバントを考察の対象としていない点を除いても、個別論文で長大なタイムスパンを扱っているため概観的な叙述にとどまっていること、また一一世紀後半以前の歴史叙述や一六世紀の歴史叙述の特定分野を本格的な考察の対象から外しているため、「ナショナルな」あるいは領邦的な歴史叙述の生成と密接な関係にある世界観の変化を捉えきれていないこと、といった問題点もある。そこで、ムグランの議論の源流に位置すると思われるH・パツェの研究にまで、さらに遡ることで、改めて本書の基本的な問題設定に取り組んでみよう。パツェの研究は、その後の研究史の展開を考慮に含めることで、本書により大きな見取り図を提供しうるものだからである。その過程で、再びムグランの研究にも言及することになるだろう。(20)

領邦国家と歴史叙述の関係について論じたパツェの長大な論考では、ドイツ諸地域のみならず、当時神聖ローマ帝国に属していたブラバントやエノー、そして大部分フランス王国に属してはいたものの、一部が帝国に属していたフランドル伯領にまで考察の対象が広げられている。そのパツェの「建立者年代記 Stifterchronik」テーゼが、われわれの議論の出発点となる。パツェによれば、一一・一二世紀にかけて改革運動の影響を受けたドイツ各地の修道院では、自らと周辺世俗権力との法関係を整理・明確化しようとする意識が覚醒し、その意識から修道院の建立にまで歴史的に遡り、法関係を確定しようとする歴史叙述が生ずる。しばしば法文書がそのまま引き写されることもあるこれらの歴史叙述においては、建立者や寄進者の家系が重要な位置を占め、その家系譜や家系の歴史が挿入されることも多い(図4・5・6)。また、その世俗有力領主たる建立者による領内の裁判権や官職の授与、領主主導のもと行われた開墾や定住などの法的・経済的整備が描かれることもある。従来の史料類型論からすれば年代記や編年誌、聖人伝や事績録などさまざまな類型に跨る多様な史料群の中から、パツェは「建

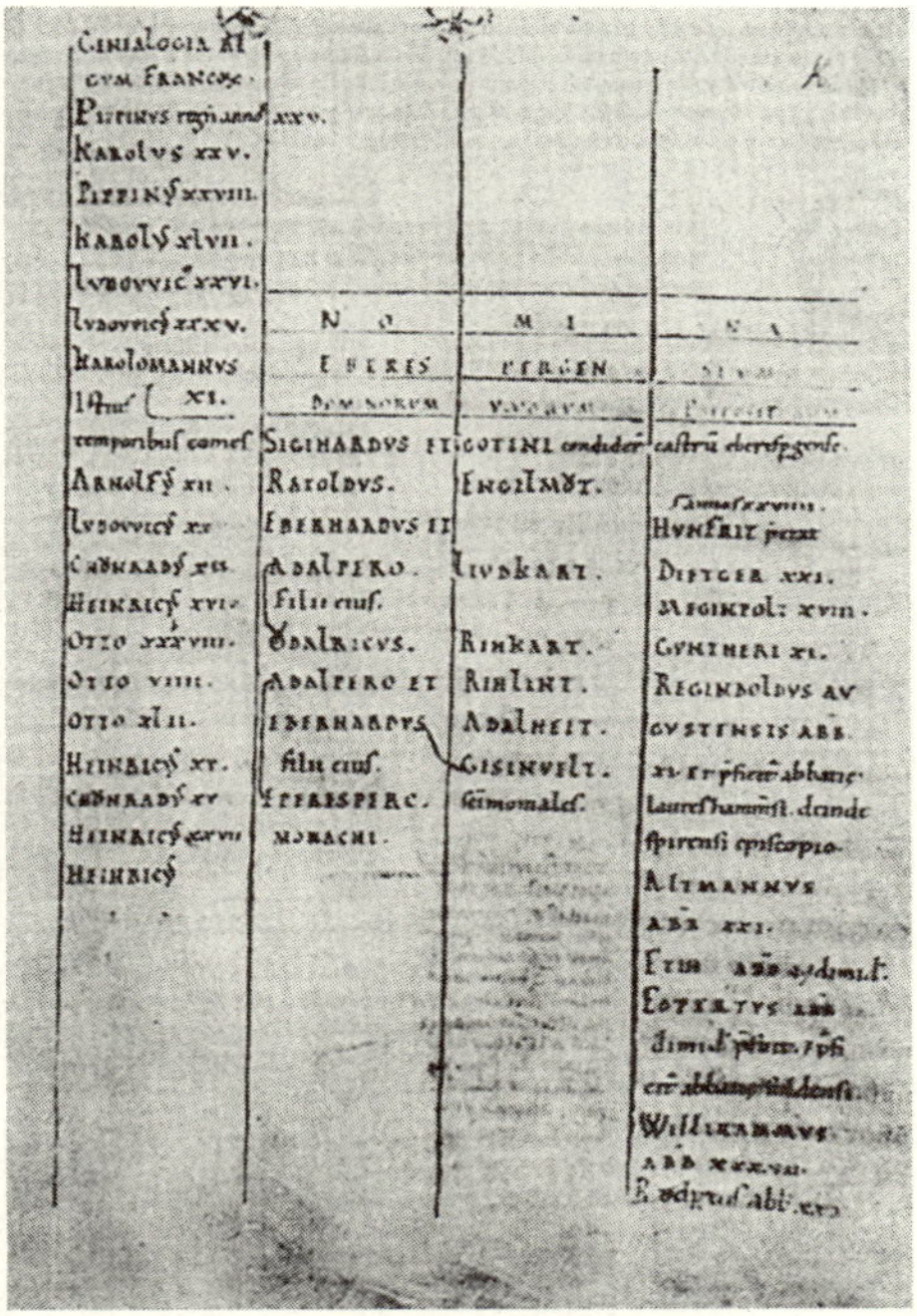

図４　ドイツのエーベルスベルク修道院建立者の家系図（11 世紀、出典：P・ヨハネク「中世後期のドイツにおける過去の叙述と表象」、服部良久編『中世ヨーロッパにおける「過去」の表象と「記憶」の伝承』、2007 年）。

図５　関連史料に建立者の姿が描かれることも多かった。図は、８世紀前半に建立されたドイツのプリュム修道院と建立者を描いたもの（出典：Ch. Sauer, *Fundatio und Memoria: Stifter und Klostergründer im Bild 1100 bis 1350*［Göttingen, 1993］）。

立者年代記」なる新たな類型を引きだし、提起する。そしてこうした歴史叙述に、中世後期以降、各地で開花する領邦史（領邦年代記）の起源を見いだしたのである。この議論でとくに重点が置かれているのは、これらの年代記が各地で続々と記されるに至った背景に、修道院改革に起源をもつ当時の学問的明晰性、客観的史料解釈への志向が見いだされる点である。たとえ法関係の確定が試みられようとも、そこに修道院利害よりも、むしろ明晰性・客観性への志向を見るのがパツェの議論である。その主張は多岐にわたっており、長大なタイムスパンや対象となる地域の広がり、そして雑誌において二号（＝二年）にまたがって掲載されているという事情もあり、矛

図6　8世紀後半に建立されたクレムスミュンスター修道院に現存する、建立者の息子グンターの横臥像。12世紀頃の伝承では、猪狩りの際に死亡したグンターのために、父バイエルン大公タシロが鹿の啓示を受けて修道院を建立したという。建立伝説は、このようにモニュメントの形で形象化されることもあった（出典：Sauer 前掲書）。

盾する箇所が随所に見いだされるように思われる。しかし、基本的に以上のような見解が彼の議論の骨子となっており、その歴史的展開が最も早期に、かつ典型的に見られるのがフランドル、エノー、そしてブラバントといった南ネーデルラント諸領邦だとされているのである[21]。

　このパッツェの論考は、筆者の見解では歴史叙述の生成・変化における三つのレヴェルを混同し、二つの断絶を確認すべき箇所に連続性を見いだしているように思われる。その三つのレヴェルとは、中世初期的な修道院歴史叙述の発生の段階、領邦史生成と発展の段階、そして中世的領邦史叙述から近世的領邦史叙述への変質の段階である。本書の議論は、この三つの段階の推移、つまり中世初期的な歴史叙述から中世盛期のそれへの転換、そして中世盛期的な要素を引き継いだ中世後期の歴史叙述から近世のものへの移行を、パッツェが先駆的地域として指摘した南ネーデルラントにおいて確認する作業に費やされるだろう。まず、第一の段階について整理を試みる。

　中世初期的な修道院歴史叙述の発生に関するパッツェの議論については、その後J・カストナーやP・ヨハネクを交えて論争が展開された。その過程で明らかとなったのが、次のような点である。まず、建立者年代記に挿入される寄進帳などの法文書類と歴史叙述が、出来事を語るという叙述性の点で共通性・連続性を有していること。そして、そうした法文書類がパツェの主張するような学問的批判精神に貫かれた明断性・客観性への志向を有するものではなく、寄進者たちの魂の救いを保証するための典礼的機能を有していたこと。さらに、法文書類と連続性を有する歴史叙述もまた典礼的性格を帯びており、宗教上の意味を有していたことの三点である。[22] こうした論争の帰結は、パツェが合理的・法的精神を見いだし、さらには領邦史の起源を見いだした修道院の歴史叙述が実際には宗教的・霊的意味合いを帯びており、それらが記された霊的環境と不可分の関係にあったということを教えてくれる。しかしパツェ自身が確認するように、中世後期の領邦史は修道院の場を離れ、主として都市で記されるようになる。[23] 歴史叙述の機能を論ずる際に、その聴衆・読者や作品を受容する環境を考慮に入れることなくして議論が成立しないのは当然のことであるが、修道院から都市への歴史叙述生産の場の移行が作者や受容者の共有する作品の意味の変容をもたらすことも明らかである。この歴史叙述に意味を付与しているものは作品の周辺の人々が共有する世界観・歴史意識であるが、修道院の典礼的環境で成立した歴史叙述が表明する世界観は、都市的環境において成立した歴史叙述のそれとは明らかに異なるものであろう。したがって、「建立者年代記」テーゼをめぐる論争は修道院歴史叙述の成立事情を明らかにしたと同時に、別の課題をも生じさせることになる。パツェは先述のように、領邦史の起源を建立者年代記に見いだしたわけだが、建立者年代記なるものが論争の結果パツェの唱えるような近代的なものではなく、きわめて宗教的な性質のものであるならば、領邦史と建立者年代記の間には性質上の断絶が存在することになるのである。そして、その断絶後の領邦史の生成が、本書の定義する第二の段階である。この点を確認するために、領邦史なるジャンルについて簡単に振り返ってみよう。

じつは、「領邦史 Landesgeschichte」の定義自体さほど明確ではない。[24] グルントマンからシュマーレ、ゲッツに至る歴史叙述の類型に関心を抱いてきた歴史家たちも、領邦史の形式や性格についてはきわめて曖昧な議論しか展開していないのである。[25] それでも、彼らの議論にあえて共通点を見いだすならば、以下の二点が指摘できるだろう。すなわち、制度的発展を領邦史成立の暗黙の前提としている点と、修道院年代記あるいは司教年代記と領邦史の連続性を受け入れている点である。(26) 領邦政治の制度的発展が未熟な段階では修道院年代記に支配家系についての叙述が紛れ込む程度だったが、その権力の増大、裁判や官職などをめぐる領邦の制度的発展に伴って、それらが叙述に反映されるようになり、やがて領邦史へと発展する。それと共に叙述の場も移行する。このような見方が、これまでの研究者たちの見解を根底で規定している。

しかし同時に、シュマーレやゲッツの見方には、制度的発展を背景としたアイデンティティ形成と歴史叙述成立の関連性を捉えようとする視角が潜んでいることも指摘できる。ゲッツによれば、このアイデンティティ形成と歴史叙述・歴史意識の問題、彼が名づけるところの「歴史的アイデンティティ」の問題もこれまでさほど注目を集めてはこなかった。ゲッツはフランスの王国意識や神聖ローマの帝国意識などの諸例を挙げているが、いずれの場合も王権や家門と結びついた歴史意識とアイデンティティの問題は切り離せないとしている。(27) じつは、先のムグランの研究を接続しうるのもこの点である。ムグランは、これまで曖昧にしか議論されてこなかった領邦意識を論ずる過程で、領邦と領邦民の一体性やアイデンティティを生みだし強化するものとして、領邦民に共有される歴史、領邦全体を対象とする法、そして連続する君主家系といった三つの要素を挙げている。こうした要素が一体となり作用するところで「ナショナルな歴史叙述」が成立し、発展するのである。ムグランの議論の問題点は先に指摘したので、ここではこれ以上その点には立ち入らないとして、このように特定の地域の歴史叙述を、法や君主の存在とともにアイデンティティの問題と関連づけた上で考察しようとするアプローチは本書にとっても重要な意味をもつ。単に制度の発展が叙述にどれだけ反映されているかという基準でのみ領邦史か否かを判断しようとする試みは、その叙述が成立する場においてどのような意味をもち、どのような機能を果たすかといった点については何も教えてはくれない。領邦形成の現実を知ろうとする歴史家にとっては十分なそうした区分も、なぜ、いかにそれが書かれたかを知ろうとする歴史家にはまったく無意味である。したがって、これまで曖昧な定義のもとに論じられてきた領邦史叙述は、領邦国家のアイデンティティ形成との関連で考察されるべきであろう(28)。

筆者は、領邦政治における制度的発展を過小評価しているわけではない。しかし歴史叙述の研究においては、以上に説明したように、そこに現実の制度面での発展がどれだけ反映されているかを読み込むことよりも、むしろ制度にせよ、政治的事象にせよ、叙述に取り込まれた対象がいかなる原理のもとに描かれ、歴史作品へと編成されているかといったレヴェルで考えることが必要だろう。その際、この原理を構成する世界観とそれを規定する歴史意識を探る必要がある。そして、歴史叙述を規定するこの世界観や歴史意識が、中世初期のキリスト教的なものから現世の領邦や民族といったものに究極的な価値を置くそれへと変化する点に領邦史の成立を見いだそうとするのが、本書の立場である。

ここで明らかになった領邦アイデンティティの問題は、第三のレヴェルについての問題を浮かび上がらせる。パッツェの議論は、中世初期から盛期にかけての南ネーデルラントに特権的な地位を与えているものの、その全体的な眼差しはあくまでもドイツ地域の帝国諸領邦を意識したものである。一三世紀後半以降の帝国史が、帝権の失墜とともに領邦権力の強化および領邦国家の形成を基軸としたものに変化したことはいうまでもないが、中世後期の南ネーデルラントがこの図式とはまったく相容れることのない政治社会情勢のもとにあったこともよく知られているところである。一四世紀後半のブルゴーニュ公家によるフランドル伯領の獲得以来、同地域では君主の中央集権支配の野望と都市自立主義の相克が歴史の趨勢を決定づけてゆく。この対立により、君主と都市民双方のアイデンティティは構築と解体の二つのレヴェルで深い影響を被ることとなり、歴史叙述や集合的記憶はその過程を表現するきわめて重要なメディアとなる。こうしたなかで、南ネーデルラントの領邦史叙述は今一度の変質を経験し、ついには歴史叙述における中世から近世への移行を見ることになる。こうした事態は、早期に君主の系譜的歴史叙述と領邦アイデンティティや都市アイデンティティの表出を一体化させたブラバントよりも

図７　古代ローマの時代、ブラバント公の祖先とされるブラボーがスヘルデ川の巨人と戦う場面。相手の腕（Hand）を切断し、放り投げる（Werpen）ことで巨人退治を果たしたことが、都市アントウェルペン Antwerpen の語源となっているという。君主の事績と都市アイデンティティが一体化していたことを表す『いともすばらしきブラバント年代記』の挿絵（1498 年、出典：J. Tigelaar, *Brabants historie ontvouwd. Die alder excellenste Cronyke van Brabant en het Brabantse geschiedbeeld anno 1500* [Hilversum: Verloren, 2006]）。

（図７）、フランドルにおいてより顕著な展開を見せるに至るだろう。主としてドイツ諸領邦の領邦史的発展を前提としたパッツェの議論では、こうした南ネーデルラントに固有の事情も完全に見逃されている。近年の歴史学的動向を鑑みるならば、一五・一六世紀における中世から近世への断絶を過剰に強調することは危険だが、しかしこれを過少に見積もることも、本書が指摘する中世初期から盛期にかけての断絶を見過ごすことと同程度に警戒されてしかるべきなのである。

四　本書の課題

以上の概観を踏まえた上で、より具体的に本書の三つの課題を設定しておこう。まず、南ネーデルラント諸領邦の形成期における修道院歴史叙述の再検討を試みることが第一の課題にあたる。パツェの議論で大きな位置を占めていた南ネーデルラントの歴史叙述だが、彼以後の研究の流れにおいてその性質が本格的に検討されたことはない。したがって本書では、パッェ以後の論争の帰結なども踏まえた上で、「建立者年代記」あるいは領邦史の先駆的存在として位置づけられた諸作品を分析することとなる。第二部第一章で分析される一〇世紀フランドルの『サン・ベルタン修道院長事績録』は、まさにそうした作品である。第三部第一章で扱われる一二世紀ブラバントのアフリヘム修道院における歴史叙述については、パッェは直接これを取り上げていない。しかし彼は、この修道院で一三世紀後半に記された系譜群についてはその考察に含めており、この史料群との性質の違いを明らかにするためにも一二世紀アフリヘムの歴史叙述の考察は欠かせない。筆者がこれらの作品に見いだそうとするものは、中世初期的な宗教共同体、より具体的には常に死後の魂の救いや天上の祖国を準拠枠として形成される典礼共同体とそれを描く際に現れる歴史意識である。K・シュミットとJ・ヴォルラッシュがいうように、中世初期の共同体意識は魂の救いをめぐって記録された典礼史料に端的に表現されており、ここでは「仲間関係 societas」と「(宗教的) 兄弟関係 fraternitas」が重なりあう[29]。天上の祖国とそこで実現される魂の救いに究極的な価値を与え、それらを媒介として形成されるのが俗人も教会人も共に含むこの典礼共同体であり、これは政治的共同体とも微妙なずれを含みながら重なりあっていた[30]。この霊的な共同体にとって至高の価値をもつのは、現世の政治・社会単位ではなく天上の祖国である。建立譚をはじめとする歴史叙述が政治性をもつのは、必ずしもそれが組織の歴史的起源を描き、その法的根拠を確たるものとするからではない。史料に名前が記されるか否かによって人々の記憶と魂の救いが保証されるのであり、記憶の管理者として特権的立場に立つ修道士たちが、政治的・社会的利害に応じてこれを記したからなのである。典礼共同体を規定しえたのは、まさにこれらの叙述者たちであった。本書では、政治と記憶の交錯する作品成立の場に着目しながら、パッェが建立者年代記の先駆を見た修道院歴史叙述を、あくまでも以上のように中世初期的な世界観・歴史意識に彩られた作品として位置づけ直すことになる。

次に第二の課題である。第二部第二章では、一二世紀前半フランドルで起こった伯の暗殺事件の周辺に登場する二つの歴史叙述を扱う。そして、第三部第二章では一三世紀後半から一四世紀初頭までのブラバントで記された系譜的歴史叙述を分析する。これらの史料では、それぞれ上記の宗教共同体がもはや究極的な価値を有せず、世俗的な領邦や民族といった単位がアイデンティティ形成の拠り所となってゆく過程、そしてそれを中心として歴史が語られてゆく様態を確認するだろう。これまでとはまったく異なるアプローチで読み解かれたこれらの史料はいずれも、民間伝承・民衆信仰、諸階層間の社会的交通、政治的利害との交錯の内に社会的記憶が構成されてゆくプロセスを反映しており、一二・一三世紀に生じた歴史意識の変化を他のヨーロッパのいかなる地域よりも典型的かつ明確に表している。そして、これらの作業を通じて、領邦史叙述は制度的発展を前提にしていながらも、その叙述面における反映よりもむしろ世界観・歴史意識の変化に導かれた領邦アイデンティティの形成の観点から定義されるべきことが明らかになるだろう。もはや、現世での行動規範を決定するのは天上の世界ではなく、世俗の政治・社会単位とそれを規定する歴史意識となった。そして、この変化を最も強く体現しているのが一二世紀以降の南ネーデルラントの歴史叙述なのである。

最後に第三の課題である。ここでは第二の課題で提示された領邦アイデンティティの問題が、とりわけ中世後期のフランドルでいかなる展開を見たのかが検証される。フランドルにおいてもブラバントの系譜年代記と同様な系譜的歴史叙述が中世盛期以来出現し、一五世紀前半以降大きな発展を見る。しかし、都市自立主義の伝統が根強いフランドルでは、ヘントを始めとする諸都市で、系譜年代記に表現される領邦アイデンティティとは容易に同化しえない強靭な都市アイデンティティの構築と表出が歴史叙述や集合的記憶の領域で確認される。また、宮廷都市として君主権力と親和的な立場にあり、領邦アイデンティティと都市アイデンティティが重層的に共存しえたブルッヘのような都市の歴史叙述においても、一六世紀初頭にはブルゴーニュ＝ハプスブルク権力の進展が領邦史叙述の枠組みに従来見られなかった巧妙な規制を及ぼすようになる。第四部で詳しく見るように、強大な諸都市の存在にもかかわらず、フランドルではイタリアやドイツの諸例に比する都市年代記が記されることはなかった。こうした事情も念頭に置きながら、君主権力と都市が取り結ぶ関係のうちに、ドイツ諸領邦には見られない南ネーデルラント領邦史叙述の固有の展開を見定めようと試みることが第三の課題なのである。

また同時に、以上の課題の解明によって、われわれは二つの断絶を確認するだろう。まず、パッェが修道院建立者年代記から領邦史へと想定した連続性に代わる、世界観と歴史意識のレヴェルにおける断絶である。B・アンダーソンは、死の宿命性や不死・救済への願望をめぐる前近代の宗教的想像力とナショナリズム的想像力の親和性に言及している。(31) この指摘はそれ自体卓越したものではあるが、死と不死をめぐる宗教的想像力は中世の間、決して不変のものではなかった。Ph・アリエスのいうように、一二世紀を境にして死の表象は、天上で集団的に演じられる救済のドラマから地上で個人に割り振られた審判へと変わりゆく。(32) 死に対する想像力の変化は、当然これに依存する「想像の共同体」の変容を伴う。ここで「想像力」と言い表されている言葉を「世界観」と言い換えれば、こうした指摘の示すところが上記の見解といかに一致しているかが明らかになるだろう。一二世紀以降、天上の世界はもはや現世の共同体を形成する唯一の準拠点とはなりえなかったのである。(33)

もう一つの断絶は、中世後期から近世にかけてのそれである。とりわけその過程は、中世盛期から後期にかけて、そしてそれを引き継ぐ形で近世にまで系譜年代記のある程度の連続的発展を見たブラバントよりも、フランドルにおいて明らかとなる。フランドルでは、一二世紀に世俗の領邦を枠組みとした領邦史が出現し、ここにそれ以前とは異なるアイデンティティの表出を確認しうるのだが、この領邦アイデンティティが以後の時代において表現されるのは、ブラバントと同様な君主家系の系譜においてであった。この系譜は、一四世紀後半から一五世紀初頭までに大部の年代記にまで膨らませられ、一五世紀中には俗語に翻訳されることで、新たな装いと受容者を得ることになる。ブルッヘを中心に複数成立することになるこの俗語の系譜年代記群が、領邦アイデンティティをより一歩推し進めた形で打ちだしたものであることはいうまでもない。しかし、イタリアのように都市国家の枠組みと歴史叙述の枠組みが一致することなく、それでいて強大な都市が一大勢力を誇るに至った中世後期のフランドルでは、もはや歴史叙述に表現されるアイデンティティも領邦を基準とした単一のものではありえなくなる。領邦や都市の複数のアイデンティティが相互にせめぎあいながら、歴史叙述や集合的記憶に、さまざまな表出の形態を見せることになるのである。ここに中世盛期から後期への変化が確認されるだろう。ただし、これが都市年代記の成立に通じるわけではなく、領邦史叙述の枠組みや性質が根本的に変化するわけでもない。したがって、ここに断絶の言葉を用いるのは適切ではないのかもしれない。真に断絶と表現しうる変化が見られるのは、さらに後の時代である。すなわち、中世フランドル都市の自治支配体制が終焉を迎える一六世紀初頭に、歴史叙述の領域における中世から近世にかけての根本的な断絶が確認されるのである。都市アイデンティティが都市ごとに異なる姿をとりうるのに応じて、君主権力はそのアイデンティティに異なる向き合い方を提示することになるが、いずれの場合においても歴史叙述や集合的記憶が被る解体・変容の徹底性や、その徹底性をもたらす手段に、われわれは中世とは異なる近世的君主権力の絶対性および統治技術の巧妙さを見いだすことができる。

では、なぜ以上のような歴史叙述と歴史意識の展開が南ネーデルラントにおいて先進的に見られたのか。詳細な議論は各論に譲るにしても、問題設定の最後に、この点を政治社会史の大局的な観点から若干説明しておかねばなるまい。

本書が対象とする二つの舞台、フランドル伯領とブラバント公領は、相次いでブルゴーニュ家の支配下に置かれる中世末期までの間、隣接していながらも異なる政治単位に属していた。本来、フランドル伯領は西フランク王国に、後にはフランス王国に属することになるが、その君主たる伯は一〇世紀前半に西フランク王に対立しながら領土を広げ、王家の没落も相俟ってかなりの領邦形成を進展させた。家系の断絶の危機もあって一〇世紀後半王家に臣従せねばならなかったフランドル伯だが、一一世紀には平和運動の推進、都市発展への援助を通じて、フランス王国では随一の有力諸侯となる。この二つの政策は伯の権力基盤強化に繋がると同時に、市民層の台頭を始めとする大きな社会的流動性をもたらした。[34] したがって、本書がフランドルの歴史叙述に最初の転換点を認めようとする一二世紀の社会は、都市民の勃興を始めとする社会的変動を迎えた時期であり、伯家、貴族層、都市民が複雑な社会的交通を展開し始めた時期である。こうした異なる行動・思考様式をもつ諸階層間のコミュニケーションの内に、典礼共同体に罅《ひび》が入り、その狭間から領邦アイデンティティが立ち現れてくるのである。

ブラバントでは、この過程は約一世紀半の後に実現される。政治的には神聖ローマ皇帝に服するブラバント公は、一二世紀前半の時点では未だルーフェン伯（ルーヴァン伯）を名乗っており、かつての中部フランク、ロタールの王国の名残であるロタリンギア公位（低ロタリンギア公位）をめぐって近隣諸侯と争っていた。この弱体諸侯が次第にロタリンギア公位を独占し始める一二世紀後半には、かつてのロタリンギアのアイデンティティは崩壊し、この公位は有名無実化する。それと共にルーフェン伯はブラバント公を名乗り始め、一三世紀前半には領邦形成を進展させる。[35] この際ブラバント公が基軸とした政策は、教会守護権を利用した領土の獲得であり、やはりここでも都市発展の援助であった。一三世紀中頃には、公領の危機に際して、諸都市は同盟を結成するまでに確固たる勢力を築くこととなる。後に見るように、一三世紀後半のブラバント民族意識を体現した系譜史料群は、はじめ修道院にて作成された。しかし肝心なのは、すでにこの時ブラバント社会が一二世紀前半のフランドル同様に都市化された社会に変容しており、都市を考慮に入れることなしに公領を想起することは難しかったということである。このことは同時に公家、貴族層、そして市民層による社会的交通が実現されていたということをも意味する。事実、一三世紀後半ブラバントを襲った君主家系の危機に際して、貴族層や都市民たちが取り結んだ関係も、一二世紀フランドルの君主家系の危機におけるものと類似したものだったのである。こうして、ブラバントでも約一世紀半の遅れを伴って、フランドルと同様な世界観および歴史意識の変化が確認されるであろう。

パツェは、フランスとドイツを対比させる形で歴史叙述の発展を図式的に描いている。フランスでは、諸侯レヴェルでの歴史叙述は早期に栄えたが、王権の発展以降、歴史叙述は王家の周辺で集中的に成立してゆく。これに対しドイツでは、皇帝家に固有の歴史叙述は発展せず、諸侯レヴェル、つまり領邦レヴェルでの歴史叙述が成立してゆく。この過程で、叙述の場が修道院から都市へと移行するのである。(36) フランスとドイツの狭間に位置し、半ば独立的な地位にあったフランドルとブラバントにおける歴史叙述の発展は、このドイツ的図式に当てはまるかもしれない。しかし繰り返すが、都市へと叙述の場が移行したことの意味するものは、上記のようにそれがもたらす社会的コミュニケーションの展開による世界観と歴史意識の変化なのであった。そして、この過程は政治的独立性と都市の早期的発展を見た南ネーデルラントにおいて、どこよりも早く実現される。(37)

じつは、ここにも南ネーデルラントを取り上げるさらなる理由が示されている。独仏間の狭間に位置することから来る中世盛期における政治的独立性は、中世後期のブルゴーニュ支配という独特の史的展開に結実する。この外様の君主とその宮廷が、さらなる都市化を経た南ネーデルラントの政治社会にもたらすインパクトは巨大なものであった。中世盛期とは比較にならないほど社会的交通あるいは社会的コミュニケーションの複雑さは増し、政治とアイデンティティの構築が結ぶ関係の奥深さには、同時代のいかなる地域も比肩しえない。以上の点に、南ネーデルラントを取り上げる必然性が見いだせるのである。

おわりに

現在、歴史叙述と歴史意識の研究は、理念史から心性史へ、さらには記憶の歴史へとそのアプローチを進化させ、新たな局面を迎えつつあるように思われる。記憶が政治と取り結ぶ関係に従って歴史の布置が決定されてゆくという、昨今の研究がもたらす知見は本書でも無視しえない。一〇世紀のフランドルと一二世紀のブラバントで、修道士たちがどのような戦略と手法のもと典礼的記憶を編成し歴史を語りえたのか。一二世紀フランドルと一三世紀ブラバントの歴史叙述者は、政治的混乱のなか、君主支配の記憶や民族的記憶をどのように描きだし、領邦や民族のアイデンティティを構築・表現しえたのか。さらには、君主支配の強化のなかで中世後期の都市民が抱くアイデンティティと領邦アイデンティティはいかなる関係を結んだのか。

こうした点を解明することで明らかになるのが、記憶の編成によって歴史を創りあげる世界観や歴史意識の様態であり、本書が明らかにしようとするのは中世初期から中世後期の南ネーデルラントで生じたその変化なのである。この記憶の取捨選択と組み合わせによって歴史を編成する原理である世界観と歴史意識が、中世初期のキリスト教的なものから中世盛期以降の世俗的なものへ、さらには中世後期の世俗的かつ複数的な分裂を孕むものから近世的な新しい統治技術の刻印を帯びたものへと変化する過程において、南ネーデルラントが示す先駆性と、社会発展に呼応した転換の明瞭さこそが、この地域の歴史叙述に固有の重要性を与えているのである。

最後に、本章のはじめの議論に立ち返るならば、本書が分析する各史料は、叙述者による主体的で恣意的な記憶の選択や歴史の構築性を示すが、同時にテクストが常に外部と関係していることをも顕にするはずである。ときにはテクストに矛盾を抱え込んだ形で、ときには異質なものを排除した上で成立したテクストの構造的歪みや亀裂によってである。こうしたテクストに矛盾や亀裂、綻びをもたらすのも、政治社会のダイナミズムが常に異質なもののせめぎあいを演出するがゆえであり、そのダイナミズムに満ち溢れた南ネーデルラントに焦点を当てることは、歴史認識の考察への寄与も視野に入れる本書であってみれば必然なのである。

第二章　ベルギー史学と文化史研究

はじめに

第一章で見たように、本書が直接乗り越えるべき対象となる先行研究はベルギーには存在しない。しかし前近代の南ネーデルラントにおける史料状況の豊かさを考えるならば、それに反比例するかのような、ベルギー史学界における歴史叙述研究の、あるいはより大きくいえば文化史研究の貧困は奇妙に思われる。一体、なぜこのような状況が起こりえたのか。じつは本書の射程は、中世南ネーデルラントの歴史叙述と歴史意識の実態を明らかにすることによって、こうした貧困をもたらした近代ベルギーの政治社会と史学史のあり方を逆照射しようという点にまで及んでいる。本章の議論は、そのための準備作業である。

本書は、フランドルやブラバントといった現在のベルギーに属する政治単位を研究対象としているが、当然こうした現在の国家的枠組みに規定された研究を行うつもりはない。中世ルクセンブルク史の研究者W・ライヒャートは、かつてのルクセンブルク公領が、現在のドイツ・フランスそしてベルギーに跨る地域に形成されていたこと、しかし、現在の研究ではこれらの諸地域が各国に分断されたために研究手法においてもそれぞれの国家の潮流により分断されていることを指摘し、その結果中世ルクセンブルク史の総合的研究が困難な事態に陥っていると述べている。(38) 今日の国家的枠組みとそれに規定された研究手法により中世の領邦史研究の総合が阻害されているという点には同意しうるにしても、中世ベルギー地域の研究については、これとは事情が異なる。つまり、フランドルやブラバントといった領邦はそれぞれフランス王国や神聖ローマ帝国に属していたにもかかわらず、あたかも独立国家として存在したかのように研究されているのである。両王国の辺境に位置し、独立的なほどに強力な政治的凝集力を誇っていたとはいえ、あくまでも「独立的」なのであって独立ではない。とくに本書のように文化的側面から考察を進めるならば、いかに低地地方諸領邦が近隣地域あるいは近隣文化圏との密接な関係の内に文化的アイデンティティを形成・維持していたのかが明らかになるだろう。これらの領邦に関する考察は、常にそうした近隣地域との関係を視野に入れた上で展開されねばならない。このような点から、本書でドイツやフランスといった隣接諸地域の研究によってこれまで蓄積されてきた知見が活用されるのは当然である。そして、こうしたボーダーレスな研究手法の適用が、これまでのナショナルな枠組みに規定されてきた研究上の偏り、歪みを可視的なものにするはずである。ベルギー学界において、二〇世紀後半、とくにおよそ一九八〇年代まで歴史叙述研究、そして広くは文化史研究がマイナーな位置に押しやられてきたことは確かである[39]。こうした事態こそが、その偏り・歪みなのである。以下においては、ベルギーの国民的歴史家と考えられていたH・ピレンヌの影響を中心に、こうした事態が招かれた経緯を振り返ってゆきたい。まず、ピレンヌについて検討する前に、一九世紀から二〇世紀にかけてのベルギー学界において、どのように中世の歴史叙述が利用されてきたのかをごく簡単に見てみよう。

一．一九世紀ベルギー史学と中世の歴史叙述

ウィーン会議以来のオランダへの併合から、一八三〇年に独立を勝ち取ったベルギー王国だが、国家的な歴史研究の始まりは、それより半世紀以上前の一七六九年、オーストリア・ハプスブルク家治下のブリュッセル・ア

カデミー設立に確認される。それ以前のブルゴーニュ時代以来の歴史叙述においては、南ネーデルラント全体を一つの政治的・社会的単位と看做す考えは皆無とはいえないものの希薄である。上記のアカデミーはいったん閉鎖されるものの一八一五年以降、オランダ支配の体制下で復活する。また、一八二六年一二月二三日の条例では歴史的モニュメントや文書の保存・整理が規定され、翌年の六月一六日には未刊行の年代記を校訂・刊行するための委員会が設置されるなど、次第に歴史研究の下地が形成されていった。もちろん、これらの背景にナショナリスティックな観点から歴史を活用しようとするオランダ王の政策を見ることはできるが、先述の委員会に属するF・ド・レイフェンベルフやJ-F・ウィレムスなど複数のメンバーは、後のベルギー独立後にも重要な役割を果たした。そのため、これらはベルギー歴史研究の直接の礎を築いたと見ることができるのである。王国独立後の一八三四年には、彼らを含む王立歴史委員会が設置され、これによりベルギーにおける未刊行年代記の刊行作業が開始される。一八三六年にはその第一号として、ウィレムスの編纂による一三世紀末ヤン・ファン・ヘーリュの俗語『韻文年代記』が刊行されることになる。[40] 当時の史料は、祖国や民族の起源、誇りといったものを過去に捜し求めるという明確な政治的意図のもとに刊行され、そしてそれに相応しいものとして叙述史料、とくに年代記類が第一の刊行対象となったのである。こうした作業はドイツの史料集成 Monumenta Germaniae Historica（以下、MGHと表記）を意識したものであり、同時代の他地域にも共通して見られる現象だろう。しかし一見歴史学の発展を示すかのような刊行作業にもかかわらず、一九世紀後半H・ピレンヌの師G・クルトや、ドイツおよびフランスの批判的歴史学を導入したピレンヌ自身によって、大学における近代歴史学が主流となるに至るまで、ほとんど歴史小説にすぎないような歴史叙述が大量に生みだされていた。これらは、当時支配的であった、歴史は出来うる限り史料に即した形のナラティヴなものでなければならないとする理念のもとに執筆されており、いわば年代記史料の継ぎはぎのようなものだった。ベルギー独立後の約半世紀にわたって、年代記をはじめとする中世の歴史叙述はそのように利用されていたのである。ピレンヌにより批判的な歴史学が導入される頃は、

F・ヴェルコートランが名づけるところの「アルシヴィストの時代」であり、年代記史料よりも文書史料に注目が集まるようになる。もちろん年代記史料も刊行されつづけるが、依然それらは継ぎはぎのための布切れ、文学的着想を刺激するものとして扱われるにすぎない[41]。ピレンヌ以前のベルギー史学と歴史叙述の活用はこのようなものであった。

二．ピレンニスム・ナショナリズム・社会経済史

若きピレンヌは、フランスとドイツへの留学を経験し、両国で隆盛を誇っていた近代歴史学の方法論を習得して帰国する。このピレンヌによるベルギー史学の確立は、じつはベルギーの歴史叙述研究にもさまざまな意味で大きな影響を及ぼすこととなるのである。本書にかかわる限りでは、ピレンヌの影響は大別して以下の二つの点に絞ることができる。一つは、ピレンヌの研究の延長線上に見いだされるベルギー歴史学界の都市史・社会経済史への偏重およびそのネガとしての文化史研究の軽視であり、もう一つは、第一の点ともかかわるが、ピレンヌの歴史叙述の活用が後世の歴史観にもたらした規定的な影響力である。この第二の点で、上記のヘーリュの『韻文年代記』とピレンヌの名前が結びつくのだが、その点に触れる前に第一の点について見ておこう。

二〇世紀のベルギー中世史学界において、最も研究の盛んな分野が都市史および社会経済史であったことに異論を唱える者はなかろう[42]。中世ベルギー地域が、同時代のイタリアと並んで都市発展およびそれに伴う経済的発展を経験したのは事実であり、そこから上記の研究潮流は当然であると考える者もいよう。しかし筆者がここで主張したいのは、こうした研究の発展に比べ同時代のこれらの地域における文化的発展があまりに看過され、史学史において冷遇されてきたのではないかということである。本書が扱うようにひじょうに特徴的かつ豊かな内容を誇る歴史叙述がラテン語あるいは俗語で記され、フランドル伯の宮廷では俗語文学が隆盛を誇る。聖人崇敬

が各地で起こり、聖人伝も数多く記される。この史料の豊かさはそのまま近世の「聖人伝編纂委員会」すなわちボランディストの伝統を形成する。こうした文化的発展の諸相は、上記の都市史・社会経済史研究に比してあまりに取り上げられることが少ない。ピレンヌの影響が見てとれるのはこの点である。

ピレンヌが処女作「リエージュのセドリウス」なる研究で唯一の文化史研究を行ったのを最後に、以後都市史・社会経済史の分野に向かい、多大な業績を挙げたことは知られている。[43] このピレンヌが、中世ベルギー研究にいかなる見通しをもっていたのかが明らかになるのは、一九〇〇年にその第一巻が刊行され、その後もピレンヌが全生涯を賭けた畢生の書物『ベルギー史』(全七巻)においてである。この書物はピレンヌの死の直前まで書きつづけられ、中世から第一次大戦までのベルギー史が見通されるのだが、これを通じてピレンヌが描こうとしたベルギー像の骨子を示すマニフェストともいうべき第一巻序文がわれわれの議論の参考になるだろう。ここでピレンヌは、ジェルマニスムとロマニスムの融合たるベルギー文明およびその歴史を扱うには、リエージュやフランドル、ブラバントといったバイリンガル地域を対象として取り上げることが相応しいとし、そこから「われわれの歴史」の特徴をなす経済運動や都市生活に最も重要性が帰せられることになると述べている。[44] ピレンヌ自身のその後の研究もそうした分野の探求へと向かうし、ベルギー学界の潮流もこの偉大な歴史家の後につづくだろう。H・アスカンはピレンヌのこのベルギー文明像を「ピレンニスム」と呼んでいるが、社会経済史的側面を強調する「ピレンニスム」の性格が、後世に大きな影響力をもったのである。[45] もちろん、著名な中世都市起源論やピレンヌ・テーゼは現在では多くの点で修正を余儀なくされている。しかしそれでも、一九八〇年代に入ってさえ未だピレンヌの説をめぐる研究集会が催され、その結果をまとめた報告書が刊行されたこと自体がこの時期までのピレンヌの影響力の強大さを表していよう。[46] 本書とも関連のある部分で、この点について一例を挙げておこう。

一八九一年、若干二〇代後半のピレンヌは、その後の一二世紀フランドル史研究の基本文献となるブルッヘのガルベルトゥス（ガルベール・ド・ブリュージュ）による『フランドル伯シャルル・ル・ボン暗殺の歴史』を校訂・出版した。[47] 本書第二部第二章で見るように、この史料は二〇世紀の中世史研究で繰り返し利用されてきたが、それはもっぱらピレンヌの名と結びついて第一に都市史の基本文献として扱われてきた。また、政治史・社会史で活用されることも多かったが、この史料がもつ宗教的・思想的側面での特異性が顧みられることはほとんどなかった。しかしこの史料が、近世以来ピレンヌによる校訂を経るまでは、もっぱら前述のボランディストによる「聖人伝史料集成 Acta Sanctorum」（以下、AA. SS. と表記）に収録された作品として知られていたという事実を考えれば、これは不当といえるであろう。ガルベルトゥスのこの史料はアメリカのフランス文学研究者J・ライダーの手によって新たに校訂され、一九九四年にキリスト教関連史料集成である Corpus Christianorum の一巻として刊行された。[48] これと前後して、ガルベルトゥスのこれまでほとんど顧みられてこなかった側面に光が当てられ、文化史研究の対象とされるようになったことは、[49] 逆の面でピレンヌの影響力の強さを物語っているように思われる。

つづいて、第二の点である、ピレンヌの歴史叙述の活用が後世のベルギーにおける歴史観・歴史像にもたらした大きな影響について見てみよう。この点ではW・ブロックマンスの研究が参考になる。ブロックマンスの研究は、近代の歴史家たちによりもたらされた歴史観におけるある種の〝歪み〟を自覚的なものにしようとするもので、後に紹介するL・ディームの研究と共に、二〇世紀後半に徐々に現れてきた試みの一つである。ヘント大学出身にして、オランダのレイデン大学で長らく教鞭をとったブルゴーニュ期ネーデルラント史研究の第一人者ブロックマンスは、一九八九年に「オランダ人とベルギー人の自己理解におけるヴォーリンゲンの戦い」と題する論考を発表する。[50] リンブルフ地方をめぐり、ブラバント公やフランドル伯、ヘルレ伯やケルン大司教などネーデルラントやライン地方を巻き込んで一二八八年に起こったのがヴォーリンゲンの戦いであり、これに勝利したブラバント公ヤン一世に対してドイツ騎士修道会員ヤン・ファン・ヘーリュが捧げたのがウィレムス編纂による先述の『韻文年代記』である。さて、ブロックマンスは、ガリマール社によって刊行されてきた「フランスを創った三〇日シリーズ」を例にとり、ヴォーリンゲンはネーデルラントにおいてそれに値するものであるか、という問いから議論を始める。まず、彼は、オランダとベルギーにおける初等・中等学校教科書におけるヴォーリンゲンの戦いの叙述を比較検討し、オランダではこの戦いがほとんど言及されていないのに対し、ベルギーではヴォーリンゲンが詳細に扱われていることを確認する。オランダでは、この戦いは国家形成にとってネガティヴな意味合いしか有しておらず、ホラント中心的なオランダ人の歴史意識にとって中世よりも近世の黄金時代こそが重視されるべき対象である。他方、ベルギーではブラバント公ヤン一世が英雄として扱われているが、ベルギー外地域へのその貢献は隠蔽され、ベルギー内地域での失敗は黙殺される内容の叙述となっているのである。ブロックマンスは、こうした点に両国の一般的歴史意識の相違を見いだし、ベルギーでこのような歴史意識が生みだされるに至った過程を一九世紀以来たどりなおしてゆく。あらかじめ結論を要約すれば、ベルギー人の歴史意識に決定的な影響をもたらしたのは一八三六年のヘーリュの『韻文年代記』出版と、それを活用した一九〇〇年刊行のピレンヌ『ベルギー史』第一巻における叙述である。一八三六年のウィレムスの手になる刊行が政治的な目的によるものであることは先に確認したとおりだが、この刊行本にもとづいて一九世紀には数多くのヤン一世についての伝記が記される。しかし、先述の通りこの時期の歴史研究の状況を考えればわかるように、これらは史料に語らせる形式のナラティヴなものが多く、ヴォーリンゲンの覇者ヤン一世を熱狂的に称賛するという意図の点でも正確にヘーリュの著作の系譜に連らなるものだった。当然、この事件の政治的・社会的前提など顧みられるはずもない。こうした状況のなか、重要な転機となったのがピレンヌの考察である。ピレンヌにとってこの戦いは、帝国からのブラバント独立の始まりであり、その覇者ヤンは商人の保護、土地の平和をもたらす君主であった。すなわちピレンヌはこの戦いにおいて君主家系のファクターと社会経済史的ファクターを結合させたのであり、その見解が後のベルギーの歴史観を決定づけるのである。ブロックマンスによればヘーリュの史料に示されていると考えられたブラバント民族感情は、国民的歴史家ピレンヌの解釈によってベルギーの国民感情にまで拡大されるのだが、社会的・経済的な重要性を付与され、ナショナリスティックな意味を与えられたこの戦いは学校教科書の叙述を通じて、ピレンヌ以降の数世代の歴史家たちと国民に大きな影響を与えた。もちろん、ピレンヌの解釈がその後まったく修正されることなく唱えつづけられたわけではない。F-L・ガンスホーフをはじめとして、ピレンヌの見解に修正と補遺をくわえた研究者たちは存在する。しかし、大枠では一九八〇年代までピレンヌの唱えた都市や商人のかかわりを重視する社会経済的意義の点について異議が唱えられることはなかったのである。八〇年代に入り、P・アフォンスが、完全にナショナリスティックな立場を離れ、この戦いの社会経済的意味を否定するとき、われわれはようやくピレンヌの見解を相対化しうる地点にまで到達しうるだろう。以降、ヴォーリンゲンは多面的な問題設定を許容しうるものとなる。こうしてブロックマンスは、ヴォーリンゲンをめぐるベルギー人の自己意識がヘーリュとピレンヌによって操作されたものだったと結論づける。以上のようなナショナルな歴史叙述は、その対象がもつ多面性や複合的性格を曇らせてきたのであり、ベルギーにおいてはこの事態がヴォーリンゲンの戦いをめぐる解釈に明瞭に表されているのである(51)。

以上のようなピレンヌの史料活用と解釈は、学校教科書による流布もあってベルギー学界および一般社会における歴史観を後々まで大きく規定した。ピレンヌ以前の一九世紀においてナショナリズムの高まりを背景に続々と刊行された年代記史料、先に見たナラティヴな政治事件史のパッチワーク用の素材としての歴史叙述、ナショナリスティックな観点を隠しもちながらのピレンヌ以降の社会経済史的側面を重視した歴史叙述の利用……。これらは一つとなって二〇世紀のベルギー学界の潮流や一般的歴史意識を規定し、歴史叙述史料のもつ多様な側面と価値を看過させるに至ったのである。

こうして、本書にかかわる部分では大きく分けて二つの点におけるピレンヌの影響が、ベルギーの歴史叙述研究あるいは文化史研究のマイナーな位置づけを決定した。そして、ピレンヌによる都市史や社会経済史の重点化は、国民的アイデンティティの定礎の試みと不可分の関係にあったことも判明したのである。

三 フラマン・ナショナリズムと学術動向

しかし、ピレンヌの影響がさまざまな形で長らくベルギー学界を規定しつづけたにしても、ピレンヌ自身の思想も、世紀転換期のベルギーで渦巻く民族対立の激流のなか、身を切るような切実さでもって生みだされていったものであることを忘れてはならない。

先述のように、ブロックマンスはピレンヌの見解のナショナリスティックな側面を指摘している。つまり、帝国からのブラバントの独立を象徴し、ブラバント民族意識が発露する場としてヴォーリンゲンを捉えつつ、この戦いのもつ社会経済的側面を強調することで、ベルギー史の特徴である都市と経済が果たすナショナルな歴史への貢献が示されるのである。たしかに、この指摘は正しい。しかし、ブロックマンスの議論にはさらに検討を必要とする箇所が存在する。彼は、この戦いを飾るものとしてピレンヌにより指摘されたブラバント民族意識が後にベルギーのそれに拡大され、教科書の宣伝を通じてこの見解が流布されたことを指摘している。そして、これが未だ約一世紀の歴史ももたぬ二重の民族を抱えた国家の存在を正当化することになったとも指摘している。この議論は一見何の問題もなく受け入れられそうだが、しかしピレンヌの生きた時代と当時の学術世界の状況を考えてみれば、より精緻な検討を必要とすることが明らかとなる。

筆者の知るところ、ベルギーには民族感情を鼓舞する象徴的な中世の戦いが二つ存在する。一つは上に挙げたヴォーリンゲンであり、もう一つが一三〇二年のコルトレイク（クルトレ）の戦いである。[52] フランドル市民・農民連合軍がコルトレイクの野にフランス軍騎士たちの屍を曝し、その騎士たちの拍車が足元で風に靡きつつ輝きを放ったことから「黄金拍車の戦い」とも呼ばれたこの戦いについて、じつはピレンヌはヴォーリンゲンよりもはるかに多くのページを割いている。ヴォーリンゲンが数ページの叙述にとどまるのに対して[53]、コルトレイクには一つの章が与えられている[54]。ピレンヌにとって、この戦いはどのような意味をもったのか。これを理解するためには、ピレンヌのベルギー像をより詳しく見る必要がある。ピレンヌが、「ベルギー文明 civilisation belge」をジェルマニスムとロマニスムの融合と看做したことは先に述べた。ピレンヌによれば、このラテンとゲルマンの融合はブルゴーニュ時代のベルギー地域において完成することになる。したがって、一見無秩序と混乱の政治地図を有し、国家的形態の萌芽を何ら見いだせないようなそれ以前のベルギーの歴史も、ピレンヌにとってはこの完成形に至るまでの発展のプロセスを含んでいるのである。そのため、この過程に含まれる上記の二つの戦いは、その発展の流れに沿うものとして位置づけられねばならない。この点で、フランス王の侵攻から守り抜かれたフラマン人（フラームス）の独立性を象徴するコルトレイクの戦いは、その叙述に際してピレンヌの頭を悩ませたことだろう[55]。従来民族感情の自然な発露の帰結として捉えられてきたこの戦いの実像を、ピレンヌは社会経済史的説明によって構築し直そうとする。つまり、この戦いを市民層と都市貴族およびフランス王の間の闘争と捉え返すのである。そして、この闘争の性格が、再び文明の問題とも結びつけられる。コルトレイクの反仏的性質を否定しさるわけではないが、その見解の根底にあるのは社会経済史的観点とそれによって代表される文明像である。「それ（コルトレイクの戦い）はフラマン文明の性質自体によって説明されるし、その地方を揺るがした政治社会運動の余波なのである。……フィリップ端麗王に対する戦いは、民族闘争ではなく、社会闘争だった[56]」という言葉ほど、ピレンヌのコルトレイク観を代弁しているものはないだろう。ピレンヌがこの戦いに付与したのはナショナリスティックな対外感情（＝反仏感情）ではなく、ナショナリスティックな文明像の表れだったのである[57]。先に見たように、ピレンヌのベルギー像ではフランスによって象徴されるラテン文明、ロマニスム的要素は根本的に排除されてはならず、矛盾なくゲルマン的要素と同居し、融合せねばならない。しかし、コルトレイクのイメージの歴史はこれと真っ向から衝突する。ベルギー独立革命の前後には、革命の熱狂のなかで意識から消え去っていたフラマンとワロンの民族感情は、オランダからのベルギーの独立性が相対的に安定するにつれて対内的な対立に導かれる。一九世紀後半に勢いを増すフラームス運動はその結果である。[58] また、ナポレオン三世の対外政策に象徴されるフランスの侵攻に対する警戒から、フラームス運動は過激な反仏感情を顕にする場合もあった。このフラームス運動は当然のこととしてアカデミズムの世界にもその影響を及ぼし、フラマンによる学術組織の設立にも帰結する。[59] こうしたなかで、フランス軍を敗走させ、その侵攻を食い止めたコルトレイクの戦いは象徴的な意味を帯びることになるだろう。『フランドルの獅子 De Leeuw van Vlaanderen』なるフラマン語歴史小説でコルトレイクの戦いを描いた小説家であり、また国王に歴史書を献呈した歴史家でもあるH・コンシァンスは、この動きのなかで最も注目に値する人物である。コンシァンスはその活動により反仏の象徴とされ、コルトレイクが歴史的にフランスによる侵害を受けてきたとして一八五七年にはコルトレイクの公吏に任ぜられるのである(図8)。[60] このような運動の盛り上がりは、世紀の転換期には言語立法などの政策的要求をなすまでに高まりを見せるだろう(図9)。

こうしたフラマンとワロンの対立が深刻化するなかで、歴史家としてジェルマニスムとロマニスムの融合こそがベルギー文明とその歴史の特性だと主張するピレンヌは、コルトレイクに過剰に反仏的民族感情を読み取ることはしなかった。ピレンヌにとってコルトレイクの叙述は避けては通れぬとはいえ、そこにナショナリスティックな反仏感情を込めることは憚られただろう。むしろ、フランドルのヘント大学で教鞭を執るワロンのピレンヌにとって、フランスの排斥を唱え、ともすればゲルマン的特質の強調に傾きがちなフラームス運動に対峙して、ゲルマンの帝国からの独立を勝ち取ったヴォーリンゲンこそナショナリスティックな対外感情を付与すべき対象だった。ピレンヌの唱えたベルギー国家像とナショナリスティックな歴史像は、当時のベルギー国家の政治的・社会的現実に対置されるべき理想を投影したものだったのである。そして、この『ベルギー史』全七巻が書き継がれる一九〇〇年から一九三二年に至るまでの間にフラームス運動の余波は学術世界にまで及ぶ。第一次大戦の

図8　ブルッヘの中心部に立つヤン・ブレイデルとピーテル・ド・コーニンクの像（写真右上）。両者は1302年の戦いで中心的な役割を果たしたブルッヘ市民であり、コンシァンスの小説でも大きく取り上げられている。像は1887年に都市の中心部であるマルクト（大広場）に建てられ、ブルッヘの「記憶の場」を形成している（著者撮影）。

捕囚生活を経て英雄視され、国民的歴史家の地位を不動のものにしたピレンヌも（図10・11）、ヘント大学の完全フラマン語化の後、一九三〇年にヘントを去ることになる。[61] ベルギー史学とその基本的方向性が決定されたのは、このような状況においてであったことを忘れてはならないだろう。こうしたピレンヌの同時代の学問と政治社会が取り結ぶ関係を理解するために、さらに若干視点を変えてもう一つの補助線を引いておこう。

ブロックマンスが行った指摘、つまり一九世紀から二〇世紀にかけて編成されたナショナリスティックな言説網により学術世界が絡めとられ、その言説網が現代の研究の理論的前提にまで規定的な影響力を行使しているというそれは、近年の美術史学界でも同様に発せられている。しかもピレンヌが活

図９　ベルギーの言語地図（出典：河崎靖、クレインス・フレデリック著『低地諸国（オランダ・ベルギー）の言語事情　――ゲルマンとラテンの間で――』、大学書林、2002年）。

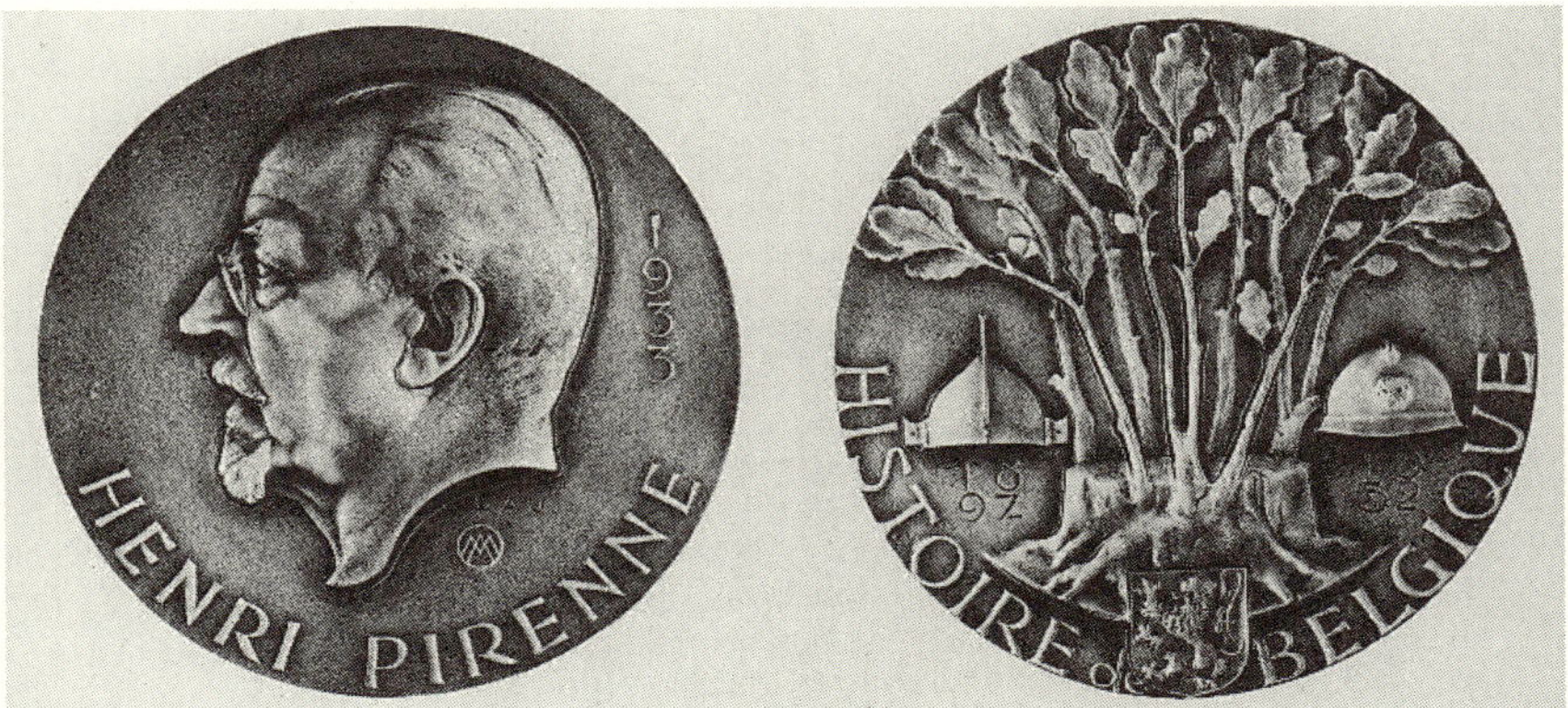

図10　『ベルギー史』完成記念メダル（出典：ブリュッセル自由大学図書館 La *Digithèque* Henri Pirenne [http://digitheque.ulb.ac.be/fr/digitheque-henri-pirenne/biographie/les-dernieres-annees/index.html]）。

躍した同時期に、彼が教壇に立ったヘントの街のシンボルともいえるファン・エイク兄弟の『神秘の子羊』と題された絵画がたどる特異な道程を遡るうちにそうした指摘がなされるのである。『神秘の子羊』は、現在ヘントのシント・バーフ大聖堂に展示されているファン・エイク兄弟の代表作だが、一二枚のパネル画で構成されるこの絵画は、その各パネルが一九世紀の間ベルギー各都市やドイツの争奪の対象となった。L・ディームはまず、現在ではフランドルの至宝とも看做されるこの絵画がこうした扱いを受けるに至った理由として、一九世紀段階でこの絵のもつステータスが不安定であったことを挙げている。そして、二〇世紀初頭から前半の間、この絵およびファン・エイク兄弟の芸術が定義される学術用語をめぐって、地理上ではなく文化的アイデンティティの上での領有権争いがベルギー、フランス、そしてドイツの間で巻き起こったことを明らかにする。一九〇二年ブルッヘで開かれた展覧会ではじめて「プリミティフ・フラマン Primitifs flamands」の用語が用いられ、ベルギーにおけるファン・エイクやその他同時代の芸術家たちの絵画が定義づけされる。しかし、注意せねばならないのは、ここで用いられているフラマンの語（ディームの論考では Flemish と表記される）、これが単純にフラマン語を話すフランドル地方だけを対照にしているわけではないという点である。ドイツ人史家たちが早くから指摘していたように、この場合の Flemish はベルギーそのものの代喩であり、「プリミティフ・

図11　戯画化されるピレンヌ（出典：ブリュッセル自由大学図書館 *La Digithèque* Henri Pirenne [http://digitheque.ulb.ac.be/fr/digitheque-henri-pirenne/biographie/les-dernieres-annees/index.html]）。

フラマン」には一五世紀当時のベルギー全体の画家が含まれる。すなわち、このFlemishはオランダからの独立を象徴する言葉だったのであり、ベルギーのネイションそのものを表す言葉だったのである。しかし、当然独仏の史家たちも黙ってはいない。フランス人史家は、ファン・エイクたちの芸術のパトロンであった一五世紀ブルゴーニュ宮廷のフランス性を強調し、「プリミティフ・フランセ Les Primitifs français」の語を早くも一九〇四年の展覧会で創出し、ドイツ人史家たちは中世ケルン派との影響関係を論じるなどファン・エイク芸術のゲルマン性を強調する。その代表はM・フリートレンダーだが、彼はブルッヘで活動したヤン・ファン・エイクとフランス語圏の都市トゥルネ出身であるロヒール・ファン・デル・ウェイデンを対比させ、フランドル都市をゲルマン気質とラテン気質の戦闘の場であったかのようにも喩えている。そして、フリートレンダーが一九一六年の書物でファン・エイクその他の芸術を形容する言葉として選んだのはFlemishではなくNetherlandishだった。当然この言葉はゲルマン文化の統一性を強調する含意を有しており、E・パノフスキーを含む以後の美術史学界で最も頻繁に用いられる語となるのである。フリートレンダーはファン・エイク芸術のゲルマン性を強調し、それがベルギーの歴史に位置づけられることを拒否する。そして、ベルギー史家が要求したベルギーの政治的・文化的自立性を掻き消そうとも試みる。フリートレンダーをはじめとするドイツの美術史家たちにとってFlemishの語はラテン文化による汚染を表し、Netherlandishこそがドイツとの結びつきを保証する言葉だったのである。ディームはこうして、学術用語による芸術作品の定義づけそれ自体がナショナリズム的な言説闘争の場であったことを示したのである。なお、ディームは最後に、現代のファン・エイク研究をいくつか紹介し、いずれもがその芸術のインターナショナルな性質を強調する立場にあると指摘しているが、ゲルマンとラテンの区分が姿を変えた北部と南部の区分自体を温存し、ピレンヌ的なラテンとゲルマンの融合といった見解に立ち返る者も存在するとしている(62)。

この研究から指摘しうることは、まず二〇世紀前半の学術世界におけるナショナリスティックなベルギー像の構築がピレンヌ一人の孤立した事例ではなかったということである。美術史学界においてはベルギー独自の文化的アイデンティティの定義づけをめぐって、そしてピレンヌにおいてはより巨視的な歴史像の構築をめぐって、〝一つのベルギー〟像が暗中模索されたのである。ただし、両者には相違もある。美術史学界がFlemishの語でベルギーを代表させたのに対して、あくまでもピレンヌがフラームスとワロンの区分を抹消することはない。ピレンヌは二つの民族の存在を想定した上で、ジェルマニスムとロマニスムが融合し、共通の文明を経験してきたことが一つのベルギー国家を作りあげていると見るのである。こうした相違は、フラームス運動の高まりと未だ編成途上にある学術世界のなかで生みだされる多様性の表れと見ることができよう。しかし、両者とも、対内問題同様にオランダやドイツ、フランスといった対外世界を視野に入れた上でこうした国家イメージを形成した点は共通している。そしてもう一つ指摘しうるのが、現在においても影響を及ぼしつづけているジェルマニスムとロマニスムの融合の上に構築されたベルギー像である。ディーム自身が上記の論考で盛んにピレンヌを引用していることからもピレンヌの影響は確認できるだろうし、ピレンヌの見解と同調してきた美術史学界での伝統的見解をそこに見ることも可能だろう。ラテンとゲルマン、北と南、いかように表現されようとも、この二つの文明が交差する点に結晶化した一つの文明というイメージは、社会の分裂と諸外国の政治的・文化的侵攻に常に脅威を抱える小国においては、最も魅惑的なアイデンティティ構築の足場となったことだろう。このように、ピレンヌの歴史学をはじめとする学術世界の動向も、フラマン・ナショナリズムの高まりと密接に関係しており、この点を考慮することなしに、われわれは二〇世紀ベルギー史学史の正当な評価に達しえないのである。

おわりに

ピレンヌは、ヨーロッパのミクロコスモスとしてのベルギー文明像構築に尽力し、その過程でベルギー史の特質として社会経済史的側面を強調することになる。ヴォーリンゲンやコルトレイクの戦いを描く際にもこうした姿勢は貫かれる。ジェルマニスムとロマニスムの融合を核とするピレンニスムは、その両輪であるナショナリズムと社会経済史という二つの要素を駆使しながら、二つの戦いのベルギー史における意義付けを試みたのである。ヴォーリンゲンでは中世ブラバントの民族意識がベルギー全体に拡大されることで薄められ、コルトレイクでは民族対立が階級闘争に転換される。ピレンヌの背後にはフラームス運動の高まりが存在するのだが、これがピレンヌに圧力となり以上の見解を生みださせたのである。この運動の高まりは、対内的・対外的なヘゲモニー闘争の過程で中世とは異なる言語共同体としての近代フランドルを徐々に創りだしてゆく。こうした一連の過程により、ベルギー歴史学における社会経済史への偏重が決定され、中世に形成された領邦・民族意識とその誕生に密接にかかわった中世歴史叙述の伝統は隠蔽されてしまった。

二〇世紀ベルギー学界の潮流は、このように複雑にさまざまな言説がせめぎあうなかで形成されたものである。これまでわれわれには自明のものと思えてきたこの潮流の根底には、小国として常に周囲の脅威に曝され、民族対立により常に対内的アイデンティティの危機を孕みながら、それを克服せんとして多少強引にも豊かな文明像を過去に求めんとした力が渦巻いている。われわれは、われわれ自身の学問的フィールドの基盤を形成しているものを正面から見据えることなしには、真に豊かな中世像を得ることはできないし、またこの基盤を逆照射するための足場を構築していく作業こそが中世研究の一つの意義でもあるだろう。こうしてわれわれは、現代・近代・中世を絶えず自在に往還し、そのそれぞれの姿を見極めてゆかねばならないのである。本書のもう一つの目標もここにある。

小括

以上で明らかにされた課題を簡単にまとめておこう。本書の構成は、おおよそ中世盛期のフランドル地方を扱う第二部と同時期のブラバント地方を分析する第三部、そして中世後期のフランドル地方を対象とする第四部に分けられるが、第二部と第三部のいずれにおいてもまず明らかにされるのは修道院歴史叙述のもつ記念的・典礼的意味合いである。そこでは現世の地理的区分が歴史を描く際の単位として出現することがあっても、究極的に人々が帰属し、自らの共同体を想い描く基準となったのは天上の祖国であり、この彼岸世界や魂の救済をめぐって起こるさまざまな現世の事象が歴史として記されたのである。第二部では一〇世紀フランドルの「事績録Gesta」が、第三部では一二世紀ブラバントの「建立譚Fundatio」が選ばれ、それぞれに修道院歴史叙述の霊的機能が明らかにされる。

次に各部の後半では、都市で、あるいは都市化された社会で描かれた領邦史叙述が分析の対象となる。一二世紀前半のフランドル、一三世紀後半から一四世紀初頭のブラバントに出現した歴史叙述は、彼岸世界ではなく地上世界の領邦や民族をアイデンティティ構築の基盤として構成されている。歴史を叙述する場、それを受容する人々が都市や都市民となることで、歴史叙述の性質にも変化が生じる。これによって、修道院歴史叙述と都市を舞台とする領邦史叙述に性質上の断絶を認め、領邦史叙述の起源を修道院歴史叙述に求めたパッツェの図式を塗り替えようとするのが本書の第一の目的である。

さらに第四部では、一五世紀以降のフランドルで領邦意識や都市の歴史的アイデンティティが現実の政治社会のあり方を受けてどのような形をとり、最終的に歴史叙述や歴史文化の領域で、いかにして中世から近世への移行が生じたのかを明らかにしようとする。ヘントとブルッヘというフランドル最大にして対照的な性格の両都市を中心に、政治と歴史叙述の結びつきがとる多様な形態を浮かび上がらせ、そこに時代の変化を見ることが本書の第二の目的である。

そしてこうした分析は、質・量ともにきわめて豊かな中世南ネーデルラントの歴史叙述の実態を明らかにすると同時に、これを不当に無視し、あるいは特定の方法のみにより扱ってきたベルギー史学界の、ある種の歪みをも浮き彫りにすることになるだろう。近代諸学の形成期において、そして言語共同体への政治単位の再編の過程において、フランドルやブラバントの前近代的な領邦概念あるいは民族意識は、強引に歪め拡大されるか忘れ去られた。それと同時に形成された学問的方向性は、この事実を隠蔽する方向に働いたのである。こうした歪みを自覚的なものにすることで、ベルギー史学において歴史叙述および文化史研究の正当な位置を確保することも本書の目的となる。

第二部　中世初期〜盛期フランドルにおける歴史叙述の展開

第二部では、一〇世紀の修道院歴史叙述と一二世紀の都市的な場における領邦史叙述に焦点を当て、中世盛期までのフランドルにおける歴史叙述の展開を追う[1]。

フランドル伯の周辺では、すでに一〇世紀に歴史編纂活動が開始されていた。メロヴィング期以来の歴史を誇り、一〇世紀にはフランドル伯家の墓所になりつつあったサン・ベルタン修道院では、同世紀半ば、フォルカンによる『サン・ベルタン修道院長事績録』が著される。また同時期に、フランスのコンピエーニュでは、西欧における貴族の家系譜として最古の部類に属する『伯アルヌールの系譜』が、伯の寄進の代価として作成される[2]。前者は以下の第一章にて詳しく分析されるが、その名前にもかかわらず、カロリング家の没落の過程や新たに修道院の運命を左右することになったフランドル伯についても多くの記事を遺しており、フランドル歴史叙述の最初期に位置づけられている重要な作品である。一一世紀に入ると、サン・ベルタンと伯家の墓所の座を争っていたヘントのシント・ピーテル修道院にて聖人伝史料や伯の系譜史料を含む複数の歴史作品が記されるが、同世紀後半からとくに一二世紀にかけて中世フランドルは歴史叙述の最盛期を迎えることとなる。フランドル伯家の家系譜も含むサン・トメールのランベールの百科全書『華の書』[3]や、一一二七年から翌年にかけての伯領の混乱を記したブルッヘのガルベルトゥス『日記』とテルアンヌのゴーティエ

『伯シャルル伝』、そして一二世紀後半にサン・ベルタン修道院で記され、伯の家系譜でありながら明確にフランドル人のパトリオティスムを表現していると看做される『フランドリア・ゲネローサ』[4]などが代表的である。なかでも、もっとも詳細な内容をもつ『日記』と『伯シャルル伝』は、以下の第二章で詳しい検討の対象となる。

質・量ともに歴史叙述の衰退を経験する一三・一四世紀、そして再びの隆盛を迎える一五世紀については第四部に説明を譲るが、以上から明らかなように、第二部で扱うフォルカンの作品とガルベルトゥスおよびゴーティエの作品は、それぞれ中世フランドルの歴史叙述の最初期と最盛期という二つの画期となる時期に位置づけられる。そしてこれらの作品は、それぞれが中世初期と中世盛期における世界観や歴史像、歴史意識のあり方、過去の構築の手法やそこに表明されたアイデンティティの様態などを他のいかなる作品より明瞭に表してもいるのである。以下、その具体的な様相を探ってみよう。

第一章　一〇世紀フランドルの歴史叙述とその霊的機能

はじめに

一〇世紀中葉、フォルカンなる修道士により記された『サン・ベルタン修道院長事績録』（以下、『事績録』と省略）は、近代の史料編纂過程において数奇な運命をたどったテクストである。フォルカンは、七世紀の建立から自らの時代である九六二年までのサン・ベルタン修道院の歴史を、代々の修道院長の事績を書き連ねる形で構成した。しかし、フォルカンは自らの歴史叙述の各所に、メロヴィング期以来同修道院が獲得したとされる土地所有・特権に関する証書を書き写し挿入してもいる。そのため、近代の史料編纂者たちはこの史料を純然たる歴史叙述として扱うか、法史料と看做すのか、その判断に難渋した。結局のところ、史料固有の確固たる類型の存在を信じて疑わなかった編纂者たちは、刊行の際、いずれかの類型にこの史料を押し込めるか、あるいは類型に馴染まぬ部分を切り捨てる他なかったのである。かくして、一八四〇年にB・ゲラールによってフランス史未刊行史料集成シリーズの一巻としてこの作品が刊行されたとき、ゲラールは史料全体を収録したにもかかわらず、これを『サン・ベルタン修道院カルチュレール（証書史料集成）』と題し、その法史料的性格を強調した。[5] 他方、MGH に同史料が収録されるに際しては、『事績録』から証書史料部分が全面的に省略され、フォルカンの歴史叙述の部分のみが刊行に付されることとなった。[6] 二〇世紀に入っても、事態は変わらない。一九五〇年にM・ヘイセリンフとA・C・F・コッホにより刊行された中世初期のベルギー地域関連文書史料集収録の同史料は、その証書部分だけを含むものであった[7]。

史料がたどったこのような道程は、必然的に研究の動向にも大きな影響を与えることとなる。中世フランスの制度史的研究に大きな足跡を遺したJ-F・ルマリニエがこの史料の分析に捧げた論考は、もっぱら証書部分のみを対象とし、そこにローマ法的性格の残存如何を問うものであった[8]。また、R-H・ボーティエが一〇世紀および一一世紀フランスの歴史叙述を概観したとき、これを「カルチュレール年代記」と呼んだが、この折衷的名称は近年に至るまでは名称そのままに史料の分裂的性格を示すものだったのである[9]。

ボーティエの議論に若干先立つパッツェの「建立者年代記」テーゼにおいても、『事績録』はこうした二重の性質をもつものとして提示される。このテーゼとそれにつづく研究については第一部第一章で概観したとおりだが、パッツェの長大な論文は『事績録』に帝国最初の家門年代記という重要な位置を与えた。ここでその議論を簡単に振り返っておくならば、中世盛期に神聖ローマ帝国各地の修道院で書き記される「建立者年代記」は、修道院やそれを取り巻く世界との権利関係についてきわめて合理的な法的思考に貫かれた叙述を行っている。しばしば証書史料が紛れ込むこともあるこの史料類型において、法文書に見られるような法的思考が歴史叙述と融合することで「建立者年代記」は構成されており、これが中世後期以降の領邦史へと通ずるのである。この議論のなかで『事績録』は特別な位置を占めており、「事績録 Gesta」というジャンルながら、そこに描き込まれた内容によりカロリング帝国史からフランドル伯の家門年代記への移行を体現した作品と看做され、同時代のフランドル伯の家系譜と共に、その分析のため特別に一節が設けられている。したがって、『事績録』の随所に証書史料を盛り込んだフォルカンは、歴史叙述と、法的思考を表現した証書史料を並置するのみで未だ融合させてはいないが、一一世紀以降の「建立者年代記」作者たちの先駆者と看做されうる[10]。このようなパッツェの議論は、フォルカンの作品全体を分析の対象としてはいるものの、歴史叙述と証書史料が示す史料類型上および性質上の根本的な相違については、依然として疑うところがないのである。

しかし第一部で確認したように、昨今の諸研究はカルチュレールなどの法史料類が、意外にも歴史叙述の世界観と親和的な性質を有していることを示している。俗人による土地の寄進を記し、その対価として、死後の魂の救いをもたらす〝執り成しの祈り〟を保証するために作成された証書史料は、その典礼的性質を通じて死者記念の書としての意味さえ帯びうる。そうであれば、死者たちの記憶を含め、自らが属する組織の過去の記憶を編纂し、先人とその功績を記念しようとする歴史叙述と証書史料は、その世界観のレヴェルにおいて必ずしも常に矛盾するものではない。こうして、「カルチュレール年代記」の名称を前にして、史料類型に囚われた歴史家たちが示してきた困惑は、すでに過去のものになりつつある。事実、こうした新しい研究の主導者ギアリも、修道院カルチュレールと記憶および忘却の関係について論じた研究でしばしばフォルカンの『事績録』について言及し、この史料が単に修道院所領経営の目的によってのみ作成されたのではないことを示唆している。ギアリの議論は、『事績録』にあくまで付随的に触れるのみである。[11] しかしその後、記憶や世界観の問題を導入することで新しい様相を提示することになったこれらの史料研究および歴史意識研究の流れに沿って、『事績録』も本格的に新たな解釈を施されることとなった。K・ユジェが一九九六年および二〇〇五年に発表した論考は、そうした新たな解釈の試みの代表である。[12] これは、本章に近い観点から『事績録』を分析したものである。しかし、いくつかの問題も含んでおり、そこが本章の出発点ともなる。以下、この論考を簡単に紹介した後、問題点を挙げ、本章の方向性を提示してみることにしよう。

ユジェは、ギアリその他の研究動向に導かれる形で、史料類型区分の相対性を主張する。年代記類、聖人伝、証書史料など、その史料区分の有効性は根本的に否定されるものではないが、中世の著述者たちにとっては第一に書く目的が存在したのであって、類型が先にあるのではない。こうして史料類型の相対性を説くユジェは、『事績録』もまたさまざまな史料類型を含んだものであり、複合的な目的や要求に対応しうるものであったとする。

図12　サン・ベルタン修道院跡（著者撮影）。

ユジェも本章と同じく、フォルカンの執筆動機が近代の出版形態により誤まって認識されてしまった点を指摘するが、これを歴史叙述部分と証書史料双方を検討することで明らかにしようとするのである。ユジェが指摘するフォルカンの執筆目的は、大別して三つに分けられる。一つは、フォルカン執筆当時、サン・ベルタン修道院（図12）と、かつてこれより分裂してできたサン・トメールの参事会教会の間に起こっていた対立について、サン・ベルタンの優位を示すことである。これは、フォルカンが修道院建立当時を描く際、複数の聖人伝史料や偽文書のある部分を利用し、ある部分を隠蔽することで、テルアンヌ司教聖オメルス（聖オメール）のイニシアティヴを黙殺し、聖ベルティヌス（聖ベルタン）を偉大な初代修道院長として位置づけたことから明らかであるとされる。このように自修道院の始祖の事績をうたい、敵対する組織が名を負っている聖人の役割を消去することで、フォルカンはベネディクト派の修道生活を称揚し高みに立とうとしたのである。また、こうした操作は同時に、第二の目的、聖ベルティヌスの聖人崇敬を奨励することにも繋がるのである。そして最後の、第三の目的として指摘されるのは、フォルカンがサン・ベルタン修道院の土地所有や特権を確たるものにしようとしたという点である。一〇世紀中に徐々に修道院への介入を強め、時には俗人修道院長として君臨することさえあったフランドル伯に対して修道院の権利を主張することがフォルカン、あるいはフォルカンに執筆を依頼した前修道院長の目的であった。伯がイニシアティヴをとって成し遂げんとした修道院改革は、修道院から大量の離脱者さえもたらし、サン・ベルタンは大きな危機に陥っていた。また、伯は自らの甥を修道院に遣わし、その意向を徹底せんとしていた。こうした状況から、それまで修道院が獲得した所有や諸特権を書き記し、確たるものとして提示しようとフォルカンは試みたのだ。また、伯が遣わした甥イルドゥアンには、歴代の院長たちの事績を提示することで、その模範に従うよう促す目的もあっただろう。フォルカンのこうした目的は、叙述の末尾に記された修道士たちの署名から、サン・ベルタン全体により共有されていたものであることもわかるのである。ユジェは、こうして修道院が一〇世紀中葉に経験した危機に対応して、複数の目的に供するために『事績録』が書かれたと主張する。フォルカンの作品は一二世紀前半にシモンによって書き継がれることになるが、この際も同修道院はクリュニー改革の導入をめぐって分裂しており、こうした危機がシモンに筆を執らせたのである。したがって、サン・ベルタンでは、中世においてしばしばそうであったように、組織の危機において歴史叙述が記され、それによってこの危機が克服されんとしたのではないかという可能性を提示して、ユジェの論考は締めくくられる。

先述のように、ユジェの議論は本章の分析視角とも共有する部分をもちあわせているが、いくつかの問題を抱えてもいる。まず、ユジェはギアリその他の最新の議論に導かれて考察を始めているものの、それらの研究が明らかにした史料のもつ複数的・複合的な性格を単一のものに還元してしまっている。つまり、フォルカンが挿入した証書史料は、修道院組織が直面した危機に際し、近隣の教会組織にせよ、俗人領主にせよ、それとの対抗関係において自組織の権利を主張し、高めんとするためのものとしてのみ提示されている。ユジェの議論は、証書史料にきわめて世俗的な法的機能しか認めていないのである。しかし、近年の研究は、法関係文書の多様な機能を示してきたはずである。その典礼的な役割もこれには含まれている。先述のようにギアリは、西欧各地のカルチュレール史料を比較検討した上で、『事績録』における証書史料の集成は、所領経営のためというよりも、記念的目的で作成されたものであることを示唆している。フルダやパッサウ、モントゼーといった修道院の、地理的に区分され、そのため所領経営の目的で作成されたカルチュレールとは異なり、フライジングのそれのように時系列的に編纂され記念的目的で作成されたものとフォルカンの証書史料は同じ性質を有しているのである(13)。本章は、そうした記念的意味合い、そして典礼的記憶の保持という機能を担ったものとしてフォルカンの証書史料を見る立場から『事績録』の性質を明らかにするよう努める。この史料が権利関係の縺れ、紛争状態においても持つ法的・世俗的機能を指摘するだけならば、それはフォルカンの叙述に合理的な法精神を見たパッェやドイツ各地の修道院建立譚に権利擁護のための霊的武器を見いだしたカストナーの議論に逆戻りすることになろう。そして、こうした議論は再び『事績録』がもつ二つの分裂した性質を指摘することになってしまう。本章の議論は、『事績録』の証書史料が法的・経済的機能を有していたことを完全に否定するものではないが、その背後にある典礼的な世界観を指摘することで『事績録』全体のより包括的な性質を提示したいのである。

この第一の問題は、次の問題とも関係している。ユジェの分析はフォルカンの豊かな歴史叙述の内容にはほとんど触れておらず、その議論は作品冒頭や末尾の部分、そして全体の構成といった点に集中している。しかし、上記のように本章の目標は『事績録』全体を貫く性質を指摘することである。そのためには、証書史料のみならず、フォルカンの歴史叙述の部分も考慮に入れ、証書部分と併せて考察する必要があるだろう。実際、ギアリはフライジングの事績録を例に、カルチュレールと事績録史料の親和性をも主張している(14)。ならば、本来事績録や歴史叙述ジャンル一般がもつ過去の記念の役割と、この証書史料の果たす記念的役割が相補的に両立しうるものであることを、『事績録』の分析においても提示せねばならない。こうした作業によってはじめて『事績録』の、二つに分裂したものではなく、一つの全体的な性質が明らかになるだろう。ユジェは言及していないが以下に検討するように、サン・ベルタン修道院は、メロヴィング朝最後の王が幽閉され、カロリング家とも深く関係し、そしてフランドル伯が墓所として利用した修道院である。『事績録』にもこうした支配者たちと修道院の関係は詳細に語られている。同時に、これらの支配家系は最大の証書発給者でもあった。したがって、本章でもこれら支配家系をめぐる証書と歴史叙述の複合的考察が中心となる。

以上のようなユジェの抱える二つの問題がそのまま本章の出発点となる。つまり、証書の霊的機能と、証書および歴史叙述の親和性を具体的に指摘することである。その上で、一〇世紀中葉のフランドルでなぜ、どのようにこの史料が著されたのかが明らかにされるだろう。具体的には、次の二点の解明が試みられる。まず、ユジェが緊迫したものと想定しているフランドル伯と修道院の関係を別な形で、より大きなコンテクストのなかで提示すること。これによって、修道院と伯の間には世俗的な紛争関係ではなく、霊的な共同関係が成立していたことが明らかになるだろう。そして、ユジェが議論の大きなポイントにしているサン・ベルタン修道院と同所から分裂したサン・トメールの参事会員たちの対立関係だけではなく、まったく異なる組織との対立関係がテクストを大きく規定している様を明らかにすること。これによって、サン・トメールとの世俗的対立関係だけがサン・ベルタンの関心事ではなく、むしろ他修道院との霊的領域での対抗関係がサン・ベルタンの修道士たちの頭を悩ませていたことが明らかになるだろう。そして最終的に、この二点は緊密に結びついて『事績録』の根本的な典礼的性質を披瀝することになり、中世初期において典礼的記憶と政治が取り結ぶ関係をわれわれに提示することになるはずである。

一・一〇世紀のフランドルと歴史叙述

『事績録』の本格的な分析に入る前に、簡単に一〇世紀フランドルの政治社会と史料状況について説明しておこう。とはいえ、この時代についてわれわれに遺された情報は極端に乏しい。歴史上、フランドル伯の家系は九世紀後半のボードワン一世鉄腕に始まる。西フランク王シャルル禿頭の娘を娶ったこの伯が何者だったのかは明らかでない。フォルカンの『事績録』においても、フランドル伯が本格的に登場するのはその息子ボードワン二世からである。次のアルヌール一世以来、フランドル伯は本格的な領邦形成を開始する。この頃、伯はほとんどフランク王家を無視し、時には敵対しさえし、イル・ド・フランスに拠点を置くロベール家とも争いながら南部へと領土を拡張していった。しかし、この伯は晩年に後継者を失い、家系は断絶の危機を迎える。ここから伯は王家と臣従関係を取り結び、一〇世紀後半のフランドル伯領は衰退の時期を迎えることになる(15)。

『事績録』は、アルヌール一世の晩年九六二年頃に記されたと考えられる作品だが、一〇世紀のフランドルに関する歴史叙述としては最も重要なものである。とはいえ、他にまったく興味深い歴史叙述が存在しなかったわけではない。とくに、『フランドル伯アルヌールの系譜』と呼ばれる作品には若干触れておかねばならないだろう。この系譜作品は、カロリング家の王たちからシャルル禿頭王の娘ユディトを通じてフランドル伯家に至る系譜を語るものである。パツェは、建立者年代記テーゼにおいて『事績録』と共にこの作品も分析している。かつては、この作品は一〇世紀中頃、『事績録』よりも若干前にサン・ベルタン修道院において成立したと考えられていた。しかし、E・フライゼの詳細な写本分析から、この系譜はコンピエーニュの修道院において成立したものであり、アルヌール一世が長子ボードワンと共に西フランクの教会組織を行脚した際、多大な寄進への返礼として記された記念的性質のものであることが明らかになっている(16)。つまり、この作品は厳密な意味で伯家との恒常的な関係のなかで成立したものとはいえないし、伯家と関連づけて論じうるにしても、パツェのいうような建立者年代記の性質を備えたものではないのである。筆者としては、フライゼの見解に何らかの成果を付けくわえる用意はない。ここでは、伯家との接触で生じた一〇世紀の歴史叙述が典礼的性質・霊的機能を帯びていた点、そして伯家とのあくまでも恒常的な関係のうちに成立した作品として、また伯領を対象とした歴史叙述として『事績録』こそが唯一無二の重要性を帯びた作品であった点だけを確認しておきたい。

さて、『事績録』はフランドルに限らず一〇世紀の西欧を代表する歴史叙述でもある。ボーティエのジャンル別概観が示すように、事績録史料は九世紀にいくつか現れるが、本格的にこのジャンルの史料が流行するのは一一世紀に入ってからである。また、同時代におけるその他の類型の史料に目を向けても、『事績録』に質量ともに匹敵あるいは凌駕しうる歴史叙述は、ランスの参事会員フロドアールによる編年誌のみであろう(17)。こうした点から、『事績録』は一〇世紀西欧の歴史叙述がいかなる性質のものであったのかを知る点においてもきわめて重要な史料である。本章の課題は、こうした作品を従来とは異なる視点から読み替え、その典礼的・霊的性質を明らかにすることであり、修道院を取り巻く政治的・社会的利害と修道院による記憶の管理が交差する地点で働く戦略を明らかにすることなのである。

二　証書利用とその傾向

(一) 証書と支配家系

フォルカンの『事績録』の特徴が、歴史叙述と証書の組み合わせにあることは疑いえない。証書史料に関して、フォルカンは、当時サン・ベルタン修道院に所蔵されていたものを筆写したとしている。しかし、すべての証書史料を利用したわけではないことも匂わせている。その証書史料の選択にどのような傾向があるのか。これまでフォルカンの叙述の証書部分だけを分析の対象とした研究は、その筆写された文書からオリジナルな文書を復元しようと試みたり、筆写された文書を通じてオリジナルの文書が記された当時の現実世界を明らかにしようとしてきた。これらの証書にローマ法の痕跡を確認しようとしたルマリニエや、九世紀中葉の荘園世界の様態を解明しようと試みたガンスホーフの議論もここに含まれる。[18] そもそも近年まで、通常、中世の文書の喪失は人災や天災に帰されてきた。現存するカルチュレール類、つまり証書史料集成は、こうした災厄を免れて出来うる限り文書の保存に努めた結果遺されえた証書の集まりと看做される傾向にあった。しかしギアリによれば、文書の喪失は天災や人災と併せて、人為的な忘却行為の結果でもある。現在的な関心や歴史像に合致しない文書は選別され、忘却に付される。そして、選びだされた史料によってのみ過去像が再構築されるのである。[19] フォルカンは、天災あるいは人災、そして先人の無関心による文書あるいは書物類の喪失について自ら言及している。[20] 事実、サン・ベルタンは度重なるノルマン人の侵入、嵐による倒壊など、数々の苦難を経験しており、その過程で文書が失われた可能性も否定できない。しかし同時に、フォルカンはその叙述のなかで、読者に余分なものと思わせないためという理由で証書史料を付さない場合、[21] あるいは自らの叙述に溶け込ませる形で証書史料の内容を叙述し、あえて証書をそのまま複写しない場合もある。[22] もちろん、失われた文書の数や内容はわれわれには知りえないし、こうした史料の抹消行為を議論に組み込むことこそギアリのいう〝忘却の歴史学〟が最も批判を呼ぶポイントかもしれない。しかし、われわれに遺され提示されたフォルカンの証書の性質とその利用に何らかの傾向性が確認されるとするならば、それは一〇世紀というきわめて史料の乏しい時代に作成された『事績録』の性質を明らかにする一つの縁にはなろう。

ユジェは、こうした証書史料の選択性についてはほとんど注目していない。彼女は、『事績録』への四〇点以上にのぼる証書の挿入は、当時介入を強めてきたフランドル伯に対して修道院が自らの法的権限を確保しようと試みた結果だと主張する。[23] しかし、その証書利用の状況を検討し傾向性を示しうるならば、すべての証書史料を一纏めにしてその世俗性を強調したこの議論があまりにも単純なものであることが明らかになるだろう。

まず、フォルカンの証書利用を世紀別に確認しておこう。七世紀に関しては七通、八世紀については一四通、九世紀においては二六通の証書が挿入されている。一〇世紀のものは、一通しか存在しない。これらの内容は多彩である。俗人による土地その他の寄進、他者との土地の交換、院長による土地その他の購入や売却、財産目録、王による特権の承認といったところが、そこに記された内容である。このように多彩ではあるけれども、ギアリがいうように、基本的には記念的性格をもち、とりわけ院長の功績を言祝ぐものであったはずのそれらの証書を眺めてみると、最も目立つのは最大の証書発給者たる歴代の王たちの姿である。フォルカンの挿入証書の内一八通が、王権による何らかの修道院特権の承認についてのものである。全体の三分の一を占めるこれらの文書の複写物にはどのような傾向が確認できるのか。七世紀中葉に建立された由緒あるこの修道院には、メロヴィング家以来の王による特権が与えられていた。フォルカンの叙述から読み取るに、何らかの事情がない限り王の交代あるいは院長の交代の度に、こうした特権の承認が行われている。メロヴィング王によるものは八通、カロリング王によるものでは一〇通が挿入されている。しかし、特権を承認した王の数になるとこれは逆転する。メロヴィング家の王は、テオデリクスに始まり最後の王キルデリクスに至るまで五人の王が承認を与えているのに対して、カロリング家の王はシャルルマーニュとその息子ルイ敬虔帝、さらにその息子シャルル禿頭王、一〇世紀の西フランク王ロタールの四人だけである。しかも、ロタールの場合、これは九六二年一月七日に約一〇〇年ぶりに王によって与えられた承認であり、フォルカンの執筆直前と考えられるので、承認を与えた過去のカロリング王は三人だけである。これには王家の内乱や異民族の侵入による社会の混乱が影響し承認が行われなかったこと、各王の統治期間、とくにシャルル禿頭王までのそれが比較的長かったことなどが関係しているのかもしれない。また、修道院自体の混乱も要因と考えられる。しかしそれにもかかわらず、ここでわれわれは別の可能性を考えてみることもできる。その可能性とは、修道院と歴代の支配家系との関係がフォルカンによる証書の選択性に影響しているのではないかというものである。こうした推測は、フォルカンの歴史叙述と証書利用を併せて検証することでその妥当性がはじめて確認されうる。以下、聖人伝としての『事績録』、そしてカロリング家へのネガティヴな叙述、最後に墓所としての修道院といった三つのテーマに考察をくわえ、上記の可能性について検討してみよう。

(二) 聖人伝としての『事績録』

まず、聖人伝としての『事績録』について検討してみよう。聖人伝的な要素が、『事績録』における支配家系の叙述に影響していると考えられるからである。そもそもフォルカンの叙述には色濃く聖人崇敬の痕跡がとどめられており、同時代の聖人崇敬を知る史料としても活用しうる程である。しかし、複数登場する聖人たちのなかで最も重要な存在は、当然聖ベルティヌス(サン・ベルタン)である。実際、『事績録』前半部分はベルティヌスの聖人伝的な叙述によって占められている。(24) ここでのフォルカンの意図は、ベルティヌスという偉大な聖人の功績こそがこの修道院の基礎にあると示すことだったはずである。フォルカン自身も、序文でベルティヌスの名前の語源学を展開しながら、天上において他の人々に比べとりわけ光り輝く存在であるこの聖人の栄光を語らんと明言している。(25) しかし、ベルティヌスについては他にも聖人伝が遺されており、フォルカンもこれを利用している。(26) ベルティヌスは六九八年に世を去り、永遠の報酬に与ったが、その功績は伝記に記されているとフォルカンは述べている。(27) つまり、聖人伝を叙述の論拠とし、その参照を促しているのである。こうした点を考えてみると、フォルカンはおそらくベルティヌスを扱った『事績録』前半部分で、聖人伝と性質を共有しつつも、これと相補的な別種のテクストを作成しようとしたのだと考えられる。こうした際に、ベルティヌスの功績を示し、なおかつ聖人伝史料においては活用されていないものとして証書史料は大きな利用価値をもつものだったはずである。ベルティヌスの功績を強調するためであれば、三人称でフォルカンが記すだけで十分であろう。しかし、それでは聖人伝テクストと変わりはない。『事績録』であるからには、聖人ベルティヌスとしてだけではなく、あくまで修道院長ベルティヌスとしても描かれねばならない。このベルティヌスが活躍した七世紀後半は、メロヴィング王たちの時代である。聖人であり初代修道院長ベルティヌスに特権を与える王は当然ネガティヴな姿では描かれず、聖人に協力する支配者としてその功績は証書によって記憶されるべき存在である。[28] フォルカンは、先人たちの無関心や古さのためベルティヌスの生前の出来事は多くが忘れ去られたとしているが、確かなこととしてベルティヌスが王権によって特権を承認されるよう努めたことを挙げている。[29] 一人称で王が特権を承認する形の証書史料を挿入することで、聖人の功績と共に、これに大きな協力を果たした王たちの功績も強調することができるだろう。こうしたベルティヌス時代の修道院初期史は一種の聖人伝ではあるが、この証書の挿入によって修道院の建立や発展に貢献した人物たちもベルティヌスに協力する形で功績が記憶されえたのである。この人物たちのなかで、メロヴィング王たちは一際目立つ存在であり、彼らの貢献は、ベルティヌスの死後も称えられつづける。

ベルティヌスにつづいて大きく扱われるのが、カロリング期のテルアンヌ司教フォルカンである。この司教フォルカンは死後聖人と看做される人物であり、われわれのフォルカンの親族にあたる人物でもある。[30] そして、この聖フォルカンの登場以後、再び『事績録』は聖人伝的テクストとなるのである。フォルカンは、表立って司教フォルカンの修道院に対する貢献を書き連ねることはしない。しかし、この間サン・ベルタンの修道院長たちは事績録史料であるにもかかわらず主役の座を奪われ、それどころか悪人に仕立て上げられている。その代表は院長フリドゥギススであり、彼はサン・ベルタンからサン・トメール参事会教会が分裂するきっかけを作った人物とされ、修道生活の破壊者と罵られている。[31] また、その跡を継いだ院長ユーグは、シャルルマーニュの私生児であり皇帝ルイの弟であるが、ただ一つのことを除いて立派な人物であるとされている。その一つとは、悪魔の介入によってサン・ベルタンをサン・トメールの管理下に置いたことであるという。この後ユーグはルイによりアキタニアに送られるが、王家の者により陰謀で殺害されたとフォルカンは説明している。[32] それはあたかも悪魔の策に嵌った罰であるかのように描かれているのである。結局のところ、こうした事態が語られる間、あくまでもフォルカンの叙述の主役は同名である自身の英雄聖フォルカンである。フォルカン自身、聖人の埋葬から奇蹟までを描いた後、その功績を語るために院長たちの事績から外れていたので元に戻ることを宣言し、歴代の院長たちの叙述が再開される。[33]

この聖フォルカンの司教在位期間はルイ敬虔帝の治世にあたる。[34] 以下に見るように、カロリング家の王たちは彼岸世界での断罪を受ける姿が暗示される形で描かれているにもかかわらず、ルイだけがそうした否定的な姿を免れている点は興味深い。むしろ、その死の直前に天に驚くべき光景が展開されるという奇蹟が起こったとさえ記され、その敬虔さと聖性が暗示されている。[35] つまり、ルイ敬虔帝はベルティヌスにとってのメロヴィング王たちと同じく、聖フォルカンの聖人伝に登場する王であって、その功績に何らかの形で貢献した王として扱われているのである。そのため、ルイの功績も称揚されんと証書史料が挿入された可能性を考えることができるだろう。

以上の分析から明らかになるのは、『事績録』が部分的に聖人伝的性質を帯びうることであり、フォルカンは聖人伝と相互に参照されるべき相補的な機能をもったテクストを作成しようとしたことである。そこで登場する人物たちは何らかの形で聖人の功績に貢献し、その人物たちの功績も称揚される。あるいは、この聖人の功績と対比的な形で悪しき院長たちの行為は断罪される形で描かれることになる。このような登場人物たちのなかで最も重要な人物は、当然王たちであって、とくに聖ベルティヌスと深い関係にあったメロヴィング家の王たちは証書の挿入によりその功績が示され、それに対する報酬が確かなものとして保証されるのである。

(三) カロリング家の肖像

次に、カロリング家についての叙述に目を向けよう。ピピンから自らの時代に至るまで、約二〇〇年間に王より与えられた証書としてフォルカンが挿入しているものは一〇通存在する。一〇世紀のロタールのものを除けば九通だが、先述のようにこれらは三人の王たちにより与えられたものである。シャルルマーニュ、先に触れたルイ敬虔帝、そしてシャルル禿頭王がその三人である。しかし、それぞれ証書の発給時期はかなり限定されている。シャルルマーニュによるものは七六九年と八〇〇年の八世紀後半の二通、ルイによるものは八二〇年と八三〇年、そして八三五年の三通、そしてシャルル禿頭王によるものは八六六年と八七三年、八七七年六月と七月の四通である。[36] この間隔の大きさは、各王の統治期間の長さを考えれば、不思議ではない。不思議なのは、これらの証書を発給したルイを除く王たちが何らかの形でネガティヴな姿で描かれていることである。

シャルルマーニュについては、修道院への特権承認の他に、ローマへ赴き皇帝に戴冠せられたことも記されているが、[37] その死に際しての叙述が印象的である。フォルカンは、シャルルマーニュが死にルイがその跡を継いだことを記した後、シャルルマーニュの死がかつての『ヴェッティヌスの幻視』の読書体験を想起させた次第を語り、そこから知った物語を綴る。『ヴェッティヌスの幻視』は九世紀に成立した幻視文学で、ヴェッティヌスなる人物が天使に導かれ霊界巡りを果たす物語である。[38] ダンテにも影響を与えたとされるこの作品では、健康かつ美しい姿のシャルルマーニュが、異界にて、その淫蕩の罪により野獣に性器を引き裂かれる様が描かれている。天使は、シャルルマーニュがこの死後の世界にて責め苦に悶絶する様子をヴェッティヌスに提示した後、他の功績によりシャルルマーニュはここからすぐに救いだされるだろうと語る。こうした場面をフォルカンは思いだしたとして、自らの作品に書き記したのである。[39]

たしかに、この叙述では最終的にシャルルマーニュは救われるであろうことが示されているが、単にシャルルマーニュを称えるだけならばこうした挿入は必要なかっただろう。偉大なる皇帝が彼岸で残忍な責め苦に曝されている姿を、フォルカンはあえて記したのである。

ルイ敬虔帝の息子であるシャルル禿頭王については、兄であるルートヴィヒ・ドイツ王との争いが、しばしばフォルカンの叙述の対象となっている。[40] また、このシャルルが修道院に介入し院長を交代させたことが記され、彼の治世は度重なるノルマン人の侵攻や飢饉が起こり、疾病の蔓延るものとしても描かれている。[41] しかし決定的なのは、シャルルマーニュ同様にその死の描かれ方である。フォルカンは、ここでも『サン・ベルタン編年誌』なる先行作品にその叙述を負っている。八七七年、親族との激しい対立の最中ローマに向かったシャルルは、教皇への寄進後、帰還の途上アルプスにて死亡してしまう。このとき兵士たちは墓所とされていたサン・ドニ修道院に遺骸を運ぼうとするが、やがてシャルルの死体からは悪臭が立ちこめ始める。しばらく香料などで臭いをごまかそうと試みた兵士たちだったが、とうとう王の遺骸が放つ腐臭に耐え切れず、ブルゴーニュの一修道院にこれを埋葬してしまったのである。[42]『サン・ベルタン編年誌』は、じっさいにはその呼称にもかかわらず同修道院にて成立した作品ではなく、九世紀中にサン・ベルタンにもたらされたものだと考えられている。[43] 九世紀前半から後半までの出来事が年毎に詳細に語られる歴史作品であるが、フォルカンはこうしたエピソードをそこから引きだし、あえて腐臭に塗れた王の死体を描いたのである。

シャルルマーニュにせよシャルル禿頭王にせよ、こうしたおぞましきネガティヴな形象がその死にまつわる形で描かれている点は注目される。シャルルについてはその死体であり、シャルルマーニュのように魂の行方が提示されるわけではない。しかし、腐臭を放つ死体のイメージは魂の所在をも暗に示すものと捉えることができる。後述するように、フォルカンはこの『事績録』で何人もの聖人たちの聖遺物の移葬やそれにまつわる奇蹟を描いている。この時代、聖遺物はそれ自体物ではなく、まさに生きた聖人そのものと看做されていた。それは聖人の功徳を示すかのように芳香を放ち、キリストの聖体と同じく叩けば血を流すとも考えられていた。そして、聖遺物はしばしば盗まれることもあったが、この「聖なる盗み」は聖人自らがその意思で場の移動を認めた結果生じたと説明されるのである。[44] したがって、腐臭を放ち、然るべき場所に埋葬されなかった死体は、この芳香を放ち然るべき場所に自らの意思で赴く聖人の遺体、聖遺物と対極の負のイメージを背負い込んでいると見ることができる。

フォルカンは、自らが手にしえた史料からシャルルマーニュやシャルル禿頭王にこうした負のイメージを背負わせた。したがって、これは『事績録』を執筆中のフォルカンがカロリングの王たちに少なくとも肯定的な感情を抱いていなかったことを示しているだろう。[45]しかし、フォルカンが反カロリング的感情をもっていたとしても、そのままカロリング家を否定的な姿で描くだけでは済まされなかった。フォルカンの執筆は九六二年頃と考えられているが、彼は突然九六二年の一月七日に西フランク王ロタールによって発給された特権承認証書を『事績録』終盤に挿入している。[46]これは『事績録』において、約一〇〇年ぶりに用いられた王の証書である。[47]この突然の挿入には、フランドル伯とカロリング家の間で揺れ動く当時の修道院の動揺が如実に反映されている。一〇世紀前半の間、ことごとくカロリング家と対立し自らの領邦拡大を進めてきたフランドル伯の政策は、アルヌール一世の治世下に転機を迎える。父に倣い伯領の拡大に努めてきたアルヌール一世だったが、九六二年一月一日、後継の長子ボードワンを病のためサン・ベルタン修道院にて失う。これについてはフォルカンも記している。[48]ボードワンは父に幼子を遺していったが、これが後にアルヌール二世を名乗り、伯位を継承する人物となる。アルヌール二世が治めた一〇世紀後半のフランドル伯領は、これまで一般に弱体化の一途をたどったと考えられてきた。その根拠とされてきたのが、後継者を無くしたアルヌール一世が政策転換し、九六二年、西フランク王ロタールに忠誠の誓いをなし、同王と臣従関係に入った事実であった。近年の研究では、一〇世紀後半の伯権力弱体説に疑問も投げかけられてはいるが、九六二年アルヌールがロタールと臣従関係を結んだことは確かである。アルヌールは九六五年に死亡する。アルヌールにとって差し当たっての敵はカロリング王ではなく、傍系親族だった。後継者を失い、幼子だけを遺された老境のアルヌールが伯位と伯領の将来を思い、いかなる形であれその基盤を確固たるものにしようと試みたことは容易に推測しうる。[49]フォルカンの執筆時期がこの臣従契約の前だったのか、後だったのかはわからない。しかし、一〇世紀前半以来関係を強めてきたフランドル伯が後継者を自らの修道院で失い、その未来に暗雲が立ちこめてきたことだけはフォルカンにも理解されていたはずである。こうしたなかで、ロタールによってボードワンの死後まもなくに与えられた証書をフォルカンは利用せずにはいられなかっただろう。フランドル伯家とカロリング家の間で揺れ動く修道院の位置づけが、フォルカンの『事績録』にも影響している。フォルカン自身は自らの傾向に従って、叙述史料からはネガティヴなカロリング王の姿を引きだしたが、急激な政変がもたらしたロタールとの関係からシャルルマーニュやシャルル禿頭王といった過去の王たちの証書も付与し、カロリング家と修道院の関係を強調しつつ、その王たちの功績を示す必要も感じていたのではないだろうか。こうして王たちの功罪を魂の行く末と共に示すことで、ロタールに王国統治および修道院との関係においてよき振る舞いを求めるメッセージを発することも可能だったはずである。

以上のような点から、総じてカロリングの王たちはフォルカンにとって決して肯定的に映っていたわけではないこと、しかし再びフォルカンとサン・ベルタン修道院に突きつけられたカロリング王権との関係がフォルカンに叙述と証書史料の併用を促したことを、われわれは推測しうる。サン・ベルタンの置かれた位置と同様に、フォルカンの叙述もカロリング家に対する微妙な距離感のうちにあったといえよう。(50)

(四) 墓所としての修道院

次に、墓所としての修道院という立場が『事績録』にどのような影響を及ぼしているかという点について分析を試みよう。サン・ベルタンは一〇世紀中に徐々にフランドル伯家の菩提寺となってゆく。フォルカンは、そのフランドル伯関連の証書を一通も挿入していない。伯が王権のように修道院に特権の承認を与えうるような権限を所有していなかったということも、その理由として考えられるだろう。しかし、そればかりが理由ではない。八九〇年に院長ロドゥルフスがサン・タマンの修道士たちと交わした地所譲渡とそれに伴う相互ミサ、祈祷の取り決めに関するものを最後に、フォルカンは証書の挿入を停止する。次に証書が挿入されるのは先述の九六二年のロタールによる特権承認文書で、これが最後である。つまり、フォルカンは過去の構築に必要とした証書史料は九世紀末までのもので十分と考えていたのだ。事実、一〇世紀のサン・ベルタンに何ら寄進の類が行われなかったのではなく、フランドル伯が寄進を行った後、自ら文書を要求したことをフォルカンは記しているし、彼はその証人リストを、証書を挿入するのではなく自らの叙述に溶け込ませる形で記している[51]。また、他の俗人による寄進や教会組織との取引がまったくなかったとも考えにくい。したがって、フォルカンは一〇世紀の叙述に関して証書の筆写は必要ないと考えていたと思われる。フォルカンが修道院入りしたのは九四八年のことだが、おそらく修道院には生き証人たちが存在し、さまざまな口頭伝承にもとづいて叙述をなしえたであろうし、証書史料を引用する類の叙述が少なかったこともあるだろう[52]。しかし、伯家の墓所として、伯と霊的領域での結びつきを実現していた同修道院にとって、証書による記念はさほど重要なこととは思われなかったという可能性も考えられる[53]。以下、この点に検討をくわえる。

サン・ベルタン修道院が伯家の墓所だったという事実[54]は、これまで見てきたような『事績録』の記念的性格を考えると、見逃せない。高貴な人物の墓所たることは、多大な寄進を集めると同時にその修道院の栄誉を高めることにも直結した。フォルカンは、先述のメロヴィング最後の王キルデリクスや、イングランドから大陸へ渡ろうとして死んだイングランド王家の者エドウィンが同修道院に埋葬されていることを記している[55]。しかし、ここで重要なのはフランドル伯の埋葬である。歴史上最初のフランドル伯であり、八七九年に世を去ったボードワン一世鉄腕も、このサン・ベルタン修道院に埋葬されている。ただし、その心臓や腸の類、つまり臓器はヘントのシント・ピーテル修道院に埋葬されている。フォルカンは、本文中その事実を知らせていない。その写本の周辺余白に、ボードワン一世が晩年修道士となりサン・ベルタンで暮らし、死後そのような分割埋葬処置がとられたと記されているのみである[56]。おそらく後世の挿入であろうが、このヘントのシント・ピーテル修道院との関係はわれわれに重要な示唆を与えてくれる（図13）。

図13　聖アマンドゥスによるヘントの異教神殿破壊（上）とシント・ピーテル修道院の建立（下）。同修道院は、630年ごろ建てられており、サン・ベルタン以上の歴史を誇っていた（出典：*Ganda & Blandinium. De Gentse abdijen van Sint-Pieters en Siut-Baafs,* ed. G. Declercq [Gent: Snoeck-Ducaju & Zoon, 1997]）。

サン・ベルタンの修道院長でもあったフランドル伯ボードワン二世は九一八年に死ぬが、この伯の死についてはフォルカンも叙述を残している。それによれば、ボードワンが死んだとき、家臣たちはサン・ベルタンに埋葬させることを主張したが、伯妃のエルフトルディスはシント・ピーテルに埋葬させた。なぜなら、エルフトルディスは死後夫と共に埋葬されることを望んだが、サン・ベルタン修道院ではいかなる女性も修道院に入ることは許されず、密かに入り込むならば不敬なことであると看做されていたからだとフォルカンは説明している。[57] 先代伯においてはシント・ピーテルと遺体を分けあったサン・ベルタンだったが、今回は自修道院の長であった伯の身体すべてをシント・ピーテルに譲らねばならなかった。

　修道院にとって、これは大きな出来事だったように思われる。アルヌール一世の治世下に起こった一件について、フォルカンは以下のような興味深い事実を書き記しているからである。九三八年、アルヌールの妻アデラは、病のため聖ベルティヌスの執り成しを期待し、サン・ベルタンに入ることを強く希望する。テルアンヌ司教やカンブレー司教の助けもあり、これが実現するが、修道士たちはひじょうに怖れていたという。なぜなら、それまでいかなる妃もこうしたことを望んだことはなかったからである。[58] 修道院にとって思い切った決断が必要だったことは間違いなかろうが、このときかつてのシント・ピーテルとの競合関係が修道士たちの頭になかったとはいいきれないだろう。結局、アデラは修道院入りを果たし、それに際して伯から多くの寄進がなされたのである。

このシント・ピーテルとの競合関係は、さらにつづく。先述のように、アルヌールの後継者だったボードワンは九六二年一月一日サン・ベルタンで死亡し、同所に埋葬された(59)。また、アルヌールの弟で、父からブーローニュ伯位共々サン・ベルタンの院長職を継承していたアダロルフスも九三三年に死に、サン・ベルタンに埋葬されていた(60)。しかし、九六〇年に死んだアデラの埋葬場所は明らかでないものの、シント・ピーテルに埋葬された可能性が高い。また、九六二年、アルヌールの娘リウトガルトもシント・ピーテルに埋葬されたという。そして、フォルカン執筆後九六五年にアルヌール一世が死んだとき、その埋葬地にはシント・ピーテルが選ばれたのである。この後も、両修道院は伯家の墓所としての競合関係をつづける。こうした事情を踏まえて、K・H・クリューガーは九六〇年のアデラや九六二年のボードワンの埋葬によって両修道院が競合関係に入ったと結論づけているが(61)、以上の概観からわかるとおり、実際には一〇世紀前半の段階ですでに両修道院は支配家系の墓所という栄誉ある地位を争っていたと考えた方がよい。九六〇年頃、フォルカンが執筆した時期には、まさにこうした緊張関係が存在したのである。

そして、この墓所としての修道院という立場は、必然的にメロヴィング最後の王キルデリクスをクローズアップさせることにもなり、『事績録』におけるメロヴィング家の肯定的役割はそれによってまた強められるのである。周知のように、凋落著しいメロヴィング家に代わりすでに八世紀前半に実権を握っていたカロリング家のピピンは、キルデリクスを剃髪させ修道院送りにするが、その修道院こそサン・ベルタンだった。キルデリクスはこの地で生を終え、同修道院に埋葬されたと伝えられている。事実、フォルカンもキルデリクスの同地での埋葬について言及している。しかし、キルデリクスに授けられた証書を利用してもいるフォルカンが、なぜ同王がサン・ベルタンにて生涯を終え、埋葬されたのかについては語らない。ただ、カロリング家が教皇により祝福され王位に就いたことは、その後に述べている。[62] つまり、フォルカンはカロリング家が王位に就いたことは神の摂理として描いているが、メロヴィング家がなぜ、どのように王位から転落したのかについては記していないのである。フォルカンは事の顛末を知らなかったのだろうか。『事績録』校訂者であるO・ホルダー・エッガーのように、そう推測する向きもある。[63] しかし、事績録というジャンルが未だ一般的ではないこの時代に、フォルカンが内容・形式ともに参考にしたと思われる『フォンタネル修道院長事績録』(九世紀中頃成立)には、キルデリクスが剃髪され修道院送りにされたこと、その後ピピンが教皇により王として聖別されたことが記されている。[64] この事実を考慮に入れるなら、フォルカンはむしろ、ピピンによるキルデリクスの強制的な修道院送りという事件をあえて記さなかったのではないかと考えられる。この事件を記すことは、修道院の発展に貢献したメロヴィング王家の凋落と不名誉な奪冠、そして同地に埋葬されたキルデリクスの王としての非適格性を提示することになる。王侯を含めた俗人の、死を控えての修道院入りならばよくある事態である。そのために、フォルカンはキルデリクスの修道院入りと王家の交代を、重要な部分を隠蔽しつつ描いたとも考えられるだろう。間に挟まれたカロリング家の王たちは、そのメロヴィング家を追い落とし、そして現世世界の混乱を招いているという理由で否定的に描かれるが、九六二年当時に起こる政治的変動は、そのままの否定的なカロリング像を許さない。ここからフォルカンの証書利用が導きだされるし、メロヴィング家からの王位簒奪の詳細が伏せられた理由の一端を、ここに見ることも可能かもしれない。フランドル伯家に対しては、証書利用の無さは修道院と伯家の敵対関係を意味しない。むしろ墓所としての修道院という霊的な結びつきを保証された両者の関係を、フォルカンはあえて証書利用で補う必要はなかったのである。こうしてフランドル伯家はサン・ベルタンと緊密な関係の内にあったが、むしろサン・ベルタンを脅かしていたのは、伯家の断絶の可能性という政治的危機と、シント・ピーテルとの霊的な領域での競合関係であった。そして、このシント・ピーテルとの競合関係は、われわれを新しい論点へと導いてゆく。それが、聖遺物をめぐるフォルカンの叙述である。

三　聖遺物と修道院の霊的権威

『事績録』の冒頭がベルティヌスの、そして途中部分が聖フォルカンの聖人伝的な叙述によって占められていることは以上に述べたとおりである。しかし、この作品には他にも何人かの聖人たち、より正確には聖遺物が登場する。われわれは、この聖遺物をめぐるフォルカンの叙述にも他の修道院共同体との緊張関係を認めることができる。

フォルカンの叙述に登場する聖人で最も目立つ存在は聖オメルスである。聖オメルスについて、フォルカンは埋葬地の変更を描いているし、[65] 修道士たちがライン地方にまで聖遺物をもちだし東フランク王オットーと面会したことや、その際に起こった奇蹟、土地を獲得した成り行きなども記している。[66] これらは、聖人や聖遺物についてしばしば書かれた「移葬記 Translatio」や「奇蹟譚 Miracula」のようなものである。独立した作品として記されることもあるこうしたジャンルの作品は、『事績録』のように他ジャンルの作品途中に挿入されることも多い。[67] 作品中にしばしば見られる聖オメルスの叙述は、ベルティヌスや聖フォルカンのそれらと共に複数の聖人伝を含んでいるかのような外観を『事績録』に与えるし、またこの作品がそうした性質を有するという事実を示している。しかし、本章の議論で重要なのはこの聖オメルスの記録ではなく、むしろより目立たない簡素な叙述である。フォルカンは、伯アルヌールがその甥イルドゥアンを院長の座に据えた後、九五一年とその翌年他の修道院から聖遺物を盗ませた次第を語っている。アルヌールが渇望したその聖遺物とは、オシ・レ・モワンの聖シルウィヌス（聖シルヴァン）、サン・ヴァレリーの聖ワラリクス（聖ヴァレリー）、そして場所は記されていないが聖リカリクスである。[68] フォルカンの叙述だけを見ると、これらは何気なく記された同時代の記録のように見えるかもしれない。しかし実際には、これらの聖遺物をめぐって、当時聖遺物を盗まれた修道院およびその周辺地域とサン・ベルタンの間には強い緊張関係が張り巡らされていたことが推測できる。とくに、政治権力を巻き込んでの激しい争いの焦点となったのは、聖ワラリクスの場合である。この聖ワラリクスの聖遺物をめぐる争いの顛末については移葬記あるいは奇蹟譚ともいえる作品が遺されている(69)。ただし、これは数十年後の一一世紀前半に作成されたものである。したがって、事件の詳細や聖遺物にまつわる物語に関しては、これをそのまま信ずることはできない。しかし、フランドル伯アルヌール一世が九五二年にこの聖人の遺物を密かに盗ませサン・ベルタンに移葬させたこと、その後盗まれた側に返還を求める声が高まり、このサン・ヴァレリー修道院の再建に努めていたフランキア公ユーグ、つまり後のフランス王ユーグ・カペーが九八一年、フランドル伯アルヌール二世にこれを返還させたことはたしかに確認されることである。少なくとも、盗んだ側と盗まれた側の間には、三〇年にわたって、その当時の政治関係に巻き込まれる形で聖遺物をめぐる緊張関係が成立していたと考えられる。こうした聖遺物をめぐる修道院共同体間の対立も、フォルカンの叙述の裏には存在するのである。

先述のように、フォルカンによる聖遺物略奪の記録はそれ自体を見るならば、さして重要な叙述には思われない。上記のような特殊な対立関係が、フォルカンの叙述に紛れ込み、ふと顔を出したかのような印象さえ与えかねない。しかし実際には、一〇世紀中葉のフランドルでは、聖遺物の盗みあるいは移葬はかなり頻繁に行われていた形跡がある。しかも、これらはかなりの場合伯あるいは伯に近い人物の主導で行われていたのである。そして、この領域において再び登場するのがヘントのシント・ピーテル修道院である。シント・ピーテルはサン・ベルタン以上の歴史を有する由緒ある修道院だが、一〇世紀中にはこれといった目ぼしい歴史作品を遺してはいない(70)。そして、シント・ピーテルの聖遺物移葬記も一二世紀前半になって成立したものである。しかしそれにもかかわらず、われわれはここから一〇世紀フランドルの聖人・聖遺物崇敬について多くのことを知りうるだろう。

この一二世紀に作成されたシント・ピーテルの史料とは、九四四年に伯アルヌールによって行われた聖ワンドレギシルス、聖アンスベルトゥス、そして聖ウルフラヌスの移葬を材にとった説教である。[71] ここでは、七世紀以来の聖人たちの経歴が語られた後、移葬が行われた九四四年がクローズアップされ詳細が語られる。移葬される際、聖人は各地で奇蹟を起こすが、これらによってフランドル全体が高貴なものにされたと記されている。九六〇年には、アルヌールはこれらの聖人たちのため、崩壊していた聖ペテロ（シント・ピーテル）のバシリカを再建し、土地や物品などを大量に寄進したという。ここから、一〇世紀中葉のアルヌールは、聖遺物の移葬や盗みを頻繁に行わせていたことがわかる。しかし、われわれにとってさらに重要なことは、この移葬が行われた九四四年当時のシント・ピーテルの修道院長が、アルヌールの依頼でサン・ベルタンの改革に乗りだしたゲラルドゥスその人だということである。ゲラルドゥスは、シント・ピーテルを治めてはいたが、伯の依頼でサン・ベルタンの改革を引き受けた。そして改革を実行したけれども、やはり二つの修道院を同時に治めることは不可能なため、アギロとウォマルスという二人の修道士が、つづいてゲラルドゥスの甥ウィドが院長に就くことになる。[72] なお、シント・ピーテルにて華やかかつ大々的な聖遺物の移葬が行われた九四四年に、サン・ベルタンでは改革によって分裂の危機が生じている。また、九四五年にはアルヌールによってシント・ピーテルへの聖ベルトゥルフスおよび聖グンドワルドゥスの移葬も行われた。[73]

このように一〇世紀中葉のフランドルでは数多くの聖人・聖遺物が移葬あるいは略奪されていた。なぜ、こうした現象が見られたのだろうか。一般に、聖遺物崇敬はカロリング帝国において王権によるキリスト教化の一環として推奨され、普及したと考えられている。しかし、古代の聖人の遺物が多く存在するイタリアやムスリムの支配するスペインとは異なり、恒常的に聖遺物の不足に悩む大陸部では、聖遺物を他の地域から公式・非公式に移葬する現象が見られる。たいていの場合髪や歯、骨、衣服の一部など小さく軽いものである聖遺物は運送に便利で、しかも高値で売れるため、これを取引する商人さえ存在した。先述のように、聖遺物はそれ自体が生きた聖人そのものと看做されていたし、その聖遺物を保管する共同体を守護する霊的な保護者とも考えられていた。

サン・ベルタンに見られるような聖遺物の盗みの場合、それは聖人自身が盗みに承認を与えたがゆえに成立したか、盗み手の善き意図により正当化しうるとされていた。また、聖人が適切な尊敬を受けていなかったとして正当化されることもある。しかしいずれにせよ、こうした「聖なる盗み」を正当化するために書かれるのが「移葬記」であり、「奇蹟譚」だったのである。[74] シント・ピーテルの説教もそうした類の史料であるといえるだろう。

このような一〇世紀フランドルの聖遺物をめぐる状況を見るとき、『事績録』の叙述は重要な意味を帯びてくる。フォルカンの叙述は、まず自修道院が盗んだ聖遺物をめぐって、盗まれた修道院との間に生まれた緊張関係の内にある。この聖遺物をめぐる実際の政治権力が絡んだ争いは、アルヌール二世とユーグ・カペーが共に政治の表舞台に登場する頃、つまり『事績録』の後の時代のことであろう。しかし、盗んだ側と盗まれた側の確執は盗みの当初から生じていたに違いない。聖遺物の獲得、ましてや「聖なる盗み」である場合、それは何らかの形で正当化されねばならない。ここではそれに関して詳しい叙述はない。こうした盗みはアルヌール一世の権威でもって正当化されるのみである。しかし、修道士たちはこれに何ら負い目を感じてはいなかった。なぜなら、フォルカンはこの盗みにつづけて、今度は修道士たちが「自分たちで」聖オメルスの聖遺物をもちだして財の獲得に走ったのだと記しているからである。[75] 聖遺物の移動は、公式の移葬であれ、盗みであれ、その共同体に聖人の守護と権益を与えるものであり、修道士たちはそれを喜んで受け入れたのである。そしてフォルカンの叙述は、シント・ピーテルをも念頭に置いたものとなっているだろう。伯の主導のもとに、同様に聖遺物を獲得し、同様にゲラルドゥスの治下に置かれていた修道院である。そして何より伯家の墓所としてのライヴァル関係にある修道院である。こうしてフォルカンの聖遺物の叙述からは、またもや伯家を媒介としたシント・ピーテルとの霊的領域での緊張関係が浮かび上がってくるのである。

おわりに

本章の課題は、これまで叙述史料と法史料という二つの分裂した、異なる性質を宿したものと看做されていた『事績録』に、出来うる限り包括的な視点から分析をくわえ、そこに提示された世界観を汲み取ろうとすることだった。叙述部分と筆写された証書部分を併せて分析することで、証書史料がフォルカンの現在的課題・関心のもとに選択されていた可能性が明らかになった。フォルカンの課題・関心とは第一に歴代の院長たちの記念ではあるが、その院長たちに援助・協力する形で修道院の発展に貢献しえた人物の記念や、時にはこれとは逆に修道院を危機に陥れた人物の断罪さえも目論まれていたのである。聖人伝的な要素を含み、寄進帳とも重なる部分をもちつつも、時間や対象の点でこれらよりもはるかに広範な叙述を可能とする「事績録」のスタイルは、こうした課題をもつフォルカンに最適のものであった。ただし、『事績録』はあくまでも当時読まれえたその周辺の諸史料のなかに位置づけられるべきであり、この点は、先に述べたようにフォルカン自身がしばしばベルティヌスの聖人伝の参照を示唆していることからも明らかである。これは、換言すれば『事績録』が周辺史料と相補的な関係にあったということであり、機能の点でもそれは同様であった。読者たる修道士たちにあっては、聖人伝史料や証書史料、そしてその間に位置する『事績録』はさほどかけ離れた史料ではなかっただろう。

メロヴィング家を追いやったカロリング家は、内乱やロベール家との争いで権威と実力を失墜し、異教徒たちに王国を荒らすがままにさせていた。代わって、修道院を一族の墓所に定め、また院長としても振舞ったフランドル伯たちが修道院にとって最重要の支配家系として現れる。しかし、九六二年フランドル伯家はまさに断絶の危機を迎え、修道院は伯家と密な関係を保ったまま、再びカロリング家が重要な存在として映り始める。フォルカンが執筆したのは、まさにそのような状況においてであった。フォルカンの叙述と証書史料選択の組みあわせには、こうした支配家系と修道院の関係の変遷が如実に表れている。したがって、『事績録』の証書利用は、ユジェのいうようなフランドル伯家に対する防衛のためではなく、カロリング家に対する流動的な立場によってもたらされたものだったと考えられる。サン・ベルタン修道院にてカロリング家の記憶をいかに保つか、その記憶をいかに構成するかは、『事績録』の主要な関心の一つだったといってよい。

そして、サン・ベルタン修道院が政治関係の狭間で揺れ動く間、フォルカンが多くの聖人にまつわる事象を記しているのは、シント・ピーテル修道院との霊的権威をめぐる争いの只中にあったからである。伯家の墓所として、伯の主導でもたらされた聖遺物所蔵の地として、この二つの修道院は一〇世紀中葉のフランドルで熾烈な競争を繰り広げていた。ここで、この霊的争いの意味を理解するために、カロリング期の政治秩序とキリスト教の関係を振り返っておこう。カロリング国家はそれ自体が一つの教会をなしていたという指摘が、しばしば見受けられる。カロリング・ルネサンスが、ラテン語そのものの復興を目指したものではなく、正しいラテン語の復興により、正しい神の言葉を伝えるための運動だったという見解はすでに広く認められているが、この神の言葉が広められた範囲が王国の境界をなすのである。神の秩序のもと一元的原理によって構成された王国が理想視され、そのなかでは共通の典礼世界が実現される。正しき典礼の果てるところ、王国も果てる。その外部は異教徒たちの地なのである。(76) いわば典礼共同体としての王国である。カロリング国家が聖遺物崇敬を広く展開させようと試みたのも、背後にこうした世界観をもちながら、この典礼共同体と王国の政治地図を少しでも一致させんとして、民衆向けの教化を図ったからである。しかし、シャルルマーニュの時代奇蹟的に実現されたかに見えたこうした理想も、王家の内乱や王家の一時的交代、そして異教徒の侵入によってすでに崩壊しつつある。もはや典礼共同体としての王国は崩壊し、さらに小単位の典礼共同体が成立しつつあった。それがフランドル伯によって支配される地域であった。伯は盛んに聖遺物の移葬を繰り返し、教会の守護者としての自らの権威を高めんとする。移葬中に各地で生じた奇蹟、あるいは移葬後修道院で起こった奇蹟は民衆の信仰を集め、多くの巡礼を呼び、その修道院共同体、その守護者たる伯、そしてその伯の支配地域全体の名声さえ高めることになろう。

このような霊的共同体の首邑の座をめぐる争いがサン・ベルタンとシント・ピーテルの間で繰り広げられていた。こうしたなかにあっては、典礼共同体の長たる支配家系をどのように描くかは、重要な問題だった。政治状況に翻弄されるサン・ベルタンにあって、フォルカンはその政治支配者や聖人たちの記憶をいかに構成するかに腐心し、その構築されたサン・ベルタンの霊的共同体のイメージによって、シント・ピーテルに対峙せんとしたのである。『事績録』は、かくも強くに霊的意味合いを帯びたテクストなのであった。ここに政治と記憶は交錯し、霊的世界観は歴史叙述の様態を決定したのである。

第二章　シャルル・ル・ボンの暗殺と一二世紀フランドルの歴史叙述

はじめに

前章では、一〇世紀フランドルの歴史叙述からその霊的機能を明らかにし、そこに魂の救いや彼岸世界との関連で記憶が構成される中世初期的な歴史叙述の特質を確認した。本章では時代を進め、一二世紀フランドルに現れた二つの歴史作品を分析する。政治的事件により引き起こされた危機のなかで、歴史叙述が多様な音色を響かせながら、いかに社会的アイデンティティを再構築しようと努めたか、そして歴史叙述を編成する原理である世界観と歴史意識に生じていた変化とはいかなるものだったのか。こうした問題の解明が、本章の目標とするところである。その対象とする主題と歴史叙述はきわめて特異なものである。

フランドル伯シャルル・ル・ボンの暗殺は、西欧中世において最もよく知られる事件の一つである。一一二七年三月二日未明にブルッヘのシント・ドナース（サン・ドナシアン）参事会教会において、シャルルは家臣の手によって殺害される（図14）。この暗殺によって、以後一年以上もの間フランドル社会はひじょうな混乱に巻き込まれることになるが、シャルル自身は直ちに殉教者と看做されるようになる。このフランドル伯シャルル・ル・ボンの殉教こそが本章の分析主題であり、これが当時のフランドル社会に起こりつつあったさまざまな社会的・文化的変容のみならず、歴史叙述の領域で生じつつあった変化を明らかにする手がかりとなる。

図14　シャルルの暗殺。なお、先の図８の写真も、ブルゴーニュ家シャルル突進公の結婚（1467年）を記念した現代の祝祭で、シャルルの暗殺が演じられている場面である（出典：H. Conscience, *Geschiedenis van België* [Antwerpen/Brussel, 1845]）。

シャルルを殉教者と看做しているのは、同時代のブルッヘのガルベルトゥスやテルアンヌのゴーティエといった事件の叙述者、そしてシャルルに哀悼の詩を捧げた詩人たちである(77)。ガルベルトゥスやゴーティエは、シャルルの死後まもなく、その遺体や持ち物を聖遺物として民衆が熱心に求める様子を語っている(78)。このシャルルの暗殺とその後のフランドル社会の混乱は、中世社会の諸々の側面をわれわれに提示するがゆえに、これまでに膨大な量の研究を生みだしてきた。しかし、それらにおいてはシャルルの殉教は逸話的な扱いしか受けておらず(79)、そこに政治的な意味が見いだされることはなかった。H・ホフマンは「神の平和」運動に関する研究の一節において、シャルルは土地の平和のため、秩序のために殉教したとシャルルの殉教に政治性を読み取っているが、この示唆もごく簡単な推測の提示にすぎない。[80] しかし、いったんフランドル史の枠を離れるならば、この事例が示す〝君主の殉教〟という現象は決して孤立したものではない。

中世ヨーロッパにおいて、〝殉教する君主〟のモチーフはしばしば聖人伝や歴史叙述などの史料に見られるものである。初期には七・八世紀のアングロ・サクソンの王たちに関するものなどが挙げられるが、より明確な政治性を帯びているのは一〇世紀以降東欧・北欧、そしてロシアなどに現れるケースである。これらについては、後により詳しく見るように、それぞれのテクストの相互関係・伝承関係や、あるいは個々のテクストの内容についての分析がなされている。それぞれの君主の死に関する歴史的経過、叙述におけるそれらの取り上げられ方、描写についてはもちろん個々の場合において相違がある。しかし、これらの〝殉教する君主〟、つまり聖人として扱われた君主たちはそれぞれにおいて当時出現しつつあった国家に名声を付与し、人々の忠誠心を刺激したこと、そして支配王朝の権威の正当化に有効な手段となり、あるいはその国家と結びついた地方教会の利益確保に有利に働いたことなどが、従来の研究において指摘されている。[81] つまり、こうした〝殉教する君主〟のモチーフが、これらの諸地域において相互に浸透・影響しあいながら、それぞれの所与の諸条件に適合的な形で政治的プロパガンダに利用されたといえるのである。シャルルは、これら殉教者と看做された君主の一人デンマーク王カヌート四世の息子であり、この聖人王との関係から〝殉教する君主〟のモチーフの伝播は容易に推測されうる。しかし、聖人王が伝統的に見られる地域から外れ、また王ではなく一領邦君主であったせいでもあろうが、このシャルルの殉教が上記の研究の流れで正面から取り扱われたことはほとんどないように思われる。いわば〝殉教する君主〟とフランドル史の二つの、交わることのない研究の流れにおいて、シャルル・ル・ボンの殉教は取り残されてしまっていたのである。

こうした動向のなか、D・C・ヴァン・メーターが発表した論考は、これらの研究史を股にかける数少ない研究といえよう。しかし、彼の研究はシャルルの殉教をおおよそレトリックの問題に還元しようとしており、この殉教がもつ本質的な意味を取り逃がしている。終末論と君主の聖化というテーマから当然のこととして、ヴァン・メーターが華麗なレトリックと神学知識を駆使するテルアンヌのゴーティエのみに分析を絞っている点は、その議論の致命的な欠点となっている。ここでは、ガルベルトゥスはまったく問題にされていない。これに対してJ・ドゥプロワージュの議論は、ガルベルトスにも十分な目配りをした上でシャルルの聖人化を扱ったものであり、本章と共鳴する部分も多い。ただし、その内容は高度に理論的な言説論を駆使したものとなっており、歴史叙述を政治的現実との強い関係性のうちに捉えようとする本章の議論とは根本的なスタンスが異なる。以下で見るように、本章は、これらの研究では論じられていない都市的環境と世界観の変化、殉教者としての君主像に対する世俗的な支配者観の勃興といった点を、ガルベルトゥスやゴーティエの叙述から明らかにしてゆく作業に費やされるだろう。[82]

本章は、以上のようにわずかの例外を除いて諸研究が無視してきたシャルルの殉教者像に注目し、その叙述から同時代の思想的潮流の変化、世界観の変化を浮き彫りにしてみたい。まずシャルルを殉教者と看做しているガルベルトゥスとゴーティエのテクストにもとづいて、その殉教の描写がもつ類型あるいは機能を分析し、シャルル・ル・ボンを〝殉教する君主〟の系譜に正当に位置づけることを目標とする。次いで、そのテクストに表された殉教のイデオロギーが、シャルルの政治的実践に対する作者の表象と密接に結びついたものであったことを示し、シャルルの殉教がいかに政治性を帯びたものであったのかを明らかにしたい。こうした一連の作業によって、複数のキリスト教文化圏や社会階層間の複雑な交通のうちに、〝殉教者シャルル〟像が形成されており、その〝殉教者シャルル〟像の周辺で世界観の変化が現れていることも明らかになるだろう。

しかし、本格的な分析に入る前に、議論の前提として、シャルルの暗殺の事件史とフランドル社会の混乱を簡単に振り返っておきたい。

一・暗殺の事件史

一二世紀前半のフランス王国において、フランドル伯領はノルマンディー公領と並び高度な政治的統合を誇っており、その権力構造の頂点に位置するフランドル伯もまた、未だ覚醒の緒についたばかりのフランス王権から半ば独立的な地位を保持していた。[83] シャルルが一一一九年、従兄弟のボードワン七世の跡を継いでフランドル伯となったのはまさにこの時期であった。一一二七年に暗殺されるまでのシャルルの事績についてそれほど多くのことは知られていないが、一一二四年から翌年にかけて起こった飢饉の対策や、粗暴で知られた海岸地方に関する治安的努力などが注目される。また、この間にドイツ皇帝およびエルサレム国王への登位を求められたともいわれる。

先述のように、一一二七年三月二日慣例としていた早朝のミサの最中、ブルッヘのシント・ドナース教会において、シャルルは背後から斬りつけられ殺害される。実行犯の首謀であるボルシアールはシント・ドナース教会参事会長ベルトゥルフの甥であり、このベルトゥルフを含む暗殺の陰謀を企てた者たちは〝エランバルド一族〟と呼ばれる有力家系に属していた。シャルルの治下でベルトゥルフが就任していたシント・ドナース教会参事会長の職は、一一世紀末からは伯領の大法官や伯直轄地の出納長などの職務を兼ねており、伯領において事実上伯に次ぐ権限を手にしていた。このベルトゥルフのもと、ブルッヘ城代ディディエなど伯領内の要職を占めたエランバルド一族は、ひじょうに大きな勢力を有していたのである。[84] エランバルド一族が伯を暗殺するに至った原因はおそらく複合的なものであるが、そこに一族が非自由身分の出自であるとされた点が絡んでいることは間違いない。当時、一一世紀以来の平和運動の成果などもあって徐々に伯領内の秩序の安定化に成功しつつあった伯は、非自由身分の出自が噂されたエランバルド一族を、厳格な身分統制によって、絶大な権力の座から排除しようとした。それに絶望した一族が伯を手にかけたというのが一連の経過であった。[85]

図15　暗殺の現場となったシント・ドナース教会の跡地。反逆者たちが最後に立てこもったのも、この教会だった。フランス革命後、シント・ドナースは廃墟となり、現在は同地に日本の建築家伊東豊雄氏のパビリオンが設置されている（著者撮影）。

暗殺の後、城、次いで教会に立てこもった反逆者たちに、それを包囲したブルッヘやヘントの市民、騎士・貴族やフランス王、そして新伯の援軍が攻撃を行うことになる（図15）。

シャルルに後継者はいなかったがゆえに複数の伯位候補者が並び立ったが、フランス王の介入によりノルマンディーのギョーム・クリトが新しい伯となり、また反逆者たちも捕らえられ、ひとまずフランドルでは平和が回復される。しかし、八月リールでの紛争を境に、ブルッヘやサン・トメールで翌年はじめにかけて伯と市民の間の不和が次々と生じ、ついに一一二八年二月三日ヘントにおいて市民が、イワンとダニエルなる貴族を代表に立てて、直接伯権威に挑むこととなる。この後ヘント市民はティエリ・ダルザスを伯として迎え入れ、いくらかの躊躇の後ブルッヘ市民もギョームを拒絶し、ティエリを伯として迎え入れる。

こうして、ギョームとティエリの戦いへと事態は進展するが、七月末にギョームは戦いの最中負傷し、それがもとでこの世を去る。そして、ティエリが伯として諸都市で迎えられ、ついにはフランス王、イングランド王にも承認される。以後、フランドルは当分の間アルザス家の支配下に置かれることになるだろう。

シャルル・ル・ボン暗殺に伴うフランドル社会を襲った危機の経過は以上のようであった。

二 〝殉教する君主〟シャルル像の政治社会的機能

はじめに述べたように、西洋キリスト教世界では、殉教者と看做された君主が六世紀から一二世紀半ばまで存在する。彼らは、裏切りや不当な虐殺の犠牲というキリストとのアナロジーゆえに、そして信仰のために闘い死んだと考えられたがゆえに聖なる崇敬の対象となったのである。古くは六世紀ガリアのブルグント王ジギスムントの事例から、アングロ・サクソンの諸王、後にチェコの民族聖人となる一〇世紀のボヘミア公ヴァーツラフや一一世紀デンマークのカヌート四世、一二世紀スウェーデンのエリクの例などが見られるが、彼らに対する崇敬がどのような機能を果たしたのかは先に述べた。これらは主に教会と王権・国家が相互に依存し緊密な関係をもたざるをえなかった改宗期のキリスト教世界に見られ、大きくは証聖者などを含む聖人王のカテゴリーに含まれる。しかし、その描かれ方には〝殉教する君主〟独自の特徴が見られる。そこでまず、ガルベルトゥスやゴーティエが描いたシャルルの殉教の形式的な側面をそれらの作品の特徴と突き合わせることによって、シャルルの殉教がいかに従来の伝統の流れに位置づけられるのかを明らかにしたい。

〝暗殺〟と混乱期の研究で最も重要な史料であると同時にシャルルを殉教者と看做しているのは、ガルベルトゥスの『日記』とゴーティエの『伯シャルル伝』である[86]。しかし、これら二つの作品の特徴も両叙述者の立場もかなり異なる。まず、両者の置かれた立場から見てみよう。

その詳細な叙述内容に反して、意外にもガルベルトゥス自身について多くのことは知られていない。彼は『日記』の執筆時、ブルッヘのシント・ドナース教会において、参事会長であり暗殺の首謀者でもあったベルトゥルフのもと伯の書記官を務め、文書を扱う仕事に就いていた。ここからガルベルトゥスが伯の法的・行政的事項に通じており、また宮廷や都市、伯領で起こったことを知りうる地位にあったことがわかる。さらに、伯領の重要人物と面識があったことも容易に想像される[87]。年齢や身分、学識などについてもさまざまに推測がなされているが、正確には以上のような点しか明らかではない。ゴーティエは、当時伯領を構成する司教管区の一つであったテルアンヌにおいて、司教ジャンのもと大助祭を勤めた人物であるが、『伯シャルル伝』を著したのもこのジャンの指令によってであった。また、ゴーティエには他に司教ジャンに関する伝記、法学についての研究が遺されている[88]。ゴーティエはガルベルトゥスよりも高い地位にあり、高度な学識を誇った人物であると考えられる。

次にその作品についてであるが、ガルベルトゥスのいわゆる『日記』と呼ばれる著作は、その大部分において暗殺から新伯ティエリ・ダルザスの承認に至るまでの、日を追っての詳細な事件の歴史叙述である。日記のような形式をとっているとはいえ、実際には厳密な意味でのそれではなく、執筆時期はいくつかに分けられる。各時期の叙述にも後に修正がくわえられた可能性が考えられるが、おおよそギョームによる一応の平和確立期までに書かれた部分においてシャルルを殉教者とする表現が確認される。一方、ゴーティエの『伯シャルル伝』もギョーム・クリトの治下で一応フランドルに平和が回復された頃までの事態を記しているが、その叙述に際してはかなりの部分、聖人伝の形式がとられているといってよい[89]。

両者とも、シャルルの君主としての偉大さ、至上性を大いに強調する点で共通している。シャルルが王の高貴な血を引き、武勇に優れ、名声や権力においてドイツ皇帝やイングランド王を凌いだとするガルベルトゥスの描写や、シャルルの君主としての行動にことさらに神の加護を強調するゴーティエの叙述はその代表的なものである[90]。こうした点だけでなく、両者のシャルルに関する叙述全般で、教会の父としての姿、貧者などの社会的弱者に対しての寛大な行動、そして土地の平和への配慮など、カロリング以来の君主鑑に特徴的な要素の強調が頻繁になされる。R・フォルツによれば、〝殉教する君主〟の伝統にあっては、その描写に、君主の機能を道徳化する傾向にあった君主鑑への依存が見られる。(91) シャルルの描写は、とくにガルベルトゥスにおいては、その作品全体に比して決して大きな比重を占めるわけではないが、両者の場合ともその伝統の流れを汲んでいるということに間違いはない。

またこれらにとどまらず、その殉教にあって、シャルルの死に先立つ自然の予兆、臣下による暴力的な死や彼らへの悪魔による干渉、反逆者たるユダヤ人への喩えといった点においても、ガルベルトゥスたちの描写は従来の伝統を踏まえている。(92) そして、シャルルが殉教者と看做された主要な原因である奇蹟の形態も〝殉教する君主〟に典型的なものである。(93)

さらに両者の作品に共通するドラマ性についても言及しておこう。まずガルベルトゥスについてである。かつては、ピレンヌ以来、執筆開始当初、ガルベルトゥスは明確な意図をもっていなかったとする見解が支配的であった。(94) しかしたとえ当初はそうであれ、無目的にそれがつづけられたとは考えられない。J・B・ロス、そして近年ではライダーも示唆するように、ガルベルトゥスは作品へのパトロンを想定し、同時代、あるいは後世に読まれることを願いつつこの作品を書いたとするのが妥当であろう。その作品に流れる宗教的要素、とりわけシャルルの殉教の叙述はこうした点を意識したものだったと思われる。(95) 実際、ギョームによっていったん平和が回復されるまでの経過を描いた作品の前半部分は、シャルルの殉教と神の復讐という筋立てが垣間見られる。そしてガルベルトゥスに限らず、ゴーティエの作品においてそれはいっそう強く感じられる。聴衆や読者にあたかもドラマが実現されたかのような意識を生じさせるため、その作品構成に配慮が見られることもまた〝殉教する君主〟の叙述に確認される一つの特徴なのである。(96)

ガルベルトゥスとゴーティエによるシャルルの殉教の叙述と、従来の〝殉教する君主〟の伝統との形式面での関連性は以上のように明らかである。では、彼らがそう描くことによって、殉教者シャルル像が、一二世紀前半のフランドルにおいてどのような機能を果たしたのか。次はこの点を検討してみよう。

先述のように〝殉教する君主〟の主題にはそれぞれの君主に関しての研究があり、また総合的にこの主題を分析した研究も存在する。しかし、それらが論ずる国家的統合への影響や国家と教会の結びつきをめぐる指摘もそれ自体は有効なものであれ、キリスト教改宗期の国家における事例への指摘である限りにおいて、これらをそのまま一二世紀前半のフランドルを扱った本章の議論に適用することはできない。ただ、〝殉教する君主〟を含むより広いカテゴリーである王朝聖人にまで視野を広げるならば、本章に有効な見通しが得られよう。そうした王朝聖人を扱った研究には、K・ゴルスキー、E・ホフマンやF・グラウス、R・フォルツやG・クラニツァイなどによるものが挙げられるが、ここで有効なのは中世初期のメロヴィングやアングロ・サクソンから一二世紀以降に至るまでの事例をも視野に入れたフォルツやクラニツァイの議論である。フォルツの研究は六世紀から一三世紀までの聖人王とその崇敬のあらゆる事例を取り上げているが、それらの内容紹介と分類・歴史的展開の提示に終わっている感が強い。そこで、ここではそのフォルツの概観を参考にしつつ、クラニツァイの見解をもとに分析を進めるのが有効であるように思われる。

クラニツァイによれば、聖なる王権と王朝聖人のモデルは中世初期からの数世紀にわたって形成されたものである。カロリング朝やオットー朝はビザンツや西ゴートの伝統に倣って、キリスト教的儀式である塗油と戴冠の儀礼により支配者の聖化を試み、またカペー朝においては〝王の奇蹟〟の発明により同様な試みがなされる。その間、クラニツァイが「アングロ・サクソン的方法」と呼ぶようにアングロ・サクソンの王国において、聖なる王たちへの崇敬は、異教的要素とキリスト教的側面を接合しつつ、一一世紀までに王朝権力に宗教的な面でのサポートを与える手法として確立された。ここでクラニツァイは、こうした西洋における王権の聖なる正当化の種々の形態が一一世紀に発展と広まりを見せるところから、これらを理論的に説明するために、過去に改宗した地域と最近改宗した地域にそれぞれ対応する「中心」と「周縁」という分類を適用する。そして主に王朝聖人がその有効な政治的利用を見いだすのは、北欧・東欧などにあたる「周縁」である。[97]

しかしわれわれにとって重要な指摘は、一一世紀後半、これらの中間地点にあたるハンガリーとデンマークに現れた新しい崇敬に関するものである。クラニツァイによれば、これらは形態と政治的機能において「周縁」のモデルによって影響され、しかし宗教的・イデオロギー的内容においては「中心」のモデルにより近いものなのである。これらの場合においては、その崇敬にいわばアングロ・サクソン的事例に見られるキリスト教の伝統と異教の伝統の混合は見られない。むしろ、「中心」のモデルであるロベール敬虔王の生涯に表されるような土地の平和や寡婦・孤児の保護の理念、「キリストの騎士 miles Christi」の観念などキリスト教支配者の理想的徳目に沿って描かれた聖なる君主が姿を現すのである。[98] そしてクラニツァイがここで挙げるデンマークでの事例が、まさにシャルル・ル・ボンの父であるカヌート四世に関するものであるという点はまことに示唆的である。

シャルルの場合、殉教という形態的なモチーフについてはすでに述べたように、この父たる聖人王からの伝播があり、ガルベルトゥスもゴーティエも簡単ながらカヌートの殉教について言及している。[99] そして、ガルベルトゥスやゴーティエによって強調されるシャルルの治世についての宗教的・イデオロギー的内容、つまり土地の平和や貧者の保護の理念などは「中心」のモデルに近いものである。近いというよりも、むしろフランドルが「中心」モデルの要素を本来有していたという方が適切であろう。ここでも、形態的な「周縁」性とイデオロギー的な「中心」性が確認されるのである。

王朝聖人は、このデンマークとハンガリーの事例からヨーロッパを通じてインパクトをもち始めたとクラニツァイは述べる。[100] しかし、シャルルのケースを後のイングランドにおけるエドワード懺悔王やシュタウフェン朝によるシャルルマーニュの列聖など君主列聖の西欧における先駆的事例とは看做せないだろう。シャルルの殉教に、それらの王朝が教会に対して示すような強大な政治的影響力や、政治理論における教皇権の過度な優位に対して釣り合いを与える意図などは見られないからである。フォルツが示すように、一二世紀には王朝聖人の類型のなかで〝殉教する君主〟はすでに消えゆくものであって、[101]シャルルの殉教もそうした中世初期以来の流れを代表する最後のものであったといえる。

新しい支配王朝は常に新しい種類の聖なる正当化でもって劣った名声を埋め合わせようとするというM・ブロックの見解を引きつつ、クラニツァイも先述のように王朝聖人による権力への宗教的サポート付与の機能を指摘する。[102]ガルベルトゥスやゴーティエの叙述およびその執筆時期を、激しい政治的混乱や一応の平和状態の経過に照らしあわせてみると、ここで両者が共通しているのはおそらく二世紀半にわたって支配してきたフランドル伯家系による伯政の擁護であったと思われる。現実の政治的機能として、一二世紀前半に伯はさまざまに分割される伯領の政治的連帯性に統一を与える要としての役を果たし、実際伯領はこの君主の存在なくしては立ちゆかなかった。[103]こうした点から、擬人化されたフランドルとその頭としての伯という、この時代にはひじょうに稀な政治的表象も生じたのである。[104]この頭たる伯の不在の混乱期とその直後の時期に、こうした叙述者たちによって正義の支配のための〝殉教者〟とされたシャルル・ル・ボンの姿は、長い伝統を誇る伯政を擁護し、その善き支配を想起させる機能を授けられたのだといえるだろう。さらに、新しい伯に対して先任伯の殉教者とされうるほどの政治的実践と徳性を示す君主鑑的な機能を、〝殉教する君主〟シャルル・ル・ボンの像は果たしたとも考えられるだろう。

また、この君主の暗殺、死、そして混乱という大きな社会的危機および損失に対する代償的埋め合わせの機能を、この殉教者としての君主という、いわば神話的・伝説的表象が果たしたのではないだろうか。死、とくに支配者のそれは、社会あるいは共同体にとって強い動揺を引き起こしつつ心的外傷を与えるものであり、何らかの社会的プロセスによって乗り越えられねばならない。[105]シャルルの暗殺と伯の空位は長い社会的混乱を引き起こした。それと平行して、領邦民にとっては土地の平和の守り手であり、聖職者にとっては教会の父であり、貧者にとっては施し手であった伯の死はフランドルの人々に深い危機感と喪失感をもたらしたはずである。そうした危機に対処すべく、ここでは暗殺された君主を殉教者と看做す現象が、とくに混乱の最中のブルッヘで現れたのだろう。聖人伝が神話的要素、機能をもつことは指摘されているが[106]、そうした神話や伝説がもつ、あるべき模範を示し混乱に秩序と統合を再生産するという機能を、ここでは殉教者シャルルの表象が果たしたのだといえよう。ガルベルトゥスにとって、書くことは彼の周りの混乱に秩序を課す方法だった[107]。そして、それは単に個人の内面的な問題を越え、彼が〝殉教する君主〟の姿を描くことで、君主の死と不在に伴う社会的危機に対処する機能をもたらした可能性も否定できない。

ただ、上記の諸機能は時期によりその重要性が異なると思われる。両者とも、おおよそ執筆時期およびその論調から伯政擁護と君主鑑の機能が支配的であろう。ただ、ガルベルトゥスの場合何度かに区分される執筆時期とシャルルが正義のための殉教者とされる叙述の箇所を比較すると[108]、はじめは伯政擁護と社会的危機への対処の要素が混在していた可能性も考えられる。

フランドル伯シャルル・ル・ボンの殉教の政治的・社会的機能は以上のようであった。そしてこうした分析から、シャルルは従来の逸話的扱いを受けていた一般的な聖人の立場を越えでて、その担った様相としても機能としてもより特殊なカテゴリーである〝殉教する君主〟の系譜に導き入れられるのである。

ここで、以上の分析を整理してみよう。一一二七年三月二日に暗殺されたシャルルは直ちに聖人とされた。おそらく、これはブルッヘの民衆の間で自然発生的に生じた現象だったはずである。その点については、次節以降詳しく分析するように、伯の日常的行動や統治行為から、そして教会で殺されたことから、などさまざまな理由が考えられよう。問題は、この聖人崇敬が歴史叙述に取り込まれる段階で北欧や東欧、あるいはアングロ・サクソン地域などに伝統的に見られた聖人王の様式で編成され直したことである。執筆時期・地域から考えても、おそらくガルベルトゥスの方がはじめにこれを試みたであろう。その理由については、上に見たとおりである。しかし重要なポイントは、そうした動機・意図でもってガルベルトゥスが〝殉教者シャルル〟の像を記す際、ここには「中心」地モデルのイデオロギーと「周縁」地モデルの形態が混在していることである。上記のように、こうした事態はデンマークやハンガリーでも見られるわけだが、それらの地域と異なり、フランドルは明らかに一二世紀西欧キリスト教世界の地理的な「中心」に位置している。この点が、シャルルの殉教をひじょうに特異なものにしているのである。しかし、クラニツァイの強い人類学的影響を窺わせるこの「中心」と「周縁」のモデルは、その各モデル内の、つまり一つの文化体系内の均質性を前提としているため、その内部にある多様性とそれらが織り成すダイナミクスを覆い隠してしまう危険性を孕んでいる。ガルベルトゥスがシャルル像を描くとき、まず出発点となったのは民衆の間で発生した聖人崇敬であり、その叙述が読まれ、流布されることを念頭に置いたのもこの民衆的世界だっただろう。その作品中で自ら都市民との感情的一体性を吐露しているガルベルトゥスにとっては、この民衆世界の〝声〟は無視できないものであり、また自らの内部のものでもあった。しかし、それでもやはり民衆とは比較にならない教養をもつ教会人であり、また行政に携わる身でもあったガルベルトゥスにはシャルルの死がもつ政治性、シャルルが親子共々経験した数奇な運命も無視しえないものだったはずである。そして、聖人王のトポスや聖書的言説もガルベルトゥスには駆使しえたはずである。こうして、ガルベルトゥスの〝殉教者シャルル〟像にはキリスト教文化圏の「中心」性と「周縁」性、民衆文化と高位の文化が流れ込んでおり、これらは時に衝突し、時に相互浸透しながら、対話的に一つの〝殉教する君主〟のイメージを切り結んでいる。ゴーティエの場合、ガルベルトゥスよりもいっそう高い教養と地位をもつ教会人であり、事件現場から離れていることもあって、より民衆文化との関わりは少なく、高位の文化が叙述の前面にせりだしてくるだろう。しかしそれでも、基本的にガルベルトゥスと同様な、さまざまな文化体系のせめぎ合いの内にシャルル像が規定されていることに変わりはない。

さて、シャルルの殉教が、歴史叙述における描写の形式と機能から以上のような他の聖人君主と比較しうる性質を顕にするとしても、叙述に取り込まれる際に、これはあくまでも当時のフランドルの具体的な政治的コンテクストのなかに位置づけられている。この点を明らかにしてこそ、シャルルの殉教の歴史性も明らかとなる。次節以降は、何がシャルルに殉教をもたらしたとされているのかを分析することでこの問題を解明してみよう。

三 〝殉教〟と「正義」の支配

ガルベルトゥスもゴーティエも、シャルルが「正義 iustitia」のために殉教したと繰り返し言及している。改めていうまでもなく、殉教とは信仰に殉じ、死を選ぶ行為を指す。とりわけ、初期キリスト教時代の迫害にも屈することなく処刑された者たち、異教世界に伝道に出かけ、そこで異教徒たちに殺害された者たちが多く殉教者とされた。当然ながら、この際迫害によって信仰を放棄しないことが重要なのである。しかしシャルルの場合、信仰の堅持ではなく、明確に「正義」の遵守が殉教をもたらしたと説明されている。「正義」のために死ぬことがなぜ殉教と看做されるのか。一般に、中世初期以来教会を保護し平和と正義を守る者としての支配者の職務は聖化される。そして、その聖なる務めのために殉じたと看做されたのが改宗期の聖人王たちである。ガルベルトゥスたちがシャルルを殉教者に仕立て上げたときにも、これに類似したメカニズムが働いているように思われる。しかしシャルルの場合、単なる領邦君主であり王ではない。また地域的にも時代的にも、そのまま上記の論理では説明しきれない部分が多い。以上のような一般的動向を説明するだけでは、シャルルの殉教の歴史的性格は見えてこないのである。ガルベルトゥスたちが、シャルルの「正義」のための殉教を描く際、いかなる用具立て・筋立てでこの殉教の物語を構成したのか。彼らの叙述から確認される特殊フランドル的な要素とはいかなるものだったのか。こうした点を、「正義」の観念に焦点を当てて解明するのが本節の課題である。

まず、シャルルの「正義」とは何だったのか。この点を明らかにするためには、フランドルにおける政治的実践の説明から始めるのがわかりやすいだろう。もちろん、政治的実践と観念を単に同時代的であるという理由だけで安易に直結させるのは危険である。しかし、少なくともガルベルトゥスやゴーティエがシャルルの殉教を物語に仕立て上げる際、何をシャルルの「正義」として描きだそうとしたのかを理解するためには、当時の政治的実践について概観しておく必要がある。まず、一二世紀前半までのフランドル伯による政治的実践において中心を占めるのが、平和運動であることは明白である。騎士たちの暴力・略奪に対し、教会は一〇世紀末から破門という宗教的刑罰を武器に「神の平和」、あるいは一一世紀前半からは「神の休戦」といった運動を始めた。一般的には、「神の平和」は教会や農民・貧民などの下層民、寡婦などの社会的弱者の人身的・財産的な保護を目的とするものであり、「神の休戦」は、それにくわえて特定期間におけるあらゆる戦闘活動の禁止をうたったものであった。南フランスに始まったこの「神の平和」運動は、フランドルにおいても、遅くとも一〇三〇年頃には導入される[109]。他地域と異なり「神の平和」や「神の休戦」のような教会活動が、はじめから世俗支配者である伯によって援助されたことがその特徴であった[110]。こうした運動は一一世紀中に決して一貫した発展の道のりをたどったわけではなく、一一世紀後半のロベール・フリゾンの頃には一時的に停滞を見る。しかし「伯の平和」とも呼ばれるものになるのはこの時期であろうし、市場の平和などの商業的・経済的ヴァリエーションの存在も確認できる。そして、ロベール・フリゾンを継いだロベール二世の治世は、フランドルにおける平和運動の歴史に一つの画期をなす。ロベールは十字軍帰還後本格的に「神の平和」に取り組むことになるが、この頃にはすでに、司教が宗教的権力を行使し、法を強制するのは伯の義務であるとする使命の分配ともいうべきものが確立されていたという。そして平和運動における画期をなす要因として挙げられるのが、ロベール二世治下における「神の平和」の決定的な変質である。伯はその治世末期の一一一一年に、殺人と窃盗の罪に対する実刑を告知したのである。ここに宗教的刑罰が背景に姿を消し、君主が平和違反者への実刑を科すドイツ的なラントフリーデへの移行が確認される。ボードワン七世の短い治世を経て、シャルル・ル・ボンへとこの平和は引き継がれてゆく。その平和に関する活動により、シャルルはあらゆる側面で先任の諸伯以上に誉め称えられた。すなわち、「平和」とそれを「正義」によって守護する伯という図式がその治世に確立されるのである。(111)

ところで、各地へ広がった「神の平和」運動とその展開は、西欧における殉教の観念とその根拠となる聖戦理念の発展にも大きな影響を与えた。王権の弱体化によって教会が世俗社会と直接対峙せねばならなくなった一〇〇〇年頃のフランスでは、政治的・社会的状況が教会に戦闘活動へのある種の妥協を強いることになる。こうした状況の下に始められた「神の平和」運動は、戦闘活動の道徳化による騎士的存在の正当化をもたらす。つまり、かつては王たちにのみ認められていた戦士的職務とそのイデオロギーの階層的下降、そしてキリスト教社会内部の平和化と、それに伴うキリスト教社会内部から、外部の異教徒や内部の異端などに対する戦闘活動の転化へと通じるのである。またこれは、たとえ異教徒でなくとも神の定めし平和を誓わぬ者はキリスト教共同体から放逐され、それに対する戦いは容易に聖戦と看做されえたということも示している。(112) つまり「神の平和」運動が、外部に対する十字軍同様に、聖戦の理念を内包しえたということである。

以上が、フランドルにおける「神の平和」運動の実践、そして全ヨーロッパレヴェルで運動がもたらした思想史的変化の概観である。そして、ガルベルトゥスたちがシャルルの殉教をもたらした「正義」を説明する際、選択される事実やそれを彩るイデオロギーの両面で中心となるのがこの平和運動である。シャルル・ル・ボンが暗殺された直接の原因が、身分問題をめぐるエランバルド一族の絶望にあったことは先に述べた。これと関連したもう一つの直接の原因として、エランバルド一族とその敵対関係にあったタンクマール一族の私闘に関し、伯がエランバルド一族のボルシアールを厳罰に処したことが挙げられる。もともとは些細なことから始まったボルシアールによるタンクマール一族への敵意と攻撃に対しシャルルは仲裁を行うが効果なく、ベルトゥルフらはタンクマール一族を攻め立てた。タンクマールはとうとうシャルルに訴え、シャルルは彼らに出頭を命ずるがこれも無視される。かえって、彼らはシャルルがフランス王ルイのアキテーヌ遠征に同行しフランドルを留守にした折り、辺り一帯を荒廃せしめた[113]。そして、その後シャルルが帰還しこうした罪を知らされたとき、彼は「聖なる平和すなわち七旬節の主日にこれがなされたがゆえに、自らへの不正よりもむしろ神への不正が罰せられることを当然のこととして定めた[114]」とされる。ここには、あらゆる戦闘・略奪行為が禁止されるべき期間に破壊行為が行われたということが記されているのである。平和運動の暗示がなされているわけだが、イープルへ帰還したシャルルは貴族たちとこれについて協議し、暗殺の二日前の二月二八日にボルシアールの家を燃やし、地所を徹底的に破壊した[115]。この〝家の破壊〟は、フランドルでは伝統的な平和違反に対する罰だったのである[116]。この後、シャルルは「正義」のために暗殺される。すなわち、ガルベルトゥスやゴーティエにおいては、殉教をもたらした「正義」がこうした一連の平和運動をめぐる伯の措置との関連のもとに描かれているのである。もっとも、こうした「正義」の帰結としてのシャルルの殉教物語は、殉教前に事実上のクライマックスを迎えていた。上記の厳格な措置によって決定的なものとなった自らの死の危険を知りつつ、イープルで貴族たちと協議を行うシャルルの姿が劇的に描かれているのである。ゴーティエは、シャルルの殉教の原因として正義以外に何があろうかと作品中で問いかけ、自らの耳で聞いたという言葉をシャルルに語らせる。

「彼はいった、〝余は行くであろう、神の保護によりて恐れなしに。はからずとも余がそこで殺されることになろうとも、正義のために死ぬことは危険なことではなく、たしかに名誉あることであろう。そして神が復讐を用意したまうだろう〟、と。……〝たとえ余が真理のために殺されるに至っても、はたしてこの死に勝る栄誉があろうか。殉教に勝る名誉などあるのだろうか〟。疑うべくもなく殉教への愛に燃えていたのでなければ、わたしが推量する限り、彼はこうはいわなかっただろう[117]。」

自らの死を予見しつつ敵の待つ死地に赴く姿というのは、〝殉教する君主〟が描かれる際の一つの型ともいいうるものである。ここでは、それがシャルルとエランバルド一族をめぐる状況に適合されつつ、「正義・聖戦・殉教」の要素を集約するものとして描かれている。

また、殉教を生み出した原因とされる平和運動の痕跡は別の箇所にも現れている。シャルル自らが暗殺されたのは、伝統的に絶対的な武力の放棄が誓われるべき「神の休戦」によって定められる時期であった。ゴーティエはその叙述において、反逆者たちが主人をその正義のために、四旬節に教会で、何らの敬意もなしに殺したことを、彼らに直接呼びかける形で激しく非難している。[118] さらに次に示すように、城に立てこもった反逆者一派に対する包囲軍のある騎士の言葉を借りてガルベルトゥスも同様な非難を浴びせており、ここには一種の聖戦理念も表明されている。

「すなわち、汝らは自らの生命も財産もあらゆるものを不正に所有しているのだ。誠実を欠き、法も顧みずに振舞ったがゆえに。また、汝らはキリストの名を告白するすべての者を自らに対して武装させたのだ。聖なる四旬節に聖なる場所で聖なる祈祷の最中、神に跪く君主を、神と人の正義のために在らせられるこの地の君主を裏切ったのであるがゆえに。[119]」

この後にも、教会に追い込まれた反逆者への攻撃が、「カトリックの王ルイとその騎士たちによるキリスト教の勝利」のためになされたと記されている。[120] これらの描写の際には、明らかに正当なるキリスト教徒と神の正義・法に背いた者といった対置の図式が想定されており、ゆえにここから内なる平和違反者に対する十字軍というイメージさえ導きだされる。クラニツァイは、ハンガリー王ラスローやスウェーデン王エリクの例を引き合いに、戦士的・騎士的性質の強調や、それを導いた十字軍精神の影響が一二世紀の叙述に見られる王朝聖人の新たな特徴であると指摘している。[121] シャルルの例でガルベルトゥスたちが示したそうした特徴は、十字軍に直接流れ込む理念をもった「神の平和」の制度的実体を骨子としていた。シャルルの復讐に立ち上がった戦士たちの行動にもこれらの聖戦理念が作用していたであろうが、直接これをシャルルの殉教の物語に組み込んだのはガルベルトゥスであった。

このように、ガルベルトゥスとゴーティエは、シャルルに殉教をもたらした「正義」の内実を、常に平和運動をめぐる筋立ての内に構成し、それに聖戦理念の彩りを与えることで「正義」のための殉教に根拠を与えている。こうした平和運動との関連で提示される聖戦理念は、同じく平和運動と繋がりをもつ十字軍と密接な関係のあるフランドル地域に馴染みやすかったともいえよう。この点で、一つ注意すべき点がある。それは平和運動の性質の変化である。R・ボノ＝ドラマールが指摘するように、一一世紀の平和運動は、神の栄光、神の支配を準備するために地上に平和を実現せねばならないという理念をもち、これが「神の平和」運動の制度的側面を支えるものであった。戦いはキリスト教徒へ向けられれば悪となるが、不信仰者に対しキリスト教徒を守るものであれば善きものであり、神の平和を回復するためならば合法で聖なるものになるという、先の諸史料が体現するような思想もここから生ずるのである。しかし、一二世紀に入り平和運動はこうした宗教的理念を帯びた性質のものから、まさに治安立法的・世俗的な性質のものに変質する。フランドルでは、先述のようにロベール二世の治世がそれに該当するであろうが、当然シャルルの治世下の平和運動でも、平和違反への現実的な処置・対応の点から見れば世俗的な要素が支配的となるのである。ただし、それでもやはりホフマンがいうように、シャルルの治世において「神の休戦（平和）」は観念として消え去ったわけではないし、未だシャルルの平和運動からその宗教的理念が完全に消え去ってはいなかっただろう。当然ガルベルトゥスやゴーティエにとってもこの変化は感じられていたかもしれないが、その変化は、彼らがシャルルの殉教を描く際、この平和運動と聖戦理念の組みあわせを用いるのに躊躇を感じさせるほどの変化でもなかったはずである。

このように、ガルベルトゥスたちは、多分に抽象的・理念的に色づけされることの多い他の〝殉教する君主〟

の場合とは異なり、フランドルで十分な伝統をもち、ある程度体系化され実体化されていた平和運動とその理念を用いてシャルルの「正義」のための殉教を描いている。そして、これがシャルルの殉教の叙述がもつ一二世紀フランドル固有の歴史的性格を特徴づけているのである。

シャルルの「正義」に関しては、第一に以上のような平和運動とその理念が骨子となっている。しかしたとえ殉教と直接結びつかなくとも、ガルベルトゥスたちの叙述では、「正義」は伯の職務的な要素からも重要な宗教的イデオロギーと関連づけられている。

当時の伯権力の重要な基盤としてアヴーエ職、つまり教会守護職が存在した。一二世紀はじめには、伯はフランドルの教会すべての上級アヴーエであった。こうしたアヴーエ職の保持は必然的に教会への介入をもたらし、一二世紀終わりに行政機構が機能するようになるまでは伯権力の重要な要素だったのである。[124] 事実、同時代の史料には、伯が「教会の父 pater ecclesiae」、「教会の守護者 defensor ecclesiae」と呼ばれつつ、下級アヴーエなどの、伯と教会の間で暗躍する存在に対し厳格に対処している姿が見られる。[125] そしてこれがシャルルの周辺で「正義」の観念や、その実践としての裁きを表す justitia の語とひじょうに密接に結びついた形で現れている。こうした上級アヴーエ職の保持という現実を背景にもち、「教会の父」あるいは「教会の守護者」と表されるフランドル伯の教会保護の理念には、カロリング期に成立したテオクラシー的支配観の一端が継承されているという指摘もある。[126] 君主による教会との協力関係や奉仕的活動が、総体的に君主権に司祭的性質を刻み込んだのである。[127] こうした状況は他の〝殉教する君主〟の場合にも指摘されているが、前章で述べたような典礼共同体としての国家が、この場合フランドルにおいて実現されていたとも考えられる。この状況は、教会人であるガルベルトゥスたちの叙述にも当然前提となろう(図16)。

以上の分析から次のような点が指摘できる。暗殺の直後、その死の形態や父カヌート四世との連想から殉教者シャルルの姿が思い浮かんだとしても、ガルベルトゥスやゴーティエは君主たるシャルルとその殉教を描こうと

図16　「正義」の殉教者シャルル像。右手には「正義」を象徴する剣を持ち、左手の楯には殉教を表す十字架が記されている。やはりフランドル伯と縁の深いマルシエンヌ修道院で、12世紀末に描かれたもの（出典：J. M. De Smet, "Bijdrage tot de iconographie van de Glz. Karel de Goede, graaf van Vlaanderen", in: *Studies over de kerklijke en kunstgeschiedenis van West-Vlaanderen op gedragen aan Z.E.H. Michiel English* [Bruges, 1952]）。

すれば、これらを具体的な伯の支配との関連のうちに置かねばならなかっただろう。このとき、彼らの叙述は伯の政治的実践に規定されたものにならざるをえない。そして、この実践とは、平和運動を中心とした伯領の秩序維持の活動であった。ガルベルトゥスたちによってシャルル・ル・ボンの周辺に布置された「正義」の観念は、そうした実践の記憶によって構築されている。しかし、それだけではない。この平和の実践は、聖戦イデオロギーを呼び寄せるのである。ガルベルトゥスはシャルルを「神の正義を果たすために、そして支配した者たちの安寧のために、キリスト教支配者の流儀において死んだ(128)」と記している。キリスト教世界の秩序の守護者が、「正義」によって守られるべきその秩序のために、主に平和運動と結ばれた聖戦理念を一つの根拠として殉教したという図式をここに想定することができる。こうして「正義」の観念は、殉教という死によって成立する現象を通じて、逆説的にシャルルとその治世を善きものとして描き、想起させることにも貢献したのである。

最後に、叙述者と対象の関係について一言付けくわえておこう。叙述者たちは、この平和の実践と聖戦のイデオロギーを前にして、シャルルの殉教を君主鑑のような抽象的・理念的な「正義」の言葉のみで描くことはできなかった。彼らは、シャルルの殉教を常にこれらの実践とイデオロギーに立ち返ることによってのみ叙述しえたという点で、これらに規定されてもいたのである。その点で、平和の実践の記憶はガルベルトゥスやゴーティエと相互に対話的関係にあった。しかし「正義」の観念は、この実践と結びつくがゆえに、その観念の鋳型をはみだしてしまう実践の過剰なる部分をもその身に帯びてしまっている。それが、殉教のイデオロギーとは対極に位置する「公共の福利」観念である。次節では、これが検討の対象となる。

四．シャルルの政治的実践と「公共の福利」観念

前節では、何をもってシャルルの殉教の原因とされた「正義」が描かれているのかを検討した。これによって、君主鑑的な「正義」と「平和」の抽象的理念とともに描かれた一連の〝殉教する君主〟とは異なり、フランドルで長い伝統をもち、シャルルによっても実践された平和運動の記憶とともに「正義」が思い描かれ、それが殉教の根拠とされていることが明らかになった。しかし、ガルベルトゥスやゴーティエの一連の叙述には、「正義」と同じくシャルルによる平和の実践を表現するものとして、utilitas publica など、おおよそ「公共の福利」と訳しうる観念が頻出する。そして、このきわめて世俗的な観念の出現こそが、ガルベルトゥスたちのテクストを、他の同時代のいかなる作品よりも画期的な時代のメルクマールとなすものなのである。この観念の出現によって、シャルルの政治的実践は、単に宗教的理念に結びついたものとしてだけではなく、世俗的な価値観によっても貫かれた両義的なものとして表象されていることがわかる。本節では、いったんシャルルの殉教の主題を離れて、もっぱらシャルルの統治が「公共の福利」の世俗的観念によって表現されている様を明らかにしてゆきたい。

「公共の福利」が伯の支配と結びついて現れる場合、それは当然伯の支配領域全体を対象として用いられているはずであり、その領域が〝公共性〟をもってイメージされていなければならない。これまでに、伯による領邦

支配の重要な基盤が平和運動にあったことは述べられたが、平和運動一般とこの公共性の理念に関して従来の研究は重要な指摘を行っている。つまり、こうである。「神の平和」においては、自発的誓約によって誓約共同体が生まれ、公共性の場としての意味合いを帯びるようになったこの誓約共同体は、それ自体に対する誓約違反に対して告訴を待たずして裁判権の発動を行いうるようになる。「神の平和」によってフェーデ権剥奪の手続きを示された世俗の封建君主たちは、一一世紀後半からラントフリーデによって上からの誓約共同体の強制的創出を行い、この公共性の理念を手中にする。こうした世俗君主主導下のラントフリーデへの移行として注目されるのが、神聖ローマ皇帝による運動とノルマンディー公、そしてフランドル伯のそれである。[129]

この指摘において本章との関わりで重要なのは、平和運動が公共性の理念の形成に大きな役割を果たし、それを世俗君主が手中にしたという点である。じつのところ、神の平和運動に物理的強制権を独占した近代主権国家の形成の起源を見いだすこうした見方は、現在の研究に照らせばやや単純にすぎるかもしれない。フランドルでも、一一世紀中の平和運動において伯が果たしてきた役割は、誓約共同体を強制的に創出するほどの強いものではなく、あらかじめ存在した緩やかな秩序の要となる程度のものだっただろう。しかしそれでも、伯がある種の連合の象徴としての役割を果たしてきたことは確かだろうし、一二世紀初頭の体罰規定を発布した段階では、その実効性はともかく、伯はフランドルの公共性を理念的には手中にしたといえるだろう。ロベール二世の治世がおおよそこの変化の時期にあたることは、先に触れた。そして、実質的にはシャルルの治世には平和運動が世俗的なものに変質していたこともすでに述べた。ここでは、世俗君主シャルルの「平和」に関する活動がそうした公共性の理念によってどのように描かれていたかを具体的に検討する。

まず、シャルルの具体的な支配と公共性の理念が密接な結合の内に記されている事例を見てみよう。シャルルの功績として名高いのは、当時悪名の高かった〝海際のフランドル人〟に厳格に対処したことである。シャルルはまず、殺人を防ぐためにこの粗暴の民に弓と矢をもつことを禁じた。そして、公共の福利のための法規を立てるのである。

「そして、かほどに多勢の野蛮な種族でさえも、公共の福利のため公にされた法規に違反した場合、無事ではすまぬと警戒するほどに、彼はすべての者から愛されるか怖れられるかした。[130]」

ここでポイントとなるのは、武器の禁止、そしてそれと関連して何らかの形で「公共の福利」のための明確な法規的措置がとられていることである。先述のように、武器の禁止は伯により推進される平和運動に見られるものである。「公共の福利のために公にされた法規」という言葉にはっきり示されるように、ここでは伯の平和のための明確な立法行為が公共性の理念を帯びつつ捉えられていることが重要である。

また、エランバルド一族との関係においても、平和の実践と「公共の福利」観念が結びつけて語られる。シャルルは、エランバルド一族とタンクマール一派の闘争の過程でしばしば「休戦協定 treugarum conditiones」を引き出し、「和平へと仕向けたが ad pacem …… compellebat」、ゴーティエによれば、エランバルド一族はこうして、シャルルが「公共の福利のために実現しようと努めることが、彼らの抑圧につながることを嘆いたのである[131]」。

ここでは、はっきりと「休戦」や「平和」の語が用いられており、伯が厳格に推し進めた平和の路線が示されている。この場面で用いられている「公共の福利のために実現しようと努めたこと」の言葉が具体的に示すのは、エランバルド一族に対してシャルルがとった抑圧的政策であり、それは直接先述の身分問題をめぐる伯の裁きや、タンクマール一族との対立におけるエランバルド一族に対しての伯の措置を指しているだろう。これらはおおよそ公的秩序に関する措置と考えることもできる。ここでも「平和」や「休戦」という言葉が、はっきりと「公共の福利」と結びついてイメージされていることが指摘できる。

「公共の福利」という言葉は古代より用いられてきたが、中世盛期までの支配の概念としては倫理的性格が強く、君主政治の現実とは遊離した非実践的なものであった。しかしフランスの王国レヴェルにおいては、一三世紀の封建王政確立期に王の支配権正当化の意味合いと、人民の安寧の保全という公的利益の意味合いをもつものとして現れるようになる。まず、中央集権的政体の体系化を志向する法学が一二世紀半ば頃から発展し、次第に強化されてゆく王権の政治的状況がこれに現実的背景を与えるが、こうした背景のもと支配者が「公共の福利」の担い手として位置づけられることになるのである。[132]

しかしながら、以上に見たようにフランドル伯領という領邦レヴェルにおいても、これより一世紀前に一見ほぼ同じような意味合いをもつものとして「公共の福利」の観念が現れている。もちろん、後の王国レヴェルでのそれに見られるものとは厳密には性質を異にしており、確固たる法学的背景も有してはいないだろう。しかし、擬似的な意味合いで、平和に関する活動を現実的背景にもちながらシャルル・ル・ボン周辺のフランドルに具体的な政治的実践を伴なった「公共の福利」観念は現れるのである。

もっとも、ここで一つの疑問が浮かんでくる。こうした観念は、ガルベルトゥスやゴーティエといった知識人階層が伯の統治を描く際に用いたレトリックにすぎないのだろうか。換言すれば、この表現は叙述者たちのテクストのなかで自足してしまっているものなのだろうか。従来の思想史研究ならば、支配者とその周辺の知識人層にこうした観念が現れたことを確認するだけでも十分な意義があっただろう。しかし、ここではさらにこの観念が伯領の何らかの思想的現実に根ざしたものであり、より広範な層にまで浸透したものであったことを明らかにしてみたい。これに関しては、ガルベルトゥスの叙述に挿入された伯位候補者ティエリ・ダルザスの手紙が手がかりを与えてくれる。ティエリは、ガルベルトゥスが書き写したとしている伯位要求の手紙において、もし人々が自らを伯として選ぶならば、公正で平和を愛し「公共の福利と安寧の供給者 utilitatis communis atque salutis provisor」となるであろうと宣言しているのである。[133] 伯の書記官を務めていたガルベルトゥスは、この手紙の挿入によって支配者が公共の福利の守り手であるという考えを示している。少なくとも善き支配の一つの基準は

「公共の福利」を保障することであるという見方が、ガルベルトゥス、そしてこの手紙の受け手であったフランドル社会においても存在したことは、ここに見いだされるだろう。

さらに、この基準は決して支配者側の論理によって設けられただけではなく、いわば下側からの見解にも現れている。ガルベルトゥスによれば、一一二七年三月二七日、市民たちはブルッヘ都市郊外に集まり聖遺物にかけて共同宣誓を行った。そこでフォルペルトゥスなる有力者は、先任者たる諸伯の国を有益に統治する者、「祖国の公共の福利に貢献することを欲し、またそうしうるような者 qui utilitati communiter patriae velit et possit prodesse」を伯に選ぶであろうと誓い、それにしたがい「すべての上層市民 omnes meliores civium」が誓いをなした。[134] フォルペルトゥスが実際に「祖国の公共の福利」という表現を用いたのかは明らかではない。しかし、少なくともガルベルトゥスの叙述に類する趣旨の発言をしたことは確実だろう。なぜなら、ガルベルトゥスが自らの作品の第一の読者あるいは聴衆として期待していたのは、フォルペルトゥスも含む都市ブルッヘのエリート層であろうから。そして、こうした発言とそれを収録したガルベルトゥスの叙述の背景に、代々のフランドル伯によってとられてきた「平和」の措置とその浸透、さらにその上に築かれた都市の繁栄や市民の経済的利害に対する関心といった点までもが透かし見える。[135] かつて、A・フェルメースは平和運動と都市コミューンの関連性を明らかにしたが、このように平和とその上に築かれた都市、そして「公共の福利」観念は密接な繋がりをもつのである。[136]

以上のように、殉教をもたらした「正義」の観念とともに「公共の福利」という観念が平和の活動と密接に結びついて描かれているわけだが、この〝殉教〟と「公共の福利」は一見共に伯の支配を善きものとして描きだし、等しく伯の統治を平和の実践とのかかわりで描くことに貢献しているように思われる。しかし、一方で〝殉教する君主〟の伝統と密接な側面を提示する宗教的な「正義」の観念と、他方この「正義」の観念とある部分を共有しながらも典型的に世俗的な価値観を提示する「公共の福利」観念は、ガルベルトゥスたちの叙述に矛盾をもたらしているようにも見える。ここには、ある種の歴史的な断絶が予想されるのである。次に、それを全般的な思想史的展開のなかで検討し、シャルルの殉教イメージの特質と限界を浮き彫りにすることによって本章の分析を終わることにしたい。

五．〝殉教〟と思想史的転換

これまでに見たように、ガルベルトゥスたちがシャルル・ル・ボンの殉教を記す際に現れる「正義」の観念は、伯による平和の実践をその内実としていた。しかし、この平和の実践は、伯の善き統治を描く際に「公共の福利」観念によっても表現されていた。ここで、これまで論じてきたことを図式的に整理すれば、〝殉教〟の根拠とされ、強い宗教的イデオロギーにより充たされた「正義」の観念は伯の平和の実践の記憶から組み立てられているが、この記憶は対照的に世俗的な「公共の福利」観念とも強く結ばれている。つまり、ガルベルトゥスたちの叙述では、平和の実践とその記憶は両義的に用いられ、シャルルのイメージを形成しているのである。この事実は一体何を意味しているのだろうか。単なる気まぐれや思いつきが叙述者たちに、このような一見矛盾する用語を使用させたのだろうか。そうではない。彼らの用語には叙述者の主体性のみには還元されえない、現実によって規定されている部分があるのは以上に見た通りである。やはり、彼らの特徴的な用語法は何らかの事態を指し示しているものと考えられる。その答えを、シャルルの殉教は一一二七年に起こったという事実そのものが教えてくれるだろう。

一般に、君主が何らかの超越的権威を帯びることによってその支配を理念的に根拠づけるという現象は、広く見られる。もちろん、先の王朝聖人にもこれは確認できる。聖人王は主に東欧・北欧などのキリスト教改宗期の地域に多く見られたが、西欧中世においてはローマ皇帝の神格的性格、ゲルマン王権の血統的カリスマ性、そしてキリスト教的君主の適格性などにもとづいた超越性が君主支配を下支えするものといえるだろう。[137] カロリング期には西ゴートやビザンツの例に倣って支配権の聖化が試みられ、それはキリスト教儀式である塗油と戴冠式によって実現される。こうした支配権の聖化によってカロリング期にはテオクラシー的支配観が確立されるわけだが、[138] その流れは以後の王朝の引き継ぐところとなった。しかしこれらにもとづく君主の聖性は、一一世紀後半以来の聖職叙任権をめぐる、いわゆるグレゴリウス改革によって挑戦を受けることになる。このグレゴリウス改革の終結は最終的にラディカルな教権と俗権の分離をもたらし、以後、西欧においては例外的な若干の君主列聖の試みを除いて、支配の正当化手段としての聖性は君主あるいはその王朝と分離されることになる。[139] 同時に、君主権力は、当時勃興しつつあり、本来的に中央集権体制の根拠づけを目指す法学をもとにした君主権威の確立、支配の正当化へと進む。[140] 〝立法者たる王〟が、より宗教的な色合いをもつ〝正義の王〟に取って代わるのである。[141]

こうした思想史的展開を追ってみると、グレゴリウス改革の一応の終結とされる一一二二年のヴォルムス協約のわずか五年後に現れた殉教者シャルル・ル・ボンの姿は、君主支配の正当化に関してひじょうに特徴的な様相を帯びて立ち現れる。つまり、前グレゴリウス改革的な聖性を帯びた君主シャルル・ル・ボンと、後グレゴリウス改革的な世俗的・法学的観念である「公共の福利」により支配を正当化された君主シャルル・ル・ボンが同時に存在するのである。これを言い換えるなら、一人の同一君主の描写において一方は滅びゆく支配観念が、他方では勃興しつつある観念が表され、思想史的断絶と転換がテクストに刻み込まれていることになる。

しかし、グレゴリウス改革の終結から五年後、後グレゴリウス改革的な「公共の福利」観念による君主支配の正当化は納得がいくにせよ、なぜフランドルという西欧キリスト教世界の地理的中心地域において、教会人にとって危険である前グレゴリウス改革的な君主の聖性が支配の正当化にもちだされえたのか。こうした問いに答えるためには、再び〝殉教〟の叙述者へ目を向けなければならない。

ガルベルトゥスとゴーティエは共に教会人であるという点では共通するが、かなり異なる状況に置かれ、その意識においても相違が見られる。ガルベルトゥスはブルッヘ市民の意識を明確に体現しているが、それに比べて教会人としての意識が現れることはさほど多いように思われない。この市民性は、まずブルッヘで始まったシャルルの崇敬を考えるとき重要な意味をもつ。この点で、ガルベルトゥスは作品後半においてひじょうに興味深い叙述を行っている。その叙述とは、フランス王の推すギヨーム・クリトの側についたランス大司教たちと、ガルベルトゥスが「われわれの」と呼ぶブルッヘの司祭たちの〝破門合戦〟が繰り広げられたことや、その破門にもかかわらずブルッヘでは内密に聖務や戦死者の聖なる地への埋葬が行われ、ギヨームの名指しの破門が行われたことに関するものである。[142] ここでは完全に宗教的規範が政治的党派性に道を譲り、さらにいえば奉仕しているとさえいえるだろう。ガルベルトゥスは、この時期刻々と変わる政治的状況にしたがって、その叙述に激しい葛藤や矛盾が見られ、たしかに一度はこうした司祭や市民の行動を非難してもいる。また、ガルベルトゥスはすでにこの時期〝殉教する君主〟を描いていない。しかし、この破門合戦のような教会人としてひじょうに危険な叙述さえ残すガルベルトゥスの姿勢、そしてガルベルトゥス自身がその内にいたブルッヘへの一般的風潮が彼の宗教的規範を動揺させた一つの可能性を示している。[143] 殉教者シャルルの発生地ブルッヘにおける、こうした可能性は重要である。

一方、ゴーティエにはシャルルの列聖に資するための作品という意図が見えないでもない。しかし、彼には教会法に関する著作があり、また一一二八年には教皇庁へ赴き教皇ホノリウス二世と謁見の機会をもったことが確実とされている。[144] 司教ジャンにしても、同様にホノリウス二世と懇意の仲であった。つまり、上記のグレゴリウス改革の影響、そして一二世紀はじめからの教皇庁による列聖権の掌握の過程をゴーティエは当然熟知していたはずである。こうした事情から考えると、『伯シャルル伝』において政治的に描かれた殉教者シャルルの姿はやはり不可解に思われる。しかし、S・クエは以下のように述べる。テルアンヌ司教区に相当する地区でギヨーム・クリトによって、対立伯候補であり、はじめ反逆者と結んでいたギヨーム・ディープルとその支持者の征服および粛清が起こった。そのとき、これに巻き込まれないよう伯からいかなる不信をも取り去り忠誠的態度を示すために、司教ジャンが反逆者たちへの因果応報・懲罰的要素を強調しつつ『伯シャルル伝』をゴーティエに書かせたのだ、と。[145] ならばここでも宗教的規範が現実の政治的混乱を前に道を譲っていることになる。クエの説は、その執筆意図の限定や文献学的考証、またジャンの意図とゴーティエのレトリックをめぐる問題などから全面的に受け入れることはできないのだが、ゴーティエが先に見たように伯政擁護の意図をもってシャルルを〝殉教する君主〟として描いたという可能性を考える場合に、一つの大きな示唆となる。つまり、両者において混乱期の特殊な政治的情勢が宗教的規範の動揺に大きな影響を与えているのではないだろうか。

こうして、彼らは政治状況にも押される形で教会人としての配慮を克服し、〝殉教する君主〟像を政治的に活用しえた。しかし、グレゴリウス改革期およびそれ以降、教会の支配体制を整備した教皇庁はキリスト教世界における聖性の掌握を進展させ、十字軍的聖戦理念もその統制のもとにある。結局こうした状況にあって、いくら政治的現実に後押しされたとはいえ、教皇庁の権限にもとづかない聖戦理念や君主シャルルの聖性が正式に認められることはなかったのだが。[146]

おわりに

本章の分析が明らかにしたように、シャルルは〝殉教する君主〟の系譜に位置づけられる。しかし同時に、ガルベルトゥスたちにとって、シャルルの統治と殉教を描く際には一二世紀フランドルに固有の要素を利用する他なく、またそれによって彼らの叙述は規定されもする。その固有の要素とは、フランドルが「国 regnum」や「祖国 patria」と呼ばれるほどの領域的統合を創りだした平和運動にもとづく伯の活動であり、その記憶が彼らの叙述を規定したのである。しかし、この際その記憶は二種の観念によって彩られている。それが殉教をもたらしたとされる「正義」と「公共の福利」だった。「正義」は、彼らのテクストではしばしば両義的な意味を帯び、「公共の福利」と近しい意味をもつ場合もある。とはいえ、それは主として〝殉教者シャルル〟のイメージと結合しており、古い中世初期的な君主の聖性を表現するためのキーワードである。そこには平和の実践の記憶とその聖戦イデオロギーが流れ込んでいる。しかし、ガルベルトゥスたちがシャルルの統治を描く際には、必然的に一二世紀の教会人としての彼らの立場および思考様式が〝殉教者シャルル〟の像に制限をくわえ、そして都市化された社会状況とそこに生じつつあった新しい世界観が〝殉教者シャルル〟と対極的な君主像を描かせる。こうして記されたのが、「公共の福利」の守護者としてのシャルルのイメージである。当然、このイメージの母胎となっているのも平和の実践の記憶である。この平和の実践は、一二世紀初頭に宗教的なものから世俗的なものへと変質を遂げた。それゆえ、シャルルの統治の記憶は、その時代の思想史的転換に対応して、「正義」の観念で表され、シャルルに殉教をもたらすことも可能であったし、他方「公共の福利」の観念で世俗的な理想の君主像を描くのにも使用されうる両義的なものだったのである。ガルベルトゥスとゴーティエは、その歴史的条件にしたがって殉教者シャルル・ル・ボンの肖像を描くことで、必然的にそこに思想史的な断絶と転換を刻み込むことになった。従来の〝暗殺〟をめぐる諸研究は、「国民主権」や「法治国家」の観念といった近代的・世俗的要素の萌芽がこの時代のフランドルを特徴づけていると指摘してきた[147]。一二世紀フランドルに過剰に近代国家の雛形を読み込むことの是非はともかくも、本章が明らかにした「公共の福利」観念の出現が新しい世俗的傾向の出現を裏付けていることは確かである。しかしそれでもやはり、同様な背景のもと、中世初期からの流れを汲む君主の聖化の存在も見逃すわけにはいかない。また断絶と転換を包含するこの同時性こそが、〝殉教する君主〟の消えゆく伝統のなかでシャルル・ル・ボンの事例を大いに特徴づけているといえるだろう。

こうして、一二世紀前半に現れた二つの特異な歴史叙述は、これまでの研究が利用してきた〝事実〟の豊富さ、言い換えれば事実を知るための史料としての重要性を有するだけではなく、そこに刻み込まれた世界観の変化を解明するにおいても重要なのである。一二世紀までのフランドルにおいては、国家と教会が重なりあう典礼共同体とでもいうべきものが実現されていた。この典礼共同体が実現される世界観のもとでは、地上の国家あるいは共同体は、究極的には天上の祖国に至るための仮の住処にすぎないのである。そこでは、地上の存在は、人間も国家もネガティヴな意味しかもたず、またそこにおいて実現される共同性も、この天上の祖国という仮像の共同体を媒介として形成されている。典礼という彼岸世界との交通手段が共同体を根本的に規定しているのである。シャルル・ル・ボンが殉教者として描かれるとき、この天上の祖国に人間が至るまでの間、地上の共同体を委ねられた支配者シャルルが、その典礼共同体を守るべくして殺害されたため殉教を果たしたのだという論理がここに働いている。しかし、シャルルが「公共の福利」の守護者として描かれるとき、そこにはこの公共性を帯びたフランドルという、それ自体が擬人化され、固有の価値をもつものとしてイメージされる世俗的な領邦概念が存在してもいる。人々は、もはや天上の祖国を媒介として典礼共同体を形成せずとも、フランドルという世俗的な価値を有する存在に自己を仮託することで〝フランドル人〟としてのアイデンティティを確保しうるのである。ガルベルトゥスとゴーティエは、この二つの世界観の転換をその歴史叙述にこの上なく明瞭に刻み込んだといえよう。

本章の議論を、やや図式的に整理すれば以上のようになる。しかし、〝暗殺〟期の社会の現実は複雑極まりない。そこで注意せねばならないのは、この危機に見舞われたフランドル社会のアイデンティティおよびその存立基盤が形成される過程には、複数のファクターが作用しているという事実である。〝殉教者シャルル〟は、カトリックのキリスト教文化圏と東欧・北欧のキリスト教文化圏が交錯し、また民衆的な聖人崇敬と高位の聖職者による聖人モデルが交錯し、それぞれが複雑に相互に働きかけあう内に形成されている。そして、この聖人君主をめぐって、民衆は聖遺物を獲得せんと教会に群がり、ヘントとブルッヘは都市的パトリオティスムを剥きだしにしてその遺体を奪い合う。貴族と都市民は、公益概念を基準とした伯の選出に関して、時には協力し、時には敵対し、また特定の貴族と都市民が結び、別の貴族・都市連合と反目しあう。そして、こうした反目は棚上げされて、シャルルの復讐にはフランドルの人民が一致団結するが、これにはフランス軍もくわわっている。このように、文化圏にせよ、階層にせよ、また政治単位にせよ、複合的・重層的な関係において規定しあうなかで、「祖国の父」、「祖国の頭」フランドル伯シャルル・ル・ボンの姿は、フランドル人のその緩やかなアイデンティティ形成における一つの求心力となったのである。

小　括

第二部の小括を試みよう。中世フランドルでは、領邦の形成が開始された一〇世紀にすでに優れた歴史叙述が出現していた。第一章で分析した『事績録』がそれにあたる。この作品には、とくに作品後半部でフランドル伯が頻繁に登場し、時には修道院の運命を握る存在としても提示されている。しかしそれにもかかわらず、この作品を後の領邦史に通じる作品と看做すわけにはいかない。以上の分析で明らかなように、この作品は修道院に関わった人物たちにまつわる記念的・典礼的機能により貫かれており、伯が主要な存在として登場するにしても、それはサン・ベルタン修道院がその一部として存在する典礼共同体の長としてなのである。言い換えれば、この共同体の人々にとって此岸世界の典礼共同体はあくまでも彼岸世界に至るまでの滞在場所にすぎず、真に帰属すべきは天上の祖国である。したがって、一〇世紀のフランドル歴史叙述を支配する歴史観は神の摂理が実現される過程としての救済史的な構図を前提としたものだったといってよい。

しかし、領邦化が進展し都市化された一二世紀フランドルに現れた歴史叙述は、その作品に劇的な歴史観の転換の刻印を遺す。ガルベルトゥスたちの作品には依然として中世初期的な典礼共同体としてのフランドルとその長たる伯という構図も見られるが、同時にそこには世俗的な公益概念を伴った領邦フランドルも姿を見せ始めている。つまり、歴史を描く際の基準が天上から地上へと移行しつつあるのであり、未だ混沌とした複合的要因の絡まりあいの内に、領邦フランドルがそこに帰属するフランドル人たちのアイデンティティ形成の準拠枠として機能し始めるのである。

フランドルでは、こうして一二世紀の歴史叙述が中世初期的な修道院歴史叙述の枠を打ち破り、たとえ直接テクスト上の系譜関係は見られないにせよ『フランドリア・ゲネローサ』およびその継続版以後の領邦史叙述の先駆けとなったのである。

第三部　中世盛期ブラバントにおける歴史叙述の伝統

第二部では、一〇世紀と一二世紀に焦点を当てて中世フランドルの歴史叙述に検討をくわえた。これにつづき、第三部では中世ブラバント地方の歴史叙述を検討する。(1) ブラバントの領邦形成はフランドルのそれに比して遅く、君主に「ブラバント公」の呼称が一般に用いられるようになるのは一二世紀後半から一三世紀前半にかけてである。既にカロリング期より行政単位を表す「パグス」に付せられた名称でブラバントの名が用いられてはいたが、この地を支配していたルーフェン伯（ルーヴァン伯）が一二世紀に「公」の称号を使用し始める頃まで、「ブラバント」の名が官職名と結びついた形で用いられることはなかった。(2) そのため、一二世紀段階で「ブラバント」地方の歴史叙述が存在したか否かは微妙な問題である。第二章でも検討されるように、A・コーシーとA・ベヨが一九〇〇年にはじめて中世ブラバント歴史叙述の概観を試みた際も、この問題は曖昧に処理されている。彼らは、後の一三世紀以降の確固たる領邦形成を経たブラバント公領を一一世紀に投影する形で同世紀以来の歴史叙述のリストを作成している。そのため彼らのリストには、一一世紀および一二世紀段階でブラバント公の前身たるルーフェン伯の支配権には含まれていない修道院の歴史叙述が多数列挙されているのである。しかしそれと同時に、コーシーとベヨは、真のブラバント歴史叙述が以下の第二章で分析される『ブラバント公の家系譜』に始まるとも述べている。つまり、ブラバント公家系および公領にまつわる事象が叙述の中心的な対象として現れるのは、この作品以来のことだというのである。(3) 筆者も、ブラバントの歴史叙述がこの家系譜に始まり、以後の伝統が形成されていったという点では異論はない。しかし、一二世紀段階でもルーフェン伯と密接な関係をもち、年代記を始めとする歴史叙述の豊かな水脈を誇る修道院は存在した。それこそが一三世紀に家系譜を生みだしたアフリヘム修道院であり、そうであればこそ一二世紀と一三世紀のアフリヘムの歴史叙述で何が変わり、何故に家系譜はブラバントの領邦史叙述の出発点と看做される作品となりえたのかが問われねばならないだろう。こうした点から、第三部では、まずアフリヘム修道院における一二世紀の年代記および一三世紀の家系譜が主要な分析の対象となり、両者の相違が問われることだろう。

ところで、トロイア人とカロリング家を公家の始祖とするこの家系譜は、一三世紀末にやはりアフリヘム修道院で、次いで一四世紀前半には都市アントウェルペンで系譜年代記へと発展する。とりわけ『ブラバント公列伝』と題された後者の作品は俗語で書かれたこともあって広範に流布し、系譜を骨子として編成されたブラバントの歴史を都市民レヴェルの耳にまで響かせることとなる。一五世紀のブリュッセルでは、さらにこの作品を引き継ぐ形で複数の歴史作品が著わされるなど、『ブラバント公列伝』はその後の系譜年代記の伝統を確立した記念碑的な歴史叙述であるといってよい。したがって、先に挙げたアフリヘムの年代記や系譜史料のみならず、これを引き継いだ『ブラバント公列伝』も併せて分析することで、一二世紀から一四世紀にかけてのブラバントの歴史叙述に確認される世界観、歴史意識の変化を明らかにすることが第三部の最終的な課題となる。

第一章　一二世紀ブラバントの修道院建立譚と典礼的世界観

はじめに

いうまでもなく、中世の修道院は歴史叙述の一大産地である。修道院の歴史叙述には、天地創造による世界の始まりから同時代までを描いた普遍年代記のような大部のものから、所縁ある聖人の生涯や奇蹟を描いた聖人伝といった歴史叙述との境界が不確かなものまで種々のものが存在する。しかしやはり修道院という場を考えるならば、歴代の修道院長の行状を綴った「事績録」や自らの修道院の建立にまつわる歴史を描いた「建立譚（建立史）Fundatio, Historia fundationis」をその中心に据えることができよう。第二部第一章で分析したフォルカンのカルチュレール年代記も「事績録」に区分されうる史料だった。本章が主として扱うのは後者の「建立譚」である。

第一部で述べたように、修道院の建立をめぐる歴史叙述はパツェらの研究により重要な位置づけを与えられるようになった。しかし、それまで建立譚は不当にその史料価値を無視されてきたといってよいだろう。その理由として、総じてこれらの建立譚が伝説により粉飾された〝作り話〟にすぎないと看做されてきたことが挙げられよう。史料に〝客観的事実〟を要求するかつての歴史家たちのこうした反応は、当然のことだった。しかし、これらの建立譚に〝客観的事実〟ではなく、叙述者たちおよび修道院組織の意識や政治的志向性の反映を読み取り、その史料価値を評価しようとしたのがパツェ以来の諸研究である。本章の目標は、第一部において振り返ったこのパツェ以来の修道院建立史の成立に関する研究とその成果を踏まえた上で、一二世紀ブラバントにおける歴史叙述の特色を明らかにすることである。具体的には、第一部第一章が示唆したような修道院歴史叙述の証書史料との機能的連続性を明らかにすることで、一二世紀ブラバントのアフリヘム修道院において成立した歴史叙述の典礼的・記念的性質を浮き彫りにすることが目指される。ここでは、文書から歴史叙述への形態上の連続性を欠く場合でさえ、寄進の霊的意味あい、典礼的記憶の響きが歴史叙述に反映されている様をテクスト分析から示したい。それによって、歴史叙述と典礼世界の連続性・共通性が示されるだろう。典礼的記憶およびそれにもとづいた修道院的世界観が、一二世紀ブラバントの歴史叙述の成立にいかに影響しているのかを明らかにすることがその主眼である。

ところで、パツェは本章の対象である一二世紀アフリヘムの修道院歴史叙述を分析の対象とはしていない。しかし、次章で検討する一三世紀同修道院の歴史叙述を建立者年代記テーゼの対象に含めている。そのため、ブラバントの領邦史叙述の成立を一三世紀の作品に求めるにせよ、同一の修道院でそれ以前に成立した歴史叙述を比較検討し、その相違を確認することは有益だろう。以下、まずこの修道院について概観し、一二世紀アフリヘムの歴史叙述について説明をくわえる。次いで本格的にそれらの作品の分析に移り、最後にアフリヘムの典礼世界とこれらの作品の関係性に触れて議論を締めくくりたい。

一．アフリヘム修道院と歴史叙述

アフリヘムは、アールストとアッセの間、フランドルとブラバントの境界地帯に位置し、一〇八三年に建立された比較的新しい修道院である。しかし、一〇八六年にカンブレー司教ジェラール二世の認可を受けて以来、直ちにブラバントのベネディクト派修道院において最重要の位置を占めるに至る。ブラバントではフランク時代以来の伝統を誇るニヴェル修道院が存在したが、一二世紀中にはアフリヘムの重要性はそれを凌駕する。これには、初代修道院長として一〇八七年から一一二二年までの長期にわたって辣腕を揮ったフルゲンティウスの影響が大きい。この間、同修道院は教皇による所有の承認も受け、ブラバントのみならずフランドルやライン地方にまで娘修道院を張り巡らせるほどの隆盛を誇った。後にブラバント公を名乗ることになるルーフェン伯は直接の教会守護ではなかったが、証書史料が示すように、同修道院がそのアロッド（＝自有地）に位置し、これを寄進されていることからも密接な関係を有していたことは明らかである。直接の建立者ではないにせよ、G・デスピィのいうように、アフリヘムは伯の修道院だったのである。二代目修道院長フランコンの時代には、労働を主とする助修士も含めた修道院人口は二三〇人を超えるまでになる。さらに、一二世紀後半にはアフリヘムの所領に近いブルッヘ＝ケルン間の交易ルートが経済的重要性を増すにつれて、修道院はいっそうの隆盛を誇るようになってゆく。アフリヘムは、霊的領域でも、経済的規模の点でも大修道院となった。立てつづけに複数の歴史叙述が現れた一二世紀半ばのアフリヘムはこのような繁栄を享受していたのである(4)。

では、その複数の歴史叙述とはどのようなものか。一二世紀のアフリヘムには二種類の重要な歴史叙述が存在し、これらについてはしばしばベルギーの歴史家たちにより分析が施されてきた。一つは、一般に『アフリヘム補遺』と呼ばれているものであり（以下、デスピィによる形態分類的命名に倣って『編年誌』とする）、もう一つは『アフリヘム縁起』と呼ばれるものである（『編年誌』同様、デスピィに倣って以下『年代記』とする）(5)。

『編年誌』は、一二世紀を代表する年代記者ジャンブルーのシジュベールによる普遍年代記がアフリヘムに伝来し、その補足および継続版として書かれたものである。一一一一年までのシジュベールの年代記に記事が挿入されるとともに、一一六四年までの独自の記録が綴られている。詳細なテクスト研究を付してその校訂版を出版したP・ホリッセンによれば、この史料は、一一四八年にアフリヘムに伝えられたシジュベールの原本写しをもとに、ジャンブルーやアンシン、ヘントのシント・ピーテルといった修道院由来のさまざまな史料を参照しつつ作成されたものである。(6) そして、ジルベールという名の修道士によって一一四九年から一一六四年の間に執筆されたと推定されている。しかし、長らく決定的とされてきたこの説に、デスピィは異を唱える。その見解によれば、叙述内容とスタイルの違いから、これまで一つとされてきた作成年代は二つに分割され、各々は別の著者により記されたものとされるべきなのである。具体的には、アフリヘムが創設された一〇八三年から一一四八年まではアフリヘムを中心とした簡潔な叙述が展開され、それ以降は地理的に広範でより詳細な歴史が扱われることになる。さらにデスピィは証書との比較作業も踏まえた上で、この第一部が無名記者によって一一三四年から一一四八年の間に作成されたものであると主張するのである。第二部については、ジルベールによって一一六四年頃に作成されたか、あるいはそれまで年々書き継がれたということになる。事実、デスピィの主張するように、この分割時期を跨いで一年に割り当てられる叙述量は飛躍的に増大しており、内容的な変化も確認できるように思われる。筆者は、ここでは作品の分割および作成年代に関してこのデスピィの見解を受け入れることとする。

次に『年代記』だが、上記のデスピィの研究はむしろこの史料の分析を主眼としたものである。同修道院の建立に始まり、初代修道院長フルゲンティウスの幻視が付けくわえられて、一一〇九年でその叙述は終わっている。従来この年代記は一一二五年以降の異なる時期に二人の著者により書かれたとされていたが、デスピィ以前にほとんど実証的な議論はなされてこなかったといってよい。デスピィはここでも証書史料との突き合わせや叙述内容の分析から、この史料の作成年代を大幅にずらした。そして、フルゲンティウスの幻視を除く全二〇章の各章に詳細な注釈を施しつつ考察を展開するデスピィの見解では、この年代記は『編年誌』同様に叙述内容やスタイルから三つの部分に分割されるべきなのである。その第一部は、はじめの一〇章にあたるが、『編年誌』第二部の著者でもあったジルベールによって一一六〇年頃に記されたものであり、一〇八三年から一〇八七年までの歴史がデフォルメされて描かれている。つづいて、その後の六つの章に相当する第二部は、第一部のすぐ後の時期に無名記者により記されており、一連のフランドル貴族の修道生活入りが主な対象となっている。そして、最後の第三部も別の無名記者により一一六〇年代末に作成されており、修道院への寄進が主なテーマである。ここでのデスピィの史料批判は、『編年誌』の分析よりもはるかに詳細なものであり、『年代記』の作成年代特定に関しても筆者はデスピィの見解を採用する。

こうしたデスピィの一連の分析をまとめると、一二世紀アフリヘムにおける歴史叙述の執筆年代は以下のようになる。①一一三四年～一一四八年、『編年誌』第一部（無名記者）、②一一六〇年頃、『年代記』第一部（執筆者ジルベール）、③一一六〇年代前半、『年代記』第二部（無名記者）、④一一六四年頃、『編年誌』第二部（執筆者ジルベール）、⑤一一六〇年代末、『年代記』第三部（無名記者）。こうした点から一二世紀半ば、とくに一一六〇年代に集中的に、しかも種類の異なる歴史叙述が個別に書き継がれたことが明らかとなるだろう。これまでの研究では、『編年誌』が『年代記』を簡素化しつつ年ごとに出来事を記していったものなのか、あるいは『年代記』が『編年誌』を発展させ修道院にかかわる出来事のみを対象に叙述を膨らませたのかが議論の焦点だった。ホリッセンは前者の立場をとったのである。[7] しかし、以上のように特定時期に集中してこれらの史料が作成されたのであるならば、アフリヘムの修道士たちは単に同質の作品を要約あるいは拡大させるのではなく、これら二つの史料の質的相違を明確に意識した上で叙述を行ったことになる。短期間に一見同種の史料群が別々に記されたというこの事態こそがアフリヘムの特徴であり、修道院における歴史編纂の様態を対比的に浮き彫りにする部分であろう。では、その質的相違とはどのようなものであったのか。次節で、これらの史料の具体的な分析によって、こうした問いへの答えを提示したい。なお、以下の分析では、史料価値の相違および建立譚の性格を明らかにするという本章の主たる目的から、『年代記』の分析が『編年誌』のそれよりも大きな比重を占めることをあらかじめ断っておく。[8]

二 修道院の記憶と歴史叙述

デスピィの議論は、二つの史料の作成年代を特定し、豊富な証書の分析も交えた上で、伝説によって粉飾された同修道院初期の歴史的実態を明らかにしようとするものである。修道院が盗賊騎士たちの改心によって建立されたのかどうか、隠修士的な修道生活の形態は実在したのか。これらがその議論のポイントであって、後の論争もこの点をめぐってなされてきた(9)。もちろん、デスピィの詳細な議論は史料上の伝説の同時代的意義についても若干触れてはいるが、それも初期の歴史の実態を明らかにするための付随的な言及にすぎない。それゆえに二つの史料の集中的な作成のもつ意味、質的相違といった点についてはさほど注意を払っていないように思われる。本章では、これらの史料をその推定作成年代順に分析し、各部の特徴を明らかにした上で、両史料の性質の違いを際立たせてみよう。

(一)『編年誌』第一部

まず、はじめに一一三四年から一一四八年の間に無名記者により書かれたと推定される『編年誌』第一部である。シジュベールの叙述は一一一一年までで締めくくられており、その後ジャンブルーで書き継がれた一一三五年までのアンセルムの継続版あるいは一一四八年までのもう一つの継続版がどの時点でアフリヘムに伝来したのかが通常問題とされるであろう。それによって、アフリヘムでの一一四八年までの叙述においても、無名記者によるオリジナル部分なのか、それとも単なる抜粋なのか評価が分かれる部分が生じるからである。ただし、その問題はここではさほど重要ではない。たとえ抜粋であるにせよ、無名記者が選びだした記事に何らかの傾向が見いだせれば、本章の議論には十分である。また、一一一一年以前の中世初期の部位に関しても同様に、この選択性を分析することで無名記者の傾向を明らかにすることができる。

まず目につくのが、一一世紀までの補遺におけるフランドル関連の記事の多さである。自然の事象や教皇・教会関係の記事が他史料から多く抜粋され補われているのは当然にしても、俗人関係記事に占めるこれらの量はとくに目立つ。もっぱらヘントのシント・ピーテル修道院の編年誌からの抜粋によるものだが、とくにフランドル伯が歴史の舞台に登場する九世紀後半以前についてもほとんどの抜粋はこの編年誌からなされており、当時のフランドル地域に関する教会・修道院の建立や聖人の事績が簡潔に語られている。(10) そして、伯の登場以後はその修道院建立や、死亡・埋葬に関する記事が適宜記されることになる。(11) 一一世紀後半になると、当然アフリヘムの建立とその初期の歴史が抜粋ではなく自らの筆で語られるようになり、徐々にルーフェン伯も登場するようになるが、(12) 依然フランドル伯関連の抜粋記事が目立つ。(13) 一二世紀半ばには、すでに伝説的存在となっていたゴドフロワ・ド・ブイヨンによる同修道院への寄進の記事も記されるが、(14) やはり世俗面に関してはフランドル関係の報告が目立つ。この傾向は、後に『年代記』の叙述に関して詳述するように、当時のアフリヘムの所領保有状況や修道士にフランドル出身者が多かったことが関連しており、この無名記者がフラマン人であった可能性も大いにありうるだろう。アフリヘム関連の記事も記されてはいるが、分量的にはその他の記事とさほど変わりない。

(二)『年代記』第一部

つづいて、一一六〇年頃にジルベールによって記されたとされる『年代記』第一部の特徴を洗いだしてみたい。まず、第一部を構成する第一章から第一〇章までの内容の粗筋を記しておこう。

この作品には本文前に序文が付されているが、デスピィも指摘するように、これは証書史料のそれを模したものになっている。(15) すなわち、時の流れは生じた出来事に忘却をもたらすゆえに、来るべき世代に書写によりそれを伝えることが相応しく、いつ、いかに、いかなる建立者によってアフリヘムがその始まりを見たのかを記す、といった内容である。これに引きつづき第一章で語られるのは、次のような物語である。グレゴリウス改革期、皇帝ハインリヒ四世とグレゴリウス七世が激しく争った一〇七六年から一〇八五年にかけての時期に、ヘントのシント・ピーテルの修道士ウェデリクスがフランドルとブラバントを説教してまわり、六人の騎士がこれに激しく心を突き動かされる。彼らは、不正な略奪により獲得した財を投げ捨て、三ヶ月の間清貧の生活にしたがった後、より厳格な生活に焦がれて師であるウェデリクスに罪の許しへの道を尋ねたのである。第二章では以下のように語られる。ウェデリクスは騎士たちの問いに、名声あるケルン大司教アンノを訪ね指示を仰ぐように答え、彼らはそれを実行する。アンノはそこで、彼らが略奪を働いたその場を神に奉げるように指示した。騎士たちは、商業ルートに接しており、それゆえに彼らの悪行が働かれた地、盗賊の巣窟と化していた荒地に戻り、自ら道具を用いて開墾を行った。そして礼拝堂を建設し、貧者や旅人のための館を建てたのである。第三章では、その残忍さゆえに悪名高き騎士にして殺人者が悪魔に出会い、その後改心して入信した話、またもう一人の騎士にして殺人者がアフリヘム訪問後改心して修道士となる話である。第四章では、カンブレー司教や皇帝によるアフリヘムの正式な承認および近隣の伝統あるロッブ修道院との係争が記される。ロッブへの従属を拒んだアフリヘムの修道士たちは、リエージュ司教に調停を依頼し、その介入により、ようやくアフリヘムの自立が確実なものにされることとなった。第五章には、アフリヘムの修道士たちがいかなる修道戒律を実践すべきかをカンブレー司教に尋ね、司教の指示により近隣で大きな名声を誇ったアンシン修道院から二人の修道士が派遣される様子が語られる。アンシンはアフリヘムを従属下に置こうと目論んでおり、二人の修道士はこの後アンシン修道院長をも呼び寄せる。次の第六章において、ついに初代アフリヘム修道院長のフルゲンティウスが登場する。アンシン修道院長到着と同日、ヴェルダンのサン・エリ修道院の修道士だったフルゲンティウスはエリマンなる修道士と共にアフリヘムに到着するが、すでに清貧の誉れ高かった同修道院にそのまま滞在することを決心する。サン・エリはグレゴリウス改革の波に巻き込まれほとんど解体された状態だったのである。アンシンの院長は二、三日の滞在で帰還し、半年の後には二人の修道士をも呼び戻した。その後アフリヘムは、修道的実践においてフルゲンティウスとエリマンの指導下に置かれることになるのである。第七章は、建立四年目に、修道士たちがカンブレー司教にルーフェン伯立会いのもと聖ペテロへの修道院奉献にくわわるよう訴える部分から始まる。つづいて悪魔の介入によって建立者の一人ウルボドが修道院を離れ、かつて自らが建立に際して捧げた所有、すなわち修道院財産の六分の一を返還するように迫る。フルゲンティウスの助言で修道院はこれを拒絶するが、ウルボドは策謀をめぐらせ、ヴェルダン司教にフルゲンティウスらが同司教や皇帝の中傷を行っているというデマを吹き込む。ヴェルダン司教は、管轄のカンブレー司教ジェラールに二人を追い払うように書状を送り、ジェラールも皇帝やヴェルダン司教を恐れ、フルゲンティウスとエリマンに司教座を立ち退くように命じた。こうして、いったんアフリへムを追われたフルゲンティウスたちだが、ランス大司教の力添えもあり復帰する。作者は、これを神による敵からの守護として描いている。第八章では、有望な新しい修道士の入信と修道院の繁栄が語られる。修道院の名声は遠方にまで広がり、聖職にある者も俗人もこの修道院にかかわろうとする者たちが数多く同地に駆けつけた。そうして修道士の数は一二という聖なる数字に達したのである。第九章と第一〇章は、修道院長選出をめぐる経過と最終的なフルゲンティウス選出の描写である。一二人の修道士が院長選出について助言を求めにリエージュまで赴き、フルゲンティウスが適任とされるが、その謙虚な人柄を思い、このことは当分フルゲンティウス自身に知らされることはない。度重なる依願と拒絶の末に、フルゲンティウスは自身の拒絶が不和の種となるのを恐れ、ついに修道院長の座に就くこととなった。その後、フルゲンティウスがすばらしい手腕で修道院を治めたことが述べられ、第一部が締めくくられることになる。(16)

修道院の最初期の歴史を描いたこの部分でとくに重要なのが、荒地に盗賊騎士たちによって修道院が建立されたという叙述である。「荒地」は、デスピィのいうように、(17)禁欲的理想、隠修士的生活形態を象徴する言葉で自らを飾り、当時領邦内に進出してきた新しい修道会組織に対抗しようと創りだされたイメージだったのかもしれない。ここでは、こうした現在の要求に照らした〝新しい過去〟の創出が修道院の歴史叙述でしばしば起こりえたという可能性を指摘しうるのみである。[18] では、盗賊騎士の問題はどうだろうか。筆者の見る限り、この点こそが『編年誌』と『年代記』の性質を明確に隔てる重要なポイントである。デスピィはこの点にはっきりとした説明を与えていないが、おそらく『編年誌』における荒地の叙述と騎士の結びつきから〝盗賊騎士〟のイメージが発展したと考えているようだ。しかしこの問題は、広く、第七章で語られる建立者の一人ウルボドによる造反の物語と第一部全体の性質から考察されるべきなのである。

図 17　ベルギー・ビールの銘柄「アフリヘム」。このラベルでは、創建が 1074 年のこととされているが、同社のホームページ上でも、この年 6 人の盗賊騎士により修道院が創建されたと記されている（出典：H. Deweer, *All Belgian Beers* [Oostkamp: Stichting Kunstboek, 2007]）。

じつは『編年誌』と『年代記』では、建立にかかわったとされる騎士の人数に相違がある。前者では五人、[19] 後者では六人とされており、[20] この相違をめぐって論争も起こっている（図17）。[21] しかし、いずれにせよどちらが現実かは確定しえないし、それは重要ではない。若干の後に書かれた『年代記』において『編年誌』と異なる叙述が行われ、しかもその相違が物語の展開上大きな意味をもつことこそが重要である。建立者の一人ウルボドを含めるか否かがこの相違をもたらしているのだが、彼は悪魔に唆されて、かつて自らが修道院に委ねた所有、すなわち修道院の守護者である聖ペテロに寄進された財を取り返そうとして策略を練ったとされる。しかし、最後には神の助けで、フルゲンティウスたちがこれに打ち勝つという筋立てとなっている。この物語を含む第一部の第六章以降の後半部分では、修道院長に選出されるまでのフルゲンティウスの事績が描かれ、修道院の大いなる繁栄がうたわれる。この第一部はフルゲンティウスの事績録とも捉えられる部分なのだが、そうすると、そのネガとして、本来世俗の領域に立っていた建立者が何らかの形で負の要素を背負い込まされることになった事態も理解される。もちろん、建立者たちは改心後の多大な功績により魂を救われるべき存在であるが、それでもその救いに至る過程がドラスティックに描かれる必要があり、また容易に破滅に陥る存在としても描かれる必要があった。ここから、盗賊騎士としての建立者たち、悪魔の誘惑に陥った建立者の一人ウルボドが『年代記』に登場することになったのである。後に検討する『年代記』第二部でも同様なケースが見られるが、こうした寄進を取り戻そうとする悪魔の使いの物語は、寄進によってもたらされる〝魂の救い〟の構図が反転したものである。第一部の論点はこれに尽きないが、ここではもっぱら事績録としての『年代記』第一部の性質を指摘して次の分析に移ろう。

(三)『編年誌』第二部

次に、『年代記』第一部と同じくジルベールによって記されたと推定される『編年誌』の第二部である。この第二部では、一年あたりの叙述量が飛躍的に増大する。また、同じ年に起こった別の事柄が並列的に項目ごとに述べられる。また叙述量だけでなく、その対象とされる地理的範囲もまさに普遍年代記的な広がりを見せる。ブラバントと近隣諸邦あるいは近隣諸邦同士の争いの叙述に始まり、イングランド事情の他、十字軍関連の記事が目立つ。(22) 皇帝フリードリヒ・バルバロッサについても、そのイタリア遠征を始めとして多くの行数が割かれている。(23) 宗教的な領域では、アベラールの弟子であり異端の悪名高いアルナルド・ダ・ブレシアの処刑や、キリスト教世界の指導的存在だったベルナール・ド・クレルヴォーの名声が触れられるし、ブリュッセルで起こった奇蹟についても詳述されている。(24) もちろんアフリヘム修道院における出来事も語られており、修道院長の事績や死、そして修道院と外部世界との関わりなどが主に記されている。(25) しかし注意せねばならないのは、この史料においてはアフリヘムで起こった出来事が分量的にも、他の出来事とさほど変わらない扱いしか受けていないということである。つまり、史料中アフリヘム関連の項目は何ら特権的な位置を占めていないのである。これは何を意味するのだろうか。

ここでまず考慮せねばならないのは、『編年誌』が基本的にはシジュベールの普遍年代記の補遺として成立したという事実である。つまり、アフリヘムでの出来事もこの普遍年代記的枠組みに組み込まれる形で記されているのであり、そのためアフリヘム関連の記事も他の出来事と同等なものとして扱われているのである。アフリヘムの叙述者たちもこの普遍年代記の枠組みを十分に理解していたからこそ、そうした叙述スタイルを選択したといえるだろう。普遍年代記は自修道院の記録を遺すことが問題なのではなく、その枠組みによって提示されるヴィジョンとそこでの自らの位置づけこそが重要なのである。では、そのヴィジョンとはどのようなものか。ゲッツは、救済史的ヴィジョンのもとに歴史が叙述される事例を数多く提示している。その中でも、世界の始まりから同時代までを描く普遍年代記はとくに救済史的構図を体現しているといえるだろう。アフリヘムの史料群と同時代に記されたフライジングのオットーの年代記は、四帝国理論や六時代論を駆使し、人類の歴史の変遷を壮大に描くものであり、普遍年代記の代表である（図1）。人類のたどり来し道のりを描く普遍年代記はその未来までをも提示することにより人類の救済に至る道のりを示しうるのである。(26) 当然、シジュベールの普遍年代記もそうしたジャンルに属している。(27) アフリヘムの叙述者たちもシジュベールが提示した救済史的構図を理解し、その枠組みにアフリヘムの出来事を組み込んだのではないだろうか。これによって、アフリヘムの運命は明確に普遍年代記の提示する救済史的ヴィジョンに位置づけられることになったのである。また、シジュベールはグレゴリウス改革時の皇帝と教皇の争いにおいて教皇側を非難する著作を著し、皇帝側に立ったことでも知られるが、この点もアフリヘムにとっては好都合だった。なぜなら、一二世紀半ばのアフリヘム修道院は、皇帝によって擁立された対立教皇ヴィクトル四世と連絡をとっていることからも明らかなように、皇帝派の陣営に属していたからである。[28] このように、『編年誌』は普遍年代記的な救済史的ヴィジョンのもとに記されたものであることが指摘できるだろう。また、この『編年誌』第二部と『年代記』第一部を同一人物であるジルベールが叙述したということから、この二つの史料は単にいずれかがいずれかの史料の要約や増補を目指して記されたのではなく、性質の異なるものとして区分されていたことが明らかとなる。

(四)『年代記』第二部

つづいて、『年代記』第二部の分析に移ろう。ここはジルベールの後継者によって記されたと推測される部分で第一一章から第一六章にあたるが、第一部と比べるとその内容はがらりと変貌する。第一一章でこそフルゲンティウスが修道院長として正式に認められ、その死に至るまで彼は修道院をよく治めたとされているが、その後はすべて近隣の城主ヘリブランドゥスとその一族による修道院入りおよび寄進の物語が延々と語られる。第一部がなぜ一〇八七年までの叙述で途切れていたのかは明らかでないが、おそらく第二部の作者は第一部の事績録的な性質を理解し、一応これを締めくくるべく第一一章でフルゲンティウスの死までを簡潔に記したのだと思われる。

ヘリブランドゥスとその一族については、現在の研究状況では詳しいことはわかっていない。『編年誌』にはヘリブランドゥスとその息子たちの修道院入りが叙述されてはいるものの、その身分は近隣城主としか明かされていない。[29]『年代記』において、ようやくフランドル伯領にもつ遺産の一部を寄進したことが記される。しかし、詳細な寄進の物語にもかかわらずそれ以上は明らかでない。なぜフランドルの出自が示されたのかについては、ここではデスピィのいうように、[30] フランドル・ブラバント境界地帯に位置する修道院にとって、フラマン貴族の受け入れ態勢が整っていたことを記す必要があった、と指摘するにとどめよう。それよりも興味深いのは、デスピィが誇大妄想的とまで評するような一族の修道院入りの叙述である。ある日ヘリブランドゥスは、最後の審判の幻視を体験し、そこで断罪されそうになるが辛くも聖ペテロにより救われ、とるべき道を教えられる。その後妻のアデラと話し合った末、決心を固め、戦闘に赴く際の武具に身を固めてアフリヘムに行進する。到着後、ヘリブランドゥスは武装を解き修道院入りと寄進を果たすが、一三日後には天に迎えられる。アデラは、彼がこれほどにも早く神に報いられるのを見て、自らも修道院に入るのだった。つづいて、その五人の息子たちが修道院に入る。彼らの兄弟関係は、はっきりとはわからないが、ここでは出家順に話が進む。まずインゲルベルトゥスが妻・息子たちと共に、そしてシゲルスが妻の死後息子、娘たちと共にアフリヘムに寄進を行い、自ら修道士となる。その後、年長のフォルカルドゥスが彼らの寄進した所領を略奪するが、後に神への畏れからこれを返却する。その後病気になったフォルカルドゥスは修道士になり、弟たちの例に倣い所領を寄進する。オヌルフスも、はじめはその兄弟たちの行いやアフリヘムの利害に敵対的であり地獄落ちの運命であったが、病気に罹り己が魂の行方を案ずるようになり改心する。そうして、オヌルフスは妻ゲルトルディス、息子ゴデフリドゥス、ワルテルス、そして名の知れぬ娘とともに全財産を寄進して修道士となる。最後にアルヌルフスも、神への畏れから二人の息子、二人の娘と共にアフリヘムに入り、全財産を寄進するのである。一族の物語はまだ終わらない。ヘリブランドゥスの兄弟インゲルベルトゥスの修道院入りがつづくのである。第一四章から第一六章までは、もっぱらこの人物の描写によって占められている。

インゲルベルトゥスは、その封臣と共に、敵の不当な攻撃から自身の城砦の一つを防衛していたが、その最中傷つき戦闘に疲れ果て、修道士になることを思案し始める。彼はアフリヘムに幾度も足を運び修道士たちからも教えを乞うが、その財産が修道院ではなく敵の手に落ちるのを怖れて決心がつかない。しかし、ついにインゲルベルトゥスは決心し、まずすべての所有をルーフェン伯に委ね、そこから伯がこれを修道院に四人の騎士と共に譲り渡すという策がとられた。そしてインゲルベルトゥスはアフリヘムに入り、永遠の平和のためにシログラフ文書に署名を果たしたのである。つづいて、小麦を積んだロバを引いたり、修道士たちの靴を掃除したりといったインゲルベルトゥスの修道生活が若干語られる。ここで強調されるのは、かつては高位貴族であったインゲルベルトゥスがあまりに謙虚であったということであり、便所掃除を行い修道院長から叱責を受けるといったエピソードまで記されている。第二部の最後にあたる第一六章でも、その謙虚さと敬虔さが賞賛されるが、この章のポイントは最後にある。そこでは、以上のような美徳を備えたインゲルベルトゥスが修道院の繁栄を望んでルーフェン伯のもとに赴き、修道院の所有をさらに増加させるように要求する様子が描かれる。これが受け入れられ、修道院が現実的にワーヴルに所有していたすべてを伯は認可したのである。(31)

以上の内容から、この第二部はヘリブランドゥス一族の現世放棄と寄進の物語と捉えることができるだろう。デスピィもそうであるように、通常この部分はおおよそ教化目的で書かれたものと看做されてきた。俗人たちは、世俗の所有に対する欲と執着を捨て去りそれらを寄進し、敬虔な生活を送るべきである。あるいは、修道院所有に対しての侵害をやめるべきである。修道院によって俗人に投げかけられるこうしたメッセージがその背後に位置していると考えられてきたのである。しかし、ここに描かれている物語は、そのように一方的に修道院利害にのみ資するべく、修道院イデオロギーとでも呼べるものに導かれて記されたのであろうか。たとえ、直接の執筆意図がそうした動機に導かれたものであったにせよ、ここに単なる教化目的やその背後に位置する法的・経済的利害への修道院の関心のみを見いだすのでは、この物語の本質を見失うのではないだろうか。むしろ筆者は、ここには当時の修道院と俗人が共有していた彼岸と此岸をめぐる世界観が表されているのではないかと考えたい。

第一部第一章や第二部第一章で述べたように、近年の典礼的記憶をめぐる研究は、「寄進帳 Traditionbuch」が単に寄進をめぐる権利関係を記した法的機能だけではなく、典礼史料と同様に霊的な観点からも重要な機能を担ったことを明らかにしている。(32) 普通修道院組織に対する寄進は、自身あるいは一族らの死後の〝魂の救い〟のため修道士たちに行ってもらう執り成しの祈りの対価としてなされるものである。この祈りにより死者は、魂の救いに至る助けを得ることができるのである。寄進帳に頻繁に見られる「……の魂のために……を寄進する」という文言はこうした関係を表している。こうしたテクストに名前が記され命日の祈祷においてその名が唱和されることによって、死者は現世の人間の記憶にとどまり生きつづけ、魂の安寧を得ることができた。エクスレによる「死者の現存 Gegenwart der Toten」という表現は、この事態をまことに適切に言い表している。(33) 逆に、名を抹消されその存在を忘却される者は、神の記憶からも抹消され、よって永遠の断罪の責め苦に遭う。(34) あるいは、大罪を犯した者はネガティヴな形で人々の記憶にとどめ置かれ、最後の審判における地獄行きの断罪を待つこととなる。(35) ヘリブランドゥスの一族においても、修道生活に入ることと寄進はその魂の救いと結びつけられ、逆に修道院財産への略奪は地獄行きと結ばれて描かれている。執拗なまでに一族の構成員を述べたてるのも、それらの者たちが寄進を行っており、忘却の淵から救われるべきではないか。インゲルベルトゥスの場合もその所領の引渡しや伯への働きかけが必ず霊的な領域との関連で表現されている。この『年代記』は、写本状態をもとに寄進文書とのいかなる関係から成立したのかを確認しえないし、一族の寄進に関しても詳しい文書は残されていない。しかし先述のように、修道院の存否にかかわる出来事を中心に記した『編年誌』第一部においても、ヘリブランドゥスとその息子たちの寄進・出家は簡素ながら記されている。口頭でその記憶が伝承されていた可能性も否定できない。また、W・フェルレイエンも指摘するように、当時一族の集団出家はありえないことではなかった。(36) こうした点から推測するに、ヘリブランドゥス一族のそれもおそらく現実に起こったことだったのだろう。事実、一二世紀のアフリヘムは、そうした魂の救いを求める俗人による寄進からその勢力を強めていたのである。もしヘリブランドゥス一族の物語が現実より誇張されたものだったとしても、それは根本的な問題ではないだろう。この寄進と魂の救いをめぐる一族の奇妙なまでに詳細な物語から、当時の修道院的世界観が確認されれば十分である。

たしかに、この物語が教化のため、そして修道院の法的・経済的権限を守るべく記されている側面も否定できない。しかしその際忘れてならないのは、その法的権限とは、われわれが想定するような合理的精神によって貫かれたものではなく、その法の遵守と違反をめぐって魂の救いが左右されるというレヴェルで霊的領域と不可分に結びあうものだったということであり、その感覚を俗人たちも共有していたということである。この観点を無視して、ヘリブランドゥス一族の叙述に教化目的のみ、あるいは法的・経済的権限の擁護のみを見るのでは、この〝誇大妄想〟的な叙述の豊かさを説明しえないのである。

(五)『年代記』第三部

第一七章から第二〇章にかけての年代記第三部は、寄進目録を思わせる部分がある。デスピィは一つ一つの事例を証書と照合し、その誇張や歪曲を明らかにしている。しかし、こうした照合作業自体が必要かつ有効であることは否定できないが、なぜ、そしていかにそうした証書からの引用で著者が年代記テクストを織り成したのかを考察するほうがより重要であろう。以下第三部の内容を概観しよう。

まず、ゴドフロワ・ド・ブイヨンの一族による寄進が語られる。十字軍士を集める途上、多くの貧しい修道院に寄進を行ったゴドフロワは、ヘントでアフリヘムへの訪問も懇願され、同所へ立ち寄る。そこで弟ボードワンの同意のもと五マンスの土地を寄進する。同所に居なかった弟ユスタシュにアフリヘムが同意を求めると、彼は母イド同意のもとさらに寄進を行う。さらにイドもアフリヘムを訪問し、ジュナップの教区教会を寄進している。最後の三章もほぼ寄進・売買目録からなっており、都合二一件のそれらが記載されている。(37) うち寄進と自身あるいは肉親の修道院入りが同時に記されているのは一一件、寄進のみが記されているのは五件、残り五件が売買に関するものである。これらの中には、証書においては寄進とされているが売買とされているものもあるし、数字の誤りもある。(38) また、証書では確認されえないものもいくつかある。そして、半数以上がフランドル伯やフランドル貴族関連のものである。(39) デスピィは以上の点から、第三の著者における二つの主要なテーマを指摘している。フランドル・ブラバント貴族の出家と両領邦における数多くの修道院所領の構成を示すことがそれである。同時に、『編年誌』の叙述とは対照的な、宗教組織としての繁栄をめぐる沈黙も指摘されている。この無名記者のもっぱらの関心は、証書史料を適当に利用しつつ、修道院所領の増大と所領経営の巧みさをアピールすることだったというのがデスピィの見解である。しかしこの第三部も、第二部同様の視点で眺めてみると異なる様相を呈してくる。第二部と同じく、ここでも半数以上の項目が寄進と修道院入りをめぐる記載であり、寄進のみの叙述も含めるとその数はさらに多くなる。第二部ではある一族をめぐる物語的叙述が特徴的であり、ここではより簡素な帳簿的記載が特徴的であるという違いはあるにせよ、いずれもが寄進と霊的安寧をめぐる修道院的世界観を母胎としていることに注意しなければならない。事実第三部でも、魂の救いのための寄進という表現はしばしば見られるし[40]、俗人貴族の出家自体が死後の魂の救いを求めての行為だったのである。

では、第二部と第三部の共通点が見いだしえたとして、第一部はどのように位置づけられうるのか。筆者は第一部がもつ初代修道院長フルゲンティウスの事績録としての性質を指摘したが、これはおそらく第二部の著者にも理解されていたはずである。それゆえに、第二部のはじめでフルゲンティウスの生涯に終止符が打たれ、これに完結がもたらされたのである。その限りで、第一部と第二部は連続しているといえよう。そして、第一部においてはフルゲンティウスが主役なのであり、第二部はヘリブランドゥス一族をめぐる寄進と魂の救いをめぐる物語であるという形態的相違はあるが、それでもこの両者は、典礼的記憶の観点からすれば共通点を有しているともいえるだろう。ギアリがいうように、そして第二部第一章が明らかにしたように、証書史料類と事績録の間の区別はしばしば曖昧なものである[41]。事績録自体修道院長の記憶すべき行為を述べたものであるが、しばしばその院長自身の治下での証書類をまとめることから事績録が生じることも多かった。そうであれば、事績録の世界観と寄進をめぐる物語の世界観は、典礼的記憶の領域において親和性を持つものといってよいだろう。『年代記』の各部はそれぞれに明確に異なるスタイルをもちながら、しかし修道院において伝承されるべき特権的な記憶を記録するという点で、一貫した作品としての構造をもつものだったのである。

こうしてわれわれは、一二世紀アフリヘムの歴史叙述について、一通りの分析を終えた。ここで、その総括を試みよう。

まず、二つの史料における共通点としてフランドルとの強固な結びつきが明らかとなった。これはアフリヘムの地理・所領関係からも当然のことに感じられるかもしれないが、寄進の霊的機能を考慮に入れるならば、そこに多くの寄進を行ったフランドル貴族に対する典礼的記憶の響きを聴き取ることができるかもしれない。しかし、その記憶をいかに記録化するかというスタイルの面で両者は明確な違いをもつ。『編年誌』は、自修道院の歴史を普遍年代記の枠組みに位置づけながら、その救済史的構図にアフリヘムを組み込むことこそが重要であった。そこで記されるフランドル関連の記事は、伯による修道院建立や十字軍などのキリスト教世界にとって大きな意味をもつ行為が中心である。それに対し『年代記』は、アフリヘムに密接な関わりをもった諸個人の魂の行方を、記憶の特権的なテクスト化によって示そうとしたのである。そして、この相違はフランドル関連記事の性質に限られたものではなく、二つの史料の全体を区分するものでもある。名前と行状の記録によって、個人は忘却から救われる。しかし、もちろんこの記録化は何ら公平無私なものではなく、記録時の修道院的利害関係によって記憶は選択されえただろう。証書史料あるいは口頭伝承の歪曲や誇張はここにその理由を見いだすのかもしれない。

以上のように、一二世紀アフリヘムにおいてほぼ同時に現れた二つの史料は、魂の救いや彼岸世界との関連で構成されているという点では共通していても、明確に異なるコンセプトのもとに記されていた。これらの対比は、修道院における歴史編纂の複数の目的と様態をきわめて典型的な形で浮かび上がらせているのである。

三　アフリヘムの典礼世界と歴史叙述

前節で明らかにされたように、『年代記』は典礼的記憶を骨子とした修道院的世界観を下敷きとして描かれたものだった。では次に、実際にアフリヘムの典礼世界と歴史叙述がどのような位置関係にあるのかが問題になるだろう。残念ながら、典礼世界を知る上で最も有力と思われる「周年記念祷名簿 Necrologium」はアフリヘムに遺されておらず[42]、この点に関して史料状況は芳しくないが、可能な限り当時の典礼世界と歴史叙述の関係性を復元してみよう。

アフリヘム関連の典礼史料として代表的なものは、一四二六年から二七年の間に作成されたと考えられる『記念の書 Liber Anniversariorum』であり[43]、フェルレイエンも『年代記』の分析にこれを用いている[44]。『記念の書』には、その名の通り毎年各月各日に記念されるべき人物たちの名が記されており、名の後に、死者の記憶を保つために修道士に記念の食事あるいは飲料が振舞われる行為を示す caritas の文字が記されることもある。この典礼史料において確認される『年代記』中の人物たちは、修道院長フルゲンティウスや世俗大諸侯であるゴドフロワ・ド・ブイヨン、ルーフェン伯ヘンドリクなどの修道院の命運を左右するほどの影響力をもった者たちだけである。それらを除いては、わずかに第一八章でフラヌの寄進を行った貴族夫人エレンベルガと第一九章で寄進を行い修道士になったボードワンが記されるのみである[45]。建立者であるゲラルドゥスをはじめとする騎士たちの名前もそこにはない。これには、史料が後の時代のものであることも関係しているのかもしれない。しかし、『記念の書』の重要性は別のところにある。それはこの史料が、その写本においては冒頭に『年代記』第一部を戴いていることである。その他には、『記念の書』の後に他の数多くの修道院との祈祷兄弟盟約史料が付されている[46]。なにゆえ第一部のみが付されたのかはわからない。少なくとも建立に関わる叙述部分であり重視されたのは間違いないだろう。しかしいずれにせよ、こうした典礼関連史料との併載は、第二部および第三部に比して寄進関連の記載が最も少ない『年代記』第一部でさえ典礼的記憶の性質を帯びるものと認識されていたことを表している。そこに記されている者たちは記憶されるべき人物なのであり、『記念の書』に記されていない人物でさえ、それと併置されることで忘却から救われたのである。このことは建立者ゲラルドゥスたちの扱いからも確認できる。ゲラルドゥスたちはその私財によって修道院を建立し、その発展にも大きく寄与したにもかかわらず『記念の書』にその名前は確認されない。フラヌの『命日表 obituarium』には離反者ウルボドを除くこの五人の建立騎士たちの名前が確認されることから考えても、[47]アフリヘムにおいては『年代記』がこの者たちを記憶する役割を担ったのだと考えられる。逆に、『年代記』における多少ネガティヴな描かれ方から『記念の書』にはその名が記されなかったともいえよう。こうした点からは、典礼テクストと歴史叙述の補完性が浮かび上がってくるように思われる。

じつは、『年代記』のもつこうした典礼的性格こそ、この史料がパツェのいう意味での「建立者年代記」となりえなかった要因である。先述のように、ルーフェン伯はアフリヘムの厳密な意味での建立者ではなかったが、伯の自有地に建立されたアフリヘムはその土地を譲り受けたし、伯によりたび重なる寄進も受けている。伯は『年代記』作成時には、領邦内の教会組織において教会守護としての影響力を強めつつあった。[48]アフリヘムもその例外ではない。しかし、『年代記』全般において伯家系は周縁的な存在である。その理由として考えられるのは、『記念の書』に記された一二世紀までの人物リストに明らかなように、ルーフェン伯家は何ら特権的な存在ではなく、フランドル伯やゴドフロワ・ド・ブイヨン、その母イダなど、他の世俗大諸侯たちも修道院の典礼的記憶においてはそれに並ぶ重要な位置を占めていたことである。[49]一二世紀アフリヘムの典礼世界では、ルーフェン伯家は無視されるわけではないにせよ唯一無二の存在ではなく、それゆえに典礼的性質を宿す『年代記』においてもそうした存在感の希薄さが反映されている。こうした理由から、パツェがいうような修道院の存在を根幹から規定する君主家系は、ここには描かれていないのである。

図18　修道院に現れた中世の幽霊。足を出している方が幽霊である（出典：ジャン＝クロード・シュミット（小林宣子訳）『中世の幽霊　―西欧社会における生者と死者―』、みすず書房、2010年）。

しかし、以上のように典礼世界と歴史叙述の補完性が確認されるにしても、もちろんこれらは入れ替え可能なまったく同質のものではない。この点を垣間見させてくれるのは、一二世紀前半のアフリヘムに伝わる幽霊譚である。これは、アフリヘムの修道士によりその娘修道院マリア・ラーハに伝えられ、そこでテクスト化されたもので、アフリヘムにおいては口頭で伝承されていたと思われる。その内容は以下の通りである。ある日二人の幽霊がアフリヘムに現れ、修道士たちを驚かせた（図18）。彼らは、修道士たちと同じ勤めを懸命に果たしているように見えたが、修道院長が尋ねると、生前の罪により彼岸で責め苦を受けており、修道士たちにぜひ執り成しの祈りをしてもらいたいと訴えて消えた。修道士たちはその通りに祈祷を捧げると、以後二度と彼らが現れることはなかったのである。ここに現れた二人の幽霊は、その口にした言葉からルーフェン伯ヘンドリクとエナメ領主だったと考えられている。[50] 一二世紀初頭以来のこの伝承から推測されるのは、アフリヘム修道院の口承的記憶の世界においては、ヘンドリクは否定的とはいわないまでも、積極的に称揚される形で記憶に値する存在ではなかったということである。この事態は、典礼世界と歴史叙述の微妙なずれに通じている。

『記念の書』が一二世紀以来の典礼世界を表現しており、ヘンドリクに対する死者記念が行われていたとしよう。それでもこうした口頭伝承の影響によって、より選択的・修正的に記憶を伝えようとする歴史叙述においてはヘンドリクがさほど大きな扱いを受けず、修道院認可の叙述に際しては、証書や典礼史料に名前のない母親アデラに付き添われる形で登場することも理解できる。(51) ここには、口承の記憶によって典礼空間とテクスト空間に微妙なひび割れが引き起こされる様が見てとれよう。こうした点から、歴史叙述は典礼世界と性質を共有しあい、それを補完しつつも、より選択的で修正的かつ物語的な記憶の伝承という独自の役割を担っていたことも明らかとなるのである。

おわりに

このように、一二世紀中頃のアフリヘムにおける二つの歴史作品はそれぞれ異なる性質を有していた。とりわけ『年代記』は、その世界観の表出においてきわめて修道院的な典礼的記憶の性質を帯びていたことが明らかとなった。ここで、先行研究との関係を整理しておこう。まず本章が明らかにしたのは、修道院建立譚が必ずしも本書第一部で紹介したようなパツェらが主張する合理的目的のみから生じたのではないということである。建立譚には法的主張のみならず、修道院の典礼的記憶が充ちているのである。これは、ヨハネク以降、エクスレやアルトホフといった歴史家が歴史叙述のもつ典礼的性格を確認している事実と合致している。しかし、本章はそうした典礼的記憶と歴史叙述の関連を史料の形態的連続性からではなく、あくまでもテクスト分析から明らかにしようとした。この点が重要である。すなわち、寄進目録かと見紛うばかりの叙述が連ねられていようとも、これはやはり歴史叙述的な内容をもつ証書ではなく、歴史叙述である。寄進やそれに関連する行為も、時系列に従いつつ物語的に歴史として語られるのである。ここでは、文書から歴史叙述への移行的形態が示されるのではなく、むしろ利用可能な文書類・口頭伝承から選択的・恣意的に現在に適合的な記憶を選び出し、過去を創出しようとする行為が確認される。歴史叙述は、証書史料と口承の記憶を自らの史料とし、証書史料のテーマである寄進と魂の救い、そして出家を作品のモチーフとして用いることで典礼的な修道院の記憶を記録化し、過去を創りだした。そして、西欧世界に現れた建立譚は、修道院初期の歴史を彩る人々についてのこのような選択的な記憶の編纂作業だったのではないだろうか。

では、なぜアフリヘムの史料が特定の時代に集中的に記されたのだろうか。われわれにはまだ、この課題を説く作業が残されている。史料不足もあって、この点に関してわれわれの足元は覚束ない。若干仮説的なものにならざるをえないが、いくつかの説明を試みて議論を締めくくろう。

この問題に最初の手がかりを与えるのは、主要な叙述者の一人であるジルベールの経歴である。ジルベールはおそらくフランドルの出身であると考えられるが、アフリヘム到着前にはロッブ修道院に在籍していた。しかし、ロッブがクリュニー改革の導入に激しく抵抗していた時期にこの修道院を去り、すでに同改革を導入していたアフリヘムに移った。事実その筆致は親クリュニー的である。(52) そして、ジルベールがその事績を記したフルゲンティウスこそがこの改革をアフリヘムにもたらした人物なのである。(53) 一〇世紀以来、クリュニー修道院はその豪奢な典礼世界を創りだしたことで知られるが、こうしたクリュニー的な環境への共感からジルベールが事績録としての歴史作品を生み出し、これが書き継がれていった可能性は十分に考えられるだろう。

次にその背景をなす、時代状況に目を向ければ、グレゴリウス改革後の教会の混乱が修道士たちの世界観に動揺を与えていたことが指摘できるだろう。アフリヘムは、一一四八年に教皇エウゲニウス三世からその所有や法的権限の認可をとりつけていた。しかし先述のように、一一六二年には対立教皇ヴィクトル四世から二通の勅書がアフリヘムとその娘修道院に与えられ、アフリヘムは皇帝派の立場に立っていた。(54) こうした微妙な立場を反映して、『年代記』も修道院建立前夜の皇帝ハインリヒと教皇グレゴリウスの対立から筆がおこされている。(55) 修道士たちは、教皇が二人存在するという事態に世界の行方に関する不安を覚えずにはいられなかったであろう。そして、初代修道院長フルゲンティウスは、かつて所属していたヴェルダンの修道院がこの混乱に巻き込まれて解散するという体験をしており、[56]この教会世界の混乱はいつ修道士たちの現実的基盤さえ脅かすともしれなかったのである。

また、一二世紀の歴史叙述に関してよく指摘されるように、十字軍による空間意識の拡大がもたらす刺激も挙げられよう。[57]『編年誌』には頻繁な十字軍関連の記事が見られるし、シナイ山で起こった奇蹟譚が付けくわえられてもいる。[58]また、『年代記』においても第一回十字軍の主役ゴドフロワ・ド・ブイヨンが大きく取り上げられているのは本章第二節で見た通りである。同時代の第二回十字軍やフランドル貴族との頻繁な接触はアフリヘムとその歴史叙述にも十字軍の影響を投げかけているように思われる。

ギアリは、紀元一〇〇〇年頃に歴史意識が大きく変化したことを指摘した。[59]しかし、ゲッツのいうように一二世紀を中心とする中世盛期の新しい歴史意識の展開も無視することはできないだろう。教会改革や十字軍といった思想世界に大きな影響をもつ運動は、当時の人間、とくに教会人の世界観に必ずや変化を引き起こしたに違いない。[60]教会の分裂によりキリスト教世界の行方さえもが脅かされた状態が、教会人たちの世界観に動揺をもたらし、過去像そして世界像の探求へと向かわせる。十字軍についても、その情報はイスラーム世界からの脅威を伝え、教会人たちに不安を与えたであろう点で同様である。アフリヘム固有の事情でいえば、修道院改革と関連した戒律をめぐる問題が挙げられるかもしれない。デスピィは、フルゲンティウス院長時、戒律の遵守をめぐる問題が修道院内の老年層と若年層の間に多少の対立と混乱をもたらした可能性を示唆している。[61]史料状況から、この点についてはそれ以上のことはいえない。しかし、新しい改革の導入がしばしば修道院の分裂をもたらすほどの大事件であったことは他の例からも窺える。[62]

これらはすべて、アフリヘムの修道士たちの世界観をも根底から揺るがし、キリスト教世界およびその歴史における自らの位置づけを見失わせかねないような出来事だった。世界および過去と自らの断絶の危機ほど、歴史叙述への動機を呼び覚ますに相応しいものはないだろう。修道院の経済的繁栄はこの危機に関して無力である。さらに決定的だったのは、こうした外的世界の動きとともに、一二世紀中葉のアフリヘムが対峙した内部事情である。一一世紀後半に建立されたアフリヘムは、この時期、おそらくはじめて修道院草創期の生き証人を失う事態に直面するだろう。(63) こうした過去との断絶意識と世界・歴史における自らの位置づけへの不安が歴史の創造、記憶の再編へと向かわせたのである。

第二章　一三世紀ブラバントの系譜的歴史叙述と民族意識

はじめに

前章で明らかになったことは、建立譚に代表される修道院歴史叙述のあるものは、修道院初期の歴史に携わった人々の記憶を保持するための典礼的性質を有していたのではないかということであった。そこでは建立者たちだけがそのまま特権的な地位を保つのではなく、寄進をはじめとする修道院への貢献によって記憶に値すると考えられた者も、記憶の検閲作業を経て叙述に組み込まれえたのである。したがって、これらの歴史叙述に記された者たちはその特記すべき行為によって神の記憶に与り、いわば典礼共同体を形成していたのである。この典礼共同体は天上の世界を媒介として霊的な地理学により構成されているので、世俗の地理概念とは合致しない。そのため、この共同体の様態を記した歴史叙述は世俗的な地理概念によって規定される領邦史のような類型とはまったく性質を異にするものとなる。一二世紀中葉のアフリヘム修道院に現れた建立譚もこうした典礼的性質を示し、同時期に記された編年誌同様、大きくはキリスト教的救済史の枠に位置づけられよう。一方、およそ一〇〇年後に同修道院にて書き継がれる一連の系譜史料は、従来ブラバント最初の歴史叙述とされてきた。つまり、ブラバントの領邦史はここにその起源を見るとされてきたのである。では、一二世紀と一三世紀の作品の間にいかなる性質の違いが確認されうるのか。なぜ、一三世紀アフリヘムの作品群に領邦史の起源が見いだされてきたのか。こうした点は、これまでの研究によって十分に検討されてこなかった。これらの問題を解明し、ブラバントにおける歴史叙述発展の諸相を明らかにすることが本章の課題である。

そのためにはまず、一三世紀の系譜群に関する史料状況と、これまでのブラバント歴史叙述についての研究史を概観せねばならない。しかし、この研究史の動向は近代ベルギーの歴史観とも大きくかかわっている。そのため、本格的な研究史の概観に入る前に、簡単にその前史に触れておこう。

本書第一部でも述べたように、近代ベルギー地域における歴史叙述あるいは歴史編纂作業は、一七六九年の王立ブリュッセル・アカデミーの創設によって各地方の領邦的枠組みから国家的な枠組みのものへと移行し始める。そして一八二一年のJ・J・ド・スメートによる『ベルギー史』を契機として、一八三〇年のベルギー王国独立時にはフランドルを中心として組み立てられた歴史観が成立していた。以後、R・ステインの言葉を借りれば、こうしたフランドル中心史観ともいうべきものがベルギー史の一つの基軸となるのである。そして、このフランドルとは一九世紀後半から二〇世紀初頭にかけてフラームス運動の発展や、そうした言語を基準とした心象地理の形成もあって、しばしばフラマン語を話す地域と同一視されるようにもなる。その結果、フラマン語地域とワロン語地域を共に含むブラバントは微妙な位置に置かれることになる。当然、ベルギー国家成立後も「ブラバント」の地理区分および概念が消え去ったわけではない。しかし、国家成立後、「ベルギー」や言語共同体としての「フランドル」に対して、相対的に「ブラバント」がかつて程意識されなくなったことは確かである。こうした歴史的経過のせいもあって見えにくくなってしまっているのが、中世以来脈々と受け継がれてきたブラバントにおける歴史叙述の伝統である。この伝統とは、つまりブラバント公家系の系譜あるいは出自を中心線とし、このラインに沿って領邦の歴史が物語られるスタイルのことである。出自は、トロイア人、そして近世にかけてはとくにその子孫とされたカロリング家に求められることが多い。ステインによれば、アカデミーの創出後、フランドル中心史観が確立される以前の一八世紀後半から一九世紀前半でさえ、ベルギーの全体史がこの伝統に沿って記されたこともあった[64]。このような系譜に基づく歴史叙述は近世・近代のブラバントにも多く現れたが、その直接の起源は中世盛期に求められる。一三世紀後半に生み出された複数の家系譜および系譜年代記がそれである。これらが、先述の領邦史の起源とされるものである。

こうした前史を踏まえた上で、系譜群に関する研究史の動向を把握しておきたい。ただし、先述のような近代ベルギーのフランドル中心史観や、第一部で確認した文化史研究の欠如もあって、系譜群ならびにそれにつづく歴史叙述の伝統を扱った研究の数は決して多くはない。最初にブラバントの歴史叙述を体系的に扱ったものとして、先に挙げたコーシーとベヨによる中世ブラバントの年代記目録が挙げられる。ここで、はじめて系譜群にも明確な位置づけが与えられる。彼らによれば、本来の意味でのブラバントの歴史叙述、つまり領邦ブラバントを固有の対象とする歴史叙述は一二七〇年頃、一連の系譜群『ブラバント公の家系譜』(以下、『家系譜』と省略)に始まる。トロイア人に出自をもつフランク王からカロリング家を通じてブラバント公家に至るこの『家系譜』は、若干の後に作成された『ブラバント公の起源についての年代記』(以下、『起源年代記』と省略)と共に、後のブラバント歴史叙述の伝統を規定してゆくこととなる。以後、中世末期にも系譜を骨子としたブラバントの歴史叙述が複数生みだされるが、近世・近代にまで至るこの伝統の出発点が『家系譜』に求められるのである(図19・20)[65]。

以上のコーシーとベヨの見解は、年代記目録という性質もあって『家系譜』に特定の分析を施しているわけではない。また、それ以降の研究でブラバント歴史叙述の問題は、若干の言及を除いて久しく顧みられなかった[66]。ようやく本格的な研究が始まるのは、一九八〇年代に入ってからである。まず、一二七〇年頃から一三五〇年頃までのブラバントの歴史叙述を概観しようとしたJ・G・ヘイマンスの研究は、コーシー・ベヨの年代整理を引き継ぎつつ、系譜の成立と同時代に起こった公位継承をめぐる内乱に関係性を見いだしている。ここでは『家系譜』に用いられている用語の概念史的分析が試みられており、その史料に関するはじめての本格的な研究の出現

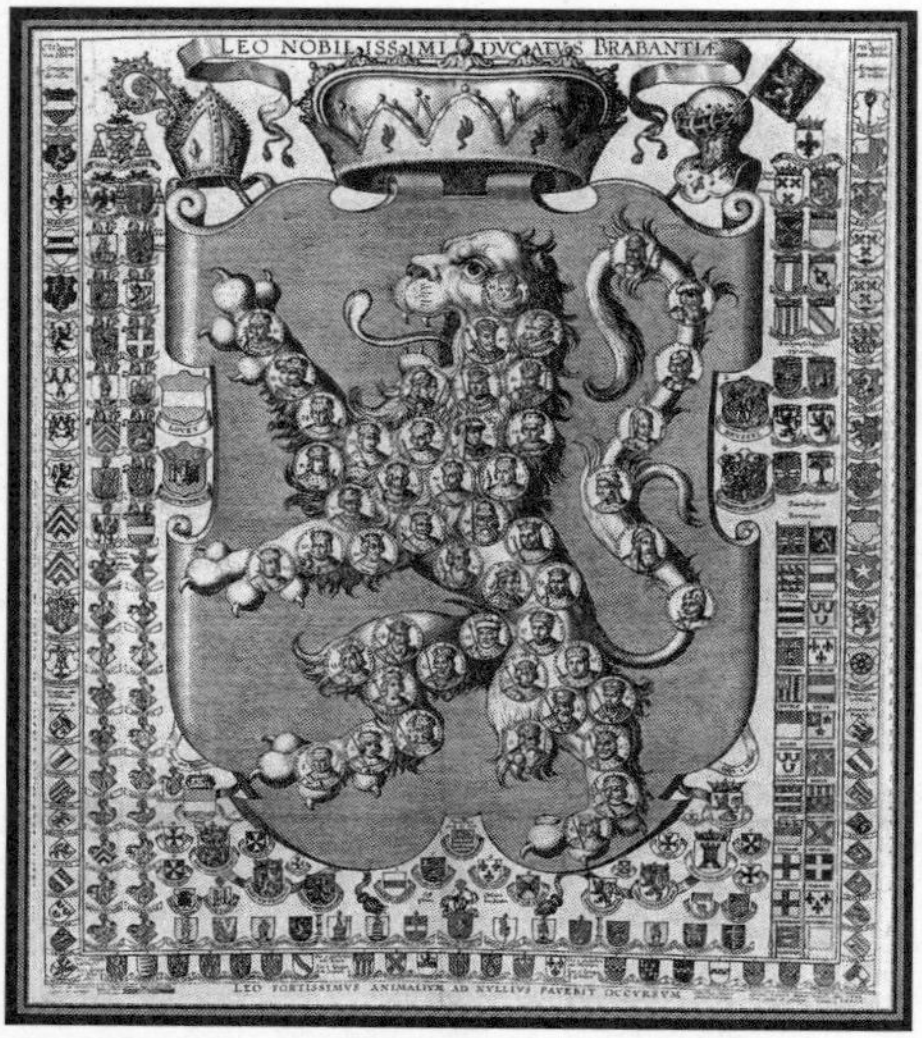

図20　1622年に印刷された『いとも高貴なるブラバントの獅子』の図。系図的に連なった歴代ブラバント公の顔が獅子の体を埋めている（出典：A-J. Bijsterveld e.a., *De kroniek van de hertogen van Brabant door Adrianus Barlandus,* ['s-Hertogenbosch, 2004]）。

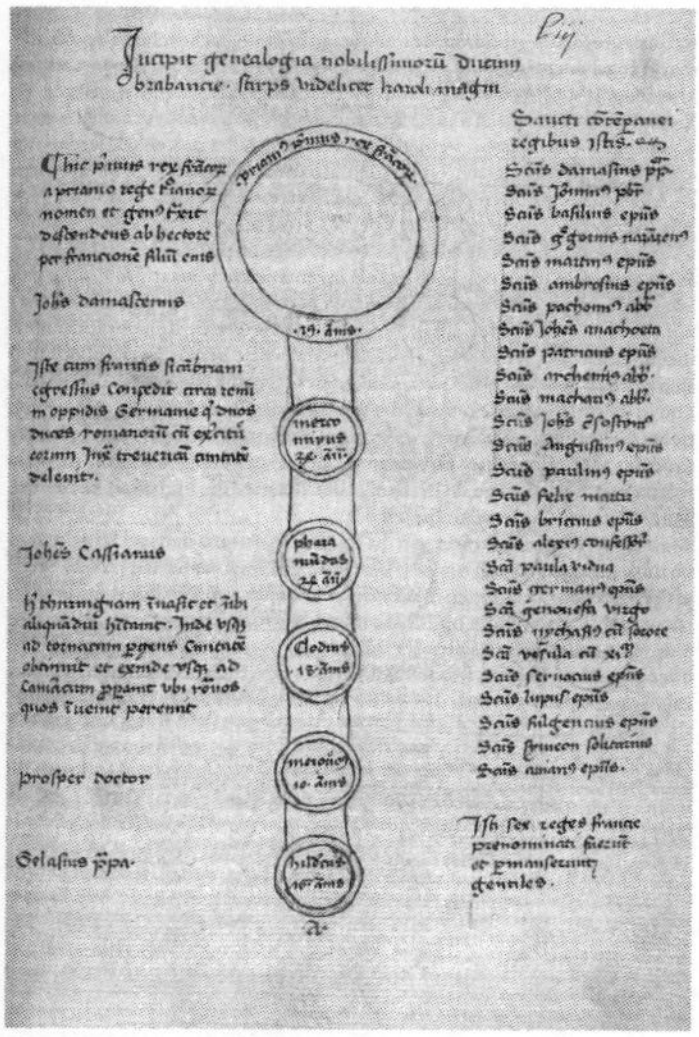

図19　『家系譜』に見られる系図。「初代フランク人の王プリアムス」に始まる。図は14世紀の写本から（出典：J. Tigelaar, 前掲書）。

をわれわれはここに確認することができる(67)。しかし、そこで指摘される『家系譜』の出現と、同時代に起こった公家系の内乱の関係性については、その積極的な根拠づけに乏しく推論提示の域にとどまっている。

　これと異なり、ステインはブラバント公家とカロリング家の繋がりをめぐってテクスト系譜論を展開する。『家系譜』作成期のブラバントでは、トロイア人からカロリング家に至る系譜については、一一世紀後半以来複数作成された著名な『ブーローニュ伯の家系譜』などによりすでに知られていた。しかし、カロリング家から公家に至る部分を構成する諸要素が、一体どこからもちだされたのか。ステインは当時の史料を博捜することによって、一一世紀から一二世紀に作成された三つの偽カロリング聖人伝からそれらの諸要素がもたらされたことを明らかにする。そして、これらが組みあわされることで、一二七〇年頃にブラバントにおける系譜的歴史叙述の伝統が成立したのである。[68]ステインのテクスト系譜論は厳密な史料批判にもとづいたものであり、概ね妥当であろう。しかし、彼の議論には後述のように史料作成地の特定に関する問題があり、また、なぜ一二七〇年頃この史料が出現したのかについても明らかにされてはいない。

以上の研究の問題点から、まず従来ブラバント歴史叙述の出発点とされてきた『家系譜』が、なぜ作成されたのかをそのテクスト分析から具体的に明らかにせねばならないだろう。さらに『家系譜』の後、公家系の出自をもとにした系譜的歴史叙述が、非在地支配者家系による支配にもかかわらず中世末期から近世・近代に至るまで書き継がれた要因がどこに見いだせるのかといった点について、これまでほとんど何らの展望も示されていない。これについても何らかの考察が必要である。

この点に関しては、P・ド・リダーの研究がある種の示唆を与えてくれる。ド・リダーの研究は、先に紹介したヘイマンスやステインによる歴史叙述とその叙述行為そのものを対象にした研究とは異なり、一三世紀後半のヤン一世期における公家系と民族意識の出現との関係を同時期の諸々の歴史叙述から浮かび上がらせようと試みたものである。ここでは、『家系譜』出現の原因は公家の継承をめぐる内乱とその混乱からの回復に見いだされている。この議論も、基本的にはヘイマンスのそれ同様、実証性を欠いてはいる。しかし、ド・リダーの研究の重要性は同時代のブラバントに民族意識の表出を見いだした点にある。ここでは『家系譜』の他にも、一二八八年のヴォーリンゲンの戦いにおける勝利を高らかにうたったヤン・ファン・ヘーリュの『韻文年代記』、『家系譜』をもとにした『起源年代記』などが史料として扱われ、用語研究を通じて公家系の存在を柱とした臣民の民族意識が洗いだされるのである。[69]このド・リダーの見解の致命的な欠点は、民族意識を過度の心理主義によって片づけてしまっている点である。自由主義、社会主義と並ぶ人類史の発展的動因として民族意識が想定され、民族共同体へ自己を委ねることで自己実現を目指そうとする動きがキリスト教により染め上げられた中世ヨーロッパ世界、そしてブラバントにも存在したというのがド・リダーの見解である。こうした心理的要因とともに、ド・リダーは行政組織の整備や言語の統一化などの現象面での理由をいくらか挙げるものの、〝民族〟の定義を括弧に括ったまま、心理的要因を過度に強調した素朴な見解は、そのままでは受け入れることはできない。そしてこれは、何より系譜的歴史叙述の発展の問題について答えるものでもない。

とはいえ、ド・リダーが指摘したブラバントにおける民族意識の出現こそ、系譜の謎を解き明かす鍵ともなる。ここで想起されるのは、S・レナルズの議論に代表されるような中世ヨーロッパの各地に頻出する出自神話と民族意識の関係をめぐる研究である。それらの成果を批判的に援用し、系譜および出自神話と民族意識の表出に接合点を見いだすことで、ブラバントにおける系譜的歴史叙述の伝統がなぜ存続・発展したのかが明らかとなるように思われる。

本章はこうした展望から、以下のような構成をとる。まず、ブラバントにおける系譜的歴史叙述の最初期のものである『家系譜』のテクストを分析し、その出現の意味を明らかにする。これまでの研究にはない具体的な論証が試みられるだろう。つづいて、そこで形作られた伝統がどのように発展し、また公領にどのような意味をもったのかを、中世ヨーロッパにおける出自神話および民族意識についての研究動向と照らしあわせることで明らかにしてゆきたい。一三世紀末から一四世紀初頭にかけて出現した『起源年代記』や『ブラバント公列伝』といった史料をそうした新しい視点のもとで分析し、中世ブラバントにおける歴史叙述・出自神話・民族意識の組みあわせの発展プロセスを具体的に明らかにするよう試みる。

一・ブラバント歴史叙述の誕生

(一)『家系譜』の出現と事件史

まず、『家系譜』が誕生したヤン一世の治世を中心に同時代史を概観してみよう。一二六一年二月二八日、ブラバント公ヘンドリク三世（在位一二四八年～六一年）は、未成年の息子たちを遺して死亡した。ひとまず、公妃であるブルゴーニュ出身のアレイディスが摂政を務めつつ、長子であるヘンドリク四世が公位に就いた。しかし、このヘンドリクが知的障害者であったために事態は紛糾する。これによって実質的に権力、権威ともに凋落するばかりとなったブラバント公家に対し、公領の保護を名目として亡きヘンドリク三世の従兄弟たち、リエージュ司教ヘンドリクやヘルレ伯オットー二世などが摂政の座の獲得、そして権力の簒奪を目論み介入してきたのである。また、ブラバント公ヘンドリク二世（在位一二三五年～四八年）の甥でハースベークの領主ヘンドリク二世も介入を試みる。こうした危機をメヘレン領主ワルター・ベルトハウトの助けで乗り切ったアレイディスは、知的障害をもつヘンドリク四世が統治する限り家系と公領が危機に曝されつづけると考え、ヘンドリクから第二子ヤンへの公位移譲を画策する。この計画に対しマレシャルを務めるウェゼマールのアルノルトが、都市ルーフェンのコルネーレン家の援助でヘンドリク四世の権利を主張し反乱を試みたが、これもワルターの活躍で鎮圧することができた。さらに、ここで再びリエージュ司教ヘンドリクが侵入を試み、メヘレンやマーストリヒトなどが占領されるが、アレイディスは、数人の領主やケルン大司教の助けによりこれも撃退した。こうした後にようやく、コルテンベルフに集まった貴族、都市代表の前で、ヘンドリク四世が公位の移譲を宣言しブラバント公ヤン一世が誕生する。ドイツ皇帝も、一二六七年六月三日にこれを承認した。

こうして公位に就いたヤンの治世は、しばらくの間さほど大きな変化に見舞われなかったように思われる。しかし、後継者のないままに死亡したリンブルフ公の跡をめぐって一二八〇年代にリンブルフ継承戦争が勃発し、ブラバントはその中心的存在となる。ヤン一世はこの戦争で、ヘルレ伯、ルクセンブルク伯、そしてケルン大司教を相手にするが、巧みな外交的手腕によって敵勢力の分裂を誘い、ケルンのブルジョワ勢力を味方につけて敵に立ち向かう。そして、一二八八年のヴォーリンゲンの戦いにおいて決定的な勝利を得ることになるのである。この後彼には、ロタリンギア公、ブラバント公につづいてリンブルフ公の称号が追加されることになる。

その後も外交、内政ともにその手腕を揮ったヤンだったが、一二九四年バール伯の婚姻を祝う宴において、馬上槍試合に失敗し突然死亡する。この再びの家系の危機にイングランドから急遽呼び戻された息子が、ブラバント公ヤン二世として即位する。(70)

こうしてヤン一世の治世は、終わりを告げた。『家系譜』の生まれた時代は、以上のような状況にあった。次に、史料について見てみよう。

これまで『家系譜』と総称されてきたものは、複数の系譜を含んでいる。J・ヘラーの編纂によりMGH. SS. 25に収録されているのは、『フランキアの相続者ブラバント公の家系譜』と題された系譜史料と『増補版ブラバント公の家系譜』と題されるもの、『韻文によるブラバント公の家系譜』とされるものであり、これらにくわえて『起源年代記』も併録されている。(71) しかし第一のものには、ユーグ・カペーによる王位簒奪に至るまでの前半部分に二種類の系譜が並行して収録されており、ステインなどは分析上これらを別のものとして扱っている。(72) ここでもステインに倣って、それらを1a、1bと示し、次の増補版を2、そして本章で触れられることは少ないであろうが韻文のものを3として扱うことにする。なお『起源年代記』については議論の都合上、説明を第二節に譲り、ここではそれ以外の系譜群についての史料情報を提示する。

ステインの分析では、1a、1bの系譜は一二六七年から一二七〇年二月、2の系譜は一二七〇年二月から一二七一年一一月の間に成立している。3については特定できないものの、写本の伝承を見る限り他のものとほぼ同時に書かれたものであるとされている。(73) 作者についての具体的な情報は乏しい。本書ではこれまで系譜がアフリヘムの修道士により作成されたことを前提として議論してきたが、じつはステインは1aおよびb、2、そして3の系譜がニヴェルの修道院で記されたものであり、『起源年代記』のみアフリヘムで書かれたものであると推測している。ステインの論拠は、一連の系譜が古いカロリング時代の叙述に関してニヴェルで作成された聖人伝を大いに活用しているという点にあるが、広く流布していたと思われるこれらの史料が用いられているからといって、系譜が同修道院で作成されたことが直ちに証明されるわけではない。以下で詳しく扱うように、ニヴェル修道院とブラバント公家は親密とはいいがたい関係にあった。また、系譜の同時代史叙述においては、アフリヘム修道院と公家系の密接な関係について複数の記事が遺されている。これらの点から考えても、系譜がアフリヘムで記されたことは明らかだろう。これについては、J・アッペルマンスによる最新の詳細なテクスト分析によっても証明されている。(74) したがって、やはり本書ではアフリヘムを系譜作成の地として議論を展開してゆくことになる。では、なぜアフリヘムなのか。系譜作成の依頼など細かな経過についてはわからないが、以下のような事情から同修道院が系譜作成地に選ばれたことは推測されうる。まず、アフリヘムは代々公家系との繋がりが強く、家系の墓所の一つともなっていた。修道院カルチュレールに現れる特権授与や保護からも、公家系との密接な結びつきは読み取れるし、(75) 墓所としてのアフリヘムという側面は、とくに一二世紀後半以降強まり、その点は系譜叙述にも明らかである。さらに前章で詳しく見たように、この修道院では一二世紀にすでに二つの歴史叙述が存在しており、歴史作品の作成に適していたこともある。こうした事情から、系譜の作成が同修道院に依頼された可能性が指摘できる。もちろん、系譜史料にはよくあるように、いかなる修道士がどのような状況で著述の任にあたったかも不明である。しかし、以下で検討されるであろうニヴェル修道院についての叙述や公位移譲正当化の工夫などに明らかなように、作品に公家系の意図を大いに反映させていることは確認できる。またこれと併せて、アフリヘムを称揚する叙述を盛り込むなど個人的意図を絡めつつ、作者は巧みな手腕を発揮している。

諸系譜の全般的な特徴についても一言述べておこう。1aの系譜はユーグ・カペーによる王位簒奪まで至ってシンプルな叙述で構成されており、文字通り「家系譜」というに相応しい。1bの叙述は、1a同様にトロイア人に出目をもつ王プリアムスから始まりヤン一世にまでつづくが、ユーグ・カペーまでの叙述にしても、1aのそれに比べ詳しい。そしてさらに、2の系譜は増補版というヘラーの命名に相応しく相当の情報が盛り込まれており、家系譜と年代記の中間的な形態をもつに至っている。(76) 3の韻文形態のものは、これらから記事を選択して短く韻文でまとめたものであり、とくに新たな情報を付けくわえるものではない。また全系譜に共通する特徴として、ひじょうに多くの聖人が家系に取り込まれていることが挙げられる。これはとくに2の系譜に顕著であり、その末尾にはパリ写本にある家系聖人リストが収録されている。その他、ロタリンギア公位あるいは公領への権利が強く主張されているのも特徴的である。ブラバントの語が過去に投影され、その権利が主張されると共にロタリンギアの公位が強調されるのである。(77)

これらの系譜についてはもちろん複数の写本が存在するが、その数はさほど多くなく、その点から系譜の普及を推し量るのは難しい。しかし、ブラバントと直接かかわりをもたなかったヤーコプ・ファン・マールラントにより一二八〇年代に著された『歴史の鑑』において、公家系のカロリング起源が語られることから、系譜がかなりの速さで広く普及したことは窺える。(78)

おおよそ以上の点を念頭に置きながら分析に移りたい。(79)

(二)『家系譜』の構成と意味

『家系譜』がブラバントにおける系譜的歴史叙述の伝統を創出したことについて、諸家の見解は一致している。(80)しかし、なぜこのとき系譜的歴史叙述は誕生したのか、その必然性を確認しなければならない。ド・リダーもヘイマンスも、公位継承をめぐる内乱とその後の平和の回復を『家系譜』の出現に関連づけてはいるが、いずれも推論を提示しているにすぎない。ここでは、『家系譜』テクストの構成を分析することでその出現の必然性を明らかにしてみよう。

まず『家系譜』が対処していると思われる現実を指摘し、テクストから『家系譜』の存在意義を浮かび上がらせてみる。その際、最も重要な点はニヴェルの修道院をめぐる叙述である。ステインのテクスト系譜論によれば、『家系譜』の最も独創的な点は、聖女ゲルトルディスからその父ピピンや祖父カルロマンへのラインを提示し、ピピンを「初代ブラバント公」と表した部分である。そして、この部分は一一〜一二世紀にニヴェル修道院で作成された聖人伝によってもたらされたのである。[81] つまり、『家系譜』で最も特徴的な「初代ブラバント公ピピン」の家系ラインとその原型的諸要素がここで作成されたということである。

さらに『家系譜』1bにおいては、ピピンたちが修道院を自らの自有地、つまりブラバントに建立したという叙述が、[82] そして2の系譜では今やブラバントの七人の君主がニヴェルに眠っているという叙述が現れる。[83] ここでは、自有地として表されたブラバントにニヴェルが存在することが強調され、家系の連続性の象徴である公家の墓所としてニヴェルが示されている。このように家系との繋がりが強調されることもあって、ステインはフランス王権の例に喩えニヴェルを「ブラバントのサン・ドニ修道院」と呼んでいる。[84] ステインはこのあたりに系譜のニヴェル作成説の論拠を見いだしているのであろう。しかし、ニヴェルをサン・ドニに喩えることは、同修道院の歴史や系譜作成時の状況を考えるならば奇妙なことである。

ニヴェルはフランク時代以来の古い修道院だが、早くも一〇〇三年には後のブラバント公であるルーフェン伯の守護権のもとに置かれる。しかし、その後のブラバント公家と修道院、そして皇帝の関係は相当に複雑である。ワロン語（フランス語）地域に広大な所領を有し、一貫して帝国直属意識をもちつづける同修道院は、一二世紀後半以来の都市発展と対立するニヴェルの領主でもあり、公家と強い対立関係にあった。公家は、ヘンドリク一世期以来バイイの派遣などによって徐々に修道院権力の弱体化に成功するが、これはヘンドリク三世死後の内乱によって中断する。この内乱は同時に、公家に協力的であったニヴェルの都市コミューンが、修道院と結んだリエージュ司教によって破門・解体され、以後のコミューン運動が禁止されるという事態にも通じる。そしてこのリエージュ司教こそ、ブラバントの後見権を主張し、内乱の火種を熾した人物ヘンドリクであって、ウーバンクスによれば、このヘンドリクのコミューン抑圧への関与は後見権獲得の失敗による反ブラバント感情の現れとして理解される。[85] 公家の内乱の影響が、地方において最も縮図的に現れたのがこのニヴェル問題であるといえる。

一二世紀後半以降、低ロタリンギアにおいては皇帝による教会組織への介入はほとんど見られなくなり、そのほとんどが領邦君主の影響下に置かれることになる。しかし、領邦の境界線付近に位置し帰属の微妙な修道院などの他、特定の領邦君主の影響下に置かれることを拒み、一三世紀前半になっても未だ皇帝に庇護を求めつづけるいくらかの教会組織が見られる。ジェニコの統計的な文書調査によれば三つの代表的なものが挙げられるが、その一つがニヴェルの修道院である。(86) 一三世紀前半のブラバント公の領域統合政策の要は教会守護権の行使にあったが、アンシャン・レジーム期にまで帝国直属意識を維持するようなニヴェル修道院は、ワロン語地域におけるブラバント公の領域統合に対する最も頑強な抵抗の砦となっていたのである。

こうした点から、容易にブラバントへの帰属を認めないニヴェルを歴史的な根拠づけによって取り込もうとした系譜作成者の意図が明らかとなる。系譜においてニヴェルを自有地の内に置き、固有の墓所とすること。ニヴェルで作成された聖人伝を用いてニヴェルの守護聖人ゲルトルディスやピピンたちを家系聖人とすること。公家は、これらによって内乱において失われた統合への過程を回復し、内乱の清算を試みたのではないかと考えられるのである。『家系譜』の出現とほぼ同時に、ヤン一世はニヴェルから守護職よりも広範な権限の職務を買い取り、ニヴェル問題に一応の決着をつける。以後、彼の関心は東方への対外的拡大政策に向かうのである。(87) こうした一連の政治的経過も、以上の系譜に込められた意図と符号する。『家系譜』の最も独創的な叙述とされるピピンの家系とそこに見られる聖人たちの姿は、単なる家系の高貴さを証明するだけでなく、こうした現実に対応すべくもちだされているのである。

以上に検討した『家系譜』に示される政治的意図は、その目的のゆえに直截的にテクスト表面に現れでる。しかし、表面にはそのまま現れにくい意味もテクストには潜んでいる。それは、『家系譜』が内乱とのかかわりで記された際、この内乱が兄弟間での地位の交代をめぐる特殊なものであるがゆえに、込み入った手法によって公位継承の正当化が試みられているためである。こうした意味は、テクストの構成や仕掛けの分析により焙りだされるしかない。そして、そうした分析によって明らかになる部分でこそ、この『家系譜』は中世ヨーロッパの系譜史料においても独特の位置を占めることになるのである。ここでは『家系譜』が駆使した二つの手法を明らかにしよう。つまり、一つは系譜のライン操作であり、もう一つはカロリング期の叙述に関する系譜操作および聖書物語の暗示的導入による兄弟間の権力移譲の正当化である。

G・メルヴィルは、一般に中世後期の系譜がその政治思想の発展から、超個人的な血統の連続性と超個人的な官職の連続性をできる限り古い祖先の段階から混合し、よってできる限り古くから血統における祖先と官職における先任者を同一者として示すよう工夫していることを指摘している。『家系譜』においては、一方でトロイア・メロヴィング家系のラインによって血統の高貴さが表される。そして、他方の家系でピピン以来、特定の時期を除いて一貫して「ロタリンギアおよびブラバント公」の称号が示され、ブラバントの領域とその支配の連続的提示により官職原理つまり制度化された支配が表されるのである[88]。こうした血統の高貴さと官職原理によって示される支配者の能力、適格性の双方によってヤン一世の支配は正当化されている。しかし、一五世紀ブラバントの系譜を中心に据えたメルヴィルの研究は、なぜヤン一世期の系譜史料にこの血統と官職双方の連続性という二重ラインの工夫が必要とされたのかについて言及していない。その答えは、単一ラインの系譜では支配者存命中の兄弟間の権力移譲という矛盾を解くことができないからである。この点については、次のカロリング期の叙述に関する系譜操作および聖書物語の導入について検討した後併せて詳述する。

分析を進めよう。『家系譜』においては、ピピン以来一貫したブラバントの所有と支配がヤン一世にまで途切れることなく示される。しかしこの系譜ではそれに飽き足らず、フランク王権への権利とロタリンギアの領有が執拗に主張される。まずこのフランク王権と公家系の関係は、メロヴィング家から分岐するブリティルディスの家系とカロリング家の「初代ロタリンギアおよびブラバント公」とされるピピンの家系の結合によってもたらされる（図21）。ここで重要なのは、『家系譜』2に示されるメッス司教聖アルヌルフスの預言である。

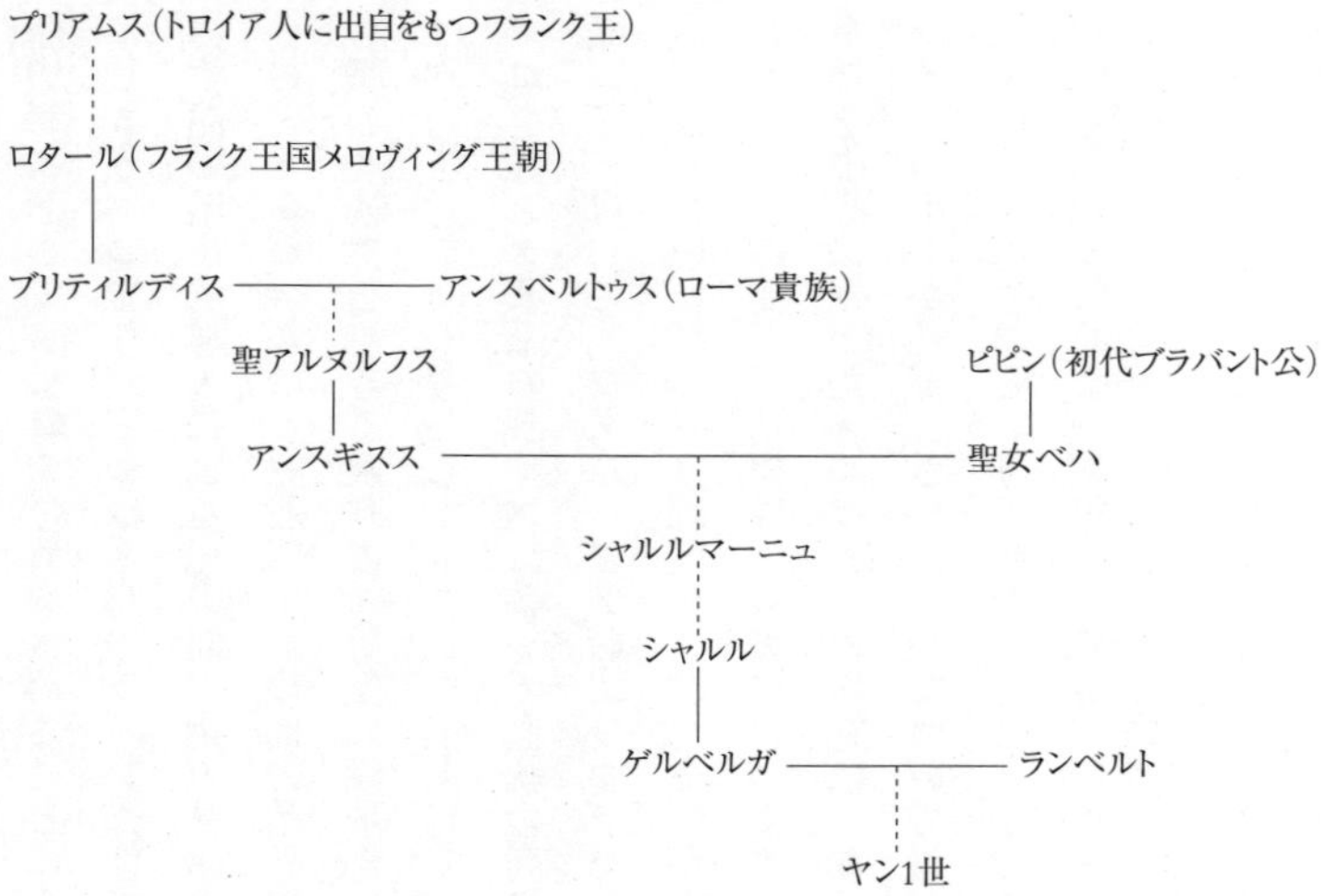

図21　ブラバント公の家系図

「聖アルヌルフスは、息子アンスギススとその血統の者たちが、フランク人たちの相続者たる未来の王となり、至上のローマ人たちの皇帝となろうことを預言し、祝福したのであり、事はそのように成就した。塗油により、この祝福は当時アウストリアと呼ばれたロタリンギアおよびブラバントの公のいとも高貴にして聖なる家系へと降り来たったのである[89]。」

こうして、家系による将来的な王位獲得の預言と現在のブラバント公家系への祝福の連続性が表現されているわけである。しかし、これによって具体的に何が意図されているのだろうか。じつは、この聖アルヌルフスの祝福というモチーフは『家系譜』にのみ見られるものではない。カロリング期のパウルス・ディアコヌスによる『メッス司教列伝』にも、これは見られるのである。エクスレの見解を参照するなら、この史料におけるアルヌルフスの存在及びその聖性と子孫への祝福は、同時期のいくつかの系譜に見られる聖なる司教とメロヴィング家の血統的な接続というフィクションを前提に、王たちの高貴な血をカロリング家へと流し込みつつ、実力ある同家への王位移譲を正当化する要素と考えることができ

る。名目だけの支配者から、その血を継いだ実力者への地位の移譲がここで暗に主張されるのである。(90)

しかしこの部分には、さらにもう一つの重要な意味が隠されている。じつは、この祝福は旧約聖書に題材を借りているのである。(91)『創世記』に見られる父親あるいは祖父から長男ではなく次男への祝福を描いた二つの物語がそのもととなっている。さらに、この物語は新約聖書で、長男から次男への祝福および長子権の横領も神の摂理として正当化されると補足されることになるが、その点も『家系譜』を考える上で重要だろう。

以上の点から聖アルヌルフスの祝福は、カロリング期の系譜に表されたような実力・能力的な点での権力の移譲の正当性を暗示すると共に、長男から次男への権利の譲渡という聖書の物語をも暗示しているのである。そして『家系譜』が作成されたポイントもここにあると思われる。ヤン一世の即位直後に作成された『家系譜』は、兄弟間の能力による公位移譲から引き起こされた内乱の背景を直接受けていると考えられるだろう。つまり、聖書を下敷きにメロヴィング家とカロリング家をもちだして、能力的な点での兄弟間における権力の移譲を正当化したのである。能力・血統ともに保証されたものによる支配の提示が、聖書のモチーフの上で展開されるわけである。こうした点でメルヴィルのいう二重ラインも有効である。つまり、官職原理のラインによる能力性のみの提示では公家系の血統の高貴さが保証されえないし、血統ラインのみの提示では能力による兄弟間での支配権の移譲という問題が解決されないのである。

一貫した二重ラインによって家系によるブラバントの支配が主張される傍ら、フランク王権の移動が預言的枠組みのなかで展開される。これはいわば〝範例 exempla〟として、以上のような同一家系内における能力を基準とした支配者の交替という、特異な事態を正当化しようと組み込まれたものだと思われるのである。内乱後のブラバントにおける『家系譜』の成立には、こうした背景があった。

以上の議論で、テクストに込められたさまざまな意図が明らかになっただろう。一つの作品（群）が成立する際には、常に複合的な要因が働いているだろう。この場合は、ブラバント公領の内乱と分裂による危機を一つの大きな枠組みとして、そこから派生するさまざまな個別的問題がこのテクストによる克服の対象とされるのである。しかしこの危機は、ブラバントの系譜史料群が対処せねばならないさらに大きなコンテクストを提供してもいる。それを明らかにするのが次節の課題である。

二．ブラバントにおける歴史叙述・出自神話・民族意識

B・グネもいうように、系譜史料は政治的危機や支配権力に異議が唱えられたときに多く現れる。[92] 前節で検討したように、『家系譜』の成立にも公家系の危機と内乱の過程が密接に対応していたわけであり、その限りでこの史料群を実践的歴史叙述と規定してもよい。しかし、これだけではなぜ系譜というモチーフが以後引き継がれてゆくのかは明らかでない。一三世紀末から一四世紀初頭にかけて、『起源年代記』や『ブラバント公列伝』といった歴史叙述で公家系の出自が繰り返し物語られる理由はどこにあるのだろうか。こうした問題に何らかの見通しをつけるためには、内乱による政治的危機のミクロな過程を越えでて、時間的・空間的にもよりマクロな視点からこれらの史料を位置づけ直さねばならないだろう。

(一) 共同体としてのブラバント

前節の議論では、作者が系譜のライン操作やテクストに潜り込ませた個別の叙述についての意味が明らかにされたが、ここでは史料類型として系譜がもつ意味、つまり支配家系の出自をめぐる神話自体のもつ意味について考えてみたい。これまでの議論でも明らかなように、『家系譜』はトロイア人の王からの血統の連続性を主張するものであるが、こうした出自神話は、ブラバントに限らず中世ヨーロッパに広く流布していた。レナルズによれば、中世初期以来ヨーロッパの出自神話には大きく分けて三つの類型が存在するが、そのうち最も人気を博し

たものが本章の対象でもある古代世界、とくにトロイア人にその出自を求めるものである。これは七世紀の年代記に初出し、八世紀以来その数を増す。ここで重要なのは、レナルズによる出自神話と共同体論との結合である。引きつづきその説をたどってみよう。レナルズは、従来の研究が中世の支配原理として縦の人的結合関係を重視するあまり、中世社会のもつ共同体的性格を見落としてきたと指摘する。中世では、地方の農村、都市から領邦そして王国に至るまで自発的服従にもとづき、構成員間の身分的格差を受け入れた共同体が形成されており、そこでは協議と代表による統治は当然のものと看做されていた。こうした条件のもとでは、支配者および代表者はその共同体に対し法と慣習に従った統治を行う義務を有し、またそれを強く感じていたと考えられる。そして、同一の法と慣習からなる共同体において生活する者は出自を同じくする者であると信じられていた。そうした信仰の表れが中世の出自神話なのである。西欧ではおよそ一〇世紀頃王国が共同体的枠組みと一致するようになり、一二世紀以降行政制度の整備、文書使用の増加により、出自神話の利用が盛んになる。代表的なものはフランスにおけるトロイア人神話であるが、他に領邦や都市レヴェルでも出自神話は利用された。レナルズの議論では、こうした法・慣習や文化の同一性と共通出自への信仰のもと形成された共同体は「ネイション」とも呼ばれている。ここでは出自神話と共同体原理を中心とした中世的政治性が結びついており、民族意識の中世的表現がイメージされているのである。(93)

さて、こうした議論に照らした場合ブラバントの事例を一体どのように解釈できるのだろうか。以下、この点を検討してみよう。一般に、ブラバントでは一三世紀に入り、公が教会守護の権利を活用するなど近隣へと領土を広げ、領邦形成を進展させたといわれる。そして、一応は帝国に属していたけれども、シュタウフェン家の断絶もあって凋落著しい帝権からは半ば自立し、ブラバントは独立的な領邦としての体裁を整えていったのである。一三世紀後半には婚姻を通じてむしろフランス王家と密な関係にあり、王のスペイン遠征にも公は私兵を引き連れて参加し、パリでは王から騎士叙任さえ受けた。(94)

では、こうした領邦ブラバントにおける統治の進展、領邦民の凝集力はいかなるものであったのか。ここではレナルズの議論でも重要な柱をなす、法・慣習のあり方について見てみよう。これについては、一二四八年のヘンドリク二世および一二六一年のヘンドリク三世の遺言書が有力な手がかりを与えてくれる。これらは遺言書ではあるけれども、それぞれ実質的には貴族および教会人との協議の上で公領の法と慣習を定型化したものである。マグナ・カルタと並び、君主・臣民関係を規定した西欧で最初期の制定法とされることもある。[95] それぞれほぼ同様な文面のもと、今後ブラバントの領邦すべての人々が共通に裁判の場で裁きを受けること、皇帝への奉仕や領邦の防衛、公家の子女の結婚といった場合の徴発以外税の搾取が行われないことがうたわれており、その他十分の一税やユダヤ人の排斥、十字軍に関する取り決めがなされている。これらの規定のほとんどすべてにわたって、ヘンドリク二世の遺言書には「われわれの領土（全体）」、三世のものには「ブラバントの領土（全体）」という語が含まれている。こうした部分から、たとえ理念的なものにとどまったであろうとはいえ、法令がブラバント全体に適用されるべく作成されたものであることは明らかである。さらに、序と末尾にあたる部分にはいっそう重要な証言がある。序の部分では「善き人々と敬虔な人々」による「評議会」が存在し、そこでの協議のもとこの法令が発せられたこと、末尾の部分では「すべての貴族、その他すべての領邦民、……教会人も俗人も」すべての者によってこの取り決めが守られるべきことが記されているのである。また、個々の規定においてもたびたび評議会の権限が言及されている。評議会は君主の恣意的な統治を正し、領邦民への過度な租税や軍事的徴発を排することで共同体利益を擁護する義務を果たすのである。[96] ヘンドリク三世が、父ヘンドリク二世の遺言書に若干の修正をくわえたにせよ、一〇年ばかりの間隔でなぜ同様なそれを発したのか、詳しいことはわからない。しかしいずれにせよ、これらの遺言書はブラバントが一つの法のもとにある共同体を形成していたことを明らかにしている。ここで確認される法的共同体としてのブラバントの理念は、コルテンベルフ・チャーターなど一四世紀の法令にも受け継がれている。[97]

もちろん、一三世紀後半における領邦ブラバントが現実に緊密な法的共同体を構成していたと考えるのは誤りだろう。しかし、だからといってこれらの遺言書が空文であり、上からの領邦の統合を目論んだだけのものであったとはいいきれない。理念的な側面、そして何より領邦民の意識の面で共同体としてのブラバントは存在していたと思われる。その重要な例が一二六一年の都市同盟から窺える。ブラバントでは一三世紀の間に都市の発展が見られるが、諸都市はその過程でしばしば対立した。しかし、やがて外国での商業上の安全、法的保障、そして公正取引等に関する共通利害から諸都市の協力関係が築かれてゆく。そうしたなか、一二六一年のヘンドリク三世の死後公領が最初の危機に曝されたとき、諸都市は公妃アレイディスを援助するため自発的に都市同盟を結成する。これには少なくとも一七の都市共同体が参加したと思われるが、その同盟締結書には過去の不和・遺恨を清算し、同朋のための恒久的な平和改革のため、そして主君および領邦の栄誉増進と安定のため協議がなされたことが記されている。そしてそれ以下では、全面的に主君および領邦と同朋のための取り決めがなされている。とくに重要なのは、「もしどこかでわれわれの領邦の境界が縮小せられるか、われわれの主君の権利が妨げられるか」した場合、神がそれを除去したまうよう早急に主君へ知らせるべきと決められていることである。[98] これらの文言から明らかなのは、同盟締結を行った都市代表たちが、自らの代表するところの同朋に対する共同体利害を明確に意識していたこと、諸都市が都市共同体の上位レヴェルに位置し法・権利の集束点たる領邦共同体を明確に意識していたことである。

こうした貴族・教会人や都市の集合的行動は、一二六七年のヘンドリク四世からヤン一世への公位移譲の際にも見られる。この移譲は宮廷で秘密裡に行われたわけではなく、公《おおやけ》の集会で行われたのである。集会の日、コルテンベルフには大小のブラバント都市、そして貴族・騎士が集められ、その前でヘンドリクは母の助言のもとヤンに公位を委ねたのだ、とヤン・ファン・ヘーリュは語っている。[99] ここでは、公位移譲(継承)という統治の最重要事項に対する臣民の集合的同意の必要性が明示されている。これら都市同盟や集会の事例からも、先の遺言書に表された一つの法のもとの領邦ブラバントという理念は空虚なものでも、上から単に押しつけられたものでもなく、むしろ領邦の現実と意識を写しとったものだったと考えられよう。

以上に見た貴族・教会人および都市民の行動からは三部会の存在が想起されるかもしれない。レナルズによれば身分制議会の発展は古い共同体観念の衰退の一つの要因であり、それに伴い身分別の出自神話が語られるようにもなることが指摘されている[100]。事実、この時期のブラバントに身分制議会の起源を見いだしている研究も存在する。しかし、同時にこの時期のこれら三身分の行動やそれを規定する法令があくまで時宜的なものであって、明確な身分的区分・固定のもとでの行動が決して恒常的なものとして制度化されていなかったことも確認されている[101]。同時期のブラバントでは萌芽的なものこそ垣間見えるが、未だ固定化・制度化された統治審議機関の存在は見られない。

こうした事例から明らかなように、一三世紀後半のブラバントでは一つの法のもとに、最上層レヴェルの共同体として意識された領邦ブラバントが存在した。そしてこの共同体は、自発的服従と身分的格差を受け入れ、協議と代表にもとづいた集合的性格の統治のもとにあったのである。

(二) ブラバントにおける出自神話の発展

では、以上で確認したようなブラバントにおける法共同体の存在と出自神話はいかなる関係にあるのかを、史料から具体的に明らかにせねばなるまい。先述のように、中世の人々は法・慣習を同じくするものは血統をも共有すると考えていた。法的統合と血統信仰の進展は同時的なのである。ブラバントでは一三世紀に入って本格的な領邦形成が始まり、一三世紀の半ばにはすでに一つの法のもとに〝ブラバント人〟の存在が領邦民によって信じられていたことは先程確認された。では、『家系譜』を彼らの共通出自への信仰の現れと見てよいのだろうか。しかし、前節で見たように『家系譜』の出現には偶発的な要素が強い。以下、ブラバントと出自神話のきわめて特殊な事情を考慮に入れつつこの問題に取り組んでみよう。

まず、一三世紀後半のブラバントで領邦民の出自の共通性が信じられていた可能性を確認しておきたい。その証言は、一三世紀後半ホラント伯の依頼により俗語で『歴史の鑑』を著し、中世ネーデルラント文学の父と仰がれることになるヤーコプ・ファン・マールラントから引きだすことができる。しかし、ここで明らかになるのはブラバント人のトロイア人からの出自ではなく、驚くべきことに白鳥からの出自信仰である。マールラントは自らの著作において、ブラバント人がその出自を誇るように、白鳥からよって来る人間などいないこと、そしてブラバント人がそれによって高貴さを主張しようとしていることを、多少の侮蔑をもって語っている[102]。ここで念頭に置かれているのは、厳密には〝白鳥の騎士〟からの出自伝説である。〝白鳥の騎士〟の伝説は当時俗語文学でひじょうに人気を博した〝十字軍詩群〟を形成するもので、第一回十字軍の英雄ゴドフロワ・ド・ブイヨンの家系伝説にもとづいた叙事詩のモチーフである。本来は、魔術により兄弟を白鳥に変えられたエリアスなる人物が、その白鳥に船を曳かれフランク世界へとやって来て、英雄的活躍をした後結婚しゴドフロワの母方の祖父となる物語である。これによりゴドフロワの家系は神聖視されることになる。ゴドフロワの父はブーローニュ伯ユスタシュ二世であり、一一七九年ブラバント公ヘンドリクがブーローニュのマティルデと結婚したとき、『ブーローニュ伯の家系譜』共々この血統伝説がブラバントへともち込まれたのである。この伝説はトロイア・カロリング神話の陰で受け継がれ、一五世紀になってもこのモチーフによる歴史叙述や芸術作品を生みだしている（図22・23[103]）。

では、この〝白鳥の騎士〟の伝説は、トロイア人神話と競合するなかでなぜ本流となることができなかったのか。レナルズによれば、出自神話は世俗社会のもつ信念や価値観の教会人による表出なのであって、決して単なる教会人の夢想であったり、教会人から世俗へと一方通行的にプロパガンダされるだけのものではない[104]。その意味では〝白鳥の騎士〟はまさに世俗の価値観や信仰体系を表している。しかし、あくまでも公式に出自神話を表

Hier wil ic laten vandē riddʼ metten swaen helpas
die nv reyst na Nimegen om bi den keyser te co-
men/die vā god gesondē was ō te beschermē die herto/
ginne van billoen/alst ū volgen sal. So was keyser Ot
to vā almaniē dyer ste vā die name/die ond hē had dat
landt van Ardennen vā Ludick vā Namen.eñ hi hielt
zijn parlemēt te Nimegen/eñ alle dien ōghelijc ghedaen
wert quamen voor dē keyser om rechte hebbē. die een

図 22 「白鳥の騎士」の俗語印刷本
（出典：http://www.dbnl.org/tekst/deba001nede01_01/deba001nede01_01_0014.php）。

図 23 「白鳥の騎士」のタペストリー。15 世紀半ば、トゥルネで製作されたもの
（出典：httpwww.wawel.krakow.plenindex.phpop=22）。

明するのは多くの場合教会人であって、その教会人によって信仰を分けもたれうるものだけが叙述において日の目を見るのである。白鳥伝説は、『家系譜』および『起源年代記』を著したアフリヘムの修道士たちにとって、到底受け入れられるものではなかったはずである。『家系譜』におけるゴドフロワの母方の家系についての叙述では、白鳥の騎士など微塵も姿を現さない。[105] さらに、修道院を離れた場でもこうしたアフリヘムの見解が引き継がれているのを確認することができる。この伝説に反対する立場を、一四世紀初頭アントウェルペンの都市役人ヤン・ファン・ブーンダレが表明しているのである。ブーンダレは『ブラバント公列伝』の著者であるが、その執筆の目的の一つはまさに〝白鳥の騎士〟の伝説を打ち破り、トロイア人神話を確立することであった。彼はこの作品の冒頭において、〝白鳥の騎士〟の神話がまさに捏造されたものであり、真実を明らかにすると述べ、正当なるトロイア人出自を語ろうと表明しているのである。[106]

こうして、賛否はともかくも、〝白鳥の騎士〟の伝説をめぐって、当時のブラバントで共通の出自が信じられていた可能性は明らかになったが、ではブラバント人による出自信仰が肝心のトロイア人神話をめぐるテクストからはどの程度明らかになるのだろうか。次にこの点について詳しく検討してみよう。

まず『家系譜』においては、トロイア人からの出自はもっぱら公家系に限られている。トロイア人に出自と名を負うフランク王プリアムスから始まり、ヤン一世に至るまでの間に漸次情報は付けくわえられてゆくが、その過程でブラバントの一般領邦民はいうにおよばず、高位貴族・聖職者ですら公家系と血統を共有する者しか言及されることはない。しかし、中世においては原則的に、たとえ君主家系の出自神話であってもそれは支配対象である領邦民全体を対象とするため、この『家系譜』も領邦民全体を対象としていると考えることは可能である。支配家系との婚姻関係等の結びつきから、少なくとも貴族家系、そして場合によっては都市貴族のあたりまでもこの系譜に自らの出自を見いだしえたかもしれない。前節で検討したように、君主家系の特殊な事情を正当化する理由が前面にでているにしても、内乱の危機を克服した公領の一体性を確認する所作がここに現れていると見ることもできよう。ただこれは推測の域にとどまるし、出自神話が発展するにつれて、その対象とする領邦民の範囲も拡大したフランスの例を考えると、ブラバントでも『家系譜』以後をたどってみる必要がある。

『家系譜』以後にトロイア人神話を記すものは、同じアフリヘム修道院で著された『起源年代記』である。その作成年代は、一二九四年から一三〇四年の間、ヤン二世の統治期と推定される。この史料についてはその情報量の飛躍的な増大も顕著であるが、それに伴い内容面でも重要な変化が見られる。まず、『家系譜』ではいきなりプリアムスへの言及から始まり、ほぼ「XがYをもうけた、そしてYがZをもうけた……」といった形で簡素な叙述がつづくのに対して、『起源年代記』ではプリアムスへの言及の手前、序文の後にトロイア人がいかにしてパンノニアに移住してきたかが語られる点は何よりも重要である。ここではアエネイアスの一群がイタリアに向かったのに対して、アンテノールに率いられた一群がパンノニアへ向かい、シカンブリアと呼ばれる都市を建てたことや、ローマ皇帝との共闘関係のうちにフランク人と呼ばれるに至った経過などが語られる。[107] 叙述内容自体は、フランス王家の出自神話にも見られる伝統的なものであろう。しかし、この部分の詳述自体が意味をもつ。つまり、この史料では公家系の直線的な血統ラインが語られるだけでなく、集団としてトロイア人の移住が物語られるのであって、領邦民の出自それ自体が叙述の対象となっているのである。こうした変化がなぜ起こったのかについては、この史料そのもののうちにヒントが隠されているように思われる。

まず『起源年代記』では、公家系の出自が語られてゆくさまざまな場面において、領邦民の行動、とくに集合行動が、家系の連続性、あるいは危機さえをももたらすものとして描きだされている。第一に、『家系譜』においてはヘンドリク四世からヤン一世への公位移譲は単にヘンドリクの無能さゆえに生じたとしか記されず、またその点が強調されるのだが、[108]『起源年代記』では「公妃アレイディスとその貴族たちの評議会によって de consilio Aleidis ducisse et optimatum suorum」この移譲が成立したと述べられる。[109] ここでは貴族たちの評議会が、家系の連続性をもたらす決定的なものとして描かれている。こうした貴族たちの集合行動は、過去に投影される形で他の箇所でも記される。一一四三年、生後一年にしてルーフェン伯位共々ロタリンギア公位を継ぐことになったゴドフリートが、翌年に迎えた危機がその舞台である。この幼年公に対し、「領邦の有力者たち optimates terre」が貴族ワルター・ベルトハウトをたのんで反乱を起こしたのである。フリンベルセの城を包囲し破壊するに至ったこの反乱は、結局神助もあって公により鎮圧されたとある。(110) 一二六七年の行政文書では magnates Brabantie と記されている者たちがおり、これが optimates terre と記される貴族に相当するであろうが、これらの者は評議会や内乱時の共同行為、そしてヴォーリンゲンの戦いなどで重要な働きをなしたことが『起源年代記』で語られるのである。さらに一〇世紀前半、皇帝がルーフェンの城を包囲すべく遠征軍をブラバント人たちの境界にまで派遣するが、ブラバント人たちの力強い抵抗でこれを撃退したとある。(111) このように「ブラバント人」としての集合行動が、家系の連続についての決定的瞬間に挿入されるのである。

一口にいって、この出自神話の発展にはヴォーリンゲンの戦いでの勝利が大きく影響しているように思われる。一般に、戦争が民族意識の持続・高揚に決定的な作用をもたらすことは明らかである。そして、『起源年代記』後半で長々と語られるこの戦いによって、ブラバント公はリンブルフ公位も獲得した。しかし、獲得された隣接領邦の存在は逆にブラバントの共同体アイデンティティを痛烈に意識させただろう。また、公は貴族の徴税協力のみならず、都市からの莫大な借入を経てヴォーリンゲンの戦いを乗り切った。それに対する都市への特権付与が一二九〇年から一二九一年にかけて頻発している。(112) こうした共同行為により戦争とその勝利を経験したブラバントにおいて、『家系譜』以来テクスト化されていた出自神話が、明確な民族意識の表出として『起源年代記』を生みだしたのだと考えることは可能だろう。これまで、『起源年代記』は単なる情報の寄せ集めとして以上の価値をもたず、ほとんど史料的重要性を認められてこなかった。しかし出自神話と民族意識の側面から眺めるならば、この作品はひじょうに重要な位置を占めることが明らかとなる。そこには、以上のように、『家系譜』以来の家系史から領邦民の歴史への明確な発展の跡が窺えるのである。もちろん、『家系譜』自体が民族意識を表現していた可能性もある。しかし、『起源年代記』においてその表出は決定的なものとなる。したがって、これまで一群の史料群として扱われてきたアフリヘムの『家系譜』と『年代記』の間には大きな発展の段階が確認されるのである。そして、この作品を下敷きとした一四世紀初頭の『ブラバント公列伝』において、共有された出自神話は決定的な形をとることとなる。

(三)『ブラバント公列伝』と民族的歴史叙述の完成

アントウェルペンの都市役人であったヤン・ファン・ブーンダレは、一四世紀ブラバントを代表する詩人・歴史家であった。彼は、アントウェルペンの参審人ウィレム・ボルネコルフェの依頼によって、一三一〇年代後半に俗語で『ブラバント公列伝』(以下、『列伝』と省略)を書き始めた[113]。この作品はブーンダレ自身の筆になるか真偽が問われる後半部も含めて膨大な量の歴史叙述であるが、『家系譜』で提示された公家系のラインに沿って記述されてゆく。また、この作品に至って歴史叙述の場が修道院から都市に移る。ゆえに、この作品の外観的な特徴として、俗語による歴史叙述という点、そして都市貴族の依頼で都市民が都市で執筆した点の二点が挙げられる。

では、肝心のトロイア人からの出自についてブーンダレはどのように語るのか。ブーンダレがそれまでブラバントに流布していたとされる〝白鳥の騎士〟からの出自説を否定し、正当なる出自としてトロイア人起源説をもちだしたのは先述の通りである。彼はまず、公たちが破壊せられたトロイアから出自した経緯を語る。そこでは、彼らは見知らぬ土地へ移り、ローマ、カッパドキア、パンノニアすなわちハンガリーその他を所有したと述べられる。つづいて、ハンガリーへ民衆の一部がやってきてシカンブリアを建て、彼らはシカンブリア人と呼ばれるようになるという。その後アラン人との戦いに勝ち、皇帝からフランク人の名を与えられるようになった彼らだが、やがて追放の憂き目にあい、ライン地域に移住する。そしてライン・ドナウ間を所有したフランク人は、最初の王プリアムスを頂き、ついにはライン・スヘルデ間の第二のフランク王国すなわちロタリンギアを支配するに至るが、ブラバント公たちこそは、まさにこの地の君主であったというのが、ブーンダレの語る出自神話の大筋である。(114)

ブーンダレが、第一にブラバント公の出自を明確にすると述べているのは確かである。しかし以上のように、作品のはじめの部分は公の出自に限られず、『起源年代記』を範とし、より明確に地政学的概念をも伴った民族の移住の物語となっている。ライン・ドナウ間のフランク王国、ドイツ帝国とも区分されたライン・スヘルデ間の王国が明確に想定され、領土的規定がなされている。〝白鳥の騎士〟伝説への論駁、地理的に定義された民族の移住物語というこれらの点を考慮するなら、ブーンダレが公家系の系譜的歴史を描きつつも領邦民の出自物語を念頭に置いていたのは明らかである。このブーンダレという都市居住者によって、民族意識の発展に一つの画期がもたらされたことは重要である。ブーンダレの執筆当時、実質公領を動かしていたのは都市の勢力だといってよいからである。それまで公領を動かす主要な勢力であった貴族階級は、一三世紀後半以来すでに経済的要因から衰退し始めていた。一三一二年ヤン二世が死んだときヤン三世は未成年であったため、コルテンベルフの評議会が設置される。これは公とその役人の権力濫用を裁きうる一種の最高法廷として置かれたものだが、四人の貴族代表と十人の都市代表からなるものだった。この後若干の不和が起こり、一三一四年に都市代表が独自の摂政評議会を設置し、ヤン三世が成年に達する一三二〇年まで、事実上公領を支配したのは都市勢力だった。(115)こうして諸都市が一致してブラバントの枠組みを維持する時代、『列伝』のような民族意識の表出が見られたのである。

実際、都市的な要素はブーンダレの叙述にも顔を覗かせる。領邦民の出自物語でもある『列伝』には、後半に至って都市民を含む一般領邦民を対象とした公益概念が随所に散りばめられている。たとえば、公益観念を端的に表す「公共の福利」概念は、ブラバントでは一二六〇年代にすでに、公妃アレイディスに宛てられたトマス・

アクィナス『ユダヤ人統治論』によって知られている。[116] 一四世紀に至ってブーンダレのさまざまな著作にも俗語化されたこの概念は見いだされるし、『列伝』でも作品後半部において「ブラバントBrabant」や「国lant」といった語を駆使して公益の重要性が語られる箇所が存在する。[117] ここでは、もはや公家系の血統のみが重要な系譜史料の面影は見られない。むしろ、系譜的枠組みで語られる領邦と領邦民の歴史が展開されるのだ。ステインはこの作品を公家系の利害と都市的利害の統合を目指したものと規定しており、ここには「公家系により薄く彩られたナショナリズム」が見られると述べている。[118] こうした点から、『列伝』は、民族意識の表出に最も適合した形態として採用され、都市的環境のもと領邦民の出自も語られる君主家系の系譜的歴史叙述として一つの完成形に達したのだといえよう。

『列伝』において民族意識が強烈に体現されていることについては、すでにJ・ファン・ヘルフェンが指摘している。ファン・ヘルフェンの見解は、法的・司法的に不規則な相違を示す公領の現実に対して、ブーンダレが、ブラバントに決してそれがもちえなかった歴史的伝統と連続性を与えようとし、そしてそれが公領の統合を望む諸都市の政策にイデオロギー的背景を与えたとするものである。[119] しかし、これは逆ではないだろうか。本章で検討してきたように、ブーンダレは〝白鳥の騎士〟にせよトロイア人にせよブラバントで共通の出自が信じられていたことを明らかにしているし、同時に、多分に理念的なものにせよ一つの法のもとに生きているという意識や、そうした意識を基盤として形成された都市同盟もブラバントではすでに半世紀の時の経過を経験している。ブーンダレの出自物語やそこに表出される民族意識は、都市的利害に影響された虚偽のものではない。ブラバントの歴史的伝統と連続性は存在すると、少なくとも信じられてはいた。ブーンダレのトロイア人出自物語は、共通出自を信じていない領邦民にこれを信じさせようとしたものではなく、信じられていたことが結晶化したものであろう。たとえ、それが出自神話への信仰を創りだすのではなく、それを明確な形に表現し、それを強めるという意味でプロパガンダの要素をもっていたことは否定できないにせよ。

このように、ブラバントでは一三世紀後半以来の法共同体および共通出自神話の存在とその発展が確認されるが、それらが表現される装置＝歴史叙述の舞台が都市へ移行することによって、出自神話が体現する民族意識の発展に都市の果たす役割がひじょうに重要なものになったといえよう。その役割とは、端的に系譜的歴史叙述に都市的公益の概念が表現されるようになり、都市を経路として領邦民の歴史への参与が容易に感じられるようになったことにとどまらない。当時の都市の連合体制や俗語による叙述などを考えると、都市民ブーンダレによる都市貴族宛ての著作内容は、民族的歴史叙述の規範となり、地理的にも、また階層的にも広範な出自神話および民族意識の固定化と流布を引き起こしたであろう。系譜による出自神話に表現される中世的ナショナリズムは、ブーンダレにおいて君主家系・人民・領土の三位一体とともに確立されたのである。

おわりに

以上の議論で明らかになったように、一三世紀後半から一四世紀前半のブラバント歴史叙述における出自神話のモチーフは、当時の民族意識の存在および発展と密接に結びついており、この時期の諸史料にはじめて完全なその表出を見た。ブラバント歴史叙述の嚆矢たる『家系譜』は当時の特殊な政治的事情への対応を目的としていたし、この作品が対象としたのは上層のごく限られた人々の出自だったのかもしれない。しかし、『家系譜』は内乱の過程から生まれでることによって、そのままでは表面化することのなかったかもしれない出自神話に刺激を与え、『起源年代記』以降の作品にとっての発展の礎となったのである。そして、『起源年代記』および『列伝』における歴史叙述・出自神話・民族意識の結合こそ、系譜的歴史叙述が後代に至るまで書き継がれた一つの要因ではないかという推測も可能となる。[120]

ここで、本章では詳しく扱うことのなかった一五世紀の歴史叙述について補足することで、系譜年代記の発展に関するさらなる具体像を提示しておこう。一五世紀前半のブラバントでは、都市ブリュッセルにおいて、三つの相互に関連の深い領邦史叙述が成立する。まず、一四二〇年代に、都市エリートのペトルス・ド・ティモによるラテン語の系譜年代記が記される。次いで一四三〇年代に入って、ド・ティモの依頼を受け、彼が収集した史料も用いながら、無名作者がオランダ語の年代記を著す。最後に一四四〇年代、ブルゴーニュ家に仕えるエドモント・ド・ディンターがラテン語年代記を仕上げる。ステインの綿密な写本調査によれば、これらはそれぞれに叙述の意図やスタイル、内容にずれが存在するものの、すべて一四世紀のブーンダレの系譜年代記を基盤として成立したものである。ブーンダレの年代記は、その点でやはりブラバントの系譜年代記の完成形を提示するものだったのである。そして、この系譜年代記を用いている点からも明らかなように、これら年代記のすべてが、ブラバントの民族意識との関連で成立したことをステインは指摘している。ブラバント公領は、すでに一四世紀後半から血縁関係を通じてブルゴーニュ公家の影響を受け、一四三〇年からは直接フィリップ善良公を君主として迎える。一四世紀には君主に多大な影響力を及ぼしえた三部会のエリートたち、とりわけブリュッセルの都市エリートたちも、この強大なブルゴーニュ公の権力のもとではかつての自立性を保つことはかなわず、宮廷の人脈に参与することがその死活を左右することとなる。そうしたなか、ブラバント民族意識の表明としての系譜年代記にブルゴーニュ公家を組み込み、自身らと君主の繋がりを表明することには重要な政治社会的意味があった。さらに、一四二〇年代以降の政治状況もこれに大きく影響している。この時代、ブルゴーニュ公家は、エノーをはじめとして、かつてブラバントとともにロタリンギア王国あるいは公領を構成していた諸領邦をつぎつぎに支配下に収めていった。この情勢を受けて、トロイアからカロリング家のロタリンギア王国を通じブラバントに流れ込むという系譜年代記の出自神話は、同様の神話をもたない近隣の領邦に対し、ブラバントの栄光と優位を声高に主張するものだったのである。(121)

これまでの議論から、ブラバントの歴史叙述がアフリヘムに始まり一四世紀のアントウェルペン、一五世紀の

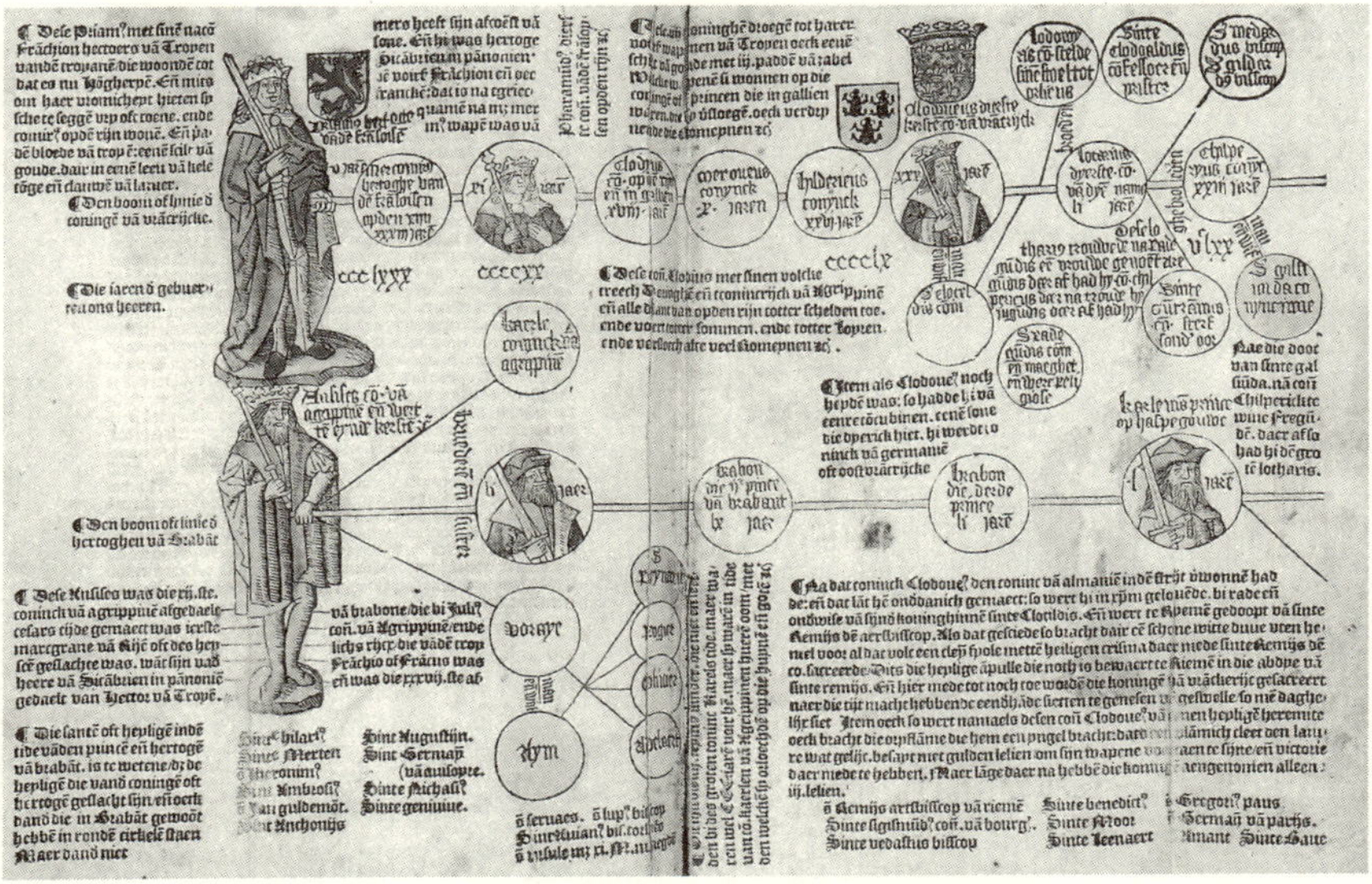

図24　『いともすばらしきブラバント年代記』初版に挿入された系図イラスト。上は公家とも縁の深いフランス王家、下がブラバント公家の系図であり、両者はこの先で接続される（出典：Tigelaar, 前掲書）。

ブリュッセルと次々にその成立の地を移行させてきたことが明らかだが、一五世紀末には再びアフリヘムとアントウェルペンが歴史叙述産出の舞台となる。アフリヘムで執筆された作品が、アントウェルペンで出版されたのである。こうして、一四九八年、『いともすばらしきブラバント年代記』の名のもとに、ブラバントの系譜年代記ははじめて印刷プレスにかけられることとなった（図24）[122]。系譜をさらに飾り立て、旧約聖書のノアにまで君主家系の起源を遡らせたこの『いともすばらしきブラバント年代記』は、印刷業者を変え、増補されつつも一五一二年、一五一八年、そして一五三〇年と度重なる再版の対象となり広く受け入れられてゆく。さらに、同年代記の一五一二年版は、一五二〇年代までにブラバント都市スヘルトーヘンボスの都市役人ピーテル・ファン・オスおよびその後継者に系譜年代記の執筆を促すことにもなる。こうしてブラバントでは、公領を代表する都市であたかもローテーションを組むがごとくに順次、君主の系譜年代記が生みだされ、都市

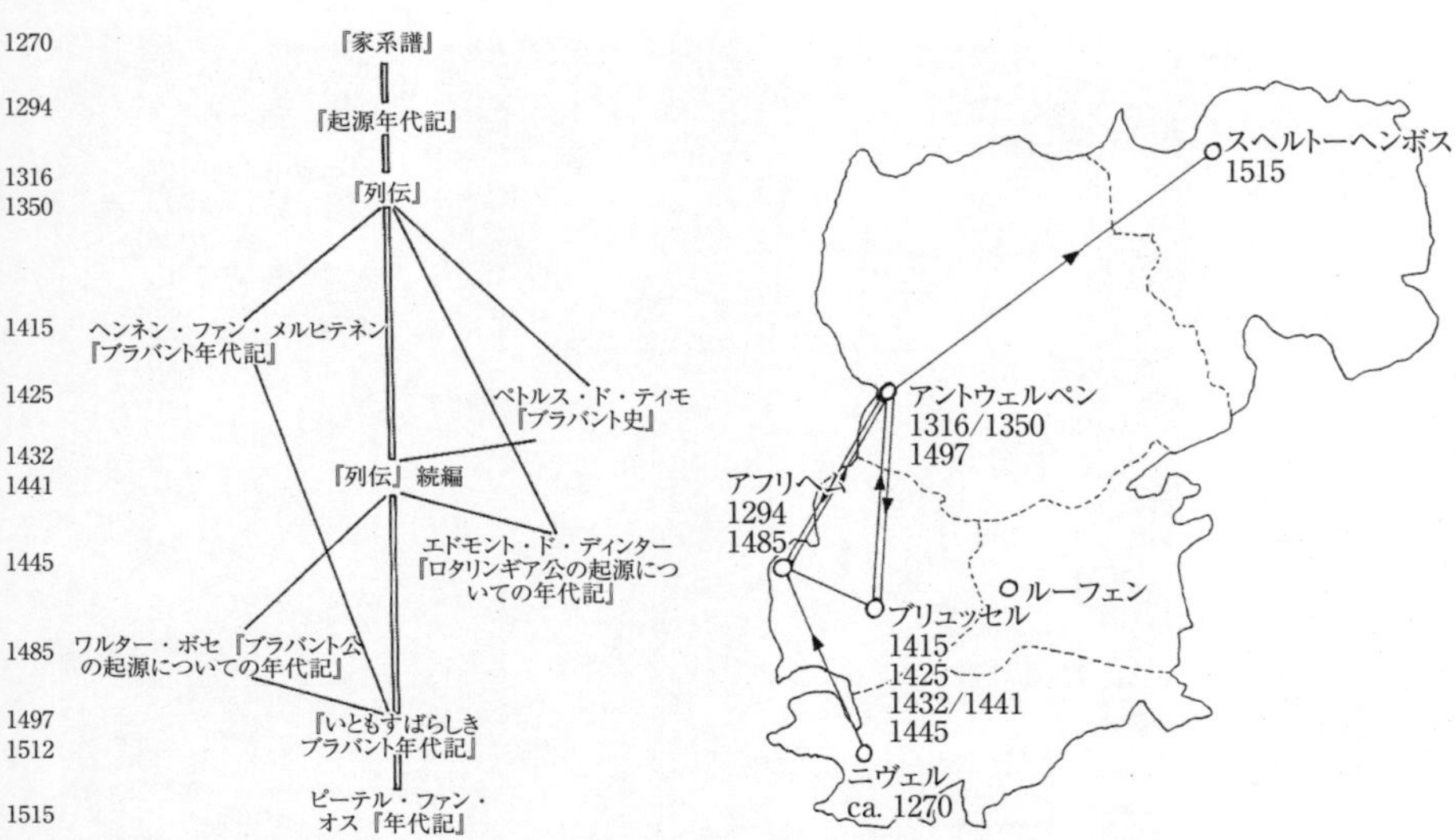

図25および26　ブラバントの年代記作成拠点の変遷（右）と代表的作品の系譜関係（左）。ただしこれらの図はステインが作成したもので、作品の成立時期や作成地に関しては、本書や他の研究者の議論と若干の相違がある（出典：R. Stein, "De kroniek van Peter van Os en de Brabantse historiografie", in: *Cultuur in het laatmiddeleeuwse Noord-Brabant. Literatuur – Boekproductie-Historiografie* ['s-Hertogenbosch, 1998]）。

アイデンティティは君主の系譜年代記の枠組みのうちに自己の都市の叙述を溶け込ませる形で表現されていった（図25・26）。

以上の中世後期ブラバントにおける歴史叙述の見取り図からも、ひとたびブラバントにおける出自神話と歴史叙述、そして民族意識が結合するや、これらは以降その出現様式や形態、目的、それが代表しうる集団、そしてその出現を見る政治状況がいかように変化しようとも、強力に民族的記憶を維持する装置として機能しつづけたことが明らかだろう。

ただし、トロイア・カロリングの出自神話を骨子とした歴史叙述は、もう一つの出自神話との競合関係にあったという事実も忘れてはならない。常にこの裏出自神話ともいうべきものへの対抗関係のうちにテクストが構成され、常にこれを意識して出自が叙述されるのである。ゴドフロワ・ド・ブイヨンの伝説が熱狂とともに受容された一二・一三世紀南ネーデルラントの宮廷社会、そして物語社会と形容される一五世紀ブルゴーニュの宮廷世界では、〝白鳥の騎士〟の出自は、常にトロイア人神話を脅かしつづけただろう。一五世紀の都市役人ヘンネン・ファン・メルヒテネンは、その失業期にブルゴーニュ公に献呈する就職志願書として、ブーンダレの作品を参照しつつも白鳥伝説をモチーフにした『ブラバント年代記』を記したとされる。ローマに舞台を移したメルヒテネンの白鳥物語では、ギリシア世界との関連のもと、ブラバントの語源となるシルウィウス・ブラボーと白鳥、そしてZwaneの名をもつ女性のエピソードが、ブラバント諸都市の建立などの出来事とも併せて述べられる。[123] やがて『いともすばらしきブラバント年代記』にもブラボーの活躍が収録されることになるのだが（図7・26）、こうした白鳥伝説とトロイア・カロリング出自神話が中世後期に見せた対立、改変、統合のダイナミズムのうちにブラバントの出自神話は、中世の後を生き抜く生命力を宿したのだともいえよう。

これらの点を考慮に入れつつ、さらにそれ以降の時代についても展望をくわえておこう。基本的に本章はレナルズの議論に多くを負っている。しかし、推測にとどまるとはいえ、まがりなりにも近世・近代への展望を述べるならば、より大きな議論を参照せねばなるまい。ここでA・D・スミスのそれが有効であろうと思われるのは、以下の二つの点からである。それは、スミスの議論が決してレナルズのそれと矛盾するものではないという点と、たとえレナルズのいう共同性に基づいた中世的政治原理が変化し、出自神話がそれまでとは異なる政治的意味をもち始めたときでさえ、依然出自や歴史の共有が民族的枠組みの規定因として機能した可能性をスミスの議論は保証してくれる点である。おそらく、近世に入りブラバントにおける系譜的歴史叙述がもつ政治的意味は変化せざるをえなかったであろうし、あるいはそれをもちえなかった可能性もある。しかし、スミスの概念設定でエトニ形成の決定的要因とされる出自と歴史の共有を体現するものとして、依然系譜的歴史叙述の伝統は重要な意味をもっただろう。そしてスミスによれば、エトニは近代に至って成員の権利平等、政治的・経済的統合を基盤に新たな神話のもと形成されるネイションに影響を及ぼしつつ、これに取って代わられるわけだが、ベルギーにおいてさしずめこの近代的ネイションとはフラマンであり、これが前面に現れることによってブラバントの系譜的歴史叙述の伝統は消滅し、一九世紀前半にフランドル中心史観が確立される。ブーンダレの『列伝』編者であり、大ネーデルラント主義の父とされるウィレムスは、一八三九年に出版されたその第一巻序文において、フラマン語で記された『列伝』にブラバントではなくゲルマン民族の英雄叙事詩の痕跡を見いだすのである(124)。大ネーデルラント主義そのものはやがて力を失うにせよ、こうして『列伝』はブラバント民族意識の象徴としての役割を終え、言語を基軸とするゲルマン主義の、そしてフラマン民族主義の道具としてこれに包摂されてゆく。しかし、それ以前には出自・歴史の共有を核としたブラバント民族意識が現実にはその形を多様に変形させつつも存続しており、それを一つの原因として系譜的歴史叙述が長期にわたる生命力を有したのではないだろうか。こうした点については、いずれ別の本格的な論考を用意せねばならないであろう。しかし、その可能性を指摘しうる程に一三世紀後半から一四世紀前半にかけて形成されたブラバント歴史叙述の伝統は強力なものだったのである。

小　括

第二章が明らかにしたのは、一三世紀アフリヘムで作成された『起源年代記』を含む系譜群の出現に民族意識の表出を見、そしてこれまで一体のものとして扱われてきた系譜群自体の内にその明確な発展の段階を確認したことである。この民族意識と歴史叙述の結合が完成されるのは一四世紀前半の都市の場においてではあるが、しかしすでに一三世紀後半のアフリヘムにおいて歴史叙述は典礼的記憶を扱うものではなく、民族の社会的記憶を構成するものに変容していたのである。第一章で分析した一二世紀アフリヘムの歴史叙述は、天上の世界を媒介として結ばれた人々の地上世界での共同体の様態を描いたものであった。ここでは、すべてが魂の救いとの連関の内に構成されるのである。こういったからといって、これはただひたすらに中世人のナイーヴな信仰にもとづく世界観の存在を指摘することには繋がらない。中世においても、法的・経済的利害関係により人々は大きく規定されていただろう。しかし、そこに働く法的思考や経済的思考は魂の救いという霊的領域と分かちがたく結びついていたのであって、それが叙述に表現されるとき敵対関係にある者は破滅の地獄落ちを経験するか忘却の淵に沈められ、友好関係にある者は特権的な記憶により救われたのである。一二世紀アフリヘムの歴史叙述にはこうした世界観が確認される。そしてこれはある程度中世盛期までのヨーロッパにおける修道院歴史叙述に共通して確認できる傾向であろう。しかし、一三世紀アフリヘムの歴史叙述にこうした典礼的記憶の響きは聴きとれない。ここではもはや、人々が関係を取り結ぶ媒介は天上の祖国ではなくて、「ブラバント」という領邦概念であり、「ブラバント人」という民族意識がここに立ち現れる。人々が自己を仮託すべき想像の共同体は死を媒体とするものから、地上の世俗的対象へと移行する。こうした移行には、第二章第二節で確認した民族意識の出現に働くさまざまなファクターが作用しているだろうが、その要因としては、都市の勃興をはじめとする社会発展と社会の世俗化が挙げられるだろう。ブラバントでは、この過程が一三世紀に典型的な形で現れたのである。そうしたなか形作られる系譜的歴史叙述の伝統は、一九世紀に忘れ去られるまで一定の機能を果たしつづけてゆく。逆にいうならば、われわれ中世研究者は、こうした伝統を明らかにすることで、近代国家のイデオロギーに染め上げられた歴史意識の虚妄と、それにより引き起こされた転倒を抉りだすことにも大きく貢献しうるのである。

第四部　中世後期南ネーデルラントの歴史叙述と歴史文化

第四部では、フランドルを中心に、中世後期における歴史叙述と歴史的アイデンティティのあり方に考察を加える。議論をフランドルに限定するのは、第三部ですでに一四世紀ブラバントの歴史叙述にも分析を施しており、一五世紀を含む中世後期に関しても若干言及しているためである。そして、一五世紀ブラバントの系譜的歴史叙述には、R・ステインがすでに詳細な検討をくわえており、そこからはフランドルに比して比較的安定した領邦アイデンティティの様態と中世盛期から後期への穏やかな歴史叙述の発展が確認されるためでもある。以下では、そうしたブラバントの状況とは異なる、中世後期フランドルの緊張感とダイナミズムに満ちた歴史意識の展開を扱ってゆくことになる。

ここで第二部冒頭の概観を引き継ぐならば、一三・一四世紀のフランドルでは、歴史編纂活動が途切れることはないものの、同時代のブラバントに比して作品の質・量は明らかに落ち込み、歴史叙述の停滞期が訪れる。この停滞を打ち破って歴史叙述の再興が確認されるのは、一五世紀ブルゴーニュ公家支配下の時期においてである。当初はフランス語を中心に歴史作品が生みだされていたが、やがてブルッヘにおいてオランダ語作品も著されるようになる。とくに君主の系譜年代記である『フランドリア・ゲネローサ』の続編については、ラテン語版の他、複数のオランダ語版翻案物が記され、ここから『フランドル年代記』群が形成される。この年代記群の系譜は、やがて一五三一年に刊行される『すばらしきフランドル年代記』へと連なってゆくであろう。こうして、都市や領邦に対するパトリオティスムを表現したオランダ語作品も数多く作成されるなど、一五世紀フランドルは俗語作品を含む多様で豊かな歴史叙述の世界を創りだしたのである。

ところで、「ブルゴーニュ時代」あるいは「ブルゴーニュ＝ハプスブルク期」と表現される一四世紀後半から一六世紀初頭のフランドルでは、君主の中央集権政策と都市自立主義の対立が歴史の諸領域の趨勢を規定してゆくこととなる。しかし、一口にフランドルといっても、君主と都市の向き合い方は都市共同体ごとにさまざまに異なるニュアンスを帯びている。フランドル最大の都市であり、反乱の強固な伝統を形作っていたヘントは、やはり君主側の歴史意識と真っ向から対立するような都市建立伝説を誇ることになるし、しばしば大規模な反乱を展開しつつも、宮廷都市としての性格が強いブルッへでは、君主の歴史叙述と親和的な都市の記憶が都市民に享受されることになる。ヘントを中心に、その他の都市をも視野に収めつつ、君主の歴史叙述および歴史意識と都市のそれらがダイナミックに織り成してゆく同化や抑圧、相克の史的展開を明らかにするのが第一章である。第二章ではブルッへを中心に一六世紀初頭の歴史叙述と歴史文化を取り上げ、それまでとは異なるメディアと権力の諸条件が、歴史叙述と歴史家のフィールドに決定的な変質をもたらし、ついには中世的歴史叙述の世界が終焉を迎える様が明らかにされてゆくだろう。

第一章　君主の記憶と都市の記憶
——フランドルの都市建立伝説とアイデンティティをめぐる闘争

はじめに

中世盛期に社会的変動と歴史叙述の場の変化を受けて歴史意識の転換が見られた、というのがこれまでの本書の主張であった。その際、これらあらゆる諸変化の震源となったのが都市であった。一二世紀のフランドルにおいて、そして一三世紀のブラバントにおいて、都市はその政治的・社会的存在感を増してゆく。しかし、この点については一つの留保を設けておかねばならない。たしかに、中世盛期のフランドルやブラバントで、都市は典礼的世界観に亀裂を生じさせ、それに代わる世俗的な世界観と歴史意識を生じさせるに至った。だが、フランドルにおいても、ブラバントにおいても、都市が周囲の社会集団から区分された法的特徴を備え、真に強固なアイデンティティを有し、明確な輪郭を伴った社会集団として歴史の表舞台で主役を演じるのは中世後期に入ってからのことである。一三世紀以降、十字軍遠征や近隣との戦争など相次ぐ政策上の失敗によりフランドル伯の権力と権威は弱体化し始め、これに代わってヘントやブルッへといった諸都市が伯領政治を牛耳るまでに勢力を強めてゆく。ブラバントでも一四世紀に公位の継承をめぐる争いのうちに、都市が重要な位置を占める三部会が君主政治に重い枷を嵌めてゆく。こうした情勢に変化が生じるのは、一三八四年にフランドルが、一四三〇年にブラバントが、婚姻関係や巧みな外交手段を駆使するヴァロワ家ブルゴーニュ公の手中に落ちてからのことである。

中央集権政策のもとに地方の自治基盤を掘り崩してゆこうとするブルゴーニュ公家およびその後継家系であるハプスブルク家と、古来の慣習のもとに自治政治を謳歌しようとする南ネーデルラント諸都市の間に、さまざまな形で政治的・社会的緊張が走る。本章では、そうした緊張関係のなか、これまでの議論においてその出現を確認したフランドルの領邦的歴史意識にどのような変化が生じたのかを追う。

一・中世後期フランドルの歴史叙述

本書のこれまでの分析では、一二世紀フランドルの同時代史叙述において領邦的歴史意識が登場することを指摘した。しかし、ブラバントにおける展開とは異なり、フランドルではそれらの叙述スタイルがその後引き継がれ、中世後期の歴史叙述と歴史意識の様態を決定づけるということはなかった。以上の議論で示しえたのは、あくまでも領邦的歴史意識が典礼的歴史意識を突き破って出現する過程であって、その過程をもっともよく体現した史料の形式がそのまま継承されたということではないのである。しかし、もちろん領邦としてのフランドルは存在し続けるし、これに対応する形での別様な領邦史叙述も存在する。ここでは、ブラバントとは異なる形で出現した、中世後期フランドルの領邦史叙述に見られる出自神話の問題を取り上げ、歴史叙述や歴史意識、集合的記憶の様態に見られる特質を浮き彫りにするよう試みる。

フランドルが中世ヨーロッパでもっとも都市化された地域であったことは、これまで本書で見たとおりである。とりわけ、一四世紀から一五世紀の中世後期にかけて、ヘントやブルッへ、そしてイープルといったフランドル都市は、アルプス以北でパリに次ぐ規模を誇る大都市であった。しかしここでは、同じく都市化の進展した中世後期のイタリア、あるいは帝国都市の伝統を誇るドイツといった地域とは異なり、しばしば都市の起源からの歴史を含み、叙述の枠組みが都市により規定された、一般に「都市年代記」と看做される歴史叙述は成立しなかった。[1] 都市的な場で都市民により記され、都市の出来事に関する叙述を含む年代記も存在したが、これらの多くはあくまでも君主であるフランドル伯の系譜を軸とした領邦年代記だったのである。[2] 王国年代記や領邦年代記、都市年代記といった年代記史料のもつ形態が、これを生みだす場の政治社会構造と密接な関連をもつことは容易に想像されるが、この都市年代記の欠如も、イタリアの都市国家や帝国都市とは異なり、フランドル都市の特権や自治の行方が君主との関係に大きく左右されたという点から説明できるのかもしれない。[3] いずれにせよ、こうした事情からヘントやブルッヘといったアルプス以北で最大級の都市を擁したにもかかわらず、フランドルの都市民の歴史意識を解き明かそうとする研究はこれまでほとんど存在しなかった。[4] しかし、以下で論じるように、必ずしもまとまった都市年代記に頼らずとも、さまざまな史料に痕跡を残す都市の集合的記憶の痕跡を拾い上げてゆくならば、都市民の歴史意識の一端を窺い知ることはできる。具体的にいえば、ここでは都市建立と都市民の出自をめぐる集合的記憶を取り上げ、議論の対象とすることになるだろう。フランドル都市の自治や特権が君主との関係に規定されるものであったとはいえ、都市の自立主義も中世後期フランドルの政治社会に見られる大きな特徴であり、その根底で集合アイデンティティを規定する固有の歴史意識はやはり存在していたのである。

こうした都市固有の歴史意識が、系譜的歴史叙述に代表される君主側の歴史意識とは区分される形で見いだせるとしたならば、中世後期フランドルには複数の歴史意識が存在することになるだろう。さらに、前述のように歴史叙述や歴史意識の様態が現実の政治社会のあり方と相関的なものであるとすれば、君主の中央集権政策と都市の自立主義が自治や特権をめぐって激しく火花を散らすなか、夥しい数の民衆反乱が展開された中世後期のフランドルにおいて、歴史意識のレヴェルにおいてもこうした対立の痕跡が見いだせるのではないだろうか。こうした問題意識から、本章は以下のような構成をとる。まず、中世後期の系譜年代記について概観した後、都市固有の歴史意識のあり方を確認し中世後期フランドルにおける歴史意識の複数性を明らかにする。次いで、君主の側の歴史意識と都市民の側の歴史意識がどのような関係を取り結び、あるいは対立したかを、双方の歴史的アイデンティティの中核となる集合的記憶をめぐって展開される象徴的闘争およびそこで駆使される諸戦略の分析から確認してゆきたい。

二．フランドル伯と出自神話

具体的に都市の話に入る前に、フランドルの領邦年代記に見られる代表的な出自神話のあり方を確認しておこう。第三部第二章で述べたように、そもそもフランドルに限らず、中世ヨーロッパ全般においては、王国単位あるいは領邦単位で数多くの出自神話が存在した。古代の歴史や旧約聖書に登場する伝説上の英雄たちを始祖とした君主の家系譜がヨーロッパ各地で記されたのだが、これが単に君主家系のみならず王国民あるいは領邦民すべてにより共有されていた出自神話と、これに規定された民族意識の表現だったことはすでに述べた(5)。代表的なものとして七世紀の『フレデガリウス年代記』以来流布したトロイア人出自神話が挙げられるが、南ネーデルラントにおいても一三世紀後半以降ブラバント公家によりこのトロイア人神話が取り上げられ、以後の系譜年代記の基礎を形作ってゆくことも第三部で見たとおりである(6)。一方、このブラバントの出自神話とは異なり、隣接するフランドルにおいては古代の英雄が君主家系の祖となることはほとんどなかった。しかしだからといって、これは中世フランドルに伯家の出自神話および系譜の類が存在しなかったことを意味するわけではない。系譜そのものは、早くも一〇世紀後半にウィトゲルにより記されており、一二世紀前半のサン・トメールのランベールによるものまで、複数の簡素な版が残されている(7)。なかには、フランドル伯の祖先としてトロイア人のプリアムスを設定している系譜も存在するが、フランドルでその後主流となるのは、こうしたトロイア人の高貴な祖先ではなく、リーデリクなる人物を伯家の祖として描いた系譜である。このリーデリクがはじめて登場するのは一一世紀から一二世紀にかけてヘントのシント・ピーテル修道院やサン・トメールのサン・ベルタン修道院において記された系譜においてであるが、後世にもっとも大きな影響を及ぼしたのは、一二世紀後半、サン・ベルタンの一修道士が上記のランベールの系譜を継続する形で一一六四年までの歴史を著した『フランドリア・ゲネローサ』と呼ばれる系譜年代記である。これには後に各地で記された複数の継続版が存在するのだが、最終的に一五世紀初頭までラテン語により書き継がれた Flandria Generosa C と呼ばれる版をもとに、俗語で複数の『フランドル年代記』群が生み出されることになるのである。(8) これらの系譜年代記では、通常リーデリクが初代フランドル伯ボードワン一世の祖先として設定されており、彼の事績が叙述の出発点になっている。Flandria Generosa C やその俗語版翻案物の描写によれば、彼の出自自体は以下のようである。とあるブルゴーニュ貴族が、戦乱の最中、妻とイングランドに逃れようと当時ビュク Buc と呼ばれたフランドル地方にやってくるが、(9) 森林地帯で巨人に襲われ殺害される。妻はなんとかこれを逃れるが、その後生まれた男子こそがリーデリクであり、やがて立派な騎士に成長した「森番 forestarius, forestier」リーデリクはこの巨人を倒し、フランドル伯家の祖となったのである（図27）。また、この巨人の暴政のもとにあった住民たちは、巨人を倒したリーデリクに安全と平和を懇願し、貢納と引き換えに彼の支配を受け入れたとされている。巨人が登場し、これを森で育った青年が打ち倒すといった空想的なリーデリクの伝説に対しては、ケルダースが騎士道物語の影響を指摘しているが、彼女によればこうしたモチーフは中世後期の歴史叙述作品には一般的だったのだという。また、リーデリクやその子孫の伝説的な支配をめぐる叙述が、理想的な支配者のモラルを説く君主鑑的な性質をもっている点も指摘されている。(10) いずれにせよ、ブルゴーニュ家支配下の一五世紀フランドルで生み出された系譜年代記は、ほとんど常にブルゴーニュ公たちの祖先をリーデリクにまで遡らせて叙述を行っている。『フランドル年代記』の流れを汲む作品『すばらしきフランドル年代記』（一五三一年出版）においてもこのスタイルは変わらず、ブルゴーニュ家の跡を襲ったハプスブルク家の皇帝カール五世もリーデリクの末裔として描かれている。(11) 注目すべきは、初期の系譜群ではその性質についてほとんど具体的な描写が見られなかったリーデリクが、(12) Flandria Generosa C やその俗語翻案物では、ブ

図27 『すばらしきフランドル年代記』に収録された伝説的な森番リーデリクの姿（出典：*Dits die excellente cronike van Vlaenderen*, ed. W. Vorsterman [Antwerpen, 1531]）。

ルゴーニュ貴族の子とされている点である。そして、リーデリクの一五人の息子たちは、それぞれネーデルラントや北フランスの諸都市、諸地域を分割付与され、これらを治めることになるのだ。ここにブルゴーニュ家によるネーデルラント支配の影響が見られるのは明らかだろう(13)。中世盛期においては、在地のフランドル伯による支配のもと、素朴な出自神話が君主と住民の間で共有されていたと考えられるが、ブルゴーニュ家の統治の伸展により、リーデリクに始まる出自神話もこれに適合的な形に脚色されていったのである。フランドルにおける君主の出自神話の展開は、おおよそ以上のようであった(14)。

三 都市の建立伝説

通常、上記のような領邦単位での出自神話が複数の歴史叙述で採用されている場合、これを領邦民全体の民族意識あるいはその基盤となる歴史的アイデンティティの表出と捉えることができるだろう。しかし、フランドル史の文脈においては、これまでほとんど注目されてこなかった都市ごとの起源神話である都市建立伝説も存在する。そして、これこそが中世後期のフランドルにおける歴史意識の様態を大きく特徴づけているものである。中世ヨーロッパにおける都市の建立伝説そのものは、これまでにも注目を集めてきた。イタリアの都市国家やドイツの帝国都市がトロイア人やローマ人たちにより建立され、彼らが後の都市民たちの祖先となったというものである。これらの伝説は都市年代記の冒頭を飾り、叙述対象となった都市を高貴かつ華々しい光輪で包むことになる。しかし、フランドルではこうした都市の起源にまで遡って栄光の歴史を伝える都市年代記が記されなかったために、都市建立伝説はほとんど無視されてきたのである。これまでの研究では、わずかにムグランがシント・バーフ修道院で書き継がれたヘントの建立伝説を分析したにとどまるが、このムグランの議論は本章においても重要な出発点となるために、ヘントの建立伝説とともに若干詳しく触れておこう。都市ヘントに隣接するシント・バーフ修道院は、ケルト語由来の Ganda の語で呼ばれるレイエ川とスヘルデ川の合流地点東側に七世紀前半に建立された。この修道院は、同時期に建てられたシント・ピーテル修道院とともに都市ヘント発展の礎となった地である。ここで一二九四年から九八年にかけて、修道士ヨハンネス・デ・ティルローデが以下のような伝説を書き記した。

「かのガイウス・ユリウスは、冬は休息し、夏は、現在イングランドと呼ばれているブリタニアの王カッシベラウヌムと戦うために適当で相応しい場所としてスヘルデ川とレイエ川の向こうに、立派な名高い城塞を建てた。そうして彼はその王と王国を完全に征服した。ガイウスは、はじめオドネアと呼ばれていたその城塞を、自らの名 Gayo (Gayus) をもって Ganda と名づけた。これは、今や司教聖アマンドゥスによって築かれたシント・バーフ修道院となっているが、はじめここではメルクリウスが崇拝されていたのである。……かのガイウス・ユリウスは、ブリタニアを制圧しローマに帰還する際、その城塞 Ganda を管理するため自らの高貴な家臣らを残していったが、ヘント市民は彼らに起源を持つことになったのである。」(図28[15])

図 28　都市ヘントの地図（1532 年）。手前がシント・バーフ修道院。上部を流れるレイエ川と中部を流れるスヘルデ川が合流する地点に存在する。この地図では、右が北を指している（出典：*Historische atlas van Gent*, ed. L. Charles, M. C. Laleman, and A. Capiteyn [Boom Onderwijs, 2007]）。

このガイウス・ユリウス、すなわちユリウス・カエサルによる都市ヘントの建立伝説は以後も同修道院の年代記に記されてゆくが[16]、ムグランの議論はまさにこのシント・バーフの伝承をめぐる君主・都市間の象徴的な権力闘争を問題にしている。一五四〇年、皇帝カール五世が、都市ヘントの反乱に対しギルド諸特権の廃止や市壁・市門の解体などの処罰を下し中世都市ヘントの歴史に終止符を打つが、この処罰の一環としてシント・バーフ修道院も城塞に作り変えられてしまった。ムグランはこの事件を、フランドルにおける上記の君主と都市の出自をめぐる二つの伝承の存在から、次のように解釈した。都市ヘントの建立伝説の舞台であり、その建物の壁にはこの伝説を記したタブローがはめ込まれている修道院を破壊することによって、皇帝カールは、フランドル地方で首都的な立場にあった都市ヘントの建立伝説を核とするヘントおよびフランドル人の歴史的アイデンティティを打ち砕こうと試みたのである。(17) フランドル伯家、そしてブルゴーニュ家の末裔であるハプスブルクの皇帝カール五世には、当然森番リーデリクに由来する出自伝承が存在する。したがって、都市の建立伝説などではなく、こうしたフランドル伯家の系譜によって規定される歴史意識こそがフランドル人のアイデンティティを支えるものだとする支配者側の思惑が、この修道院の破壊をもたらしたのである。複数の歴史意識の間で繰り広げられた闘争の帰結を、シンボリックに表現しているのがシント・バーフ修道院の破壊だった。

しかし、状況はムグランが想定していたよりも複雑なものであり、彼の見解には次のような異論を唱えることができる。それは、フランドルにはヘント以外の都市にも建立伝説が存在しており、ヘントがたとえフランドルの首都的な立場にあったとしても、その建立伝説にフランドル人の歴史的アイデンティティのすべてを帰属させるわけにはいかないという点である。筆者が知る限りでは、ヘント以外にも建立伝説をもつフランドル都市は二つ存在する。イープルとコルトレイクである。これらの都市の建立伝説を書き記しているのは、一五世紀後半から一六世紀初頭にかけて活躍した法律家であり、政治家でもあったフィリップ・ウィーラントである。ウィーラントが一六世紀初頭に記した歴史叙述『フランドル古事記』は、単純な編年史的叙述形式をとらず、テーマごとに歴史を叙述するという新しい傾向が特徴的な興味深い史料だが、ここでウィーラントは都市イープルについて以下のような叙述を残している。

「イープル Ypres はフランドル第三の都市であり、フラマン語圏フランドルの（四者会議中の）第三者であるが、ヨハン・ファン・デン・ブラウケ師がその年代記でいうように、その名前をイングランドの君主イプレボルス Ypreborus からとっている。そのイプレボルスは、ダムロ王に追われてフランドルに移り住み、彼の名前がもつ二つのシラブルからイープル Ypre と名づけた城を建てたのである。(18)」

また、都市コルトレイクについても次のように記している。

「(フランドル伯)ルイ・ド・クレシーは、一三二四年都市コルトレイク(=クルトレ)Courtray に特権を与えたが、この都市はローマ人の時代から〝トラヤヌスの法廷 Curia Trajani〟と呼ばれるのが常であった。[19]」

イープルでは、一五世紀にオリヴィエ・ファン・ディクスマイデに帰されている同時代史的歴史叙述が記されているが、これには上記の建立伝説は見られない。[20] また、V・ランベールの調査の結果、ウィーラントのいうヨハン・ファン・デン・ブラウケなる人物の年代記も発見されておらず、[21] 詳細は不明である。したがってこのウィーラントの叙述がイープルの建立伝説に関して現存する最古の証言となる。コルトレイクについては、一九世紀にL・A・ヴァルンケーニヒが一一二〇年の文書に Curia Trajani の文言を見いだしたとしているが、やはり詳細は明らかでない。[22] イープルの場合、おそらくこれらの説はラテン語を解する教会人の関与のもと考案され、主として都市民の間で受容され口頭伝承されていたものであり、詳細な都市年代記の形に纏められることはなかったのだろう。また唯一、一三世紀末の記録が残されているヘントの事例にしても、建立伝説の後は直ちに七世紀以降のシント・バーフ修道院を中心とした地域に関する叙述へと移り、都市ヘントの発展が詳細に語られることはない。ヨハンネスは、あくまでも普遍年代記の枠組みのなかに都市ヘントの建立伝説を嵌め込んでいるのである。

こうした特徴をもつ複数の都市建立伝説の存在をどのように解釈すべきであろうか。北部ネーデルラントの都市建立伝説を研究したK・ティルマンスは、中世後期から近世初頭にかけてのこうした伝説には明らかに人文主義的歴史叙述の影響が見られるのだという。ティルマンスによれば、こうした都市建立伝説が記されるに至った最初の契機はブルゴーニュ＝ハプスブルク家によるネーデルラントの領有である。露骨な中央集権政策と拡張主義を打ち出すブルゴーニュ＝ハプスブルク家のイデオロギーに対して、ネーデルラントは反乱という物理的な抵抗のみならず、心理的な側面でも抵抗の試みを示すが、それが歴史意識の再編をもたらすことになる。ティルマンスが研究したホラントでも都市年代記が記されることはなく、あくまでも領邦年代記が編纂されることになるのだが、そのなかでユトレヒトをはじめとする都市の建立伝説が語られることになる。これらを著したのは都市の修道院共同体に属し、イタリアの人文主義の成果に触れていた知識人たちだが、一五〇〇年頃にはそうした人文主義の影響から、詳細な描写を通じて都市賛美を行う叙述も現れ始める。さらに人文主義は、キケロ的な道徳主義とタキトゥス的なペシミズムにもとづいた同時代的な文化批判を展開するための歴史叙述を生みだし、そこではホラント人の祖先とされた古代ゲルマンのバターウィー族を模範としつつ現代都市の不正や堕落が弾劾されることになるのである。[23] たしかにウィーラントの資質や執筆時期を考慮に入れると、ホラントに見られるように、フランドルでも人文主義が都市についての新たな観察眼をもたらし、その過程で建立伝説が生みだされ、流布していったのだと考えることも可能かもしれない。事実、フランドルの人文主義的歴史叙述を代表するヤコブス・メイエルスは、古典を引用しつつフランドルにまつわるさまざまな地誌的叙述を展開するなかで、ヘント人の質素な性格やブルッヘ人の派手好みの性格など、都市の特徴やその市民の性質を詳細に描いている。[24] しかし、この時期の建立伝説が人文主義と密接な関係をもつとしたら、メイエルスが活躍したフランドル人文主義の中心地ブルッヘに古代の栄光と関連した建立伝説が見られないという点は大きな謎であるし、[25] またメイエルスはイプレボルスによるイープルの建立という伝説に懐疑的でもある。[26] 中世的で語呂合わせ的な語源学にもとづく建立伝説は、古典を駆使して古代からの都市や都市民のあり方を描く人文主義者にとってむしろ批判の対象であろう。また、全体的に親君主的なウィーラントの叙述は、都市制度や都市法について述べるなか言及されたものであって、都市賛美や同時代批判のための叙述とは無縁である。そして、フランドル都市の建立伝説が、ホラントのように領邦年代記と組みあわされる形で纏まった歴史叙述のスタイルをとることもなかった。さらに、少なくともヘントの建立伝説は一三世紀末に起源があり、人文主義の影響を議論するには古すぎる時代に属しているのである。

こうして見ると、ティルマンスの見解で示唆的なのは、人文主義の影響に関する点よりも、むしろ君主と都市の政治関係をめぐって新たな歴史意識が編成されたとする指摘の方である。たしかに、一三世紀末の都市建立伝説はブルゴーニュ家のネーデルラント進出と関連づけるには早すぎる。しかし、その先任のフランドル伯家と都市の関係から見るならば、この年代は重要な意味をもっている。一二世紀までの伯の君主権力が一三世紀に弱体化し、これに代わって一二世紀以来成長過程にあったフランドル都市の勢力が伯領の政治を担うまでに強大化することはよく知られている。そして、一三世紀後半以来の社会騒擾、とりわけ一二九七年から一三〇五年までつづくそれは、フランドル都市の政治社会に大きな変動をもたらすことになった。ヘントにおいても、この時期都市貴族層と毛織物工業を中心とするギルドの職人層が市政参加への権利をめぐって激しく衝突する。一二九七年、次いで一三〇一年の制度改革を経て、最終的には、都市貴族の参審人職独占が打ち破られ、この体制は以後一五四〇年まで存続することになる。[27] こうしてヘントが北ヨーロッパ随一の都市へと成長してゆく過程で強固な集合アイデンティティが形成され、伯家系の系譜とは区別された歴史意識の生成を要求したと考えられるのである。都市の発展をはじめとする政治社会構造の変動とそれに伴う複雑な階層化社会の出現は、それまでの王国共同体や領邦共同体で一枚岩的に信じられていた出自神話にもとづく民族意識に罅を入れることになったのである。[28]

このような理由から、ヘントおよびイープルといったフランドルの最重要都市やコルトレイクという民衆反乱の象徴ともいえる都市の建立伝説には、君主の系譜的歴史叙述に代表される出自神話とは明確に区分された都市固有の歴史意識が反映されており、これがフランドル都市の自立主義の基盤をなしていたと見るのが妥当だろう。この点で、ブルッヘに固有の建立伝説が欠けているのはひじょうに興味深い。[29] 周知のようにブルッヘは中世後期の北ヨーロッパで最大の都市の一つであり、人口規模や富の点でヘントを除くフランドル都市をはるかに凌駕していた。にもかかわらず、この都市には、フランドルの政策合議体である三者あるいは四者会議を共に構成したヘントやイープル、そして一三〇二年の戦いでともにフランス王権の軍隊を打ち破った都市コルトレイクのような固有の建立伝説が見られないのである。しかし、この点はブルッヘが君主と密接な関係を結んだ都市であった点を考えるならば、容易に納得できる。一四世紀まではブルッヘのシント・ドナース教会参事会長が伯領政治において重要な地位を占めていたことからも君主と都市の結びつきが深いことは窺い知れるし、ブルゴーニュ家の支配下に入った後にはブルッヘは宮廷都市としての顔を持つこととなる。[30] 宮廷のパトロネージのもと豪華な芸術作品や奢侈品が生み出され、君主や宮廷貴族も参加した華やかな祝祭も開かれる。そしてなにより、ブルッヘは一五世紀における君主の系譜年代記作成の中心地でもある。[31] こうした点から、都市自立主義や反乱と無縁ではないものの、君主と密接な関係を保った宮廷都市ブルッヘでは、固有の建立伝説が形成されることはなかった。また、北ヨーロッパ最大の国際商業都市として、数多くの外国人が行き交うコスモポリタンな環境も閉鎖的な建立伝説の生成を阻んだのかもしれない。[32]

以上から、中世後期のフランドルでは君主の系譜的歴史叙述に明確に表現された領邦単位での出自神話と、ヘントをはじめとする有力都市に見られる建立伝説が並存し、これらの伝承を核とする複数的な歴史意識、複数的な歴史的アイデンティティが存在していたことが明らかになった。しかし、なぜ都市建立伝説が通常の都市年代記叙述のスタイルをとることがなかったのだろうか。仮説的ながら、この点についても説明を試みておこう。

イープルやコルトレイクに関しては、口頭伝承を思わせるようなウィーラントの簡単な叙述しか遺されていない。また、ヘントに関してもヨハンネスによる普遍年代記の枠組みのなかで言及されるのみであって、カエサルによるヘント建立の後すぐに、叙述は七世紀以降へと移っていく。伯の系譜年代記が、歴代の君主という鎖の繋がりを通じて原初のときより現代に至る叙述の枠組みを提示しているのに対して、これらの都市建立伝説には建立の時点とこれについて語り記す者の間の都市をめぐる編年史的繋がりがすっぽりと抜け落ちているのだ。たしかに、君主の場合、たとえ伝説上の人物が含まれていようとも固有名をもつ個人の連鎖である系譜が成立するが、都市民という集団の場合こうした特定個人による鎖で枠を形作ることはできない。都市は成立した瞬間から集団としての形を保ち続けるのであり、ヘント人はヤン某やヘンドリク某を生むのではなく新たなヘント人を生み出すにすぎない。ただそれでも、都市年代記のように、都市民のなかからしばしば出現する英雄的な人物や著名な出来事との関連で都市の編年史的叙述を構成することは可能であろう。しかし、フランドル都市の場合こうした叙述が生みだされることはなかった。そこには、やはり社会文化的な側面における構造的原因が存在しているのではないかと思われるのである。一方で連綿とつづく伯の系譜年代記の存在と、他方で年代の継起を欠き原初のときと現代が直結した都市建立伝説の対照を目にするとき、川田順造が無文字社会における歴史意識について提起した図式がたいへん大きな示唆を与えてくれるように思われる。川田は、エヴァンズ＝プリチャードによるヌエル族の時間意識についての考察を手がかりに、「構造化された時間」と「累積する時間」、あるいは「神話としての歴史」と「年表としての歴史」といった対比的な時間意識・歴史意識のあり方を提示する。ある社会では、現代から何世代か遡った先には神話的世界が広がっていて、時間は一定の深さで構造化されており決して累積することなく、その深さのまま未来へと進んでゆく。「神話的世界は常に一定の浅い間隔で現在に接している」のであり、現代は「神話と背中合わせ」になっているのだ。他方、累積する時間をもつ社会では、過去の出来事は絶対年代の上に位置づけられ、時間は不可逆的に累積してゆく。現代の地点に立って歴史を眺める場合、歴史はまさに年表の形をとって現在に至り、未来へと進んでゆくことになる。これらの対比は、一見すると無文字社会における歴史意識と、文字と言う記録手段をもつ社会の歴史意識の相違として理解されるかもしれない。しかし川田によれば、一九世紀、学校教育の普及により国家的な歴史意識に併合される以前、フランス農村社会の人々は、ヌエル族と同じ性質の、つまり神話と背中合わせの歴史意識を持っていたという(33)。したがって部族社会でなく、一定数の人々が文字をもち歴史叙述が成立しうる社会にあっても、人々がこうした歴史意識をもつことはありうるのであって、現代と背中合わせにはりついた神話が人々の集合的な歴史意識を支えることは可能であった。フランドル都市ヘントの場合、一三〇〇年以前に何らかの建立伝説が人口に膾炙していたのかは不明である。しかしいずれにせよ、それがローマ時代以来受け継がれてきたものでないことは明らかである。おそらく、先述のように一二・一三世紀の都市発展のうちに醸成されてきた都市アイデンティティを支える歴史意識の必要性から、修道院で創出されたこのような建立伝説が受容されたのだろう。したがって、ローマ都市の伝統をもたないフランドル都市の場合、当然といえば当然だが原初のときより構造化された時間を伴いつつ現代に至ったものであるのではなく、本来他の歴史意識をもつ高次の領邦共同体より都市共同体が分岐した結果、構造化された時間をもつ都市の民衆的な歴史意識が形成され、建立伝説がこれを表現することになったのだと考えた方がよいだろう。ヘントで都市民が新たな政治社会と都市アイデンティティの生成を迎え、一三世紀末に歴史的アイデンティティを支える集合的記憶が呼び出されたとき、これに必ずしも原初のときより連綿とつづく編年史的な叙述は必要なかったのである。他方、無文字社会においてではあるが、川田が検討した西アフリカ、モシ族の「太鼓ことば」による王の系譜語りは「年表としての歴史」の性質をもっており、君主の名の連鎖により時間の連続を表現する系譜は累積する時間により特徴づけられる歴史意識を表現している。リーデリクに始まるフランドル伯の系譜年代記もこうした累積する「年表として歴史」の性質をもっていることは明らかだろう。

また、モシ社会では、支配者側の歴史が系譜語りにより遡りうるものであるのに対して、先住民などの被支配者がもつ歴史は、現在と神話的世界がじかに触れ合った構造を持っているという。中世フランドルでも、こうした支配者と被支配者の間での歴史意識の構造的相違が確認できる点も興味深い。ただし、支配的な部族の歴史意識に被支配者の歴史意識が併合されていくことでこうした複数的な歴史意識が形成された前者の場合とは異なり、フランドルの場合支配者側の歴史意識から分離する形で被支配者側の自立的な歴史意識が形成された点は指摘しておこう。(34)

四．建立伝説の読み替えと記憶のアプロプリアシオン＝横領

これまで、中世後期フランドルにおいては君主の系譜年代記に表現された歴史意識と、都市建立伝説に表現された都市的な歴史意識が並存していたことを明らかにした。君主と都市民は、それぞれ性質の異なる二つの歴史意識のもとに生きていたのであり、これが固有の集合アイデンティティを強力に支えていたのだ。したがって、都市のレヴェルで見た場合、こうした各都市固有の歴史的アイデンティティが都市自立主義の基盤をなしていたことは容易に想像できる。しかし、問題はその先である。中世後期フランドルの政治史を眺めるならば、都市の自立主義は君主の中央集権政策との激しい対立関係に陥り、とりわけ一五世紀にブルゴーニュ家がネーデルラントに政治の拠点を移し君主権が強大化するにしたがってこの過程は激しさを増す。この対立関係からは、数多くの民衆反乱が展開された上で反乱の伝統と呼びうるようなものが形成され、それは民衆の心性のレヴェルにまで大きな作用を及ぼすことになるのである[35]。君主の中央集権政策と都市自立主義の対立の過程で、フランドルの複数的な歴史意識や歴史的アイデンティティは激しくぶつかりあうこともあったのだ。イープルやコルトレイクについては、前述のようにほぼウィーラントによる証言しか残されていないため、こうした対立の過程をたどりうるのはヘントの事例においてのみであるが、ヘントは中世フランドル最大の反乱都市であるがゆえに、こうした観察にとっても好都合な対象である。以下、この点を検討してゆきたい。

(一) シント・バーフの歴史叙述と君主の表象

ヨハンネス・デ・ティルローデの年代記では、カエサルによるヘントの建立伝説の後、叙述が一気に七世紀の聖アマンドゥスによる布教のエピソードに飛んでしまう点については先に指摘したが、じつはこの普遍年代記にはリーデリクも登場している。ヨハンネスは、シント・バーフ修道院がいかに古い伝統を誇るのかを示すために、

同教会が都市ヘントのなかにあるシント・ヤン教会よりも三三三年古いと述べた後、「シント・バーフ教会の最初の建立は、最初のフランドル伯リーデリク（の登場）よりも一八四年古い」と記している。[36] また、歴代の修道院長の事績を語る際、院長ヘイナルドゥスはシャルルマーニュや「初代の森番」リーデリクの同時代人であるとし、「フランドル伯領はシャルル禿頭王の時代に起源をもっていた」と述べている。そして、ヘイナルドゥスは「フランドル最初の森番リーデリクとその息子アウダケルに Heimarsttrist と呼ばれるシント・バーフの森で狩猟を行う権利を与えたのだが、その際、すべての獲物のうち一〇分の一を院長に与えるという条件がつけられた」[37]。

このように、ヨハンネスはフランドルの君主たちよりも古くから修道院が存在することを強調している。ただし、だからといってヨハンネスが全体的に、フランドル伯に対して敵対的な叙述を行っているわけではない。アダムやノアへの簡単な言及に始まり、歴代の教皇や諸聖人の事績、フランク王家やカペー家、ブラバント公家の系譜まで盛り込みつつ、キリスト教的な人類の歴史の中に自修道院の歴史を位置づけようとするヨハンネスは、リーデリクに始まるフランドル伯家の系譜まで叙述に取り込んでいる。こうした普遍年代記的な枠組みにおいて、ヨハンネスはシント・バーフ修道院の古き伝統を示すものはすべて叙述に利用しようとしたのであり、その文脈で上記引用史料のリーデリクの登場も理解せねばならない[38]。

では、シント・バーフ修道院における歴史叙述は、以後も常に都市ヘントの建立にまつわる栄光とシント・バーフの伝統を伝えるのみで、君主家系にさほど敵対的な姿勢を見せることはなかったのだろうか。たしかに、一三五〇年までの記録が残されている『シント・バーフ編年誌』においては、ヨハンネス以上に客観的かつ簡素な叙述が展開されている[39]。しかし、一五世紀後半のものと思われる『シント・バーフ年代記』においては、さまざまな史料が駆使されつつ、大胆なフランドル史の書き換えが行われている。冒頭の建立伝説こそヨハンネスの叙述とほぼ変わりはないが、四三六年ネーデルラントの海岸地帯に進出したフランク王クロディオの甥フランドベルトゥス Flandbertus の名が、その支配地フランドル Flandria の名前の語源となっているとする叙述や、四五二年フン族のアッティラが北フランスからネーデルラントを侵略し、フランドル都市アールデンブルフAldenborchやヘントの城塞が破壊されてしまったとの叙述は、フランドルやフランドル都市の起源に関して付けくわえられた新しい要素である。また、明言されてはいないものの、このフランドベルトゥスが初代のフランドルの森番と考えられているようであり、四六四年には二代目の森番としてラガナリウスRganarius secundus forestarius Flandriaeが登場している。[40] そして特筆すべきは、フィナルドゥスの叙述である。このフィナルドゥスとは、『フランドル年代記』ではフィナールトFinaertとして登場し、リーデリクの父を殺害する森の巨人のことである。しかし、『シント・バーフ年代記』では、彼は巨大な姿の暴君・略奪者として描かれているものの「フランドルの森番forestarius Flandriae」とされているのである。また、その家臣についての叙述も興味深い。それによれば、フィナルドゥスの家臣たちは、主人の領地に入り込んだ者から略奪するような物を見いだせない場合、その侵入者から四肢の一部を取り去ってしまうのだとされている。この財の略奪と四肢の切断という点から、フィナルドゥスの家臣たちは「フランドル人Vlamingi」と呼ばれたのだが、これは俗語のvlaen（「皮を剥ぐ」、「略奪する」などの意）とmyncken（「手足を切断する」、「傷つける」などの意）に由来するのだという。[41] フィナルドゥスは六一〇年リーデリクに殺害されるが、両者の関係については何も記されていない。[42]『フランドル年代記』では明確に伯の祖先とその敵として描かれている両者の関係がぼかされ、むしろ両者とも森番として設定されている点に注意すべきだろう。ここでは、伯家系の祖先である森番に暴君が存在したとされているのである。また、フランドル人の祖先が語呂合わせ的な俗語の語源学によって暴君フィナルドゥスの卑しい部下たちに設定されている点も興味深い。このシント・バーフの年代記作者は、さまざまな史料群を駆使して、君主家系の出自とそれに代表されるフランドル人の出自神話を、ヘントの建立伝説およびローマ人に由来するという都市民の栄光の出自神話と対照的に描いているのである。森番伝説にもとづく君主の系譜の書き換えと貶め、そして建立伝説による都市の称揚という図式でこの作者の叙述を捉えることができよう。

(二) 都市建立者から征服者へ

では、君主側の史料に公国最大の敵ヘントの建立伝説に対する働きかけは確認できるだろうか。この点で、一四四七年のブルゴーニュ公による塩税の導入に端を発し、一四五三年七月のガヴェルの和で終結を見るヘントの反乱は重要な手がかりを遺している。この反乱の鎮圧に際して公家の側の無名詩人は、露骨に都市ヘントの歴史を書き換えているのである。彼は過去の数々の反乱に言及し、フランドルの地を擬人化し呼びかけるのだが、ここでは、リーデリクはフランドルの名声を高めた存在であり、これが荒廃のうちに置かれたとき、ヘントを建立し、この都市を通じて再びフランドルに恩寵と喜びを与える存在なのである。そして彼は、このヘントが今や苦悩の只中にあると付けくわえるのも忘れてはいない(43)。

ヘントはここでフランドルの悪しき反乱の伝統のなかに位置づけられているのだが、重要なのはヘントがあくまでもフランドルの一都市であり、この地を治める君主リーデリクにより建立されたことになっている点である。このリーデリクによるヘントの建立は、『フランドル年代記』などにも見られない新しい要素であるが、こうした君主的歴史叙述の伝統に都市ヘントの建立と反乱の歴史がネガティヴな形で取り込まれている点に、歴史意識のレヴェルで都市自立主義を掘り崩してゆこうとする君主側の意図が読み取れる。

しかし、リーデリクの姿がこうした形で現れるのはこの詩のみである。これが書かれた五年後、われわれはヘントの建立者としてのカエサルの姿をめぐって君主と都市の歴史意識が複雑に交錯する過程を目にすることになる。一四五八年、反乱後初めて行われたブルゴーニュ公フィリップによる都市ヘントへの入市式がその舞台である。

「また、ペーペルストラートの端にステージが組まれ、そこにローマ皇帝ガイウスの姿が提示された。彼は、ヘントの最初の建立者であり、玉座に座っている……。」(44)

これは『フランドル年代記』群の一つに見られる叙述である。[45] この入市式は、一四五三年の反乱降伏後、一度も都市を訪れようとしないフィリップ善良公に対して、ヘントの都市政府が働きかけることで実現したものであった。すでに降伏直後の一四五三年七月末に、集団的な謝罪儀礼である公然告白を行うことでヘントの都市政府はフィリップに謝罪と服従の意を表現したのだが、この後も五年の間君主の怒りは容易に解けず、公の恩寵なしに都市の未来はないと考えた都市政府は、和解の場としてこの入市式の実現に奔走したのだ。このときの入市式では、君主が通過する通りに聖書や古典の物語にもとづいた合計二一の活人画が提示され、そのそれぞれが君主の赦しや君臣間の和解を表現するものであった。[46] 先に引用した史料は、君主に盾ついたマルクス・トゥリウスがカエサルの前に跪き赦しを乞う場面の活人画について、無名の年代記作者が描いた箇所の一節である。ここでマルクス・トゥリウスが都市ヘントを、カエサルがフィリップ善良公を表現しているのは火を見るよりも明らかである。この活人画は都市ヘントの主導で製作されたものであり、ここには和解を目論み君主に阿ろうとする都市民側の意図が反映されている。カエサルのモチーフは、他都市を含めて夥しく展開されたブルゴーニュ公によるネーデルラントでの入市式でも繰り返し見いだせるものであり、とくに目新しいものではない。[47] しかし重要なのは、このヘントの入市式においては、カエサルが明白に都市建立者として捉えられていた点である。カエサルは都市建立者であり、都市を保護する存在であるからには、これに喩えられたブルゴーニュ公フィリップも、もはや怒りを解いて過ちを犯したヘントを赦すべきである、とのメッセージがそこには込められている。こうして都市ヘントの入市式においては、カエサルの姿は特別な意味を帯びてくる。この活人画からは、ヘントの都市民が自らの歴史的アイデンティティの核となる表象をもちだして和解を模索しようとした姿を読み取ることができるのである。

当然ながら、カエサルを都市建立者とする歴史意識はヘント市民の側の伝承においてのみ確認できるものであり、一見すると君主の側にとってカエサルは偉大な歴史上の英雄という以上の存在ではないように思われる。しかし、この時代のブルゴーニュ公家による中央集権政策のイデオロギー的表現の数々を目にするならば、ことはさほど単純でなかったことが明らかになってくる。公家のプロパガンダ政策において、古典古代の英雄のモチーフがさかんに利用されたことはよく知られている。一四三〇年フィリップ善良公の結婚に際してブルッヘで結成された金羊毛騎士団や、ブラバント公家を通じて流れ込んだトロイア人の血統をアピールする歴史叙述は、公家の名声を高めるために古典的なモチーフが利用された著名な事例である。そうしたなかで、ローマの君主たちもまたプロパガンダ政策に取り込まれることになり、公家との近さ、類縁関係が主張される。そのローマの英雄たちの代表的な存在が、もちろんカエサルである。フィリップ善良公は、まさに「不敗のカエサル Très invaincu César」と称されていたのである。[48] こうした文脈で眺めるならば、そもそも君主が気に入るような趣向が凝らされる入市式で、多くの場合都市民の創意のもと展示される活人画で繰り返しカエサルのモチーフが選択されたのも、以上のような君主側の好みに配慮した結果であると思われる。したがって、ヘントにおいては都市民が都市建立者のイメージのもと用意したカエサルの活人画も、入市式に参加した公家の人間にとっては異なる風に映っていた可能性も考えられる。国家に君臨する絶対的な君主であり、不敗の征服者としてのカエサルである。ブルゴーニュ公フィリップは、国王ではないがゆえに聖性という君主としての重大な属性が欠如していた。しかし、独立国家への野望を秘めていたと考えられるフィリップとその息子シャルル突進公は、その聖性の欠如のゆえにこそ古典古代の偉大な君主と自らを重ねあわせる戦略に頼ったのだとも考えられよう。カエサルの歴史的表象はそうした欠如を埋めあわせてくれる華々しさに満ちている。こうしたイデオロギー的背景のなか、困難な戦いを経てヘントを叩き潰した後はじめて、まさにその征服された都市に入場するフィリップたちの目には、活人画のカエサルは絶対的な君主としての側面を表現していると解釈されえたのである。

以上の点から、一四五八年の入市式においてカエサルの姿は二重の相貌を帯びていたと解釈することも可能であろう。都市民にとっては慈悲深き「都市建立者カエサル」、君主の側にとっては中央集権的な絶対君主として

図29　カエサルに代表される古代の英雄・君主への傾倒は、フィリップの後継者シャルル突進公の時代にいっそう強まる。図は、1474年頃のナポリ人ジョヴァンニ・カンディーダによる、シャルルのローマ風メダル（出典：*Splendour of the Burgundian Court. Charles the Bold (1433−1477)* [Mercatorfonds, 2009]）。

の征服者「不敗のカエサル」である。このカエサルの姿は二つの異なる階層によって異なる解釈を施されるのであり、その歴史的表象は君主と都市民の二つのイデオロギーにより屈折させられ、見る角度により異なる姿を提示するのである[49]（図29）。

しかし、こうした表象の多義性は、中央集権の伸展の結果、君主イデオロギーにより一義的に染め上げられてゆく。この点が確認できるのは、ブルゴーニュ家の跡を受けたハプスブルク家のカール五世による都市抑圧政策の過程においてである。一五三〇年代のヘントの反乱は君主に対する中世都市としての最後の抵抗であったが、先に触れたように、皇帝カールは一五四〇年の法令において市門・市壁の解体やギルドの解散、祝祭の禁止など、都市アイデンティティを掘り崩すための苛烈な処罰を生まれ故郷のこの都市に下すことになる[50]。このとき、シント・バーフ修道院も城塞に作り変えられてしまう。ムグランが、この修道院破壊という行為に、都市民の歴史意識にもとづいたフランドル人アイデンティティの粉砕の試みを見たことも前述のとおりである。前節で述べたような問題点が指摘できるにもかかわらず、ムグランがいうように、都市ヘントの発祥の地である修道院の破壊が、ヘントの都市民の歴史的アイデンティティに大きな影響を及ぼしたことはたしかである。しかし、より重要なのは、このとき修道院の破壊と城塞への改造をめぐって、巧妙な都市の集合的記憶のアプロプリアシオンが行われていたことであり、これにより改造が歴史的に正当化され、また都市民の歴史的アイデンティティ・歴史意識の塗り替えが試みられたことである。君主側の立場に立つ『ヘント騒乱記』の無名作者は、皇帝がヘントを服従させ、都市の大部分に大砲で砲撃をくわえるのに最適であるがゆえに、シント・バーフの地に堅固な城塞を建てるという措置をとったのだと説明した後、「修道院が建てられる以前のカエサルの時代、ローマ人がガリア人を制圧し、そして現在トゥルネと呼ばれているネルヴィ族の都市を征服したとき、そこに彼らが建てた小さな城塞があったのだ」[51]と解説をくわえている。

ここでは、カエサルおよびローマ人はガリア人の征服者として描かれており、修道院の地にあった城塞は、その征服拠点になっているのだ。この城塞はカエサルがイングランド遠征の拠点として建てたものだったとする、シント・バーフの歴史叙述の伝統とは大いに異なる点がまず指摘できる。[52] 皇帝カール五世がカエサルに擬えられているのはいうまでもない。しかし、もう一点注意せねばならないのは、ここで被征服民として登場するガリア人の存在である。この時代、人文主義、とりわけ他ならぬカエサルの著作の影響で、フランドル人の祖先がガリア人のベルガエ族だったという説が存在した。ウィーラントの著作では、フランドル人がベルガエ族の一部をなしており、このベルガエ族がすべてのガリア人のなかでもっとも誇り高く強い人々であったこと、そしてカエサルがこれを征服するのに困難を極めたことが述べられている。[53] 一四八三年に作成されたウィーラントの蔵書目録にはカエサルの著作が記されており、[54] 彼が上記の史料箇所でその著作を参照しているのは明らかである。君主の系譜年代記では、ブルゴーニュ期にリーデリクのブルゴーニュ貴族出身説が導入されるわけだが、これにより本来リーデリクと出自を共有すると考えられていた在地住民の血統は曖昧なものになってしまったのであり、そこにフランドル人のガリア人起源説は入り込む余地があったのかもしれない。『ヘント騒乱記』の著者はこうした趨勢を利用したと考えられる。彼の叙述においては、カエサルはもはや都市ヘントの建立者などではなく、ヘント市民を含むフランドル人の祖先ガリア人の征服者である。したがって、現代のカエサルであるカール五世が、被征服民ガリア人の末裔たるヘント市民を征服するために、かつて征服拠点として建てられた城塞を復活させるのは至極正当なことなのである。これはもちろん君主の側の叙述であって、ヘント市民の意識を反映したものではない。しかし、無名作者は、ヘント市民の間で古くから語られてきたカエサルの都市建立伝説を換骨奪胎し、カエサルとローマ人の姿を一八〇度異なるものとして描きだしているのだ。(55) 都市建立者カエサルから征服者カエサルへと正反対の姿を提示することで、都市民の歴史意識の核となるカエサルとローマ人をめぐる集合的記憶を塗り替え、都市アイデンティティの掘り崩しが図られることになったのである。一四五三年の都市建立者リーデリクはもはや登場しないし、一四五八年の入市式で見られた二重の相貌をもったカエサルの歴史的表象ももはや見られない。君主の側の歴史意識に都市を取り込むのではなく、ここではより巧妙な都市民の集合的記憶のアプロプリアシオンが試みられたのである。

おわりに

以上に確認されたことをまとめて、中世後期フランドルにおける歴史叙述と歴史意識の特徴を浮き彫りにしよう。まず、中世後期フランドルの特徴として挙げられるのは、歴史意識の複数性である。君主の側においては、系譜の連鎖により時間的連続性が保証され、これがそのまま歴史叙述の枠組みを提示する系譜的領邦年代記の伝統が存在した。通常、王国であれ、領邦であれ、こうした系譜はそのまま臣民の出自神話となり、王国単位あるいは領邦単位での民族意識を表現したものだったはずである。しかし、フランドルではヘントやイープル、コルトレイクといった領邦を代表する都市がそれぞれ固有の建立伝説を有しており、各都市の市民は君主の出自神話とは異なる形で都市の歴史意識を保っていたのである。こうした点は一三世紀以来の君主権力の弱体化と都市勢力の勃興という政治社会の現実により、それまで一枚岩的に領邦民を覆っていた出自神話に罅が入り、各都市が固有の建立伝説をもつに至った結果だと考えられるが、この建立伝説は政治社会面で確認されるフランドルの都市自立主義の根底で、都市民の集合的な歴史的アイデンティティを強固に支えていたのである。

これら複数的な歴史意識、歴史的アイデンティティは、当然ながら君主権力が再び強大化した際、その中央集権政策に根ざした領域統合の重大な障害となる。したがって、こうした都市民の自立的な歴史意識とその核となっている都市建立伝説にさまざまな戦略により働きかけることで、君主の側はこれを掘り崩そうと試みる。これに対しては、一五世紀シント・バーフの歴史叙述のような抵抗も確認できるが、結局は君主の側が、一五世紀半ばの反乱、そして一五三〇年代の反乱の過程を通じて都市的な記憶のアプロプリアシオンを試み、ついに都市建立者カエサルを征服者カエサルへと変貌させてしまったのである。そうしてこのとき、中世都市ヘントの命脈も尽きることとなる。

ブラバントで確認されたトロイア人出自神話と白鳥の騎士伝説の関係同様に、中世後期フランドルで見られたような、こうした歴史意識の複数性の痕跡を探し、並存あるいは競合の過程を追うこと、そしてそれら歴史意識の核となる集合的記憶をめぐる象徴的闘争の諸戦略を明らかにすること、といった繊細な作業が今後もますます求められるだろう。

しばしば、われわれは歴史の表舞台から抹消されてしまったものを無視して華やかに光を放つ勝者の記憶に目を奪われてしまう。しかし、こうした勝者の凱歌に掻き消されてしまった声の複数的な痕跡に注意深く耳を傾けねばならない。本章で試みたような、わずかな痕跡から君主の記憶に塗り込められないでかすかな呻きをあげる都市の記憶を拾いだしていくこともひとつの方法である。また、君主の記憶に憑依し、それ自体の姿を現さずとも憑依されたものの形を歪めてしまっている、そんな民衆の記憶を、歪められたものから復元する作業も可能だろう。こうした記憶をめぐる象徴的闘争と戦略を解き明かす術を、歴史叙述の研究者は自覚的に探求していくべきである。第一部で提示された歴史認識のあり方は、まさにこのような手法を要求する。中世後期フランドルの歴史叙述は、この点でもわれわれに興味深い素材を提示してくれているのである。

第二章　歴史叙述における「中世」の終焉
――一六世紀前半ブルッヘの歴史文化をめぐって

はじめに

前章では、君主であるブルゴーニュ公が、都市ヘントと対峙する過程で、都市民のアイデンティティを掘り崩そうとさまざまな手段で彼らの集合的記憶や歴史意識への介入を試みた点を中心に論じた。都市発祥の地にある建造物を破壊し、都市の建立伝説を作り変えるといった、君主による生々しく露骨な介入の痕跡が歴史の伝承の領域にも刻み込まれていったわけである。しかし、同じフランドルの大都市であり、宮廷都市であったブルッヘについては、君主の系譜年代記である『フランドル年代記』との関連を示唆した程度で、正面から取り上げたわけではない。ここでは、ブルッヘを中心とした歴史叙述について語ることで中世後期フランドルの全体的な歴史文化について偏りのない像を提示してみたい。そして、われわれはその全体像から、「歴史叙述」における中世から近世への変質の過程を確認しうるだろう。

まず、問題設定に取り掛かろう。一五三一年、アントウェルペンの出版業者ウィレム・フォルステルマンは、自らの工房から二冊の歴史書を出版する。一冊は『すばらしきフランドル年代記』（以下、『すばらしき年代記』と省略）と題されたオランダ語年代記、もう一冊は〝フランドル史の父〟と呼ばれる人文主義者ヤコブス・メイエルスのラテン語による『フランドル誌一〇巻』である。両者はともにフランドルの「歴史叙述の歴史」においてき

図30　『すばらしきフランドル年代記』のタイトル頁裏。皇帝カール5世の挿絵の下に「恩顧と特権とともに」Cum Gratia et Priuilegiaの文字が見える(出典：図27を参照)。

わめて重要な作品だが、これまでこれらが共通の文脈で議論の対象となったことはほとんどないように思われる。かたや一五世紀以来ブルッヘを中心に多くの異本を生みだしてきた俗語による『フランドル年代記』群の集大成的作品であり、かたや〝ベルギーのアテナイ〟と呼ばれたブルッヘの人文主義的潮流のなかで生みだされた作品である。『フランドル誌一〇巻』が年代記的な構成をとる純粋な歴史書ではないという点を差し引いても、たしかに両者の筆致や叙述対象に向かう姿勢には相違があるように見えるし、こうした点から両者を分けて考えるのが当然とされてきたのである。しかし、それでもやはりこれらは同じブルッヘへの知的環境のなかで生みだされ、同じ年に出版された歴史叙述である。同時代のその他の作品を含め、両者を生みだしたこの時代のブルッヘへの歴史文化を統一的に理解したいという願いは決して不当なものではないだろう。

そこで、両者を共通の土台の上に乗せて議論するために、これらが同じ業者によって出版されているという事実に改めて注目してみたい。フォルステルマンはひじょうに商才に長けた人物であり、アントウェルペンで大きく成功した出版業者の一人だった。かつては、ギルド長にも就任している。しかし同時に、彼は多くの海賊版の出版でしばしば同業者の不満を買う存在でもあった[56]。そうした利に聡い彼は、二冊の本の向こうに等しく好奇心溢れる読者の姿と利益を見いだしていたはずである。一六世紀初頭は、すでに初期的な資本主義の展開を背景に、活発な出版活動が繰り広げられていた時代であった。この出版と資本の論理の結びつき、もう少し大げさにいえばメディアと市場の結合関係が、本章で歴史叙述を考察する上での第一の背景をなす。そして、この両者の結びつきは必然的に背景を織り成すもう一つの要素、権力を呼び寄せることになる。フォルステルマンのように、当時の出版市場ではしばしば海賊行為を働く不正業者が跳梁しており、これらから身を守るべく多くの出版業者は著作権、より正確には出版独占権の取得を急いだ。フォルステルマン自身も、『すばらしき年代記』についてはこの独占権を取得している(図30)。こうした出版独占権を認可するのは初期的な官僚制の形成に支えられた国家機構であるが、宗教改革の時代、この特認システムが検閲制度と背中合わせの関係にあることは容易に予想できるだろう。

こうしてメディア、市場、権力は三位一体の形で、否応なく歴史叙述や叙述者を巻き込み、この時代の歴史文化のあり方を決定してゆく。出版業者であるフォルステルマンはこの三位一体の構造によって規定される社会のあり方を体現する人物であり、じつのところ彼は本章の裏の主人公ともいうべき存在なのである。フォルステルマンのような出版業者たちの世界を鏡として映しだされる一六世紀初頭フランドルの歴史叙述と歴史文化の世界を一体として描いてみようというのが本章の狙いである。議論の性質上、ここではテクスト分析よりも歴史家や歴史書の置かれた条件をめぐる考察が中心となるだろう。

一・一五一五年の周辺で――修辞家と歴史文化

まず、一五三一年の『すばらしき年代記』の出版に至るまでのフランドルの歴史叙述と歴史文化を、一五一五年に焦点を当てつつ検討する。

中世のフランドル地方が高度に都市化された地域であったことは本書のこれまでの議論からも明らかだが、前章でも指摘したように、フランドルではイタリア都市やドイツ都市のように、都市の起源にまで遡り、都市を舞台として叙述が展開されるような都市年代記は記されなかった。基本的に、フランドル伯領を枠組みとし、君主の系譜を軸とする領邦年代記が中心だったのである。そのラテン語の系譜年代記が一二世紀から一五世紀まで書き継がれた後オランダ語に訳され、同時代史が付加される形で俗語の『フランドル年代記』群を形作る。その過程で起源をさらに六世紀まで遡らせるものもあったが、基本的には、これらは伝説的なフランドル伯の祖先で、forestier つまり森番であるリーデリクに始まる伯ごとの系譜年代記という同一の構成をもっており、同時代史の部分に関して写本ごとに異なる叙述が展開されているのである。この俗語年代記の伝統のなかから登場するのが『すばらしき年代記』である。『すばらしき年代記』の成立過程については依然謎に包まれている部分が多いのだが、一五一五年から一五二九年までの記録が、それ以前のブルッヘ中心の叙述からアントウェルペン中心の叙述に移行している点から見て、おそらく出版業者であるフォルステルマンのイニシアティヴによってこの史料が成立したとファン・ブリュアーネは考えている(57)。つまり、出版業者が売れると見込んだからであって、年代記の著者の主導で印刷されたわけではなく、しかも『すばらしき年代記』は一五一五年までにおおよそ成立していたものだったのである。この事実には、これまでほとんど関心が注がれていないが、本章の議論にとってはひじょうに重要な点である。ともかくも、アントウェルペンでは前年の一五三〇年に『いともすばらしきブラバント年代記』第四版が刊行されているため、これが契機になってフランドル版が刊行された可能性はある。では一五一五年以降の叙述と出版が印刷業者の主導によるものだとして、それ以前の部分の著者は誰だったのだろうか。この点に関しては先行研究が明らかにしている。一四三七年から八二年まではアントニス・ド・ローフェレ、八二年から九八年まではロンバウト・ド・ドッペレ、そして最後に一五一五年まではアンドリース・ド・スメートにより、それぞれ記事が記されているのである。これらの著者には一つの共通点がある。それは、彼らが皆ブルッヘの修辞家集団に属していたということである。修辞家集団とは一五世紀以降、ネーデルラント各地に登場し、詩作のコンテストを組織し、都市の祝祭などで大いに活躍したアマチュア詩人の団体である。[58] 修辞家たちはもっぱら俗語での詩作に励んだが、キケロやセネカを範とする新ストア派的な道徳哲学を咀嚼しつつ、市民的なキリスト教的生の規範を説き、エラスムスの登場以前にすでに北方人文主義を用意していたとする研究者もいる。[59]「死の舞踏」や「死を思え」といった主題が流行したこの時代、彼らはそうした修辞の力で、死の恐怖や現世の諸々の困難を乗り越えようとしたのである。彼らの活動においては、修辞と現実の生が結びついている。こうした修辞家集団と歴史叙述の関係は、本章の議論にとって決定的に重要なことであるように思われる。以下、『すばらしき年代記』を離れ、この作品に至るまでの修辞家と歴史叙述あるいは歴史の知識のかかわりについて、先行研究では十分に触れられていない点をより詳しく検討してみたいと思う。議論をわかりやすくするために結論を先取りしておくならば、修辞家たちは歴史の知識と親密な関係を保ち、この時代の歴史文化に大きな役割を果たしたけれども、印刷という新しいメディアにはさほど積極的な姿勢を示すことはなかったということになる。

修辞家と歴史叙述の問題を考えるにあたって、ここでまず取り上げるのは、一五一五年四月一八日、ブルッヘで行われたオーストリア大公カールによるフランドル伯としての入市儀礼と、その様子を記録した出版物である。後の神聖ローマ皇帝カール五世は一五〇〇年にフランドル都市のヘントで生まれるが、一五一五年の成人に際してネーデルラント各地の都市で入市式を行う。前章でも簡単に触れた入市式は一四世紀のフランスに始まる君主と家臣の間の双務契約的な儀礼であり、両者の間で支配と服従をめぐる象徴的コミュニケーションが展開される場でもあった。君主は威厳を示し、都市は君主が通過するルートに聖書や古典の物語にもとづいた「活人画Tableaux vivants」の舞台を用意することで、自己のメッセージを伝えようとしたのである。一五世紀のブルゴーニュ公家支配下の地域では、君主の即位や都市反乱後の和解の際などに夥しい数の入市式が実施されたが、ブルゴーニュ公家の末裔であるカールはこの遺産を引き継いだのである。ただし、カールの治世はちょうどこの入市式の性質が変容する時期でもあった。彼の時代から、凱旋門に代表される古代建築を模した装置が駆使され、古

図31　活人画舞台の一つ。舞台右側ではリーデリクが、乙女の姿に擬人化された都市ブルッヘを、息子の一人ガニュメデに与えている（その他のテーマについては、表を参照。出典：Remy du Puys, *La tryumphante entree de Charles prince des Espagnes en Bruges 1515*〔Amsterdam : New York, 1970〕）。

代の英雄や皇帝のモチーフがそこかしこに表現されることで、君主の絶対性や帝権主義の思想が表現され始めるのである。都市の側でも、ギルドに代わって一五世紀後半以降新たな都市文化の担い手となった修辞家集団が、入市式の開催で重要な役割を果たすようになった(60)。

一五一五年のカールによるブルッヘ入市式はそうした過渡期に行われたものだったのだが、ここでは修辞家と歴史の知識の関係をめぐって注目すべき点が見られる。それは、都市ブルッヘが担当した一一の舞台で、『フランドル年代記』にもとづきつつ、森番リーデリクに始まる君主とブルッヘへの密接な関係を示す数々の場面が演じられている点である（図31）。この一一の活人画舞台は、都市の六人の修辞家たちによりプロデュースされていたのだが、そのなかの一人こそ『すばらしき年代記』を一五一五年まで書き継いだアンドリース・ド・スメートである。表に示したように、ここではブルッヘの最初期の歴史から同時代までの重要な局面がピックアップされ、都市の歴史が聖書や古典の物語と重ねあわされることで聖なるものとして描きだされている。かつての黄金期を終え衰退に向かいつつある都市ブルッヘが再び繁栄を迎えるには君主の援助が不可欠である、というのが全体に込められたメッセージである。これらの活人画舞台の製作・管理はブルッヘへの政治社会を構成する九メンバーと呼ばれる職業区分に割り当てられており、過去の歴史と現代の政治社会体制が都市空間のなかで組みあ

表　1515年4月18日、ブルッヘの入市式における活人画舞台のテーマ。これらブルッヘ市民によるものの他、外国商人団らによる舞台も設けられたが、それらの舞台テーマはブルッヘの歴史とは無関係なので、ここでは省略する。Remy du Puysの文献をもとに筆者作成。

場所	舞台装置	テーマ	主催者
①ペーペル通り	森のモデル	・ブルッヘの起源（フランドル伯の祖先リーデリクが息子にブルッヘを与えたこと） ・ヨシュアの物語（ヨシュアがイスラエルの長老たちに語りかけ、神に仕える約束を引き出したこと） ＊選ばれた民としてのイスラエル＝ブルッヘの民、新たな救世主ヨシュア＝カールによる運命の好転	都市政府
②ロー通り	シント・ドナース教会入口のモデル	・フランドル伯について（初代フランドル伯ボードワン1世鉄腕が聖ドナースの聖遺物を、ブルッヘを象徴する乙女に差し出している） ・サムエル記の物語（ダヴィデが、シオンに運んだ聖櫃の前でハープを奏でている） ＊都市の未来の繁栄を保証する聖遺物と聖櫃	都市政府
③ドミニコ会修道院	市庁舎のモデル	・12世紀のフランドル伯ティエリ・ダルザスが、エルサレム総大司教から聖血を与えられている（1147年にティエリが、エルサレム王ボードワンに与えられたという伝承にもとづく） ・ビザンツ皇帝ヘラクレイオスが聖十字架をエルサレムに返還している ＊ブルッヘとエルサレムの同一視のもと、都市に繁栄をもたらす聖遺物＝聖血と聖十字架の贈与	都市貴族
④ムーレン橋	鐘楼のモデル	・14世紀のフランドル伯ルイ・ド・ヌヴェールによるブルッヘへの特権付与 ・モーゼが、イスラエルの民に石版（戒律）を与えている ＊選ばれた民としてのイスラエル＝ブルッヘの民、偉大なる指導者モーゼ＝カールによる法・特権の付与	毛織物4ギルド

場所	舞台装置	テーマ	主催者
⑤ホーヒ通り	肉屋や魚屋を象徴する装飾の舞台	・フランドル伯ルイ・ド・マルが、ブルッヘを象徴する乙女を二本の金柱の上に建てている ・アハシュエロスが他の女性たちの前でエステルを妻に選ぶ *ブルッヘを統治の拠点とし国際商業都市としての最盛期を築いたルイ＝アハシュエロスと、そのパートナーであるブルッヘ＝エステルの同一視および婚礼の比喩	肉屋と魚屋
⑥シント・ヤン通り	17の職種の紋章を伴った17の塔をもつ城のモデル（真ん中には、敵を火で攻撃するカールの象徴である、火打石をもつ獅子がいる）	・ブルッヘである乙女が、フランドル伯ルイ・ド・マルにワインを注いでいる ・イスラエルの民が、モーゼに神の幕屋を飾るための豊かな贈り物を授けている *選ばれた民イスラエル＝ブルッヘの民は、指導者モーゼ＝カールに恵みと愛情をもたらし、これに従うという意	17の職種
⑦ワーペンマーケル通り	キボリウム	・ルイ・ド・マルの義息であるブルゴーニュ家のフィリップ豪胆公とブルッヘの象徴である乙女。フィリップの息子ジャンも乙女を守る形で登場 ・古代ローマの創健者ロムルスが都市を統治する100人の元老院議員を任命している *古代ローマとブルッヘの同一視および新たな支配者のもとで繁栄に向けて出発する都市のモチーフ	鍛冶屋
⑧クラーン広場	橋（橋の上には、11人のラッパ吹きと九の職種の紋章付き陣羽織を着た男たちがいる）	・塔の上の円には、ブルッヘの象徴である乙女が、右にフィリップ善良公、左にシャルル突進公とともに座っている ・その左のパネルには、「利得」を表す男が、右のパネルには「商業」を表す女がいる ・塔にはユピテルとユノ。その下に、9人の女神と3つの恩寵を表す12人の少女たち *フィリップおよびシャルル期のブルッヘの黄金時代。およびその富に偉大な芸術や徳、高貴さやよき習慣は付き従うとの意	皮革工

場所	舞台装置	テーマ	主催者
⑨フラーミング通り	城塞	・黄金ではなく銀の玉座に座り懊悩する乙女ブルッヘ。 ・義父ラバンのもとを去るヤコブの物語 ＊商業の衰退＝ヤコブの出発を迎え、没落し苦悩するブルッヘ＝ラバンの家。君主はイスラエルの家＝ブルッヘを善き意図と慈悲でもって見守るべきであるとの意	仕立屋
⑩シント・ヤーコプ通り	パヴィリオン	・鉄の玉座に座り、粗末な身なりの乙女ブルッヘ。「商業」と「流通」が立ち去ろうとしているところを、法律家と聖血兄弟団のメンバーが止めている ・ネブカドネザル王の夢。木に斧が刺さっており、動物を豊かに養っていた源泉である木＝ブルッヘが切り倒され、衰退の危機を迎えていることが表現される ＊黄金時代から銀の時代を経て、鉄の時代を迎えた衰退期のブルッヘ。しかし、ネブカドネザル王は、いったん玉座を追われた後復位するので、復活を願うブルッヘの願望の象徴とされている	パン屋
⑪プリンセンホフの門	ギャラリー	・右に運命の歯車。最下位に乙女ブルッヘ。最高位には「高価」、両横には「流通」と軍神マルス。歯車を回しているのはカールと「商品」 ・荒廃したエルサレム。アルタクセルクセス王に再建を訴える預言者ネヘミア ＊今や悲惨のきわみにあるブルッヘ。君主のみが運命の歯車を回し、ブルッヘを聖なる都に戻すことができるという意	仲介人

（作成協力：黄海ゆかり）

わされた上で提示されているのだ。

　このように、一五一五年の入市式では、伯領と都市の歴史が修辞家たちの演出により都市空間に刻み込まれたわけだが、ここでもう一つ重要な点が指摘できる。それは、この入市式の記録がはじめから出版を予定されていたのではないかという点である。この入市式の記録には三つのヴァージョンが存在する。アントウェルペンのアドリアーン・ファン・ベルヘンにより一五一五年六月二五日に出版されたオランダ語版の簡素な記録、カールの祖父である皇帝マクシミリアンの宮廷修史官を務めたレミ・デュ・ピュイによるフランス語の彩色挿絵写本、そしてそれをもとにパリのジル・ド・グールモンにより出版された日付不明の木版画入りテクストの三つである。[61]オランダ語版とフランス語版に関しては文章の長さや木版画の有無についての相違はあるものの、内容的にさして違いはない。重要なのは、都市政府が舞台の演出も担当した修辞家ヤン・ド・スヘーレと宮廷修史官レミ・デュ・ピュイの双方に記録のための報酬を支払っている点である。都市政府は、この壮大な歴史スペクタクルの様子を、新しいメディアを駆使してより広範囲にまで知らしめようとしていたように思われる。しかし、だからといってここで歴史の知識を提供し、現実に舞台を演出した修辞家たち自身が、こうした出版にどれだけ積極的だったのかは明らかでない。

　この点を考える上で重要なテクストを、もう一つ取り上げておこう。ブリュッセルの印刷業者トーマス・ファン・デル・ノートにより出版されたオランダ語の『小フランドル年代記』である。[62]このテクストについてはきわめて情報が乏しいのだが、W・ネイホフとM・E・クローネンベルフによる一六世紀初頭の出版物カタログでは一五一五年頃の出版とされている。[63]本文二七葉からなる短い年代記だが、ここではリーデリクからカールの父フィリップ端麗公の時代までが記録されている。それにしても、内容の正確さという点からするとこれはあまりにもひどい年代記である。誤植も数え切れないほど存在するが、それ以上に単純な事実の誤りに満ち溢れている。初期のフランドル伯の死亡年や統治年数に関して、数十年のずれは当たり前である。一三世紀初頭の偽君主事件に関しても、現実には嘘がばれて処刑された偽伯が治世を全うしたことになっている。さらに一四世紀のフランドル伯ルイ・ド・マルは本来一三八四年に死亡し、このとき伯領が娘婿のブルゴーニュ公フィリップ豪胆の手に渡るのだが、年代記の作者はルイを娘の結婚年である一三六九年（年代記上では一三七〇年）に死亡させて、フィリップ豪胆の治世の始まりを一五年も早めている。これらの誤りにくわえ、唐突にブリュッセルに関する記録が挿入される点などから見ても、この作品はおそらくファン・デル・ノートかその周辺のフランドル史に疎い人物が、雑多な史料を前後の整合性を考慮することなく継ぎあわせたものではないかと推測できる。

さて、この『小フランドル年代記』は、フランドルを扱っているという点と一五一五年という出版年以外に、一見これまでの議論とまったく関係がないように思われるかもしれない。しかし、じつはここでも修辞家と歴史の知識の繋がりが指摘できるのである。ファン・デル・ノートはブリュッセルの著名な修辞家でもあった。ファン・デル・ノートについて詳細な研究を行ったH・プレイによれば、彼は複数の言語で出版を行いながら、人文主義者と交流をもち、自らもブリュッセルの修辞家集団に属して文学活動に取り組んでいた。ただし、プレイは次のような指摘も行っている。この時代の修辞家集団と印刷術の間にはある種の緊張関係があり、エリート主義的な修辞家たちは自分たちの作品が必要以上に流布するのを好まなかったという点である。[64] H・ブリンクマンも、一五五〇年以前に修辞家たちの作品で印刷されたものはさほど多くなく、彼らがもっぱら写本とオーラルなコミュニケーションの世界で活動していたことを確認している。[65] つまり、ファン・デル・ノートはその職種もあったのだろうが、一六世紀初頭に出版に取り組んだ修辞家という珍しい存在だったのである。おそらく彼は、一四九八年に初版が出版され、一五一二年に増補第二版が出された『いともすばらしきブラバント年代記』の大きな成功に刺激されたのではないだろうか。こうした事情のために、他地域の修辞家によって、あまりにも杜撰なフランドルの年代記が出版されることになったのである。

ここで、『すばらしき年代記』がフォルステルマンの主導で出版されたことを思い出しつつ議論をまとめてみよう。一六世紀初頭のブルッヘでは、修辞家たちが個別の写本製作や儀礼の場での表現を通じて、生きた直接的な知として歴史の知識を表現していた。それらが印刷物という新しいメディアを通じて世に広められたのは、都市政府や他地域の印刷業者に導かれてのことだった。君主と直接対面する場で、修辞家による歴史劇の演出が行われたことに端的に表現されているように、ここではまだ歴史の知識とこれを保持し、あるいは享受する人々との関係は直接的である。もっとも、出版を通じて、そうした歴史の知識が、歴史に描かれる対象地域を越えて第三者的な人々のもとに届き始めている点を見逃すこともできないのだが。

二　一五三一年のあと――出版・検閲と〝窮屈な知〟の創出

一五三〇年代にヤコブス・メイエルスが出版活動を開始したときには、すでに歴史の知識とそれを取り巻く環境はかなり異なるものへと変化しつつあった。いよいよメディアと資本の論理、官僚制の形成などが強固に結びつきつつあったのである。これは出版市場の拡大のみによるものではない。カール五世が一五一六年にスペイン王、一五一九年に神聖ローマ帝国皇帝となりネーデルラントを不在とすることが多く、執政や官僚機構による統治が前面に押しだされてくるからでもある。奇しくもメイエルスの『フランドル誌一〇巻』が出版された一五三一年には、内務評議院や国事評議院、財務評議院がブリュッセルに置かれ、国家的政治機構の改革が進展してもいた。そうしたなか本格的に著述・出版活動を開始したメイエルスだが、彼は一四九一年、フレーテレンに生まれ、パリ大学で学んだ後ブルッヘに拠点を置いていた。シント・ドナース教会をはじめさまざまな場でキャリアを重ねた後同地で生涯を終えたのは、一五五二年のことだった。メイエルスは、生涯飽くことなくフランドル史関連の史料を買い漁り、歴史研究と執筆に明け暮れた人文主義者だったが、ここでは彼の死後甥のアントニウスにより補筆の上一五六一年に出版された年代記集成を除き、一五三〇年代に出版された歴史書に絞って議論

を展開する。(66)

メイエルスはしばしば〝フランドル史の父〟と呼ばれるが、この呼び名は、彼がはじめてフランドル史の執筆に史料批判を導入し、フランドルにおける人文主義的歴史叙述を確立したことによっている。その著作には、自らが用いた古代の著作家たちの史料目録が掲載されているし、本文中にもプトレマイオスやカエサル、タキトゥスといった名前が頻繁に登場する。また、著述のスタイルには同時代の人文主義者の影響も強く、なかでもヴェローナ出身で『フランス王国誌』を著したパウルス・アエミリウスの記述は頻繁に引用される。アエミリウスの『フランス王国誌』の出版には、フランドル出身で、パリの人文主義サークルを形成した出版業者ヨドクス・バディウスが関係しているが、メイエルスはパリ大学在学中にこのバディウスのもとで校正係を担当していた可能性も指摘されている。こうした人的交流の側面からも、メイエルスの著作に人文主義的色彩が色濃く残されている点は容易に納得できよう。

そのメイエルスの著作だが、冒頭で述べたように、一五三一年にまず『フランドル誌一〇巻』が出版される。これは純然たる年代記形式の歴史書ではなく、地誌的な色合いも強い著作である。伯領や各都市の古代以来の記録を付きあわせ、地理的条件から習俗・慣習に至るまでを歴史的に記録したものである。テーマごとに歴史を語るという点では、若干上の世代に属するフランドルの法律家・政治家であったフィリップ・ウィーラントのフランス語歴史叙述の影響もあるのかもしれない。次に、一三世紀にフランスのギョーム・ル・ブルトンが記した『フィリピデ』から、フランドルに関係する箇所を抜粋した記録が一五三四年に出版される。フランス王権と皇帝の対立が記されるなか、フランドル人の事績を描いた場面が選ばれている。さらに、一五三八年には『フランドル史提要』が出版される。ここでは、四四五年から一二七八年までのフランドル伯領の出来事が、歴代の君主の治世ごとに記録されている。やはりフランドルの最初の君主としてはリーデリクが設定されており、俗語年代記の伝統を踏まえた構成になっている。

IACOBI MEYE
RI BALIOLANI
FLANDRICARVM RERVM TOMI X.

De origine Flandrorũ Tomus .I
De Menapijs To. I.
De Morinis To. I.
De Tornacensibus To. I.
De Gandẽsibus To. I.
De duacensibus To. I.
De catalogo Regum Franciæ ac
Comitũ Flandriæ To. I.
De geneaolgia Comitũ To. I.
De situ ac moribꝰ Flãdrię To. I.
De nobilitate rebusq; alijs To. I.
cum Hymno de sanctissimo no-
mine IESV

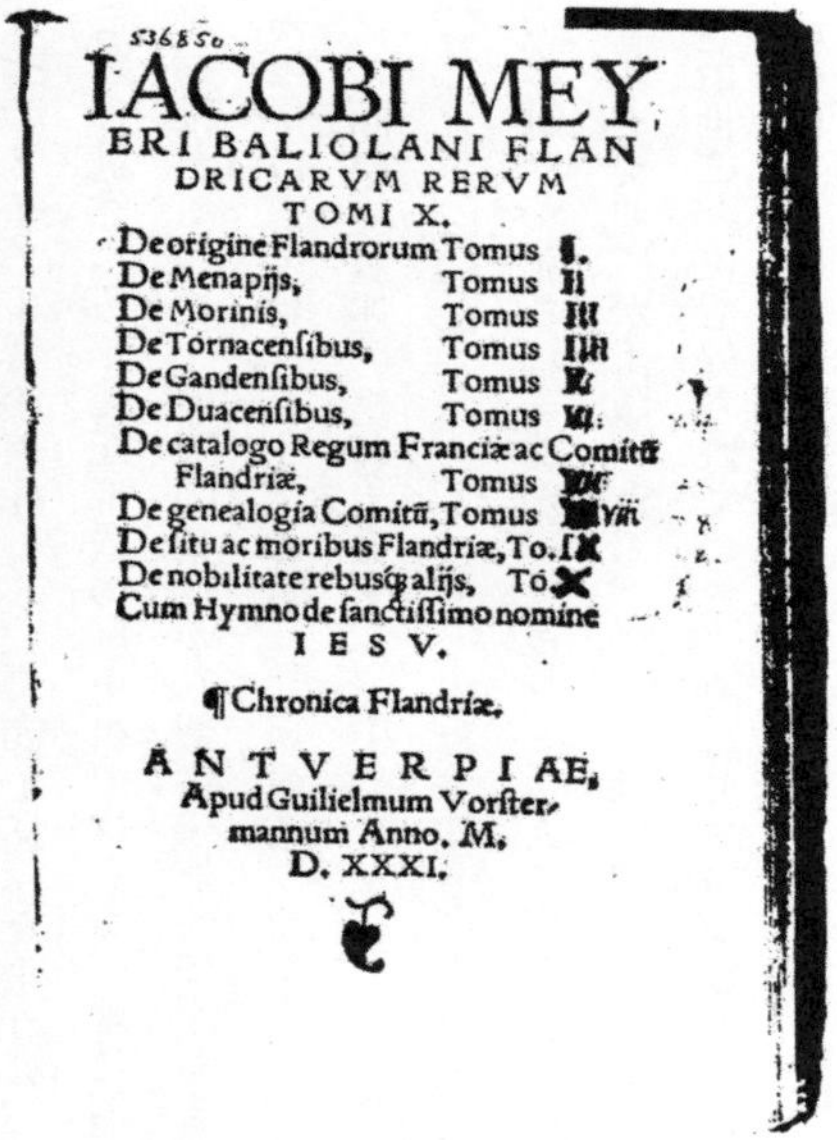

IACOBI MEY
ERI BALIOLANI FLAN
DRICARVM RERVM
TOMI X.

De origine Flandrorum Tomus I.
De Menapijs, Tomus II
De Morinis, Tomus III
De Tornacensibus, Tomus IIII
De Gandensibus, Tomus V
De Duacensibus, Tomus VI.
De catalogo Regum Franciæ ac Comitũ
Flandriæ, Tomus VII
De genealogia Comitũ, Tomus VIII
De situ ac moribus Flandriæ, To. IX
De nobilitate rebusq; alijs, To. X
Cum Hymno de sanctissimo nomine
IESV.

¶Chronica Flandriæ.

ANTVERPIAE,
Apud Guilielmum Vorster-
mannum Anno. M.
D. XXXI.

図32・33　メイエルスの『フランドル誌10巻』のタイトルページ。右はフォルステルマン版、左はクロークス版（出典：H. Pleij, "Humanisten en drukpers in het begin van de zestiende eeuw", in : *Eer is het lof des deuchts.* [Amsterdam : De Bataafsche Leeuw, 1986]）。

先に述べたようにメイエルスの『フランドル誌一〇巻』は、一五三一年、フォルステルマンにより世に送り出されている。しかしプレイが明らかにしているように、じつのところこれは海賊版だった可能性が高い。もともとこの作品は、同じ年にブルッへのフーベルトゥス・クロークスにより出版されていた（図32・33）。この二つのヴァージョンの存在を受けて、プレイがフォルステルマンの版を海賊版と考える理由は以下のようである。図34はクロークス版の正誤表だが、その現存するすべての刊本に、手書きで異なる筆跡の書込みが行われている。メイエルスはこの書物に正誤表を付けた上で、さらに出版工房のおそらく全員の手を煩わせて、追加の書き込み修正を行わせているのである。一方、フォルステルマンの版には多くの誤りが修正されることなく残されている。刷り上った、おそらく数百部の印刷物に書込み修正まで行わせているメイエルスが、これらの誤りを訂正させることなくそのままの形で別の出版社から再版させるはずはなかっただろうというのが、フォルステルマン海賊説の根拠である。[67] じつは度々言及しているように、この件に限らずフォルステルマンは性質の悪い海賊業者としてしばしば無許可で同業者の作品の再版を行っていた。先に挙げたブリュッセルのトーマス・ファン・デル・ノートも、少なくとも二つの作品でフォルステルマンの海賊被害に遭ったことが明らかになっている。

こうしたフォルステルマンの悪質な行為に腹を立てたであろうメイエルスは、一五三四年に同じアントウェルペンのメルテン・ド・ケイゼルのもとから『フィリピデ』抜粋を出版する際に、フォルステルマンをあてこするような痛烈な詩を挿入している。

「アントウェルペンに行くならば、／書物よ、印刷業者に注意せよ。／悪辣、貪欲、不実な上に／野蛮で、未熟で、役立たずとくる。／面の皮が厚いことこの上なく、／きれいで、立派で、整った／本をだめにするのも気にしない、／丹精込めた作品も、奴らの手にかかれば平気でずたぼろ。／あぁ、偉大なる君主カールよ／あなたは民に法を与え、／あなたの権威に従わせる、／傲慢な王たちの野心さえも。／あなたのアントウェルペンを正しき姿に戻したまえ、／あの怪物どもを一掃したまえ。／今この場から、かほどに害なす獣どもが、／永遠に追放されんことを。／自由学芸が尊重され、／無能な者が印刷に携わることなきように。／破壊者が一

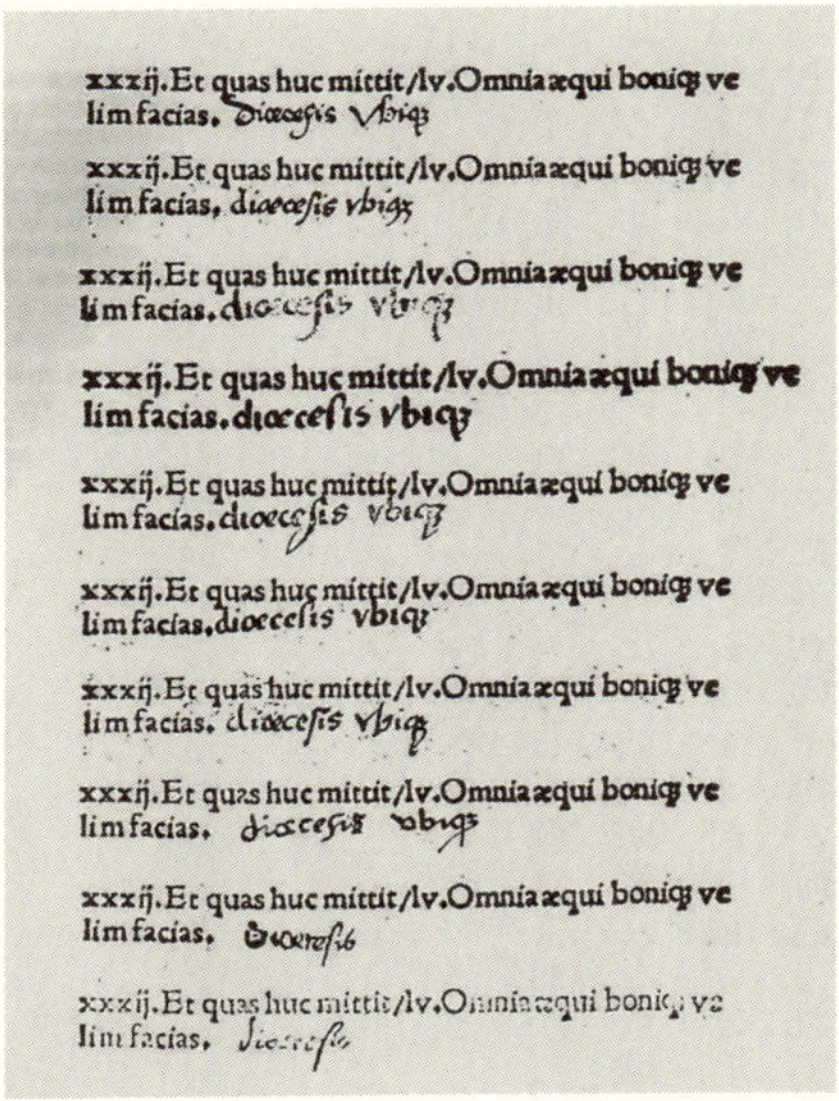

図34　クロークス版『フランドル誌10巻』の現存する諸刊本における正誤表箇所と、異なる筆跡による書き込み修正（出典：図32・33と同一文献）。

掃され／あなたのおかげで文芸が勝利を収めんことを。(68)」

こうしてメイエルスのキャリアは、パリの修行時代におけるバディウス工房での充実した人文主義サークルとの交流から、自らの出版物をめぐる悪質業者との戦いに至るまで、印刷をめぐるさまざまな体験に彩られているのである。

しかし、話はこれで終わりではない。以上に見たようなメイエルスの体験が、じつはその後の代表作である『フランドル史提要』の出版にも大きな影を落としているのだ。これまでにも海賊版という言葉が出てきたが、ここで出版独占権についてより詳しく触れておかねばなるまい。出版独占権は、すでに一五世紀末からドイツ各地やヴェネツィア、パリなど出版活動が盛んな地域で、その取得が確認されている。(69)一五一〇年頃まで、三年間は他業者の出版物を再版しないという紳士協定が存在したというネーデルラントでは、この制度は比較的遅く登場しており、一五一二年に最初の事例が確認されている。なお、かつての紳士協定の存在に言及し、これが守られなくなったということで一五一四年に出版独占権申請を行ったのはフォルステルマンである。一般に、出版独占権には、特定の出版業者に一定期間内の新作独占販売権を認可するものと、特定の著作ごとに一定期間内の独占販売権を認めるものがある。いずれも、認可を下す機関の行政管轄区域でのみ有効なものであって、ヴェネツィアなら共和国、パリならばフランス王国がその有効範囲である。ネーデルラントの場合、アントウェルペンが圧倒的な出版量を誇っていたことから、ブラバント評議会に著作権の申請を行うのが普通だったが、より広範囲にネーデルラント全域での販売を目指す場合、内務評議院に申請が出されることもあった。(70)これまでに言及した『すばらしき年代記』や『小フランドル年代記』、そして『いともすばらしきブラバント年代記』も出版独占権を取得した上で発行されたものである。

さて、メイエルスと出版独占権の関係だが、先の海賊被害からも予想されるように、彼は『フランドル史提要』

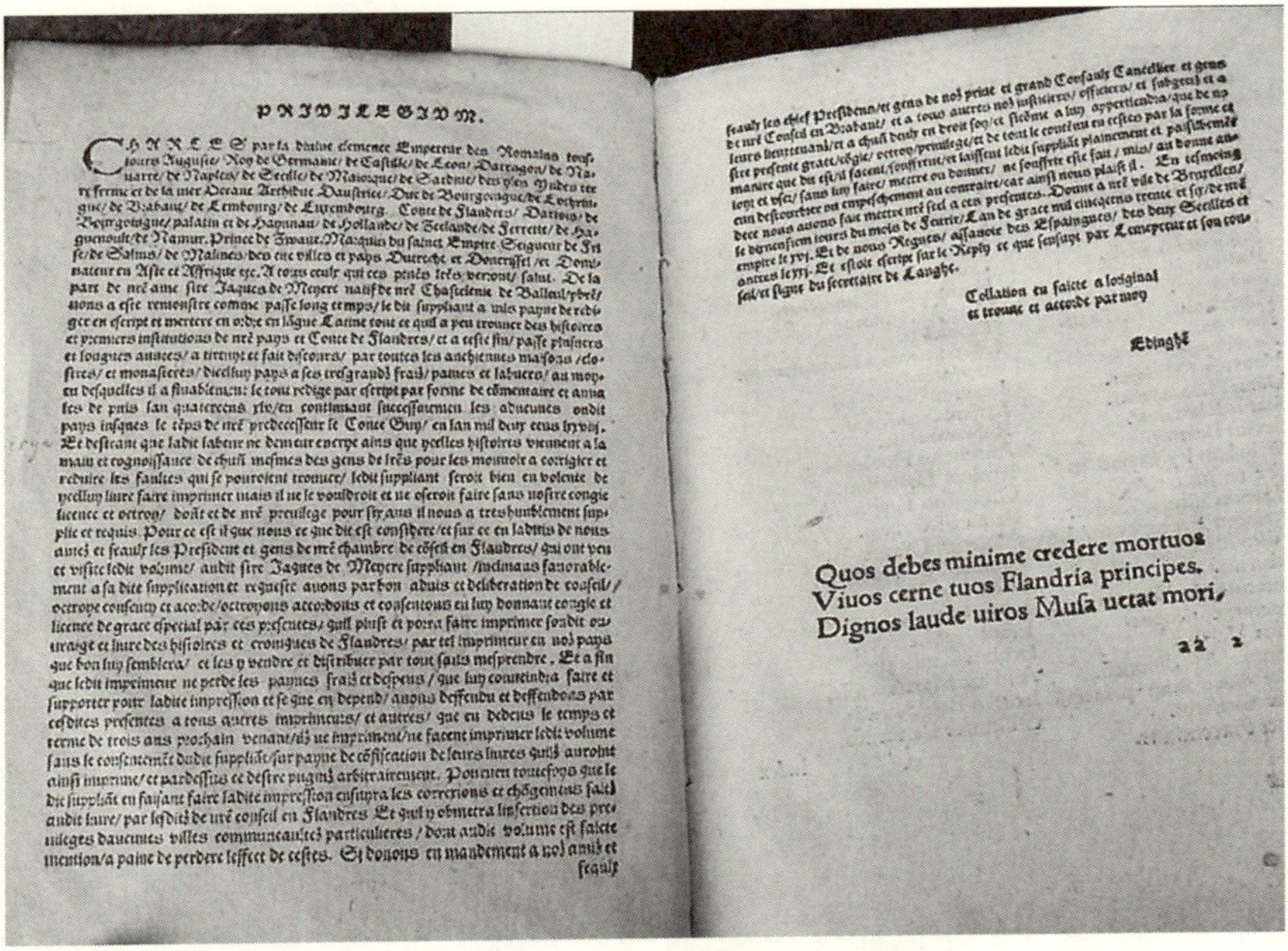
PRIVILEGIVM.

Quos debes minime credere mortuos
Viuos cerne tuos Flandria principes.
Dignos laude uiros Musa uetat mori.

Collation en faicte a loriginal
et trouue et accorde par moy

Edinghe

図35 『フランドル史提要』に挿入された出版独占権の特権文書（出典：Jacobus Meyerus, *Compendium chronicorum Flandriae*［Nürnberg, 1538］）。

執筆の際に、自ら直接申請を行っている。このように出版業者ではなく著者が特認の申請を行うことも、もちろんあった。ここで興味深いのは、内務評議院により発行されたフランス語の出版独占権特許状が、書物のタイトルページ裏にそのまま挿入されていることである（図35）。この特許状本文からは、メイエルスが六年間の著作権を申請したけれども、三年しか認められなかったことがわかる。しかし、さらに興味深いのは、検閲の事実が記されている点である。それによると、『フランドル史提要』はいったん著者により完成稿が事前検閲のために提出された後、フランドル評議会にまわされ、検閲を受けている。その際、メイエルスが本文中に挿入していた中世フランドル都市のさまざまな都市自治に関する特許状の挿入記述が削除されるよう命令されており、その削除の後、遠く離れたニュルンベルクで『フランドル史提要』は出版されたのだった。この検閲や、遠隔の地で出版されたという事実は、客観的史料調査のもとに記された、党派性とは無縁な人文主義的作品と見られているメイエルスの歴史叙述が、明らかに危険な要素を含んでいると判断されていたことを表している。

そう考えると、一二七八年で記録が打ち切られているのも意味深長に思えてくる。この年以降に始まるフランドル伯ギィ・ド・ダンピエールの時代には、フランドル史上もっとも劇的な事件が待ち受けていた。一三〇二年のコルトレイクの戦い、別名黄金拍車の戦いである。これは、第一部で述べたように、フランドル併合を目論むフランス王権と都市民の対立の果てに、フランドルの市民軍がフランス王権を打ち破った記念碑的な戦いである。しかし、単に市民軍が戦いに勝利しただけではなく、この戦闘の周辺の時期に、フランドル都市の統治システムが都市貴族による支配からギルドを中心とした自治体制へと根本的な構造転換を遂げるのである。『フランドル史提要』が記され出版された一五三〇年代後半は、対仏戦争のための徴税をめぐって皇帝と都市ヘントの間で不穏な空気が流れていた時期である。結局一五三九年に勃発した大反乱とその失敗が、一四世紀初頭以来続いてきたヘントのギルド支配体制の解体をもたらしたことは前章でも述べた。こうした時期に、一三〇〇年前後の記録を記すことが政治的に許されなかったのか、あるいは心理的に難しかったのか、その判断は推測に任せるしかないのだが。

最後に、若干のテクスト分析も施しておこう。検閲の影響か、あるいは自主的な検閲のせいかは明らかでないが、『フランドル史提要』での叙述が微妙に人文主義者としてのメイエルスの像を損ねているように思われる箇所が存在する。一五三一年の『フランドル誌一〇巻』では、フランドルのラテン語名 Flandria の語源として、メイエルスは文献を渉猟した結果、メロヴィング時代のゲルマン貴族の名前 Flandbertus とともに、北海から海岸の森に吹きつける風 flatus を指摘している。しかし、冷静な人文主義者らしい flatus 説は『フランドル史提要』では跡形もなく消え去り、いかにも君主好みの太古の英雄にちなんだ名前の語源説が採用されているのである。(71)

以上に見た、一五三〇年代のメイエルスの出版活動から何が明らかになるだろうか。それは、メディアと資本の論理、そして官僚制の分かちがたい結びつきが形成されてゆくなか、歴史と権力の取り結ぶ関係が変容しつつあるのではないかということである。もはや、君主と家臣の距離は、以前ほど近くはない。かつてのように権力が歴史叙述や集合的記憶に剥き出しの介入を見せるのではなく、静かに客観的な装いのもと歴史の知識と権力が関係を取り結ぶのである。メイエルスは、決して強制されて出版独占権を申請したわけではない。市場の論理に浸りきった強欲な出版業者から身を守り、自身の歴史的知識とテクストの誤った流布を避け、執筆に要した投資を回収せんがために自ら内務評議院へと出向いたのである。そして、権力は出版独占権認可と検閲という新たに手にした統治技術を駆使することで、家臣の権利を保証し、一見著者に利益をもたらすかのごとくに振舞いつつ、彼ら流の〝客観的〟な人文主義的知の創出に成功したのである。

おわりに

先に触れたように、修辞家たちには人文主義者としての側面が認められる。メイエルスとの距離も意外に近く、彼は『すばらしき年代記』の著者の一人ロンバウト・ド・ドッペレの失われた写本を捜し求めたといわれているし、『フランドル誌一〇巻』では、ラテン語詩人にほとんど劣らぬ俗語詩人としてやはり『すばらしき年代記』の著者の一人アントニス・ド・ローフェレを挙げている。こうしてラテン語と古典の知識により「文芸共和国」に属するメイエルスと、俗語の詩作コンテストを通じてネーデルラント中に張り巡らされた「第二の文芸共和国」のネットワークのなかで生きる修辞家たちは、(72) さまざまな相違は含みつつも、ともに人文主義の大きな流れに属し、新しい文化の流れを体現していたといえるだろう。ただし、メディアとの関係という点では相違があり、修辞家たちの歴史の知識は依然として生々しく直接的なものとして存在していた。この点では、それ以前の時代と事情は大きく変わらない。また前章で見たように、一五四〇年に至るまでのヘントとも同じ状況である。

もっとも、ヘントにおける歴史意識や歴史の知識のあり方は、君主との生々しい対立関係に特徴付けられていたが、ブルッヘでは君主との生々しい親密さを表現するために歴史の知識が用いられている。この点はブルッヘの特徴だろう。ただし、いずれの場合も外部からフランドルの歴史叙述を取り囲みつつある「メディア・市場・権力」の三位一体に完全に飲み込まれることはなく、剥き出しの権力との対面のみが問題となるのである。

メイエルスにおいては、こうした生々しさはもはや確認されない。歴史家と歴史の知識は、ようやく熱い利害関係から解放されたかのようである。しかしよく見ると、この歴史の知識は冷たく、静かで、より陰湿な形の介入を受けているようにも思われる。「メディア・市場・権力」の三位一体により定められた「客観的」で「中立的」なフィールドでのみ歴史家と歴史の知識は存在を容認される。ヘントで大反乱が生じ、剥き出しの権力闘争が生じようとしていた頃、〝フランドル史の父〟は静かではあるけれどもなんとも窮屈な姿勢で歴史と向きあっていたように思われる。メイエルスのこの〝窮屈な知〟のあり方に、中世的な世界から近世的な世界への変質を見ることも可能ではないだろうか。

小　括

第四部にて、ついにわれわれは中世的歴史叙述が決定的な変質を見る現場に立ち会うこととなった。

中世後期のフランドルでは、君主とは必ずしも良好な関係になかった諸都市において、それまでの領邦アイデンティティとは異なる都市アイデンティティが築かれてゆく。本来、フランドルにおいて、そしてここでは議論の対象となっていないブラバントにおいても、修道院的世界観を崩壊に導き、領邦アイデンティティ構築のきっかけをもたらしたのは都市の存在であった。君主支配のもとの自治を特徴とし、あるいは君主の暴政や君主家系の危機の際にも都市連合が領邦支配のイニシアティヴを握ることの多い南ネーデルラント諸領邦では、都市の勃興が古いキリスト教的世界観に罅を入れることはあるにしても、これがそのまままとまった都市年代記の成立をもたらす強固な都市アイデンティティの形成に通じることはなかったのである。しかし、一三世紀末以来、民衆反乱の確固たる伝統を形成していったフランドルの諸都市は、都市建立伝説に支えられた歴史的アイデンティティを保持するに至り、ここに領邦アイデンティティと都市アイデンティティの相克の過程が見られることとなる。フランドル最大の都市ヘントの歴史的アイデンティティは、一五四〇年、最後の大反乱の失敗によって中世的ギルド支配体制が終焉を迎えると同時に、君主が都市の記憶に対するアプロプリアシオンを試みることでついに掘り崩される。これに対して、都市の起源の記憶が君主の系譜年代記と重なりあう宮廷都市ブルッへの歴史叙述に対して、君主権力はより冷徹かつ狡猾に歴史の知の枠組みを提示することで、「客観的」な〝フランドル史〟の誕生を促す。こうして一六世紀前半のフランドルにおいて、歴史叙述の「中世」は終わりを告げることになるだろう。

結論

以下は、一五〇八年の三部会にてフランドルおよびブラバントの代表団の間で対立が生じた際、ブラバント側からハプスブルク家の君主に提示された権利擁護書の一部である。

「……ブラバント公領は、はるか古よりの存在であります。なぜならば、それはかの古きロタリンギア、かつては王国であり後に公領となった地、そして数多の皇帝や偉大なる王が輩出した地の大部分を占めるのですから。それに引き換えフランドル伯領は、まったく新しき存在に過ぎませぬ。フランス王の森番により支配されたときより、さほど年月は経っておらぬのですから……。[1]」

歴史の知識が政治単位を越え出て、領邦間の紛争にさえ活用される。ネーデルラントは、すでにそのような時代を迎えつつあったのである。第四部で確認した君主・都市間の記憶をめぐる相克の過程と併せて考えてみるならば、われわれはサン・ベルタンやアフリヘムの典礼的世界からはるか遠く離れた地点にまで行き着いたのだと実感する。以下、数世紀にわたる歴史叙述の展開を対象とした本書全体の内容を振り返ることで一つの像を結び、議論を閉じることにしよう。

本書は、現在の中世歴史叙述研究がどのような視角から進められているのかを明らかにすることから出発した。ギアリやゲッツといった歴史家たちが中世人の記憶と歴史の関係を考察する際に唱えた、歴史を、記憶と政治的・社会的利害が交錯する内に構築されるものと捉える視点は、常に本書でも意識されていたところである。中世初期の修道院歴史叙述は典礼的記憶と政治の交錯の内に霊的共同体を規定し、中世盛期の歴史叙述者は内乱の過程において領邦や民族の記憶を再編することで社会的アイデンティティを構築し、表現しようとする。さらに、中世後期の集合的記憶の様態は、複雑さを増す政治社会のコミュニケーションのなか形成される複数的あるは重層的なアイデンティティのあり方を露見させる。そうしたさまざまなプロセスのうちに歴史意識とその転換を読み取ろうとするのが、本書の基本的なスタンスであった。

まず、本書の具体的な見取り図はパツェの図式にしたがって描かれたわけだが、彼が領邦年代記の起源たる建立者年代記の雛型と看做したフォルカンの『事績録』は、むしろきわめて中世初期的な性質のものだった。たしかに、この作品において叙述の対象は帝国からフランドルへと移りゆくのが確認されるが、それは宗教的な救済史的歴史叙述から世俗的な領邦的歴史叙述への移行ではなかった。あくまでもそこに刻み込まれた救済史的構図、そしてその背景にある典礼的世界観に変わりはなかったのである。修道院が構築しようとしたのは、天上の祖国を究極的な帰属場所としてもつ典礼共同体の記憶であった。この修道院の記憶を、彼岸世界との関係を軸として歴史的に構成したのが『事績録』である。支配者たちがその叙述の対象としての恩恵を被りうるのも、彼岸世界に通ずる現世における唯一の場である修道院への貢献をなしえたかどうか、そして典礼的記憶を司る修道士のペンに与ることができるかどうかにかかっていた。皇帝や王ではなくフランドル伯が叙述に占める割合が増すのも、現実の伯権力がそこにストレートに反映されているからではなく、あくまでもサン・ベルタンに墓所を置き、修道院の運営に尽力する伯のそうした霊的共同体への関与が高まった結果であった。『事績録』はこうした霊的性質を宿しており、この点でカルチュレール年代記が今後読まれるべき方向性を示す作品となっているのである。

同様な典礼共同体の記憶を歴史的に構築しようとする試みは、一二世紀のブラバントでも見られた。ただし、ここでは一〇世紀フランドルとは異なり、典礼共同体は現世の政治単位とはまったく一致しなかった。ブラバント公の前身ルーフェン伯が修道院建設に協力し、教会守護権を行使することで影響力を強めようとしていたにもかかわらず、修道院の記憶はフランドル伯をはじめとする他の諸侯や貴族たちを大きく扱っているのである。修道士たちは修道院の内部事情や教皇との関係により、歴史作品を書く必要性を強く感じたが、それらの作品はその時々の戦略を駆使しながらも、修道院の典礼共同体への貢献をなしえた人物たちをその貢献の度合いによって描いているのであって、そこではルーフェン伯家も特別な位置を占めることはなかった。一二世紀アフリへムの歴史叙述も中世初期的な救済史観を背景とした典礼的記憶の保持を目的とするものだったのである。

パツェの議論は、未だ近代の起源を中世にまで遡行させようという試みが盛んに行われえた時代のものである。開墾や裁判制度の存在といった領邦建設のメルクマールや、近代的な法精神を修道院の歴史叙述に見いだし、領邦史の起源を確定することは、同時にそこに近代の起源を見いだそうとする試みでもあったのだ。少なくとも都市や宮廷の文化が花開く一二・一三世紀以前には、歴史叙述の最大の生産地は修道院だった。宮廷や都市を越えて少しでも近代の起源を遡らせようとするならば、自ずと修道院歴史叙述に行き着かざるをえなかったのである。しかし、もはやこうした起源探しは有効性を失っている。中世初期の修道院における典礼的環境を考えるならば、歴史叙述の記念的・典礼的性質が明らかにされ、そして彼岸世界を媒介として共同体が形成され、その活動に神の摂理の実現が見いだされる救済史観の構図がそこに確認されるのも当然のことであった。修道院における歴史叙述の生産が典礼への関心に由来することは、すでに指摘されてきた。しかし、これは典礼のための暦を作成し、あるいはそれにより時間を計測する過程において、暦の余白に、あるいは暦と共に出来事が綴られた編年誌などの歴史作品が誕生したという意味においてである。(2) 歴史叙述と典礼世界の関連性の指摘については同意するにしても、筆者の主張は別の所にある。本書で明らかにされたのは、そうした純粋に形態的な両者の連続性ではなく、記憶の管理者として特権的な地位にある修道士たちが、特定の政治的・社会的利害において記憶の保持あるいは抹消という武器を駆使して創り上げた歴史叙述の典礼的性質なのである。こうした修道士たちの能動性とその作品がもつ政治性は特筆されるべきである。K‐F・ヴェルナーは、四世紀から一二世紀の歴史叙述者たちが、神の意志の現世における働きの解釈者たちであり、これについて支配者たちへと助言をなす存在だったとしている。こうした意味で、歴史叙述者たちとその作品が一定の能動性と政治性をもつ場合ももちろんあっただろう。しかし、ヴェルナーの挙げるような一流の歴史家たちでなく、より凡俗な修道院の歴史叙述者とその作品においても、その能動性や政治性は十分確認されるのである。(3) 修道士と俗人がある程度共通の世界観を分けもち、それゆえに修道士たちは僧坊に居ながらにして、ペンによる記憶の管理を武器にその政治性を発揮しえたのである。修道院の歴史叙述はこのような環境において生まれた。

一二世紀フランドルの歴史叙述は、都市発展を軸とした社会構造の変化によってこうした典礼的歴史叙述、つまり彼岸世界を準拠枠とした歴史叙述の世界観に罅を入れ、世俗的な公共性の概念をもったフランドルというアイデンティティ形成の基盤が勃興しつつあることを提示している。暗殺されたシャルル・ル・ボンは典礼共同体フランドルの長として殉教したが、フランドルの「公共の福利」のために悪を制圧しようとした存在でもある。そして、この「公共の福利」の守護者たる君主像は、君主が仰ぐべき規範とも考えられたのである。特殊な状況下に現れた歴史叙述が、こうした世界観やそれを根拠づける歴史意識の劇的な転換を表現している。殉教者シャルル崇敬は以後も特定地域で存続するが、ガルベルトゥスやゴーティエの作品がそれ以後のフランドル歴史叙述の形式的・内容的模範になったというのではない。しかし、彼らの作品が現実との対話のなかから救いだし表現する公共性を伴った領邦フランドルの像は、それ以後の『フランドリア・ゲネローサ』などの作品に引き継がれてゆくことになる。

ブラバントで一三世紀に生じた事態もこれと類似している。都市の発展を受け社会構造が変革される。そこに突然起こった君主家系の危機。これらにより顕にされたのは、一三世紀後半のブラバントに起こっていた世界観と歴史意識の変化である。一二世紀と同じアフリヘムで記されたにもかかわらず、まったく異なる性質の歴史叙述が生みだされる。そこには典礼共同体の社会的記憶を構築しようという姿勢は見られず、出自を共にする民族共同体の記憶を再編しようとする試みが確認されるのである。君主家系の危機に都市連合が結成され、公位継承の際には貴族・都市民が集合し、これを承認する。こうした行為が見られるのは、血統と法の同一性こそが民族集団のアイデンティティの根底にあると考えられており、その血統と法の存続・安定に最も致命的な打撃を与えるのが君主家系の断絶であったからに他ならない。こうして記された民族集団を歴史的に跡づける系譜的歴史叙述は一四世紀初頭にかけてさらなる発展を遂げ、ついには叙述の場を都市へと移したのだった。こうしたブラバント歴史叙述の発展は、一二世紀に同一修道院で生み出された歴史叙述と比較しつつ眺めてみることで、その性質を対比的に際立たせることになる。ブラバントもついに、フランドルよりも一世紀半遅れで世界観の転換を経験したのである。しかし、その後世への影響力は一二世紀フランドルのそれよりもはるかに強いものであった。

こうしたブラバントの事例とは異なる形で、ダイナミズムに富んださらなる歴史叙述の展開を示したのが、中世後期のフランドルであった。一方で君主の系譜年代記が俗語での発展を示し、領邦アイデンティティの明確な表出を見いだしうるのに対し、他方では自立主義を標榜する都市が建立伝説を核とした歴史的アイデンティティを打ちだしてゆく。とりわけヘントにおける都市建立伝説の出現と、これをさまざまに掘り崩そうとした君主家系の執拗な試みは、この都市アイデンティティがいかに君主支配の進展を妨げる大きな要因となっていたのかを示しているし、中世後期の歴史叙述と歴史意識が、それ以前のような単一の図式のもとには捉えきれない複雑な様相を帯びたものに変貌したことを明らかにしている。そして最終的なヘントの敗北と都市建立伝説の抹消やアプロプリアシオンの過程は、中世都市の終焉を現実と歴史意識の双方のレヴェルで示しているのである。さらに、ブルッヘのような君主と密接な関係のうちにある宮廷都市で生み出された歴史叙述にさえ、君主権力の強化、新たなメディアの浸透および新たな経済条件の結合関係によって支配の刻印が刻み込まれることとなる。一五世紀後半以降、歴史叙述の担い手であった修辞家たちは新たな都市文化を代表する存在であったが、彼らが生きる写本とオーラルなコミュニケーションの世界は依然として中世的で直接的な歴史との付きあい方を示していたといえよう。しかし、一五三〇年代以降、君主の不在にしたがい彼らと地域の距離は遠ざかり、それと比例する形で官僚支配が進展するなか、歴史叙述の知の枠組みは大きな規制を被ることになる。歴史的アイデンティティをめぐって君主と都市が直接的な対峙のうちに熱く激しい火花を散らすことは、もうない。しかし逆に、より冷静で狡猾な歴史叙述への介入が試みられ、権力の設定する〝客観的〟なフィールドでのみ領邦史は記されうる。もはや、そうしたフィールドの設定を中世的政治の文脈で語ることはできないだろう。序で取り上げたバルランドゥスのルネサンス的世界では、まさにこのような息苦しさが生みだされようとしていたのである。ルネサンスに伸びやかな知性の羽ばたきを見ようとするわれわれの予想はここに裏切られ、この息苦しさという点でこそ現代世界への近しさが見いだせるのかもしれないことを、こうしたフランドル史の展開は示している。

以上で確認した変化は、端的に政治社会の複雑化と世俗化の言葉で表現されるだろう。筆者は、こうした政治社会の複雑化と、歴史叙述に表現される世界観の変化やアイデンティティの多様化に見られる平行性を、全ヨーロッパに敷衍するつもりはない。おそらく中世ヨーロッパでは、その時代と地域の社会発展の諸相や世俗化のあり方に対応して、さまざまな形態の歴史叙述や世界観の変容が見られたであろう。各地での領邦・民族意識の表出も、同様にさまざまな出現形態をもったであろう。その社会発展と世俗化の組み合わせ如何では典礼的な世界観および救済史観と領邦・民族意識は共存さえしえたはずである。また世俗化が見られた地域でも、依然伝統的な修道院歴史叙述が継続されることもあったに違いない。たとえば、フランドルにおいてもすべての歴史叙述が一二世紀に救済史的構図・典礼的世界観を脱したわけではない。フォルカンの跡を継いだシモンの『事績録』続編は、ガルベルトゥスたちの叙述よりも、依然フォルカンのそれに近い性質を有していた。しかし、もはや一二世紀のフランドルは一〇世紀のフランドルとは異なり強力に都市化され、都市と都市民たちは社会の中心に躍りでようとしていた。すでに文化生産の場は修道院のみではなかったのである。都市で新しい動向が生じ始めていたのであり、われわれが注目すべきなのもここである。そして、一二世紀フランドルの劇的な変化はいうまでもなく、一二世紀から一三世紀のブラバントの事例も、同一修道院で、その社会発展に沿う形で別種の歴史叙述が書き記され、この修道院的あるいは典礼的世界観から都市的・領邦的世界観への変容が歴史叙述に典型的に表現されている点で特筆に価するのである。一三世紀後半から一四世紀初頭のブラバントでも、もはや都市と都市民の勢力は無視しえない程の存在になっていた。都市民は社会とその世界観の変容の点でも重要な存在であることはいうまでもないが、むしろその活動によって静態的な社会を撹拌し、人的交流の活発さによって社会的アイデンティティの構築を促す役割を担ったという点で、より重要である。異なる階層・異なる地域の人々と恒常的に接し、そのなかで最も強く領邦や民族といった社会的アイデンティティを意識せざるをえなかったのが都市民たちだっただろう。そして都市のさらなる発展は、都市民たちのアイデンティティのさらなる多様化をもたらす。中央集権をもくろむ強大な君主とこれに対抗しうるほどの勢力を誇る都市が織り成した中世後期フランドル史の展開は、政治支配と社会発展、歴史的アイデンティティが結びうる関係性を、他のいかなる地域にもまして豊かに表現しているといえるだろう。フランドルとブラバントでは時代や過程が異なるにせよ、こうした都市民と都市化された社会の存在は領邦的あるいは民族的アイデンティティの形成と、これらのさらなる多様化に大きく貢献した。そして、こうした点でこそ、中世ベルギー地域の歴史叙述は他のいかなる地域よりも興味深い素材を提供してくれるのである。

こうして筆者が描く図式には、都市を過度に世俗的な場として描いているという非難が寄せられるかもしれない。他ならぬ筆者自身の調査によっても、中世都市が聖なる都市としての十全なるコスモロジーをもつ存在であったことが近年明らかとなりつつある。(4) ただし、だからといって都市が従来の修道院的世界観を変容させるに十分な社会的インパクトを中世世界にもたらした点は否定できないだろう。また、K・グラーフが領邦概念について示唆するように、共同体は、空間的なもの、法的、あるいは宗教的に一体性をもつもの、出自を同じくするものなどさまざまな共同体モデルの調和や対立の上に構成されるものであり、都市もこの例外ではない。したがって、出自をめぐる信仰が世俗化されているからといって、これはそこに生きる者たちが信仰心を保つことと矛盾するものではない。また、中世後期の世俗化、あるいはこの言葉が強すぎるならば、聖なるものからの遠距離化こそが、宗教的領域での過剰なまでの熱狂を生みだすという可能性は、筆者がこれまでにも都市の宗教社会史研究で指摘しているところである。本論で詳述する余裕はなかったが、都市の勃興が契機となり生みだされたブラバントの系譜年代記に、執拗なまでに聖人の姿が組み込まれているのも、基本的に都市を含む領邦が俗なるものであるがゆえにこれを聖化せねばならないとの見解の表れなのかもしれない。とはいえ、この点についてはより精緻な議論が必要とされるであろうし、今後の重要な課題となるであろう。(5)

さて、まとめに入ろう。以上のように、中世の南ネーデルラントに典礼的世界観からの脱却の過程を見たからといって、これはそのまま同時代のこの地域に世俗化された近代そのものの起源を確認することではない。現代の起源を近代に見いだし、近代の起源を中世に見いだす視点では、結局中世は現代の起源探しの対象以上のものにはなりえない。むしろ、歴史にわれわれの予想を裏切るものを見いだすべきであるというのが、中世の「歴史的動物」たちとの対話から教えられたことではあるまいか。第一部で紹介したディームがいうように、近代のフランドルはフラマン語を話す地域としてのフランドルであり、現在の連邦制ベルギー国家のフランドル政府も言語共同体として構成されている。当然これが中世のフランドルと異なることはいうまでもなく、さらにここには言語境界線で分断されたブラバント北部のフラマン語地域も含まれている。そして、こうして近代に達成された「歪な」政治単位の形成が、さまざまに学問世界の歪みをもたらすことになったのである。前近代に独自の存在形態を擁したにもかかわらず、近代がそれを作り変えつつ利用したことにより、われわれが見誤ってしまっている社会と文化。これを認識することが豊かな中世像の構築を導き、われわれの地盤をも照らしだすことに繋がるだろう。中世南ネーデルラントにおける領邦アイデンティティや民族意識の形成および変容のプロセスを明らかにしようという本書の実践は、こうした前近代の社会と文化それ自体を見直し、近代ベルギーや「歴史的動物」としてのわれわれの姿を再考するという試みの端緒にすぎないのである。

あとがき

京都で生まれ育った私にとって、古い日本の歴史は幼い頃から馴染み深いものではあったけれども、中世ヨーロッパという遠く離れた世界に関心をもち始めたのがいつ頃だったのかは定かでない。記憶の書きかえが行われている可能性を重々承知でいえば、おそらく中学生の頃から夢中になり始めたヘヴィ・メタル／ハード・ロックが、私をそこへと導いてくれたような気がする。あるヘヴィ・メタル／ハード・ロックの、サブジャンルでは、時に騎士やドラゴン、魔術をモチーフにした歌詞や、古楽の旋律の導入によって、〝中世的〟と形容される世界観が創りだされる。その世界観が、私のなかに漠然とした中世ヨーロッパに対する憧憬の念を植え付けたのだろう。以後、阿部謹也やJ・ホイジンガ、C・H・ハスキンズやE・カントロヴィッチといった偉大な歴史家たちの著作と出会うことで中世ヨーロッパへの想いははっきりと形をなすようになったが、本当の根はそこにあるに違いない。また、ヘヴィ・メタル／ハード・ロックの世界に生きるアーティストたちには、一般にはマイナーと分類されようとも自らの信ずるものに全力を傾ける情熱と、主流に阿ることなく道を進みつづける勇気の大切さを教えられたようにも思う。さもなければ、出版事情も厳しく、専門の細分化も進んだこのご時世に、せいぜいビールとチョコレート、そして序で触れたイギリス人作家の物語ぐらいでしか認識されていない地域について、これほどにも広い（というか伸び切った）パースペクティヴをもつ奇妙な書物を世に問うことなどできなかっただろう。

さて、その書物のもととなったのは、ここ一〇年程のうちに、あちこちとさまざまなフィールドを彷徨いながら発表してきた以下の論文である。

第二部第二章「フランドル伯シャルル・ル・ボンの殉教 ―一二世紀前半における君主と支配理念―」、『史林』第八二巻第一号（一九九九年）。

第三部第一章「中世盛期の修道院建立譚 ―一二世紀アフリヘムの歴史記述から―」、『史林』第八五巻第五号（二〇〇二年）。

第三部第2章「中世ブラーバントにおける系譜的歴史記述と民族意識」、『史林』第八四巻第二号（二〇〇一年）。

第四部第一章「君主の記憶、都市の記憶 ―中世後期フランドルの歴史叙述と記憶文化―」、服部良久編『中世ヨーロッパにおける「過去」の表象と「記憶」の伝承 ―歴史叙述・モニュメント・儀礼―』（京都大学大学院文学研究科）（二〇〇七年）

なお、はじめの三本は博士論文にまとめられ、二〇〇三年に京都大学に提出された。また第四部第二章は、二〇〇九年一〇月に京都女子大学で開かれた西洋中世学会若手セミナー・シンポジウムでの報告を骨子としている。その他の文章は、博士論文執筆の際の書き下ろしである。今回、本書をまとめるにあたって、旧稿に見られた相当な数の誤りを修正できたと考えているが、なお多くの問題点が残されているはずである。さらに現在の問題関心との関係で、必ずしも最新の研究成果を反映させることができなかった箇所も多い。ぜひとも、ご批判いただきたい。

私には、これまでずいぶんと多くの師やよき導き手との出会いに恵まれてきたが、何はさておき、まずは京都大学の先生方に、深い、とても深い感謝の意を表したい。指導教官である服部良久先生は、私がこれまで出会ったなかで、もっとも深い学識ともっとも広い心をもつ方である。何度も落ちこぼれそうになった私を、よくぞ見捨てずに面倒見てくださったと思う。本書を出版する契機を与えてくださったのも、当然先生である。また、ひたすら誠実に学問に取り組まれる服部春彦先生の姿勢は、常に私の目標であったし、これからもそうである。谷川稔先生は私が中世研究者以外でもっとも多くの学問的影響を受けた方であるが、それは本書の読者には容易に理解されることだろう。南川高志先生には、修士の頃からずっと目をかけていただいている。先生の何事につけてもあまりに完璧な仕事ぶりは、到底真似のできるところではないが、私なりに研究者として、そして教育者としてそこから常に刺激をいただいているつもりである。小山哲先生は、博士論文の審査を担当してくださったが、その際に投げかけられた鋭い問いは、現在私が取り組んでいる都市の宗教社会史研究の原点となっている。

その他、関西圏の大学の先生方にも、学生時代から多くを学ばせていただいた。学部時代に教えを乞いながらも、不義理なことばかりをしてきた同志社大学教授の井上雅夫先生にはこの場を借りてお詫びとお礼を述べたい。大阪大学大学院教授の江川溫先生は、私にとって中世研究における第二の師ともいうべき存在である。先生から教わったことは、服部先生の教え同様に私の歴史家としての根幹をなしており、見た目以上に本書のベースを形作っている。大学院時代に一年間ゼミで教わった関西大学教授の朝治啓三先生には、現在も研究プロジェクトでたいへんお世話になっている。

もちろん関西以外にも、そのお仕事に憧れ、多くの恩恵を被った方々はいる。筆頭は、私にとって第三の師ともいうべき首都大学東京教授の河原温先生である。河原先生には留学時にたいへんお世話になって以来、直接お付きあいいただくようになったが、先生の先駆的なお仕事がなければ、私の研究は五年、いや一〇年は遅れていただろう。その河原先生の助けもあって実現できたヘント大学での留学生活は、私の人生を根本的に変えたといってよい。日本語で本書を著しているときも、常にルドー・ミリス、エリック・トゥーン、テレーズ・ド・エンプティンヌ、マルク・ボーネ、イェルーン・ドゥプロワージュ、ヤン・デュモリン、スティーヴン・ファンデルプッテン、ブラム・ファンニウーエンハイゼ、イェル・ハマース、そして留学以前からお世話になっていたブリュッセル・カトリック大学のレムコ・スレイデリンクといった先生方や友人の名前と顔が私の頭をよぎっていた。彼らに見守られながら、ヘントで共に学んだ畑奈保美さんは、私にとって特別な学問上の先輩であり、同志でもある。そしてやはり留学中に親しくさせていただくようになった川村女子学園大学教授の金尾健美先生は、私の心の師ともいうべき存在だ。留学のきっかけをつくってくださった上智大学名誉教授の磯見辰典先生と九州大学名誉教授の森本芳樹先生にも、心からお礼を申し上げる。

短かったけれども留学後に神戸大学で助手を務めた期間は、私にとって至福の時だった。毛利晶、大津留厚、高田京比子、小山啓子の先生方は、ほとんど何も仕事をしないで学生と遊んでばかりいる私に文句をいうでもなく、好きにさせてくださった。これは、私の在任中に東京大学に移られた西川杉子先生にしても同じである。また、奥西孝至先生にも、多忙ななかお会いする際には常に温かい励ましの言葉をいただいた。

現在の職場である清泉女子大学文学部文化史学科の先生方には、未熟な私を温かくサポートしてくださっている点に対し、謝意を表したい。とりわけ、就職の際お世話になった梅津尚志先生と、同分野の教員として常日頃何かとお気遣いいただいている松嶌明男先生、そして同期の教員として、私の世迷い言を正面から捌いてくれている木川弘美先生には特別に感謝の念を捧げる。

これらの人々とともに、これまでの私を支えてくれたのは、数多くの研究室時代からの仲間である。櫻井康人、金澤周作の二人は、私が心底同級生でよかったと思う存在である。先輩の田中俊之さん、轟木広太郎さん、中村敦子さん、小林功さんは、ひねくれ者の私を妙に面白がってくださり、かわいがってくださった。今や伝説の(?)〝伊藤研〟で伊藤順二さんから学んだことがなければ、私の研究者としての体力は今の半分もあったかどうか。そして、幾度となく私の泥酔状態を見てきた後輩の庄子大亮と図師宣忠、小林賢介の三人は、私の素顔を家族以上に知っているかもしれない。みなさん、これからもよろしく。

今まで、出版については右も左もわからなかった私が、なんとか著書の公行にまでこぎつけることができたのは、ひとえに編集を担当してくださった佐伯かおるさん、國方栄二さんのおかげである。書物を公にするということがもつ意味をさまざまに学ばせていただいたし、その的確なアドヴァイスは今後の私の財産となるだろう。なお、本書を刊行するにあたっては、清泉女子大学から出版助成金を得た。関係者の方々にも記してお礼申し上げる。

最後に、これまで折り合いが悪くとも、常に自分なりに私を愛してくれていたはずの父にも、こういう場でもなければ一生いえそうにないので、心からありがとうといっておきたい。そして、本書のもとともなったデビュー論文の掲載が決まった直後に、突然逝ってしまった母の霊前に本書を捧げたいと思う。

二〇一一年春　サンシャインの影の下で

索　　引

地　　名（地名には教会，修道院などを含む）

アフリヘム修道院　23, 120, 122–132, 134, 136, 137, 139–147, 154, 155, 169, 170, 172, 176–178, 181, 233, 235, 236, 285, 289–291, 293–296
アントウェルペン　22, 120, 169, 172, 176–178, 211, 212, 214, 220, 225, 226
イープル　100, 186, 193, 194–197, 200, 208
エノー　16, 18, 176, 314
オランダ　32, 33, 36, 37, 41, 43, 45, 46
コルトレイク　39, 41, 193, 194, 196, 197, 200, 208
サン・ドニ修道院　68, 157
サン・トメール（参事会教会）　56, 59, 65, 307, 309
サン・トメール（都市）　88, 188
サン・ベルタン修道院　51, 53, 56, 57, 59–62, 65, 68–74, 76–78, 80, 81, 117, 188, 189, 233, 234, 278, 292, 302–307, 309
神聖ローマ帝国　16, 20, 27, 32, 222
シント・ドナース（サン・ドナシアン）参事会教会　83, 87, 88, 90, 197, 217, 222
シント・バーフ修道院　191–194, 200–202, 206, 207, 209, 279, 303
シント・バーフ大聖堂　44
シント・ピーテル修道院　51, 71–74, 76–78, 80, 81, 123, 127, 128, 191, 277, 279, 282, 302, 303
スヘルトーヘンボス　177, 178
トゥルネ　45, 168, 207
ニヴェル修道院　123, 154–158, 178, 285, 290
ブラバント　i–iii, 15, 16, 18, 21, 23–25, 27, 28, 31, 32, 35, 37–39, 47–49, 119–123, 128, 131, 133, 137, 147–153, 156–159, 161–167, 169–183, 185, 186, 188, 209, 231, 233, 234, 236, 237, 239, 240, 285, 288, 289, 312, 314, 320, 321
ブラバント公領　26, 119, 161, 176, 233
フランス王国　16, 26, 32, 87, 226
フランドル　iii, 15, 18, 22–28, 31, 32, 35, 41, 44, 45, 47–49, 51, 53, 59–61, 76–78, 80, 83, 84, 86, 88–90, 92–97, 99, 100, 102, 103, 105, 106, 108, 109, 111, 113–119, 122, 123, 127, 128, 133, 139, 144, 148, 149, 180, 183–193, 195–203, 208, 209, 211, 213, 214, 221, 223, 228, 230, 231, 233, 234, 236–240, 277, 278, 281, 284, 298, 300, 314, 315
フランドル伯領　16, 21, 26, 60, 69, 87, 108, 133, 201, 214, 223, 233
ブリュッセル　120, 131, 176–178, 220–222, 225, 285, 286, 294
ブルッヘ　24, 25, 42, 44, 45, 49, 83, 87, 88, 90, 95, 109, 112, 115, 123, 183–187, 195–197, 205, 211, 212, 214–219, 222, 224, 230, 231, 237, 276–279
ベルギー　ii, iii, 1, 15, 16, 31–41, 43–47, 54, 123, 148, 149, 179, 212, 239–241, 291, 312, 313
ヘント　24, 42, 44, 49, 51, 71, 72, 76, 88, 115,

123, 127, 128, 137, 184–188, 191–194, 196, 197, 199–209, 211, 215, 228–230, 231, 237, 279, 281, 283, 303
南ネーデルラント　15, 18, 21–24, 26, 28, 29, 31, 33, 49, 178, 183, 188, 231, 240, 290, 314, 320
メヘレン　153
リエージュ　35, 129
リール　88
ルーフェン　153, 171, 178, 286
ロタリンギア　27, 159, 173, 176, 233, 281, 290, 291, 320
ロッブ修道院　128, 144, 292

人　名

[あ行]
アドリアヌス・バルランドゥス　i, ii, 238
アドリアーン・ファン・ベルヘン　220
アルヌール1世　60, 69, 72, 73, 75–78, 304, 305
アルヌール2世　69, 76, 78
(聖) アルヌルフス　159–161
アントニス・ド・ローフェレ　214, 229
アンドリース・ド・スメート　214, 216
ウィトゲル　188, 282
ウィレム・フォルステルマン　211–214, 221, 224–226, 275
J-F・ウィレムス　33, 36, 37, 180, 314
エラスムス　215
オクタウィアヌス　284
オットー（フライジングの）　8, 132, 272, 315
(聖) オメルス　56, 75, 78, 303, 304, 309

[か行]
カール5世　189, 192, 193, 206, 207, 212, 215–220, 222, 225, 275
カエサル　192, 197, 200, 203–209, 223, 275, 276, 279–281, 284
ガルベルトゥス（ブルッヘの）　36, 51, 52, 84, 86, 89–91, 93–105, 108–115, 117, 236, 238, 297, 299–302
ギィ・ド・ダンピエール　228
ギョーム・クリト　88–91, 112
ギョーム・ディープル　112
キルデリクス　63, 71, 73, 74
キルペリクス　308
グレゴリウス7世　128, 144
ゴーティエ（テルアンヌの）　51, 52, 84, 86, 89–91, 93, 94, 96–98, 101–103, 105, 107, 108, 111–115, 236, 301, 302
ゴドフロワ・ド・ブイヨン　127, 137, 140, 141, 145, 167, 169, 178
H・コンシァンス　42, 311

[さ行]
シジュベール（ジャンブルーの）　123, 126, 132, 293, 294
シャルル・ル・ボン　36, 83–108, 110–116, 236, 297, 299–301
シャルル禿頭王　60, 63, 67–70, 201, 307
シャルル突進公　84, 205, 206, 218, 276
シャルルマーニュ　63, 67–70, 80, 93, 160, 201, 291, 307, 308, 319
シャルル・マルテル　282, 306

ジル・ド・グールモン　220
シルウィウス・ブラボー　22, 179
ジルベール　124, 125, 127, 131, 133, 144, 293

[た行]
ティエリ・ダルザス　88–90, 108, 217
F・ド・レイフェンベルフ　33
トーマス・ファン・デル・ノート　220, 221, 225
トマス・アクィナス　173

[は行]
ハインリヒ4世　128, 144
ピピン（3世）　66, 73, 74
H・ピレンヌ　1, 32–42, 44–47, 91, 302, 311–313
フィナルドゥス　202
フィリップ・ウィーラント　193–195, 197, 200, 207, 223, 275, 279, 280, 282
フィリップ豪胆公　218, 221
フィリップ善良公　176, 203–206, 218, 276, 279
フィリップ端麗公　220
フォルカン　51–58, 60–76, 78–81, 121, 234, 238, 292, 304–306, 308–310
（聖）フォルカン（司教フォルカン）　65, 66, 75, 304, 306, 308
ブラバント公　22, 26, 27, 36, 37, 119, 120, 123, 148, 150, 153, 154, 157–160, 167, 171, 173, 285, 289–291
フランドベルトゥス　201, 202
フランドル伯　26, 34, 36, 51, 54, 57, 59, 60, 62, 69–72, 76, 79, 80, 83, 87, 95, 98, 103, 104, 106, 108, 109, 116, 117, 127, 137, 141, 185, 187–190, 194, 199, 201, 214, 215, 217, 218, 220, 221, 228, 234, 235, 277, 294, 299, 310
フルゲンティウス　123, 124, 128–131, 133, 138, 140, 144, 145
ブルゴーニュ公　176, 179, 183, 185, 186, 189, 203–205, 211, 221, 312
（聖）ベルティヌス　56, 57, 64–66, 72, 75, 79, 304, 305, 308, 309
ヘンドリク2世　153, 164, 287
ヘンドリク3世　153, 157, 164, 165, 285, 312
ヘンドリク4世　153, 165, 170, 286
ヘンネン・ファン・メルヒテネン　178, 179
ボードワン1世鉄腕　60, 71, 189, 217
ボードワン2世　60, 72, 305
ボードワン7世　87, 98

[ま行]
マクシミリアン　220

[や行]
ヤーコプ・ファン・マールラント　156, 167, 286
ヤコブス・メイエルス　195, 211, 222–230, 275, 276, 279–281
ヤン・ド・スヘーレ　220
ヤン・ファン・ブーンダレ　169, 172–176, 179, 180, 284, 286
ヤン・ファン・ヘーリュ　33, 34, 36–38, 151, 165, 287, 312
ヤン1世　36, 37, 151–155, 158–161, 165, 169, 170, 286, 290, 312
ヤン2世　154, 170, 173
ヤン3世　173
ユーグ・カペー　76, 78, 154, 155

ユリウス・カエサル　→カエサル
ヨドクス・バディウス　223, 226
ヨハンネス・デ・ティルローデ　191, 194, 197, 200, 201, 275–277, 279

[ら行]
ランベール（サン・トメールの）　51, 188, 189
リーデリク　188–190, 193, 199–203, 207, 208, 214, 216, 217, 220, 223, 277, 281, 283
リエージュ司教　128, 153, 157
ルイ敬虔帝　63, 65–67, 307, 308
ルーフェン伯　27, 119, 120, 123, 127, 129, 134, 135, 140–142, 157, 171, 235, 290, 293, 295
ルイ・ド・マル　218, 221
レミ・デュ・ピュイ　220
ロタール　63, 67, 69–71, 306, 307
ロタリンギア公　27, 153, 156, 159, 160, 171, 290, 295
ロベール・フリゾン　98
ロベール２世　98, 102, 106
ロンバウト・ド・ドッペレ　214, 229

事　　項

[あ行]
『アフリヘム縁起』　123　→『年代記』
『アフリヘム補遺』　123　→『編年誌』
荒地　128–130, 295
『いともすばらしきブラバント年代記』　22, 177–179, 214, 221, 226, 281, 284
『韻文年代記』　33, 34, 37, 151, 312
ヴォーリンゲンの戦い　36–41, 47, 151, 153, 171, 312, 314
エトニ　179, 288
『エノー年代記』　314
エランバルド一族　87, 99, 101, 107, 301
黄金拍車の戦い　39, 228　→コルトレイク（クルトレ）の戦い
王立歴史委員会　33

[か行]
ガヴェルの和　203
『家系譜』　149–152, 154, 156–162, 166, 169–172, 175, 178, 288, 289
活人画　204, 205, 215–217
カペー家　201, 281
神の休戦　98, 101, 102
神の平和　84, 98, 99, 102, 106, 299
ガリア人　207, 275, 276
カルチュレール　53, 55, 58, 62, 155, 310, 321
カルチュレール年代記　54, 55, 121, 234
カロリング　111, 322
カロリング家　51, 59, 60, 63, 64, 66, 69, 70, 73, 74, 79, 80, 121, 148–150, 159–161, 176, 281, 289, 305, 306
カロリング朝　92
『起源年代記』　149, 151, 152, 154, 162, 169–173, 175, 178, 181
寄進　51, 55, 60, 63, 68, 71, 73, 77, 122, 123, 125, 127, 130, 131, 133–141, 143, 144, 147
祈祷兄弟盟約　140
『記念の書』　140, 141, 143, 293

救済史　3, 8, 10, 12, 117, 132, 133, 139, 147, 234, 235, 238, 318, 323
九メンバー　216
教会守護　27, 103, 123, 141, 158, 163, 235
キリストの騎士 miles Christi　93
金羊毛騎士団　205
クリュニー改革　57, 144, 292
グレゴリウス改革　10, 111, 113, 127, 128, 132, 144, 292, 297, 322
検閲　147, 213, 222, 227–229
公共の福利　105–111, 114, 115, 173, 236, 298
国事評議院　222
コルテンベルフ・チャーター　164
コルテンベルフの評議会　173
コルトレイク（クルトレ）の戦い　39–41, 47, 228, 277, 311
建立者年代記　16, 18, 19, 23, 25, 54, 60, 122, 141, 234, 319, 320
建立譚（建立史）　23, 48, 58, 121, 125, 143, 144, 147, 319
建立伝説　18, 195, 202, 279

［さ行］
最後の審判　8, 133, 136
財務評議院　222
『サン・ベルタン修道院長事績録』　23, 51, 53　→『事績録』
『サン・ベルタン編年誌』　68
ジェルマニスム　35, 40, 41, 46, 47, 313
死者の現存 Gegenwart der Toten　136
『事績録』　53–55, 57–62, 64, 66, 68–71, 73–75, 78–81, 117, 234, 238, 306, 307, 309, 310
謝罪儀礼　204
集合的記憶　10–12, 21, 24, 26, 186–188, 199, 206, 208, 209, 211, 229, 234
修辞家集団　214–216, 221
十字軍　8, 98, 99, 101, 102, 113, 131, 137, 139, 145, 164, 167, 185, 295
12 世紀ルネサンス　322
出自神話　152, 162, 163, 166, 167, 169–176, 178, 179, 186, 188, 190, 196, 197, 202, 208, 209, 288, 292
出版独占権　213, 226, 227, 229
殉教する君主　85, 86, 89, 91, 92, 94–96, 100, 102, 103, 105, 109, 112–114
象徴的コミュニケーション　215
『小フランドル年代記』　220, 221, 226
『シント・バーフ年代記』　201, 202
『シント・バーフ編年誌』　201
人文主義　195, 196, 215, 223, 226, 229, 276
人文主義者　i, ii, 222, 228, 281
『すばらしき年代記』　213–216, 221, 226, 229　→『すばらしきフランドル年代記』
『すばらしきフランドル年代記』　22, 184, 189, 190, 212, 211　→『すばらしき年代記』
聖遺物　68, 75–78, 80, 84, 109, 115, 217, 303, 308
聖遺物崇敬　76, 77, 80, 308
正義 justitia　97–100, 102–105, 109, 110, 114
聖血　217, 219
聖人　13, 34, 56, 57, 64–66, 68, 75–78, 80, 81, 85, 86, 89, 92–97, 101, 110, 115, 121, 127, 156, 158, 201, 240, 297, 304, 308
聖人崇敬　34, 57, 64, 76, 95, 96, 115
聖人伝　14, 16, 35, 36, 51, 55, 56, 64–66, 75, 79, 85, 90, 95, 121, 150, 154, 157, 158, 303, 308, 309

［た行］
第二の文芸共和国　229
中央集権政策　184, 186, 187, 194, 200, 205, 209
典礼共同体　23, 27, 80, 81, 103, 115, 117, 147, 234–237
典礼的記憶　28, 58, 59, 122, 135, 138–141, 143, 181, 234, 235
盗賊騎士　129–131
都市建立伝説　190, 191, 196, 197, 208, 237
都市自立主義　21, 24, 184, 187, 196, 197, 200, 203, 208, 237
都市同盟　165, 174
都市年代記　25, 26, 186, 187, 191, 194, 195, 197, 198, 214, 231
執り成しの祈り　55, 135, 142
トロイア人　12, 120, 148–150, 155, 160, 162, 163, 167, 169, 170, 172, 174, 179, 188, 191, 205, 209, 281, 289

［な行］
内務評議院　222, 226, 227, 229
『日記』　51, 52, 89, 90, 312
入市式　203–205, 208, 215–217, 220, 276
ネイション　45, 163, 179, 180
『年代記』（『アフリヘム縁起』）　123–125, 127, 130, 131, 133, 136–141, 143–145, 172, 293, 296

［は行］
『伯アルヌールの系譜』　51, 60, 282
『伯シャルル伝』　52, 89, 90, 112, 113, 301
白鳥の騎士　167–169, 172–174, 179, 209
ハプスブルク家　32, 186, 189, 193, 206, 233
破門合戦　112
ピレンニスム　34, 35, 47, 311, 312
『フォンタネル修道院長事績録』　74, 304
不敗のカエサル Très invaincu César　205, 206
フラームス運動　41, 46, 47, 148
ブラバント公家　149, 150, 153, 155, 157, 160, 177, 188, 201, 205
『ブラバント公の家系譜』　119, 149
→『家系譜』
『ブラバント公の起源についての年代記』　149, 178　→『起源年代記』
『ブラバント公列伝』　120, 152, 162, 169, 172　→『列伝』
ブラバント評議会　226
フラマン語　ii, iii, 41, 42, 44, 148, 180, 193, 240
フラマン（人）　40, 41, 46, 127, 180
フラームス委員会　311
『フランドリア・ゲネローサ』　52, 118, 183, 189, 236, 282
『フランドル古事記』　193, 275
『フランドル誌 10 巻』　211, 212, 222–225, 228, 229
『フランドル史提要』　223, 226–228, 276
フランドル人　52, 106, 115–117, 193, 202, 206, 207, 223, 275
『フランドル年代記』　15, 184, 189, 202–204, 211, 212, 214, 216, 277, 278, 280, 281
『フランドルの獅子』　41
フランドル伯家　51, 60, 70, 74, 79, 80, 189, 193, 196, 201
フランドル評議会　227
プリミティフ・フラマン　44
ブリュッセル・アカデミー　32, 148
ブルゴーニュ＝ハプスブルク　24, 184
ブルゴーニュ＝ハプスブルク家　194, 195

ブルゴーニュ家　26, 84, 176, 189, 190, 193, 196, 197, 200, 206, 218
文芸共和国　229
『ベルギー史』　35, 37, 41, 43, 311, 312
ベルギー独立革命　40
ベルギー文明 civilisation belge　35, 40, 41
『ヘント騒乱記』　207, 275
ヘント大学　36, 41, 42, 283, 311
ヘントの反乱　192, 203, 206
『編年誌』(『アフリヘム補遺』)　123–126, 130–133, 136, 138, 139, 145, 293, 295, 296
ボランディスト　35, 36

[ま行]
マグナ・カルタ　164
民衆反乱　187, 196, 200, 231
民族意識　27, 39, 47, 49, 147, 151, 152, 162, 163, 171, 173–176, 178, 180–182, 188, 190, 196, 208, 238, 240, 288, 312
『メッス司教列伝』　160
メロヴィング　51, 53, 65, 66, 71, 73, 92, 228
メロヴィング家　63, 66, 73, 74, 79, 159–161, 281
メロヴィング朝　59, 160
森番　189, 190, 193, 201, 202, 214, 216, 233

[や行]
幽霊譚　142
『ユダヤ人統治論』　174

[ら行]
領邦史　1, 15, 17–26, 31, 48, 51, 54, 117, 118, 120, 122, 147, 149, 176, 186, 235, 238, 317–319
リンブルフ継承戦争　153
ルネサンス　ii, 238
歴史的動物 zoon historicon　i–iii, 10, 240, 241
『歴史の鑑』　156, 167
『列伝』　172–175, 178, 180
ロベール家　60, 79, 305
ロマニスム　35, 40, 41, 46, 47, 313

[わ行]
ワロン語　ii, 148, 157, 158

註

序

1） *De Kroniek van de hertogen van Brabant door Adrianus Barlandus, vertaling, inleiding en voortzetting*, door A. -J. Bijsterveld e.a. ('s-Hertogenbosch, 2004); Hadrianus Barlandus, *Cronica Brabantiae ducum*, 1526. Solet quaeri a studiosis viris, utilis ne sit Historia? Nos vero non modo utilem et frugiseram, sed necessariam mortalibus esse contendimus. Et quemadmodum agricolatione corpora, sic monumentis rerum animi foventur. … Quanto nobilior animus, tanto ceteras dotes praecellit Historia, potissimamque sibi sapientiae partem vindicate. In ea est enim imitatio vivendi, vitia detestatur, virtutes ardore quodam imitationis effert….

第 1 部

1） W. Goffart, *The Narrators of Barbarian History (A. D. 550−800), Jordanes, Gregory of Tours, Bede and Paul the Deacon* (Princeton, 1988).

2） P. J. Geary, "Frühmittelalterliche Historiographie. Zusammenfassung", in: *Historiographie im frühen Mittelalter*, ed. A. Scharer and G. Scheibelreiter (Wien: München: Oldenbourg, 1994), pp. 539−42. なお，ゴッファートやホワイトの議論及びポストモダン的方法論が聖人伝などを含む中世初期の叙述史料研究に与えた影響については，次の文献で簡潔に整理されている。cf. M. Innes, "Introduction. Using the Past, Interpreting the Present, Influencing the Future", in: *The Uses of the Past in the Early Middle Ages*, ed. Y. Hen and M. Innes (Cambridge, 2000), pp. 1−8. また，ホワイトに言及した研究として次のものを参照。cf. C. Cubitt, "Memory and Narrative in the Cult of early Anglo-Saxon Saints", in: *The Uses of the Past in the Early Middle Ages*, pp. 29−66.

3） ギンズブルグの手法については，以下の論集を参照。カルロ・ギンズブルグ（上村忠男訳）『歴史・レトリック・立証』，みすず書房，2001 年：同（上村忠男訳）『歴史を逆なでに読む』，みすず書房，2003 年。これと同様な主張を展開する次の議論も参照のこと。大黒俊二「逆なで，ほころび，テクストとしての社会」，森明子編『歴史叙述の現在　―歴史学と人類学の対話―』，人文書院，2002 年，286−298 頁。なお，哲学の立場から歴史の物語り論を精緻に展開した野家啓一によれば，歴史の物語り論を唱える者たちの間にも，区分が存在する。物語の外部，すなわち過去の存在を認めないハイ・ナラティヴィストと，物語に対する異他なるものを通じてその外部の存在を認めるロ

ウ・ナラティヴィストの区分である。歴史を主体によって任意に選び取られたプロットとメタファーの戯れに還元するホワイトは，当然前者のカテゴリーに含まれる。一方，物語に対する「異他なるもの」，野家の言葉でいえば「生きられた経験」を通じて物語は外部世界にさらされているとする野家自身やP・リクールは，後者の立場に分類される。この「異他なるもの」は，科学におけるパラダイムの変化を引き起こす「変則事例」のように，物語に変容をもたらす可能性が指摘されている。こうした「異他なるもの」と外部の存在，「異他なるもの」による物語の変容を認め，他の物語や史料との「通時的整合性」と「共時的整合性」を物語り行為の条件とするロウ・ナラティヴィストの主張は，なお相違があることを認めた上で，問題意識と史料の対話によって問題意識の方にも変容が生じるとする，ギンズブルグの歴史の対話論とかけ離れたものではないだろう。また，歴史叙述のナラティヴな性質を認めた上で，過去の痕跡＝史料を徹底的かつ批判的に吟味し，これと自らの問いの間のこれまた徹底的な対話と相互変容の過程こそが歴史のナラティヴを文学作品のそれから区分するものであるとして歴史の作法を定立する二宮宏之も，ギンズブルグ同様，ロウ・ナラティヴィストの見解に，根本的に対立しているようには思われない。cf. 野家啓一『物語の哲学』，岩波現代文庫，2005 年；二宮宏之「歴史の作法」，『歴史を問う』4，岩波書店，2004 年，1–57 頁；鹿島徹『可能性としての歴史：越境する物語り理論』，岩波書店，2006 年。その他，物語り論に代わる新たな理論もごく最近提唱されたが，筆者はまだこれを判断する状況にはないため，今後の参考としたい。貫成人『歴史の哲学　―物語を超えて―』，勁草書房，2010 年。

なお，中世ヨーロッパの歴史叙述を扱った研究で，ここで示された本書の基本的方向性をいくらかなりとも共有していると思われる論考をいくつか紹介しておこう。中世初期の歴史叙述とテクスト理論に関係する邦語文献では，次の著作が興味深い。cf. 佐藤彰一『歴史書を読む　―『歴史十書』のテクスト科学―』，山川出版社，2004 年。これは一般読者を想定した書物でありながらも，ポストモダン的テクスト理論の中世研究に対する応用の限界性を指摘し，テクストの沈黙から外部を浮かび上がらせる精緻な検討をトゥールのグレゴリウス『歴史十書』に施しており興味深い。さらに中世盛期の歴史叙述を対象としたもので，ポストモダニズムが提起した「言語論的展開」の問題に，より直接的かつ批判的に正面から取り組んだ研究として次の文献も参照。ゲイブリエル・M・スピーゲル（渡部ちあき・越智博美訳）「歴史・歴史主義・中世テクストの社会論理」，『思想』838（1994 年），4–39 頁（G. M. Spiegel, *The Past as Text. The Theory and Practice of Medieval Historiography* (Baltimore: The Johns Hopkins University Press, 1997) の対応箇所も参照）；*Idem, Romancing the Past. The Rise of Vernacular Prose Historiography in Thirteenth-Century France* (Berkeley: University of California Press, 1993). ここでは他地域・他時代の歴史叙述あるいは歴史文化に関して言及する余裕はないが，この点に関してはさしあたり広範なパースペクティヴをもった次の文献を参照。佐藤正幸『歴史認識

の時空』，知泉書館，2004年。

4）　J. Spörl, *Grundformen hochmittelalterlicher Geschichtsanschauung. Studien zum Weltbild der Geschichtsschreiber des 12. Jahrhunderts* (Darmstadt, 1935).

5）　H. Beumann, *Widukind von Korvei. Untersucungen zur Geschichtsschreibung und Ideengeschichte des 10. Jahrhunderts* (Weimar, 1950); *Idem*, "Widukind von Korvei als Geschichtsschreiber und seine politische Gedankenwelt", *Westfalen. Hefte für Geschichte, Kunst und Volkskunde* 27 (1948), pp. 161–176; *Idem*, "Die Historiographie des Mittelalters als Quelle für die Ideengeschichte des Königtums", *Historische Zeitschrift* 180 (1950), pp. 449–88.

6）　こうした中世歴史叙述研究の動向に関しては，註8のB・グネの書物および註10に挙げたH-W・ゲッツの研究の他，次の文献も参照。O. Plessow, *Die umgeschriebene Geschichte. Spätmittelalterliche Historiographie in Münster zwischen Bistum und Stadt* (Wien: Köln: Weimar: Böhlau, 2006), pp. 1–52. また，以下の文献も参照。cf. H. Grundmann, *Geschichtsschreibung im Mittelalter* (Göttingen, 1965); B. Smally, *Historians of the Middle Ages* (London: Thames and Hudson, 1974); 兼岩正夫『西洋中世の歴史家　―その理想主義と写実主義―』，東海大学出版会，1964年；R・W・サザーン（大江善男他訳）『歴史叙述のヨーロッパ的伝統』，創文社，1977年；岡崎勝世『キリスト教的世界史から科学的世界史へ　―ドイツ啓蒙主義歴史学研究―』，勁草書房，2000年；甚野尚志『十二世紀ルネサンスの精神　―ソールズベリのジョンの思想構造―』，知泉書館，2008年，85–107頁。

7）　樺山紘一は，ゴシック思想という自らのテーゼを展開する過程で歴史叙述と歴史意識について分析を施している。ここでも，以下本書が対象とするような歴史叙述と空間の問題は論じられているが，歴史意識の展開はもっぱら上部の知的動向・思想史的展開に関連づけて説明が行われている。樺山紘一『ゴシック世界の思想像』，岩波書店，1976年，293–337頁。

8）　B. Guenée, *Histoire et culture historique dans l'occident médiéval* (Paris, 1980). なお，グネの書物に含まれる culture historique の表現は，その著作『オルレアン大公暗殺』邦訳版解説にあるように，「歴史の教養」と解釈されるべきものかもしれない（B・グネ（佐藤彰一・畑奈保美訳）『オルレアン大公暗殺』，岩波書店，2010年）。しかし，ジョルジュ・シャトランの研究者G・スモールが，グネの書物からインスピレーションを受けた形で用いる historical culture は，political and historical culture という表現がしばしば用いられている点からも明らかなように，歴史家や歴史叙述を取り巻き，その認識や作品の枠を規定する条件を含めた「歴史文化」と訳しうるものであり，結局のところこの表現は，まさしくグネの書物の世界を表現するものでもある。以下，本書でもそうした意味合いで「歴史文化」の語を用いてゆくこととする。cf. G. Small, *George Chastelain and the Shaping of Valois Burgundy. Political and Historical Culture at Court in the Fifteenth Century (Studies in History, n.s.)* (Rochester: Boydell and Brewer, for the Royal Historical Society, 1997).

9） 論文集として以下のものが存在する。*Geschichtsschreibung und Geschichtsbewußtsein im späten Mittelalter*, ed. H. Patze (Sigmaringen: Jan Thorbecke, 1987); *L'Historiographie médiévale en Europe. Actes du colloque organisé par la Fondation européenne de la science au Centre de recherches historiques et juridiques de l'Universite Paris I du 29 mars au 1er avril 1989*, ed. J. -Ph. Genet (Paris, 1991); *Historiographie im frühen Mittelalter*. これらはいずれも統一的なテーマから論じられたものではなく，様々なテーマを含んだものである。また，グネの書物以前にグネ自身の編纂による文献も存在する。*Le Métier d'historien au Moyen Age Études sur l'historiographie médiévale*, ed. B. Guenée (Paris, 1977).

10） H. -W. Goetz, *Geschichtsschreibung und Geschichtsbewußtsein im hohen Mittelalter* (Berlin, 1999).

11） より詳しくゲッツの“歴史哲学”を説明しておこう。その定義によれば，「歴史意識」とは次の三つのカテゴリーから考察されるべきものである。まず，人間固有の理解能力としての①「歴史性」，そして歴史意識と密接な関係にはあるが同一のものではない②「歴史像」，最後にこの「歴史像」の価値を規定し，歴史的知識をアクチュアルな目的において用いる際に働く③「歴史的関心」，この三つである。簡単にまとめるならば，人間は①「歴史性」の能力によって人間存在や世界の変化に歴史と歴史の存在価値を認め，それを前提として，歴史的情報を体系的に②「歴史像」にまとめ上げる。「歴史像」は，歴史的情報を解釈するという過去の考察により形成されるが，この過去の考察の背後には③「歴史的関心」が位置しており，この「歴史的関心」は一定の目的へとこの考察を組み入れる。「歴史性」における歴史の価値・意味は，中世においては神学的・救済史的性質において提示されている。すなわち，歴史には神の隠された意図や教えが遍在しており，神の救済プランが被造物にとっては歴史という形をとると理解されていたのである。歴史意識は，その具体的な形態を「歴史像」に見いだす。「歴史像」は，それが具体的に描きだす内容，叙述形態などによって制度的なもの，教化的なものなど様々な形態をとりうるのであって，むしろ露骨に歴史神学的な世界解釈を前面に押しだすことは少ない。しかし，これらはすべて程度の差はあれ，救済史的世界史の構図に結合され，組み込まれるのである。こうして歴史的情報の解釈，過去の考察によって「歴史像」が生みだされるにしても，この過去の考察の背後には一定の欲求により現在的目的へとこれを組み込む「歴史的関心」が存在しており，これにより「歴史像」は現在における価値を与えられる。そのため，この「歴史的関心」はイデオロギーとも同一視されうるし，中世においては宗教的イデオロギーと看做してもよいものである。ゲッツの議論では，これらの諸カテゴリーと歴史意識が時には同一視され，時には別ものと看做され，その結合関係及び境界区分がわかりづらい部分もある。しかし筆者なりの理解では，歴史意識とは，ある時にはこれらの諸カテゴリーの上に立ち統合的機能を発揮し，ある時には特定のカテゴリーに内在し駆動的な力を発揮し，他のカテゴリーに働きかけたり，結合・分離関係をもたらしたりするものであるといえよう。cf. Goetz, *op. cit.*, pp. 13–39, 411–25.

12)　こうした見方も，同じく序論部分（pp. 13–39.）にて展開されているが，歴史的想起については，レジュメ部分（pp. 411–25.）でより鮮明に見解が打ちだされている。

13)　P. J. Geary, *Phantoms of Remembrance. Memory and Oblivion at the End of the First Millenium* (Princeton, 1994), pp. 3–22. またこれ以前に，中世イタリア史家であるC・ウィッカムと文化人類学者のJ・フェントレスが「社会的記憶」の概念を提唱していた。cf. J. Fentress and C. Wickam, *Social Memory* (Oxford, 1992). その他，次の文献ももちろん参照のこと。P・ノラ（谷川稔監訳）『記憶の場　―フランス国民意識の文化＝社会史―』第1-3巻，岩波書店，2002–2003年。

14)　ギアリの研究の具体的な内容について若干説明しておきたい。ギアリの研究は直接的には，紀元1000年頃の西欧における社会変動は存在したのかという，久しく中世史学界を賑わせている問題に対する回答として提示されている。M・ブロック以来の見解では，10世紀の西欧では異民族の侵入やカロリング王権の衰退により，無秩序が支配する社会が出現したが，紀元1000年頃から城主層が公権力の簒奪により勃興し，バン支配権を形成することで一躍社会の主役に踊りでる。以後，領邦君主の権力や王権の回復を待って中世社会は12世紀以降の一定の成熟を見ることとなる。つまり，こうした見解においては，とくに10世紀は，無秩序が社会を支配する暗黒の時代として規定されているのである。近年の研究動向においては，10世紀の王権の衰退にもかかわらず，そして俗人や教会人の間で紛争が恒常化していたにもかかわらず，そこには和解や調停を手段として一定の政治秩序が保たれていたとする見解が提示され，有力視されている。この見解では，10世紀はこれまで考えられていた程の暗い時代ではなく，したがって紀元1000年を股にかけた10世紀と11世紀も断絶してはおらず，ある一定の連続性を有しているのである。ギアリも基本的にはこの立場に立つ研究者である。

では，なぜこれまで10世紀と11世紀の間に断絶が主張されつづけてきたのか。ギアリが，この問題に立ち向かう縁としたものこそ記憶の歴史学であった。つまり，9世紀後半，より明確には10世紀の過程で，それまで帝国をまたにかけて移動してきたカロリング貴族たちは，王権の弱体化および官職制度の崩壊により各地に土着化する。本来，これらの貴族たちはカロリングの栄光を示す事物に取り巻かれていたが，すでに10世紀の後半には過去との断絶の意識に捕らえられてしまい，それらを解釈し認知する思考の枠組みを欠いてしまっていた。この過去との断絶の意識は彼らを新しい過去像の再編へと向かわせ，彼らの“現在”に適合的な記憶は時にはそのままに，時には変形され用いられ，適合しえなかった記憶は忘却の淵に葬りさられたのである。これまで10世紀暗黒論の重要な根拠の一つとされていたものに極端な史料の乏しさがあるが，ギアリはこれを11世紀人に不必要とされた記憶（＝史料）が忘却あるいは抹消された結果であるとさえ述べている。その結果，11世紀人が創りだした10世紀の過去像は現代の研究者にまで影響を及ぼしており，20世紀の研究においては，この10世紀の“暗黒像”が，グレゴリウス改革や12世紀ルネサンスといった現象を核とする11

世紀後半以降の著しい発展の像を逆照射しているとギアリは述べている。

こうして現実の社会変動ではなく，11 世紀人の過去像の変化および再構築を主題とするギアリの研究は，北フランス，南フランス，そして南ドイツの三つの地域を対象として，様々な分析視角から取り組まれることとなる。証書史料とその集成であるカルチュレール作成に現れた記憶と忘却の選択性，図像史料も併用して検証される地域的偏差を伴うジェンダーと記憶の関係，年代記史料の作成と（修道院）組織の利害に適合的な過去像の形成などが個別に論じられるのである。

15） *Hochmittelalterliches Geschichtsbewußtsein im Spiegel nichthistoriographischer Quellen*, ed. H. -W. Goetz (Berlin, 1998).

16） *The Uses of the Past in the Early Middle Ages,* ed. Y. Hen and M. Innes (Cambridge, 2000).

17） *Medieval Concepts of the Past: Ritual, Memory, Historiography*, ed. G. Althoff, J. Fried and P. J. Geary (Cambridge, 2002). その他，個人による研究の代表的なものとして，次の R・マキタリックによる二冊の著作を挙げておこう。いずれも，詳細な写本調査にもとづいた年代記や過去表象の研究である。R. McKitterick, *History and Memory in the Carolingian World* (Cambridge, 2004); *Idem*, *Perceptions of the Past in the Early Middle Ages (Conway Lectures in Medieval Studies)* (Notre Dam: University of Notre Dam Press, 2006).

18） 1996 年より始まった「中世年代記」学会は，1999 年より雑誌 *The Medieval Chronicle* を刊行しており，この関連で『中世年代記事典』も刊行されたばかりである。*Encyclopedia of the Medieval Chronicle*, 2vols. (Leiden: Bril, 2010).

19） このベルンのエピソードについては，次の文献を参照。P・ヨハネク（甚野尚志監訳）「中世都市における歴史記述と歴史の伝統」，2004 年 11 月 6 日東京大学講演会原稿。ベルンの年代記については，次の文献も参照。R. Schmid, *Geschichte im Dienst der Stadt. Amtliche Historie und Politik im Spätmittelalter* (Zürich: Chronos, 2009). その他，この時期のドイツ語地域の歴史叙述については次の研究が詳しい。服部良久「歴史叙述とアイデンティティ　―中世後期・人文主義時代のドイツにおけるその展開―」，『知と学びのヨーロッパ史　―人文学・人文主義の歴史的展開―』，ミネルヴァ書房，2007 年，141−166 頁。

20） J. -M. Moeglin, “Saint-Bavon de Gand et l'identité flamande à la fin du Moyen Âge”, in: *Retour aux sources. Textes, études et documents d'histoire médiévale offerts à Michel Parisse* (Paris, 2004), pp. 927−941; *Idem*, “Une première histoire nationale flamande. L'ancienne chronique de Flandre (XIIe−XIIIe siècles)”, in: *Liber Largitorius. Études d'histoire médiévale offertes à Pierre Toubert par ses élèves Hautes Etudes Medievales et Modernes*, ed. P. Toubert, D. Barthélemy, J. -M. Martin (Paris, 2004), pp. 455−476; *Idem*, “Land, Territorium und Dynastie als Bezugsrahmen regionalen Bewußtseins am Beispiel Flanderns”, in: *Spätmittelalterliches Landesbewusstsein in Deutchland (Vorträge und Forschungen LXI)*, ed. M. Werner (Ostfildern, 2005), pp. 17−52. また，最後に挙げたムグランの文献とともに論集に収められたヒルシュマンの論考もブラバントを

扱ってはいるが，ロタリンギア全体の領邦意識が論じられるなかでブラバントが言及されるという，やや特殊な議論となっている。F. G. Hirschmann, “Landesbewußtsein im Westen des Reiches? Die Biederlande, die Rheinlande und Lothringen”, in: *Spätmittelalterliches Landesbewusstsein in Deutchland*, pp. 223–264. なお，ベルギー史研究者の議論についても一言触れておくなら，S・ファンデルプッテンの研究は，8 世紀から 15 世紀の南ネーデルラントという広範な時代・地域の修道院歴史叙述を分析し，史料形態や叙述テーマなどさまざまな点にわたって数値化も行った上で，そこに見られる社会観などを探った優れた研究である。しかし，残念ながら非修道院史料は考察の外に置かれてしまっており，本書の問題意識とはずれがある。S. Vanderputten, *Socialeperceptie en maatschappelijke positionering in de middeleeuwsemonastiekehistoriografie (8ste–15de eeuw)*, 2 vols. (Brussel, 2001). これよりも狭い地域と時代を対象とするケルダースやステインの議論については，第 2 部から第 4 部にかけての考察で随時言及することになるだろう。

21） H. Patze, “Adel und Stifterchronik. Frühformen territorialer Geschichtsschreibung im hochmittelalterlichen Reich”, *Blätter für deutsche Landesgeschichte* 100 (1964), pp. 8–81; 101 (1965), pp. 67–128. とくに，12 世紀以降の南ネーデルラントの諸作品については，101 (1965), pp. 68–102. にて詳細に論じられている。なお「建立者年代記」をめぐる議論には，厳密な意味での建立者ではなくとも，寄進などを通じて修道院組織の運命に決定的な影響を及ぼした世俗領主と，これを描いた歴史叙述が含まれている点を注記しておく。

22） この論争を整理したO・G・エクスレに従って，詳細を補足しておく。カストナーは，修道院の建立にまつわる歴史叙述作品の成立を論じた書物で，パツェの見解に異を唱える。カストナーが具体的に批判するのは，パツェが建立者年代記に，学問的な批判精神に貫かれた明晰性・客観性への志向を見る点である。カストナーは，O・マイヤーがすでに示唆していた修道院建立をめぐる歴史叙述とそれ以前の寄進帳や証書集といった文書類との連続性を主張した。その議論によれば，「建立者年代記」が書かれるに至ったとしても，それはパツェのいう学問的に喚起された明晰な歴史像への志向，批判的省察からくるものではない。あくまでも修道院の所有と権限を証明する寄進帳等の法的文書類を，時系列的に連続した秩序ある叙述へとまとめようとする法的志向性がその背後に位置しているのである。証明手段としての叙述であり，法的権限を守るための「霊的剣 gladius spiritualis」としての叙述なのである。文書類と年代記の間には，寄進帳に付されたごく単純な短い建立譚から，年代記に文書が挿入された「カルチュレール年代記」まで様々な中間的形態が存在するが，カストナーにとっては，いずれも法的権限の守護といった意味での法的目的と志向性がこれらを生みだしたということになるのである。

このカストナーの研究以後，P・ヨハネクに至って議論は新たな次元を迎える。フランク時代以来の文書形態の変遷とその機能についての考察から修道院歴史叙述の成立についても言及したヨハネクは，カストナー同様寄進帳等の文書類から歴史叙述へ

の連続性を唱える。しかし，H・フィヒテナウなどによる中世文書の神聖性についての議論から示唆を得たヨハネクは，寄進帳に記された名前が典礼上の機能を有していたことを明らかにした。中世においては，寄進は寄進者やその近親者の彼岸における魂の救いをもたらす“執り成しの祈り”のためになされるのであり，その行為を記した寄進帳は所有の単なる法的効力を示すだけでなく，霊的意味をも有していたのである。それゆえヨハネクは，文書類からの連続性を有する歴史叙述もこうした宗教上の意味を帯びていたことを示唆したのである。

ヨハネクの議論は，中世初期以来の典礼や死者，そして記憶をめぐる歴史学を刺激し，歴史叙述の成立についても大きなヒントを提示している。O・G・エクスレやG・アルトホフといった歴史家はK・シュミット以来ドイツで展開されてきた典礼的記憶の歴史学の代表者たちだが，彼らがこのヨハネクの見解を自らの議論に組み込んでいる点からもそれは明らかだろう。cf. O. G. Oexle, “Die Gegenwart der Toten”, In: *Death in the Middle Ages*, ed. H. Braet and W. Verbeke (Louvain, 1983), pp. 19–77. この論争については，pp. 38–40を参照; J. Kastner, *Historiae fundationum monasteriorum. Frühformen monastischer Institutionsgeschichtsschreibung im Mittelalter (Münchener Beiträge zur Mediävistik und Renaissance-Forschung 18)* (München, 1974), とくに pp. 77–83; P. Johanek, “Zur rechtlichen Funktion von Traditionsnotiz, Traditionsbuch und früher Siegelurkunde”, in: *Recht und Schrift im Mittelalter (Vorträge and Forschungen 23)*, ed. P. Classen (Sigmaringen: Jan Thorbecke, 1977), pp. 131–62.

付けくわえておくと，パツェに異を唱えたカストナーも，証書史料と連続性をもつ修道院建立譚（建立史）の Memoria 機能，つまり典礼的・記念的機能を完全に無視していたわけではなかった。しかし，カストナーが建立譚の主役と看做すのは修道院の人物たちではなく，組織としての修道院であり，あくまでもその法的権限擁護がこの史料に帰せられた役割なのである。

また，カストナーおよびヨハネクの議論の後，パツェは建立者家系の登場しない建立年代記について論考を発表している。しかし，ここでのパツェの議論は微妙である。カストナーやヨハネクに明確に反論をくわえているわけではなく，13 世紀までの年代記に関してはむしろカストナーの議論に近い修道院歴史叙述の法的権限擁護の機能を指摘している。パツェは，ここでは帝国年代記・領邦年代記と修道院歴史叙述を区分しているが，修道院改革による法意識の覚醒と修道院歴史叙述の関連については指摘しており，後の領邦史と修道院歴史叙述の間の性質面での連続性については疑っていないように思われる。したがって，パツェは依然として建立者年代記テーゼの構図を維持しているといえるだろう。cf. H. Patze, “Klostergründung und Klosterchronik”, *Blätter für deutsche Landesgeschichte*, 113 (1977), pp. 89–121. これらの研究の後，美術史的領域からも修道院建立譚と典礼的記念の密接な関係を指摘する研究が現れている。cf. Ch. Sauer, *Fundatio und Memoria. Stifter und Klostergründer im Bild 1100 bis 1350* (Göttingen, 1993). また 12 世紀以降，南フランスの修道院が，自組織の危機的状況のなかでシャルルマーニュを

始めとする伝説的な修道院建立者や寄進者の記憶を喚起あるいは創出しようとした点については，次の文献に詳しい。A. G. Remensnyder, *Remembering Kings Past. Monastic Foundation Legends in Medieval Southern France* (Ithaca: Cornell University Press, 1995). Oexle, *op. cit.*, pp. 19–77; G. Althoff, "Geschichtsbewußtsein durch Memorialüberlieferung", in: *Hochmittelalterliches Geschichtsbewußtsein im Spiegel nichthistoriographischer Quellen*, pp. 85–100.

23）　H. Patze, "Mäzene der Landesgeschichtsschreibung im späten Mittelalter", in: *Geschichtsschreibung und Geschichtsbewußtsein im späten Mittelalter (Vorträge and Forschungen 31)*, (Sigmaringen: Jan Thorbecke, 1987), pp. 331–70. パツェがここで想定している都市の歴史叙述者は，托鉢修道会士か書記などの都市役人である。

24）　註 9 で紹介した 13 世紀から 15 世紀の歴史叙述と歴史意識を扱った論集の総括で，パツェは，この時代の歴史叙述を中世初期及び盛期の歴史叙述から区分する特徴として三つの点を指摘している。領邦史の存在及び領邦支配や領邦君主にまつわる事象の歴史叙述への参入がこの内二点を占めているにもかかわらず（もう一つの点として，著者による史料の体系的調査と選別が挙げられている），その定義はなされていない。そして，同じく総括を担当したF・グラウスも，Regionalchronik，Länderchronik，Volksgeschichte，Nationalgeschichte といった概念がそれまでの研究や議論において曖昧なまま用いられてきたことを指摘している。しかし，そこではっきりとした定義づけがなされるわけではない。cf. H. Patze, "Zusammenfassungen: I. Zusammenfassung der Tagungen Oktober 1980 und Oktober 1982", and F. Graus, "Zusammenfassungen: II. Zusammenfassung der Tagung Oktober 1981", in: *Geschichtsschreibung und Geschichtsbewußtsein im späten Mittelalter*, pp. 821–45. 他に，こうした諸概念に明確な区分を設けずに議論を行っている例として，次の文献を参照。cf. N. Kersken, *Geschichtsschreibung im Europa der „nationes". Nationalgeschichtliche Gesamtdarstellungen im Mittelalter (Münstersche historische Forschungen 8)* (Wien: Köln: Weimar: Böhlau, 1995).

25）　中世歴史叙述の類型区分化に大きな足跡を遺したH・グルントマンの整理でも，明確な定義なしにその発展が語られる（Grundmann, *op. cit.*, pp. 45–48）。グルントマンは，ここでは領邦年代記と都市年代記を併せて論じている。さらに，前註の文献でパツェとグラウスが共に指摘するように，グルントマンは領邦が十全な発展を見た中世後期・末期の歴史叙述を軽視している。これはグルントマンまでの研究者に共通する態度でもあるが，この軽視の原因として，パツェはそれまで中世後期の歴史叙述者が，中世盛期とルネサンス期の歴史家たちの間に挟まれ，オリジナリティを欠いた存在と看做されていたことを挙げている。その他，この時期の歴史叙述が量的拡大と共に質の面でも変化を経験し，中世初期や盛期の歴史叙述のように救済史的構図の統一的観点から把握しえない複雑なものとなったことも理由として挙げられるかもしれない。

また，文学史家J・ブムケの見解は，パツェの議論の延長線上にあり，建立者年代記から権門史叙述，そして家門史，領邦史への直線的ラインの内に領邦史の発展を設

定しているが，ここでも明確な定義は試みられていない。中世の歴史叙述の類型と内容に強い関連性を見いだすF-J・シュマーレの議論においても，歴史叙述の対象が時代を下るにつれ帝国から修道院や領邦などの小単位の政治・社会単位へと細分化されてくるという議論のもとで領邦史が論じられているにすぎない。この際，いずれの政治・社会単位にせよ，一定期間の領域的持続性に伴われたアイデンティティの形成と制度的発展が歴史叙述成立の背景にあると暗黙の内に看做されており，領邦史もこの例外ではない。シュマーレの影響下にあるゲッツも，先述の歴史意識研究において修道院年代記や司教年代記と並んで，家門年代記や領邦年代記を制度的発展に裏付けられた歴史叙述として分類し，論じている。cf. ヨアヒム・ブムケ（平尾浩三他訳）『中世の騎士文化』，白水社，1995 年，570–74 頁； F. -J. Schmale, *Funktion und Formen mittelalterlicher Geschichtsschreibung* (Darmstadt, 1993), pp. 124–64; Goetz, *op. cit.*, pp. 336–78.

司教年代記から都市年代記への移行について，類似の問題点を指摘するプレッソウの研究も参照。Cf. Plessow, *op. cit.*

26） 著名な西欧史料類型シリーズの一巻として書かれた『地方および領域年代記』においても，著者のE・M・C・ファン・ハウツはこの史料類型の定義に四苦八苦しながら，結局修道院や司教区において記される世界年代記や聖人伝といった諸史料と領邦史の間の重複性・連続性を類型区分上の問題として指摘している。cf. E. M. C. Van Houts, *Local and Regional Chronicles (Typologie des source du moyen âge occidental)* (Turnhout: Brepols, 1995), pp. 14ff.

27） Goetz, *op. cit.*, pp. 381–95.

28） 以下，必ずしも歴史叙述のみが議論の焦点となっているわけではないが，ここでの筆者の主張をさまざまに後押しするドイツ史関連の重要な文献をいくつか挙げておく。*Regionale Identität und soziale Gruppen im deutschen Mittelalter (Zeitschrift für Historische Forschung. Beihefte 14)* ed. P. Moraw (Berlin, 1992); *Spätmittelalterliches Landesbewusstsein in Deutchland (Vorträge und Forschungen LXI)*, ed. M Werner (Ostfildern, 2005); S. Dicker, *Landesbewusstsein und Zeitgeschehen. Studien zur bayerischen Chronistik des 15. Jahrhunderts (Norm und Struktur. Studien zum sozialen Wandel in Mittelalter und Früher Neuzeit)* (Wien: Köln: Weimar: Böhlau, 2009). またフランス史関連では，ノルマンディーとアンジューの家門史を素材に領邦意識の形成と歴史編纂の関係を明らかにしたものに次の研究がある。cf. 上山益己「中世盛期北フランスの領邦における歴史叙述　―共属観念創出の試み―」，『西洋史学』210 号（2003 年），45–66 頁。君主家系を取り巻く政治社会状況の変化と出自神話の変容，フォークロアや口頭伝承から採集される記憶やその編集などがつぶさに考察されており，興味深い議論となっている。

29） K. Schmid and J. Wollasch, "Societas et Fraternitas. Kommentiertes Quellenwerk zur Erforschung der Personen und Personengruppen des Mittelalters", *Frühmittelalterliche Studien* 9 (1975), pp. 1–48; J. Wollasch, "Das Projekt, 'Societas et Fraternitas'", in: *Memoria in der*

Gesellschaft des Mittelalters, ed. D. Geuenich and O. G. Oexle (Göttingen, 1994), pp. 11–31.

30)　この点で，アルトホフが，貴族の自己理解が文書化される契機について論じていることは示唆的である。貴族家系が何らかの危機を迎えた際，その家修道院は，この家系に不運や災いをもたらしているのは神の怒りであるとみなし，それを宥めんと祈祷に励み，またこれに有効な典礼史料や歴史叙述を作成した。こうして，これらの史料に貴族家系や修道士たちの自己理解，共同体意識が記されることになるのだが，アルトホフはこれをヴェルフェン家の事例などに確認している。こうした典礼史料や典礼的機能を担う歴史叙述に記された範囲で形成されるのが典礼共同体である。cf. G. Althoff, "Anlässe zur schriftlichen Fixierung adligen Selbstverständnisses", *Zeitschrift für die Geschichte des Oberrheins* 134 (1986), pp. 34–46.

31)　ベネディクト・アンダーソン（白石隆・白石さや訳）『想像の共同体』，リブロポート，1987年。とくに23–70頁を参照。またアンダーソンは，ナショナリズムに先行する文化システムとして宗教共同体と王国を挙げてもいる。しかし，前近代社会において宗教共同体と王国は必ずしも分離しえない形で，ときには若干のずれを孕みながらも一致さえしていた。これはカロリング帝国などに当てはまる。具体的には本書第2部第1章の議論を参照。

32)　フィリップ・アリエス『死を前にした人間』，成瀬駒男訳，みすず書房，1990年。とくに第1部と第2部の1–254頁を参照。

33)　このような12世紀を軸にした世界観の転換は，従来の政治思想史の議論でも確認しうることである。T・アイヒェンベルガーは，6世紀から12世紀までの西欧各地の叙述史料から「祖国」patriaの概念を洗いだし，この時期の「祖国」の概念がテオクラシー的理念に貫かれており，それゆえ政治的な意味をもちえたことを論じた。これは，直接的には12世紀までの西欧において「祖国」の概念がもっぱら「天上の祖国」の意味で用いられ，そのため政治的な意味をもちえなかったとするE・H・カントロヴィッチの見解への反論だった。そして，アイヒェンベルガーはフランドル地域を論ずる際には，その論拠として本書でも扱う12世紀フランドルの諸史料をもちだしている。テオクラシー的な理念に充たされた現世の「祖国」が政治的意味をもちえたとしても，そこは結局のところ「天上の祖国」に至るまでの仮の住処にすぎず，究極的に価値を有するのが依然「天上の祖国」であったと補足するならば，アイヒェンベルガーの議論は有効だろう。12世紀までのアウグスティヌス的な現世社会に対する否定的見解，つまりあくまでも天上世界への準備段階としての地上の国という観点から，13世紀以降のアリストテレス的な現世社会に対する肯定的見解への移行という政治思想史的図式にこの議論は符合している。しかし，本書の議論はこうした全般的政治思想史的潮流への合流は否定せずとも，より民衆の心的傾向に属するレヴェルから議論を展開することになる。知的エリートである著述家たちが操る抽象的理念に，純粋かつ高度で体系化された政治思想の結晶のみを見るのではなく，それらが駆使されることによっ

て多様な現実が描かれる手法，著述家たちが自らの属する集団の政治的・社会的利害の内にあって，それらを駆使して社会的記憶を構成してゆくプロセスに焦点が当てられ，そこから各時代の歴史意識が読み取られるだろう。T. Eichenberger, *Patria. Studien zur Bedeutung des Wortes im Mittelalter (6.–12. Jahrhundert) (Nationes 9)* (Sigmaringen: Jan Thorbecke, 1991). フランドルについては pp. 212–20. を参照。またアイヒェンベルガー以前に，フランス各地の政治地理的概念の研究を行った次の文献も参照のこと。フランドルに関しては，両者は同様な史料を分析対象としている。B. Schneidmüller, *Nomen Patriae. Die Entstehung Frankreichs in der politisch-geographischen Terminologie (10.–13. Jahrhundert) (Nationes 7)* (Sigmaringen: Jan Thorbecke, 1987), pp. 96–103. その他，以下の文献も参照。E・H・カントロヴィッチ（甚野尚志訳）「中世政治思想における〈祖国のために死ぬこと〉」，『祖国のために死ぬこと』，みすず書房，1993 年，1–29 頁；エルンスト・H・カントーロヴィチ（小林公訳）『王の二つの身体　―中世政治神学研究―』，平凡社，1992 年，237–74 頁。フライジングのオットーやフィオーレのヨアキムを代表とする歴史神学の領域でも顕著に確認できる，12 世紀におけるアウグスティヌス的な図式からの離脱については，註 7 に挙げた文献や次の著作を参照のこと。池上俊一『ヨーロッパ中世の宗教運動』，名古屋大学出版会，2007 年。

34) F. -L. Ganshof, *La Flandre sous les premiers comtes* (Bruxelles, 1944); *Idem,* “La Flandre”, in: *Histoire des institutions françaises au moyen âge*, t. 1, ed. F. Lot and R. Fawtier (Paris, 1957), pp. 343–424; D. Nicholas, *Medieval Flanders* (London and New York: Longman: 1992), pp. 13–70; 斎藤絅子「中世フランドル伯領」，『岩波講座世界歴史 8　―ヨーロッパの成長　11–15 世紀―』，岩波書店，1998 年，101–23 頁。その他，フランドル都市の動向については，次の文献を参照。山田雅彦『中世フランドル都市の生成　―在地社会と商品流通―』，ミネルヴァ書房，2001 年。

35) P. Bonenfant and A. -M. Bonenfant-Feytmans, “Du duché de Basse-Lotharingie au duché de Brabant”, *Revue belge de philologie et d'histoire* 46 (1968), pp. 1129–65.

36) H. Patze, “Mäzene der Landesgeschichtsschreibung”, pp. 331–34. 本書で言及することの少ないフランスの歴史叙述については，次の諸文献を参照。鈴木道也「中世フランス王権と歴史叙述」，『社会文化研究所紀要』51 号（2002 年），135–154 頁；同「「フランス史」の誕生　―『シャンティイ年代記』から『フランス大年代記』へ―」，高田実・鶴島博和編『歴史の誕生とアイデンティティ』，日本経済評論社，2005 年，39–77 頁；同「『フランス大年代記』の普及とナショナル・アイデンティティ：歴史書叙述研究を巡る最近の動向から」，『西洋史研究』36（2007），21–41 頁；轟木広太郎「中世フランスの歴史叙述について　―比較の視点から―」，服部良久編『中世ヨーロッパにおける「過去」の表象と「記憶」の伝承　―歴史叙述・モニュメント・儀礼―』（京都大学大学院文学研究科　21 世紀 COE プログラム「グローバル化時代の多元的人文学の拠点形成」サブ・プロジェクト「ヨーロッパにおける人文学知形成の歴史的構図」国際セ

ミナー報告書), 2007年, 31-42頁。

37) 本書は, フランス語圏の中世ベルギー地域で生みだされた領邦年代記を扱っていない。これは筆者の能力的限界のゆえでもあるが, 他方でこの地域がフランドルやブラバントほど領邦年代記の華々しい展開を見なかったせいでもある。その例外としてはエノー地方が挙げられようか。事実, パツェの議論にも12世紀後半に執筆されたジルベール・ド・モンスの『エノー年代記』が登場する。農村的環境が支配的なエノーで生みだされ, 騎士的・封建的な要素の強いこの作品からは, たしかに本書が指摘するような領邦年代記の成立と都市的環境の関係性は窺うことができないように思われる。しかし, われわれはこの作品がフランドルとエノーの同君支配のもと, フランドルからの強い影響を受けた時期に出現したことを忘れてはならないだろう。ただし, 詳細な分析については, 他日を期さねばならない。

ベルギー地域以外に関しても一言付けくわえておこう。12世紀のドイツで, こうした南ネーデルラントの作品に質・量共に比肩しうるものは『ヴェルフェン家史』(1170年頃) のみである。1200年頃にはテューリンゲン方伯の私有修道院ラインハルツブルンで『ラインハルツブルン修道院年代記』が記される。その他いくつかの作品が記されているが, いずれにせよ規模・内容共に南ネーデルラントのそれに比べて物足りないものであるように思われる。それぞれの史料については, パツェの「建立者年代記」テーゼの議論を参照。また, こうした動向を簡潔に概観したものとしてブムケの前掲書も参照。

38) W. Reichert, "Herrschaftliche Raumerfassung und Raumgliederung im Westen des Reiches am Beispiel der Grafen von Luxemburg, 1200–1350", *Zeitschrift für histrische Forschung* 19 (1992), pp. 257–316.

39) この文化史研究とは狭義のものを指す。つまり, 従来の歴史学において文化史に含まれてきたものであり, 本書の対象とするような歴史叙述をはじめとする史料研究, 思想史・心性史研究などを指す。これらが, ベルギー史学界において社会経済史に対しマイナーな位置にあるというのがここでの趣旨である。音楽史や美術史など別種の研究者コミュニティを形成してきたものは, ここから除外されている。筆者はそれらについて語る用意はないが, 本章後半部で美術史に関連する近年の議論を若干紹介している。

40) ウィレムスは, フランスの影響力を忌避し, ゲルマン民族の同朋性を意識する大ネーデルラント主義の父と看做される存在である。1288年の低地地方全体を巻き込んだ戦闘ヴォーリンゲンの戦いを描いたこの年代記の序文で, ウィレムスは親ゲルマン的・反フランス的な愛国感情を顕わにしている。cf. J. -F. Willems, "Introduction", in: Jan van Heelu, *Rymkronyk betreffende den slag van Woeringen van het jaer 1288* (Brussel, 1836), pp. LXVIIIf.

41) R. De Schryver, "Tussen literatuur en wetenschap. Tweeëntwintig maal Belgische Geschiedenis, 1782–1872", *Bijdragen en mededeelingen betreffende de geschiedenis der Nederlanden* 87

(1972), pp. 396–410; F. Vercauteren, *Cent ans d'histoire nationale en Belgique* (Bruxelles, 1959). ヴェルコートランは，ベルギー史学100年の歴史を，「ロマン主義の歴史家たち」，「アルシヴィストの時代」，「19世紀の大学とアカデミーにおける国民史」，「政治的出来事の物語歴史家たち」，「ジュリストと制度の歴史家たち」，「国民史と19世紀の内政」と章立てしつつ概観している。また，王立歴史委員会の活動については以下の文献を参照。ここではピレンヌが委員会の100年史を描いており，それにつづいて100年の間に委員を務めた歴史家たち総勢40名の簡単な伝記が多くの歴史家たちによって記されている。cf. *Centnaire de la commission royale d'histoire 1834–1934*, (Bruxelles, 1934). その他，ベルギー独立後の歴史と歴史家をめぐっては，次の論集に収められた各論考を参照。cf. *Histoire et historiens depuis 1830 en Belgique*, ed. H. Hasquin (Bruxelles: Édition de l'université de Bruxelles, 1981). なお，筆者は現在，大学制度の発展も視野に入れたベルギー史学の形成について論文を準備中だが，ここでは差し当たり，次の報告原稿を参照。青谷秀紀「H. ピレンヌと近代ベルギー史学の形成」，早稲田大学高等研究所シンポジウム『近代学問の起源と編成』，早稲田大学，2010年3月15日。

42) この点を明言したものとして次の文献を参照。L・ジェニコ（森本芳樹監修）『歴史学の伝統と刷新　—ベルギー中世史学による寄与—』，九州大学出版会，1984年。来日時の講演をまとめたこの書物の第二章「ベルギーにおける中世史研究」（27–76頁）において，ジェニコはベルギーの中世史研究で最も重要な部分を占めているのが農村史であると指摘している。ジェニコの当時の見通しによれば，ベルギー学界ではピレンヌの影響で数十年の間都市史が隆盛を極めたが，その影響下を脱して近年都市史から農村史への関心の転換が見られるという。後に見るように，1980年代を境にピレンヌの影響力に何らかの変化が見られるとの見解は本書の立場とも一致するが，私見では依然として都市史研究の隆盛に翳りが見られるようには思われないし，都市史から農村史への変化が起こったとしてもベルギー学界の主要な関心事が社会経済史的問題であることに変わりはない。

43) 以下，特別に指定しない場合のピレンヌに関する伝記的情報については，次の文献に依拠している。佐々木克巳『歴史家アンリ・ピレンヌの生涯』，創文社，1981年。；河原温「ピレンヌ（アンリ）1862–1935」，『20世紀の歴史家たち　—世界編上—』，刀水書房，1997年，3–13頁。また次の文献にも，ピレンヌについての有力な情報がしばしば見いだせる。渡辺和行『近代フランスの歴史学と歴史家：クリオとナショナリズム』，ミネルヴァ書房，2009。

44) H. Pirenne, *Histoire de Belgique (5ème édition)*, t. I (Bruxelles, 1929), pp. XI–XVI. 正確には，この書物はまず1899年にドイツ語訳が出版されており，翌年にフランス語原版が出版されている。最終巻は1932年に完結する。なお，ここでは，「ジェルマニスム germanisme」と「ロマニスム romanisme」の語は，「ゲルマン的文化・要素」や「ラテン的文化・要素」といった意味合いで用いられていると思われる。

45)　アスカンは,「ピレンニスム」がピレンヌ死去の1935年前後まで大きな影響力をもったと述べている。彼によれば,「ピレンニスム」はピレンヌ死後フラマン地域で急速に影響力を弱めていく。そして,1960年代ワロン地域でもこの見解は衰退していく。しかし,ベルギーの国家像をめぐる同時代的議論においてはそうであったとしても,専門的な中世史研究の領域においては,ピレンヌの見解はさらに80年代に至るまでさまざまな形で影響力を行使するだろう。cf. H. Hasquin, *Historiographie et politique en Belgique (3ème édition revue et augmentée)* (Bruxelles et Charleroi, 1996), pp. 61–108.

46)　*La Fortune historiographique des thèses d'Henri Pirenne*, ed. G. Despy and A. Verhulst (Bruxelles, 1986). この報告集では,都市,経済,ブルゴーニュ公などのさまざまなテーマについて,ピレンヌのテーゼがたどった運命が論じられている。

47)　Galbert de Bruges, *Histoire du meurtre de Charles le Bon comte de Flandre (1127–1128) par Galbert de Bruges suivie de poésies latines contemporaines publiées d'après les manuscrits*, ed. H. Pirenne (Paris, 1891). なお本書では,この史料の形態から,また研究史上の慣例から『日記』という名称を用いる。

48)　史料情報については,本書第2部第2章を参照のこと。

49)　J. Rider, *God's Scribe. The Historiographical Art of Galbert of Bruges* (Washington, DC: The Catholic University of America Press, 2001); J. Rider and A. V. Murray, *Galbert of Bruges and the Historiography of Medieval Flanders*, (Washington, DC: The Catholic University of America Press, 2009). この点についても,詳しくは本書第2部第2章を参照。

50)　W. P. Blockmans, "Die Schlacht von Worringen im Selbstverständnis der Niederländer und Belgier", *Blätter für deutsche Landesgeschichte* 125 (1989), pp. 99–107.

51)　第3部第2章で詳しく論じるが,筆者自身の見解もここで補足的に記しておこう。まず,ヴォーリンゲンがブラバント民族意識の昂揚に作用したことは否定しないが,ブラバント民族意識の高まりはそれ以前のヘンドリク3世死去からヤン1世即位までの公位継承をめぐる内乱時に既に経験されていた。ちなみに,この民族意識が近代ベルギーのそれとは何ら重なりあうものでないことはいうまでもない。また,ブラバントの民族意識を最も明瞭に表現し,中世後期から近世にかけて影響力をもった歴史叙述もヘーリュの『韻文年代記』ではなく,内乱時に出現し,以後書き継がれてゆく系譜史料群である。しかし,史料の性質の違いもあるが,ピレンヌの『ベルギー史』において系譜史料が扱われることはなく,ヘーリュの年代記が盛んに引用されるのみである。cf. Pirenne, *op. cit.*, pp. 248–52.

52)　フランスからの侵攻を食い止めたとされるこの戦いの日,7月11日は1973年にフランドル地方の祝日となった。フランドル政府発行の以下の季刊誌では,かつてはこの戦いがまとっていた反フランス(語)感情は現在では消え失せたと述べられ,今やEUで最も繁栄した経済を誇る地域としてのフランドルを築いた,開放的な精神をアピールするための文化的な意義付けが7月11日とその祝祭になされている。cf.

Flanders 54 (2002), pp. 8–11.

53） Pirenne, *op. cit.*, pp. 249–53.

54） *ibid.*, pp. 413–35.

55） ピレンヌは1891年にコルトレイクの戦いに関する伝承を取り扱ったことがあったが，これはフランス民族主義的な傾向をもつ歴史家F・フンク・ブレンターノにより反フランス・親フランドル的傾向をもった研究として槍玉に挙げられた。フンク・ブレンターノはヘント大学のピレンヌの同僚にまでピレンヌ非難の手紙を送りつけたといわれているが，この非難がどこまでピレンヌのコルトレイク像に影響しているかは定かでない。なお，フンク・ブレンターノは老年までピレンヌ家をしばしば訪れており，両者の関係は微妙なものであった。この点については，佐々木の前掲書58頁以下を参照。

56） Pirenne, *op. cit.*, pp. 422f.

57） ただし，ピレンヌ以前かあるいは同時代にコルトレイクの階級闘争的側面を指摘した者が皆無だったわけではない。ピレンヌ以前のH・モケや同時代のA・フェルメイレンがそうした主張を行っていた。しかし，実証的に，言い換えれば学術的にこの点を主張し，また大きな影響力をもちえたのがピレンヌの『ベルギー史』であり，これを文明像と結合させた点がピレンヌの独自性である。この点については，次の文献が詳しい。cf. J. Tollebeek, “Le culte de la bataille des Eperons d’or de la fin du XVIIIe au XXe siècles”, in: *1302. Le désastre de Courtrai*, ed. R. C. Van Caenegem (Anvers: Fonds Mercator, 2002), pp. 194–239. とくに pp. 220f.

58） 運動については，次の文献を参照。cf. L. Gevers, “The Catholic Church and the Flemish Movement”, in: *Nationalism in Belgium. Shifting Identities, 1780–1995*, ed. K. Deprez and L. Vos (London: Macmillan Press, 1998), pp. 110–18.

59） Vercauteren, *op. cit.*, p. 198. 1856年創立のフラームス委員会 Vlaemsche Commissie がこれにあたる。

60） *ibid.*, p. 193. コンシァンスについては，次の文献も参照。cf. P. Raxhon, “Henri Conscience and the French Revolution”, in: *Nationalism in Belgium*, pp. 72–80.

61） 「ピレンニスム」の没落を含む一連の過程については，先のアスカンの議論を参照 cf. Hasquin, *op. cit.*, pp. 89–108.

62） L. Deam, “Flemish versus Netherlandish. A Discourse of Nationalism”, *Renaissance Quarterly* 51 (1998), pp. 1–33.

第2部

1） 第3部・第4部のリード文も含め，以下の概観では次の文献を参照。A. Kelders, “Middelnederlandse kroniekschrijving in de Zuidelijke Nederlanden. Een Vlaams-Brabantse

confrontatie", in: *Les chroniques de Hainaut ou les ambitions d'un prince bourguignon*, ed. C. Van den Bergen-Pantens (Turnhout: Brepols, 2000), pp. 23–28.

2） *Witgeri Genealogia Arnulfi Comitis*, ed. L. C. Bethmann, *MGH SS*. 9, pp. 302–4. この系譜の史料情報については，以下の第 1 章にて若干の説明を施している。

3） *Lamberti S. Audomari canonici Liber floridus*, ed. A. Derolez (Gand, 1968). ここには複数の支配家系の系譜が収録されており，フランドル伯の系譜もそこに含まれている。

4） *Flandria Generosa*, ed. L. C. Bethmann, *MGH SS*. 9, pp. 313–34. この史料については，第 4 部第 2 章を参照のこと。

5） *Cartulaire de l'abbaye de Saint-Bertin (Collection de documents inédits sur l'histoire de France)*, ed. B. Guérard (Paris, 1840).「カルチュレール cartulaire」とは，過去に発給された証書史料の編纂物を指し，「証書史料集成」と訳されもする。その詳細は，以下の本文を参照。

6） *Folcwini Diaconi Gesta Abbatum Sithiensium*, ed. O. Holder-Egger, *MGH SS*. 13, pp. 600–635. なお，フォルカンの作品の後には，12 世紀のシモンによる続編も収録されている。以下，フォルカンの作品について，ゲラール編纂のものに拠る場合は *Cartulaire*, MGH のヴァージョンに拠る場合は *Gesta* と表記する。また，これら以外にも同史料の断片的な編纂物はいくつか見られる。詳細は，データベースの Narrative Souces (www. narrative-sources. bel) を検索のうえ参照。

7） *Diplomata Belgica ante Annum Millesimum centesimum Scripta*, ed. M. Gysseling and A. C. F. Koch (Brussels, 1950), pp. 5–83.

8） J. -F. Lemarignier, "Les actes de droit privé de Saint-Bertin au haut moyen âge. Survivances et déclin du droit romain dans la pratique franque", in: *Recueil d'articles rassemblés par ses disciples. Structures politiques et religieuses dans la France du haut Moyen Age* (Rouen: Publication de Université de Rouen, 1995), pp. 15–52. この論文は，1950 年に発表された雑誌論文が論集に再録されたものである。その他，ガンスホーフは，9 世紀中頃に作成され，フォルカンにより『事績録』に挿入された所領明細帳の部分のみを，詳細な註釈を付して刊行している。cf. *Le polyptique de l'abbaye de Saint-Bertin (844–859)*, ed. F. -L. Ganshof (Paris, 1975). この史料の詳細な分析に基づいた 9 世紀の同修道院の社会経済史的状況については，最新の知見を盛り込んだ次の文献がきわめて多くのことを教えてくれる。森本芳樹「サン＝ベルタン修道院所領明細帳の分析」，『西欧中世形成期の農村と都市』，岩波書店，2005 年，123–188 頁。なお，森本も同論文註 23（174 頁）で，『事績録』全体の作成の動機と手続きが明らかにされる必要性を説いている。

9） R. -H. Bautier, "L'Historiographie en France au Xe et XIe Siècles (France du Nord et de l' Est)", in: *La storiografia altomedievale (SSCI 17)* (Spoleto, 1970), pp. 793–850.

10） Patze, "Adel und Stifterchronik", 100 (1964), pp. 15–21.

11） Geary, *Phantoms of Remembrance*. 証書史料と記憶の選択性についての議論は，同書の第 3 章 "Archival Memory and the Restructuring of the Past" において展開されている。

12)　K. Ugé, "Creating a Usable Past in the Tenth Century. Folcuin's Gesta and the Crises at Saint-Bertin", *Studi medievali* 37 (1996), pp. 887–903; *Idem.*, *Creating the Monastic Past in Medieval Flanders* (York: York Medieval Press, 2005). サン・ベルタン修道院については，第1部（pp. 17–94）で議論が展開されている。なお両文献を比較すると，2005年の著作でもフォルカンの著作自体に関する主張は大幅には変わっていないが，ここでは修道院初期に成立した聖人伝史料から12世紀の『事績録』継続版，そして最終的な展望として近世にまで議論がおよんでいる。

13)　Geary, *op. cit.*, pp. 100–107. ただし，9世紀の特定家系に関する証書のみは，末尾にまとめられている。

14)　*ibid.*, p. 96.

15)　Ganshof, "La Flandre", pp. 343–49; Nicholas, *op. cit.*, pp. 39–45.

16)　E. Freise, "Die 'Genealogia Arnulfi comitis' des Priesters Witger", *Frühmittelalterliche Studien* 23 (1989), pp. 203–43.

17)　Bautier, *op. cit.*, pp. 793–850.

18)　ルマリニエおよびガンスホーフについては先の註8に挙げた研究を参照。

19)　Geary, *op. cit.*, pp. 81–114.

20)　*Gesta*, p. 608.

21)　*ibid.*, p. 613.

22)　*ibid.*, pp. 620f. 一例を挙げれば，俗人による寄進が行われる二つの事例でフォルカンは証書を挿入していない。これらは，親族の修道院入りに際してなされているものである。

23)　Ugé, "Creating a Usable Past", pp. 895–99. なお，以下の議論も含め，証書の数は不正確なゲラール版でなく，ヒッセリンフとコッホの版にもとづいているが，所領明細帳はここに含まれていない。さらに，後者には王ロタールによる962年の文書（963年説もそこで提示されている）が収録されていない点も指摘しておく。これは，同版がフォルカンの執筆年を961年と想定しており，同文書を後世の者による挿入と看做しているためであるが，『事績録』の執筆を962年とする近年の研究にもとづいて，筆者はこの文書を考察に含めることとする。

24)　*ibid.*, pp. 890–95. 他の聖人伝史料とは異なり，『事績録』で，初代修道院長が聖ベルティヌスに帰されているのはユジェが指摘する通りである。これは明らかにフォルカンの史料操作によるものである。この操作でフォルカンが目指したのは，聖オメルスではなくベルティヌスの姿を偉大なものとして描き，サン・トメールの参事会員たちに対抗することだとユジェは指摘している。

25)　*Gesta.*, p. 607.

26)　*Vitae Audomari, Bertini, Winnoci*, ed. W. Lewison, *MGH SSrM.* 5, pp. 753–64; *Sancti Bertini Vita altera*, *AA. SS. Septembris* II, pp. 590ff.

27)　*Gesta*, p. 611. 他にも，ベルティヌスへの地所の寄進に関する叙述で，フォルカンが聖人伝の叙述を明記しつつ論拠としている箇所が存在する（p. 630.）。

28)　ベルティヌス死後のものも含めて，各文書について説明しておこう。括弧内の頁数はすべて *Cartulaire* によるものであるが，日付けはより正確なヒッセリンフとコッホのものを採用した。司教ムンモレヌスとベルティヌスの間での地所交換が王権に承認される文書（pp. 20ff）。682 年 10 月 23 日，王テオデリクスによって発給された，Attin におけるベルティヌスへの安全保障の承認文書（pp. 27f）。アマルフリドゥスなる人物による寄進とそれに伴う取り決めを王権が承認した 687 年 4 月の文書（寄進と取り決め自体は 685 年 2 月 8 日になされている。また，証書の後に 685 年のブランジ修道院の建立譚も併録されている。pp. 32ff）。691 年 6 月 1 日付けの王クロドヴェウスによる修道院の諸特権の承認文書（pp. 34ff）。王キルペリクスによる諸特権再認文書（pp. 42f）。717 年あるいは 719 年の王テオデリクスによる特権再認文書（pp. 44ff）。同王によって，別の地所に関して与えられた 721 年 11 月 10 日付け特権文書（pp. 46ff）。743 年 4 月 23 日付けの，王キルデリクスによるこれまでと同様の修道院諸特権再認文書（pp. 51f）。

29)　*Gesta*, p. 610.

30)　*ibid.*, p. 627. 928 年に，フォルカンの同名の父がその兄弟を伴って聖フォルカンの遺体を掘り出そうとしたとフォルカンは記している。これは“奉献 elevatio”と呼ばれる聖遺物崇敬の一形態で，聖遺物を正しい崇敬場所へと移す行為を指していると思われる。つづけてフォルカンは，この理由を父たちが聖人の最近親縁者だったからであるとし，これが果たされた後，修道士たちに聖人記念の会食が振舞われたことを伝えている。さらに，フォルカンは父と母の親族を述べたて，父方の親族に司教フォルカンがいることを示している。

31)　*ibid.*, pp. 614f. また，この人物がルイから獲得した特権証書もフォルカンは挿入しているが，その際，同人物は自らの虚栄心から王に特権承認を懇願したのだ，とまで述べているのである（p. 615）。

32)　*ibid.*, pp. 616ff.

33)　*ibid.*, pp. 618f. 死後，遺体の運搬の際や愛馬の死に際して起こった奇蹟の他，聖なる司教フォルカンの生前に見られた呪詛とその顛末も記されている。これは，同司教が 40 年間の在職で老齢に達しミサを挙げられなくなったため，ルイが代理の者を任命したところ，司教の呪いで代理司教やその関係者たちが次々と年内に死亡したというものである。ここでは，こうした呪いさえ，聖人の圧倒的な力を示す根拠とされているのである。

34)　*ibid.*, p. 614. シャルルマーニュが没し，ルイが跡を継いだと記した直後に，フォルカンはこの時代，テルアンヌに（司教）フォルカンという光が出現し，その功績は自らの乏しい才では描き尽くせないと述べている。

35)　*ibid.*, p. 616.

36)　ここでも各王の証書についての情報を提示しておこう。頁数の表示は *Cartulaire* による。まず，769 年 7 月のシャルルマーニュによる修道院特権の承認（pp. 57ff）。800 年 3 月 26 日，修道院所有の森林における狩猟権を同王が承認したもの（pp. 63f）。820 年 9 月 18 日，ルイが，森林における同様な権利を再認したもの（pp. 76f）。830 年 3 月 19 日，ルイがこれまでの王たちと同様に修道院諸特権を承認した証書（pp. 77ff）。835 年 8 月 13 日，院長交代に伴う，ルイによる諸特権の承認（pp. 82ff）。873 年 2 月 12 日，シャルル禿頭王による修道院諸特権再認の証書（pp. 119f）。877 年，同王による寄進（7 月 11 日［6 月 27 日の可能性もあり］：pp. 121f）と所有の承認（6 月 20 日：pp. 123ff）。時代は前後するが（866 年 7 月 25 日），『事績録』では最後にまとめて筆写されている寄進証書類の一部に含まれたもので，アダラルドゥスなる人物によって寄進された地所の権利を同王が承認したもの（pp. 162ff）。962 年 1 月 7 日付の西フランク王ロタールによる特権承認文書（pp. 149ff）。

37)　*Gesta*, p. 613.

38)　ヴァラフリド・ストラボ『ヴェッティヌスの幻視』，『中世思想原典集成 6　カロリング・ルネサンス』，平凡社，1992 年，395–436 頁。

39)　*Gesta*, pp. 613f.

40)　*ibid.*, p. 616. ルイの息子たちによる，840 年以来の帝国分割の様子が詳しく記されている。

41)　*ibid.*, p. 621. シャルルは，全教会人と民衆により選ばれたフンフリドゥスから院長職を奪い，ロタールから寝返ったヒルドゥイヌスを院長に据えたとされている。またこの時代，蝗による虫害，ノルマン人によるアンジュー地方への侵攻，飢饉や疾病の流行が立てつづけに起こった様も描かれている。

42)　*Gesta*, p. 622; *Annales Bertiniani*, ed. G. Waitz, *MGH SSrG* 5, pp. 136f; *The Annals of St-Bertin*, translated and annotated by J. L. Nelson (Marchester: Manchester University Press, 1991), pp. 202f.

43)　この編年誌の命名は，最古の写本がサン・ベルタン修道院に存在したことに由来する。その成立について，ここでは前註のネルソンの見解に依拠している。ネルソンは，この作品をサン・ベルタン修道院とは何ら関係のない国王宮廷周辺で成立した作品と看做している。詳細は，同書の pp. 1–19 を参照のこと。

44)　P. J. Geary, *Furta Sacra. Thefts of Relics in the Central Middle Ages* (Princeton, revised edition 1990; originally published in 1978). 聖人崇敬や聖遺物の性質については，とくに第 1 章と第 6 章に詳しい。

45)　こうしたイメージの理由として，次のようなものが挙げられるかもしれない。ルイの叙述の際に見たように，シャルルマーニュの私生児でありルイの弟である院長ユーグは悪魔の介入によって，フォルカンの時代にまで尾を引くサン・ベルタンとサン・トメールの対立に油を注いだ。これが，シャルルマーニュの淫蕩を告発する叙述の挿

入に繋がっている可能性もある。また，シャルル禿頭王の統治は“異教徒”ノルマン人の侵入を招き，そのためサン・ベルタンの僧たちの命も奪われた（*Gesta*, pp. 619f）。また，飢饉や病の流行も引き起こされ，この王の治世は暗い時代として描かれている。腐臭を放つ死体はこの報いであろう。しかし，フォルカンがサン・ベルタンを去りロッブ修道院に移った後，980年代になって仕上げたであろうと推測される『ロッブ修道院長事績録』においては，こうした王たちの否定的な形象は微塵も見られない。cf. *Folcuini Gesta Abbatum Lobiensium*, ed. G. H. Pertz, *MGH SS*. 4, pp. 52–74. この作品では，証書史料の類は挿入されていない。また，歴史叙述の部分もより簡潔で，修道院長の「事績録」に相応しい逸脱の少ないものになっている。シャルルマーニュたちについては，pp. 59ff を参照。

46）　*Cartulaire*, pp. 149ff. これは，954年に西フランクのルイ渡航王が死に，ロタールが跡を継ぎランスで聖別された旨を述べた後に突然挿入された証書である。ただし，後世の加筆と思われる証書導入の文章がゲラールの版には組み込まれている。

47）　非王権文書にしても890年3月28日付け，サン・タマン修道院との地所譲渡に伴う相互ミサ契約のもの（*Cartulaire*, pp. 131f）が最後であり，ロタールの文書よりもはるかに早い時期のものである。

48）　*Gesta*, p. 632.

49）　J. Dunbabin, “The Reign of Arnulf II, count of Flanders, and its aftermath”, *Francia* 16 (1989), pp. 53–65.

50）　なお，聖フォルカンはカロリング王家の血を引いている。フォルカンも同様である。フォルカンの高祖父がシャルル・マルテルの子でコルビー修道院長ジェロームである。しかし，フォルカンは父や母，そして聖フォルカンと自らの関係については詳細に語るにもかかわらず，この点については触れない。また，聖人伝史料ではその聖人の出自の高貴さを示す叙述が頻繁に見られるが，ここには聖フォルカンについてのそうした叙述も見られない。ゲラールは，自らのカロリング家からの出自を記さない点にフォルカンの謙虚さを見ているが（*Cartulaire*, p. II），もちろんこうした見解はあたらない。フォルカンは聖フォルカンの時代，つまり100年程前の時代よりも昔の過去についてもはや知りえなかったのか，それとも上記のようなカロリング家の王たちへの否定的な感情からこの点について黙したのか，いずれかであろう。しかし，この点については明らかなことはいえないので，ここではこれ以上立ち入らない。

51）　*Gesta*, pp. 627f. これは，後述する伯妃アデラの修道院入りに際してなされた寄進である。また pp. 631f. には，伯の長子ボードワンとザクセン人マティルダとの婚姻がサン・ベルタンで行われ，その際に修道院になされた寄進についての証人リストが記されている。

52）　フォルカンのこうした態度は，中世初期における口承世界と文書世界の並存を考えれば理解できる。文書が確かな記憶を保存し，口承は不確かなものであるという現代

的観念は，中世，とりわけ初期においては存在しなかった。当時においては，それらは同じ価値を有し，それぞれに補いあうものであったのであり，同等に価値をもつものであっただろう。したがって，フォルカンが10世紀の叙述に証書史料をそのまま挿入しなかったのは，生き証人たちの記憶によって叙述を構成しえたからである。こうした記憶における文書と口承の相補性については，ギアリの文献を参照。cf. Geary, *Phantoms of Remembrance*, pp. 12–16.

53) ユジェは，修道院と伯の間の緊迫した関係がフォルカンを数多くの証書史料の挿入へと導いたとしている。彼女によれば，アルヌールの手から所領の権利を守り抜くことが証書に帰せられた役割なのである。この解釈は，フランドル伯と修道院の関係が友好的なものではなかったという観点から提示されている。事実その根拠は，フォルカンの叙述に見いだせるようにも思われる。ここでは二つの出来事を提示しよう。まず，院長職をめぐる混乱である。9世紀から10世紀の変り目に，はじめてフランドル伯は叙述に登場する。この頃，カロリング家とロベール家の王位争いやそれに伴う混乱で王国が疲弊していた様子をフォルカンは記しているが，その最中に現れたのがフランドル伯ボードワン2世だった。ボードワンは修道院長の死に乗じて，自ら院長職を得ようと王のもとへと走る。サン・ベルタンの修道士たちはこれに反対し王のもとへ僧を派遣する。結局，修道士たちの見解が通る形で決着は着くが，これがもとで院長および修道院と伯および伯の家臣の間で血生臭い争いが展開され，院長の殺害にまで事態は発展するのである。この後，実行犯は教皇に破門され，院長職はボードワンの得るところとなった (Gesta, p. 624)。

もう一つの出来事は，伯アルヌール1世が導入した修道院改革である。伯であると同時に院長でもあったアルヌールは，ベルティヌスによって築かれた修道院戒律が廃れているのを嘆き，ブーローニュ出身のゲラルドゥスなる人物に修道院の改革を托す。944年には，この改革に賛同できぬ者は修道院を去るべしとの命令により多くの修道士がサン・ベルタンを去り，修道院は大きな危機を迎える。この後イングランドに逃れた者たちや神の導きで帰還した者たちについてもフォルカンは記し，帰還者についてはその名前のリストも提示している (pp. 628f)。

こうした出来事をフォルカンが記している点から，ユジェはフランドル伯と修道院の間の関係を緊迫したものと捉えているのである。しかし，筆者はこの見解には賛同できない。ボードワンについては，院長殺害で手を下したのはその家臣であり，フォルカンはその後修道院に同伯がもたらした功績も記している (p. 627)。また，たとえフォルカンのボードワンへの感情が快くないものだったとしても，それが後のフランドル伯家への感情に直結するわけではない。修道院と伯家が真に密接な関係を取り結ぶのはアルヌール1世からである。そして，そのアルヌールによる修道院改革がもたらした危機についてであるが，何より948年に少年のフォルカンを迎え入れたのはこの改革を経た直後の修道院だったのであり，改革を受け入れた修道士たちによりフォ

ルカンは修道士としての教育を受けたのである (p. 629)。そうしたフォルカンが，この改革について否定的な感情を有しているとは考えられない。そして何より，ユジェのいうようにフランドル伯と修道院が緊張関係にあり，アルヌールの手から修道院の権限を守りたいのであれば，伯からの寄進文書を真っ先にフォルカンは挿入したはずである。むしろ修道院は，アルヌール 1 世期から，以下の本文に見るように伯家の墓所としてフランドル伯と緊密な関係の内にあったと考える方がフォルカンの叙述をより説得的に説明できるだろう。

54）　墓所としてのサン・ベルタンについては，次の文献が詳しい。cf. K. H. Krüger, “Sithiu/Saint-Bertin als Grablege Childerichs III. und der Grafen von Flandern”, *Frühmittelalterliche Studien* 8 (1974), pp. 71–80.

55）　*Gesta*, pp. 628f. フォルカンはエドウィンを王としているが，実際にはイングランドの王エセルスタンの弟がエドウィンである。エドウィンは 933 年に王国の混乱から大陸へ逃れようとして海で遭難し，流れ着いた遺体がサン・ベルタンに埋葬されたという。なお，エセルスタンは弟の墓所であるサン・ベルタンに多くの寄進を行い，改革により同修道院を逃れた僧たちを受け入れた王でもある。その修道士たちも，後に神の幻視を見てサン・ベルタンに舞い戻ったと記されている。

56）　*ibid.*, p. 623.

57）　*ibid.*, p. 627.

58）　*ibid.*, pp. 627f.

59）　*ibid.*, pp. 631f. ボードワンは天然痘と思われる疫病でこの世を去った。この頃，修道院全体が神の怒りで疫病に襲われ，院長レゲノルドゥスや伯アルヌールも象皮病に罹り，隔離されていたとフォルカンは記している。

60）　*ibid.*, p. 627.

61）　Krüger, *op. cit.,* pp. 78ff. 以上の伯家の墓所に関する情報はクリューガーの文献に拠っている。

62）　*Gesta*, p. 612.

63）　*ibid.*, p. 612.

64）　*Gesta Abbatum Fontanellensium*, ed. S. Loewenfeld, *MGH SSrG* 28, p. 43. Et Hildericus rex, Meroingorum ex genere ortus, depositus tonsusuque ac in monasterio Sancti Audomari quod dicitur Sidiu trusus est. ただし，ここでは “サン・トメール修道院へ排斥された” と記されている。なお，『フォンタネル修道院長事績録』を含む，フォルカンの参照文献については，データベース Narrative Sources にて検索のうえ参照のこと。

65）　*Gesta*, pp. 616f. この移葬は，リスブールの街から行われ，テルアンヌで儀式が行われたと記されている。フォルカンは，神や聖人への敬意を高めるためにこれを記すのだと述べている。したがって，ユジェがいうように『事績録』では，ベルティヌスを高めるために相対的にオメルスの役割は減殺されているが，この聖人の威光が完全に黙

殺されているわけではない。

66)　*ibid.*, p. 630f. この“ライン遠征”では，王による寄進の他にも，同地の不敬な教会門番に下されたオメルスの怒り，その罰としての死も語られている。

67)　「移葬記」や「聖人伝」が，しばしば年代記などの歴史叙述のなかに記されること，歴史叙述作品とこれらの史料類型の境界がしばしば曖昧なものであることはギアリも指摘している。cf. Geary, *Furta Sacra*, pp. 9–15.

68)　*Gesta*, pp. 630f.

69)　*Historia relationis corporis S. Walarici*, *Recueil des historiens des Gaules et de la France*, nouvelle éd., tom. 9, pp. 147–149; *Ex Historia Relationis S. Walarici*, ed. O. Holder-Egger, *MGH SS*. 15–2, pp. 693–98.

70)　この点について若干補足しておこう。シント・ピーテルで本格的な歴史叙述作品である『編年誌』が執筆されるのは 11 世紀に入ってからであるが，同修道院で改革が実行された 941 年から 944 年の間に成立した寄進帳冒頭部に，自修道院の建立譚が付されている。これはほぼ同じ内容のまま次世紀の『編年誌』冒頭を飾ることになるが，厳密にはこれがシント・ピーテル最初の歴史叙述と考えることができる。cf. *Liber Traditionum Sancti Petri Blandiniensis*, ed. A. Fayen (Gent, 1906).

71)　*Une translation de reliques à Gand en 944. Le sermo de adventu sanctorum Wandregisili, Ansberti et Vulfranni in Blandinium*, ed. N. -N. Huyghebaert (Bruxelles, 1978). 次の古い版も存在する。*Ex Sermone de Adventu SS. Wandregisili, Ansberti, et Vulfranni*, ed. O. Holder-Egger, *MGH SS*. 15–2, pp. 624–31.

72)　*Gesta*, pp. 628f.

73)　*Ex Vita Bertulfi Renticensis*, ed. O. Holder-Egger, *MGH SS*. 15–2, pp. 631–41. なおこれまで，こうしたシント・ピーテルの聖遺物獲得は，同じくヘントに位置し，同程度の古い歴史を有するシント・バーフ修道院との対立関係という文脈で語られることが多かった。現実に両修道院の間では，10 世紀以来いずれが早くに建立されたのかをめぐって激しい論争およびパフォーマンス合戦が展開されており，この争いは 12 世紀前半にピークを迎えた後も中世後期まで存続する。こうした状況を鑑みると，これら両者の関係の方が，ここで論じているシント・ピーテルとサン・ベルタンのそれよりも，重要な政治的意味を帯びているように思われるかもしれない。しかし，ヘントの両修道院のうち，10 世紀後半段階でフランドル伯と密接な関係を築いていたのはシント・ピーテルのみであり，シント・バーフははるか遠方の神聖ローマ皇帝オットー 2 世の後援を頼みとするしかなかったことが知られている。したがって，フランドル伯と密接な関係を有する修道院ということであれば，サン・ベルタンとシント・ピーテルの間のライヴァル関係こそが重要な意味をもつのである。本章での議論は，在地レヴェルでの紛争の重要性を決して否定し去るものではないが，この時代の伯と修道院の関係や，これと関係する聖遺物の略奪などの伯領レヴェルでの華々しい展開などを見れ

ば，サン・ベルタンやシント・ピーテルの活動も，より大きな伯領レヴェルの文脈で捉えなおさねばならないことが明らかだろう。なお，ヘントの修道院間での争いについては，次の諸文献を参照。O. Holder-Egger, “Zu den Heiligengeschichten des Genter St. Bavoskloster”, in: *Historische Aufsätze dem Andenken an Georg Waitz gewidmet* (Hannover, 1886), pp. 622–665; G. Declercq, “Heiligen, lekenabten en hervormers. De gentse abdijen van Sint-Pieters en Sint-Baafs tijdens de eerste middeleeuwen (7de–12de eeuw)”, in: *Ganda & Blandinium. De gentse abdijen van Sint-Pieters en Sint-Baafs*, ed. G. Declercq (Gent: Snoeck-Ducaju & Zoon, 1997), pp. 13–40; *Idem*, *Traditievorming en tekstmanipulatie in Vlaanderen in de tiende eeuw: het Liber Traditionum Antiquus van de Gentse Sint-Pietersabdij* (Brussel, 1998); 青谷秀紀「中世ヨーロッパの修道院建立伝説」,『アジア遊学』115 (2008), 52–64 頁。

74) Geary, *Furta Sacra*, pp. 28–43. および pp. 108–28.

75) 上記の註 66 のエピソードを参照。

76) M. De Jong, “The Empire as Ecclesia: Hrabanus Maurus and Biblical *Historia* for Rulers”, in: *The Use of the Past in the Early Middle Ages*, pp. 191–226.

77) Galbert de Bruges, *De Multro, Traditione, et Occisione Gloriosi Karoli comitis Flandriarum (Corpus Christianorum Continuatio Medieualis)*, ed. J. Rider (Turnhout: Brepols, 1994)（以下，Galbert と表記）; Gauthier de Thérouanne, *Vita Karoli comitis Flandrie (Corpus Christianorum Continuatio Medaeualis 217)*, ed. J. Rider (Turnhout: Brepols, 2006); *Idem*, *Vita Karoli comitis Flandriae*, ed. R. Köpke, *MGH SS*. 12, pp. 537–61（以下，Gauthier と表記）; *Histoire du meurtre de Charles le Bon, Comte de Flandre (1127–1128)*, pp. 177–91. このピレンヌの編纂によるガルベルトゥスの作品には付録として，5 篇の哀悼詩と一つの墓碑銘が収録されているが，その 3 篇の詩がシャルルの殉教をうたっている。なお，ガルベルトゥス，ゴーティエとも本文テクストはライダー版を用いる。また，英訳として次のものを参照した。*The Murder of Charles the Good Count of Flanders by Galbert of Bruges*, trans. J. B. Ross (New York: Columbia University Press, 1959). 同文献には，次の邦語訳も存在する。『ガルベールの日記：中世の領域君主と都市民』，守山記生訳，渓水社，1998 年。

78) Galbert., c. 22, pp. 53ff, c. 43, p. 92f; Gauthier., c. 32, pp. 56f.

79) たとえば J・ドーントは，祭壇前で祈っている間に殺されたことを殉教の理由として挙げている。cf. J. Dhondt, “Une mentalité du douzième siècle. Galbert de Bruges”, *Revue du Nord* 39 (1957), p. 104.

80) H. Hoffmann, *Gottesfriede und Treuga Dei* (Stuttgart, 1964), p. 155.

81) N. W. Ingham, “The Sovereign as Martyr, East and West”, *Slavic and East European Journal* 17 (1973), pp. 1–17; R. M. Price, “Boris and Gleb. Princely Martyrs and Martyrology in Kievan Russia”, in: *Martyrs and Martyrologies*, ed. D. Wood (Oxford, 1993), pp. 105–15.

82) D. C. Van Meter, “Eschatology and the Sanctification of the Prince in Twelfth-Century Flanders: The Case of Walter of Thérouanne’s *Vita Karoli comitis Flandriae*”, *Sacris erudiri* 35

(1995), pp. 115–31; J. Deploige, "Political Assassination and Sanctification. Transforming Discursive Customs after the Murder of the Flemish Count Charles the Good (1127)", in: *Mystifying the Monarch. Studies on Discourse, Power, and History*, ed. J. Deploige and G. Deneckere (Amsterdam: Amsterdam University Press, 2006), pp. 35–54.

83) K. -F. Werner, "Königtum und Fürstentum im französischen 12. Jahrhundert", in: *Probleme des 12. Jahrhunderts* (*Vorträge and Forschungen 12*) (Sigmaringen: Jan Thorbecke, 1968), pp. 208f.

84) エランバルド一族については，J. B. Ross, "Rise and Fall of a Twelfth-Century Clan. The Erembalds and the Murder of Count Charles of Flanders, 1127–1128", *Speculum* 34 (1959), pp. 367–90; E. Warlop, *The Flemish Nobility before 1300* (Kortrijk, 1975), pp. 185–208. 他，事件の一連の過程とこの時期の社会構造については次の文献も参照。西村由美子「12 世紀フランドルの政治的転換期　―暗殺・復讐・そして反乱へ―」，『史学雑誌』第 106 号第 1 号（1997 年），64–82 頁。

85) ベルトゥルフの姪を娶ったロベールなる騎士が平和違反で訴えられ，訴えた騎士に決闘を挑むが，その騎士は非自由身分の者と結婚後一年すればその者も非自由身分になると主張し，ゆえに非自由身分たるロベールとの決闘を拒絶する。ここから，エランバルド一族の身分問題が生じることになる。こうした事情については前註の文献および次の文献を参照。青谷秀紀「12 世紀フランドルの政治的コミュニケーションと噂・風聞・世論」，『ヨーロッパ文化史研究』第 9 号（2008 年），1–45 頁。

86) "暗殺"の時期の研究には，主要なものとしてガルベルトゥスとゴーティエの他にトゥルネのエルマンの史料が利用されてきた。しかし，エルマンはシャルルの死後の奇蹟への詳細な言及を行っているにもかかわらず，シャルルを明確に"殉教者"と表現することはない。cf. Herman de Tournai, *Liber de restauratione S. Martini Tornacensis*, *MGH SS*. 14, pp. 286f. なお，シャルルの殉教を語る詩人たちについては史料状況などもあり，本章ではとくに分析の対象とはしない。しかし，これらの描くシャルル像は概ねガルベルトゥスやゴーティエによるものと合致しており，その作者も彼らに近い立場の教会人であったと思われる。

87) J. Rider, "Introduction", in: *De Multro, Traditione, et Occisione Gloriosi Karoli Comitis Flandriarum*, p. XIX.

88) N. Huyghebaert, "Gauthier de Thérouanne", in: *Dictionnaire d'histoire et de géographie ecclésiastiques 20* (Paris, 1984), pp. 115f.

89) 大まかに分けてガルベルトゥスの執筆時期は，①第 15–67 章および第 72–85 章（1127 年 3–5 月），②プロローグ，第 1–14 章，第 68–71 章，および第 86–92 章（1127 年 5 月 22 日以降），③第 93–122 章（1128 年 2 月 3 日–7 月 29 日以降）と考えられる。『伯シャルル伝』はその内容から，1127 年 9 月から 1128 年 2 月の間の時期に執筆されたと思われる。

90) Galbert, prol., p. 3; Gauthier, c. 8–10, pp. 33–36.

91）　R. Folz, *Les saints rois du moyen âge en occident (VIe–XIIIe sièles)* (Bruxelles, 1984), p. 55.

92）　未来の流血の予兆として，溝に血の色の水流が見られたことは Galbert, c. 14, p. 35. 悪魔の干渉は Gauthier, c. 25, pp. 49f. ユダヤ人への喩えは Gauthier, c. 27, pp. 51f.

93）　シャルルが起こしたとされる奇蹟は治癒の奇蹟（Galbert, c. 22, p. 55; Gauthier, c. 31, p. 56）と，死後 50 日以上たっても死体から悪臭がせず芳香さえ漂った奇蹟（Galbert, c. 77, pp. 129f; Gauthier, c. 48, pp. 72f.）である。

94）　この見解に対しS・クエは，ガルベルトゥスがブルッヘ市民の依頼によって，市民と第三者の間の決定や企てを確たるものとし，将来の何らかの対立において利用しうる資料を作成するために執筆を開始したという説を展開している。しかしこの見解はあまりに合理的に過ぎ，そのまま容認することはできない。cf. S. Coué, "Der Mord an Karl dem Guten (1127) und die Werke Galberts von Brügge und Walters von Thérouanne", in: *Pragmatische Schriftlichkeit im Mittelalter: Erscheinungsformen und Entwicklungsstufen (Münstersche Mittelalter-Schriften 65)*, ed. H. Keller, K. Grubmüler, and N. Staubach (München, 1992), pp. 108–129.

95）　J. B. Ross, "Introduction", in: *The Murder of Charles the Good Count of Flanders by Galbert of Bruges*, pp. 69f; Rider, *op. cit.*, pp. XXIIIff. しかしガルベルトゥスは結局この作品のパトロンを見つけられず，またゴーティエの作品にかなわないと見て一部仕上げを諦めた可能性が示唆されている。

96）　Folz, *op. cit.*, p. 63.

97）　G. Klaniczay, "From Sacral Kingship to Selfrepresentation. Hungarian and European Royal Saints", in: *The Uses of Supernatural Power. The Transformation of Popular Religion in Medieval and Early-Modern Europe*, ed. K. Margolis and trans. S. Singerman (Oxford, 1990), pp. 79–86. クラニツァイは，この図式を組み込み自身の理論的射程を発展させながら，より広範な時代，地域，事例を扱った総合的研究を発表している。*Idem*, *Holy Rulers and Blessed Princesses. Dynastic Cults in Medieval Central Europe* (Cambridge, 2002).

98）　*Idem*, "From Sacral Kingship to Selfrepresentation", pp. 86–91.

99）　Galbert, c. 68, p. 120; Gauthier, c. 2, 3, pp. 28ff.

100）　Klaniczay, *op. cit.*, p. 91.

101）　Folz, *op. cit.*, pp. 67ff.

102）　Klaniczay, *op. cit.*, pp. 82f.

103）　J. Dhondt, "Les《Solidarités》médiévales. Une société en transition: la Flandre en 1127–28", *Annales ESC* 12 (1957), pp. 555–60.

104）　*Histoire du meurtre de Charles le Bon*, pp. 186ff. 無名聖職者によるシャルルの「正義」のための殉教をうたう詩で「牧者の死により，羊たちの略奪が起こる……頭が切り離されて，至る所四肢が戦う，嘆くがいい，悲しむがいい，フランドルよ，娘が父にする如く……」とフランドルの混乱が語られる。中世後期の土地の擬人化や有機体論的イメー

ジについては，カントロヴィッチの前掲論文「中世政治思想における〈祖国のために死ぬこと〉」を参照。

105)　R・エルツ（吉田禎吾・内藤莞爾他訳）「死の宗教社会学　―死の集合表象研究への寄与―」，『右手の優越　―宗教的両極性の研究―』，垣内出版，1980 年，68 頁；カルロ・ギンズブルグ（竹山博英訳）「表象　―言葉・観念・事物―」，『ピノッキオの眼　―距離についての九つの省察―』，2001 年，128 頁。

106)　ウィリアム・E・ペイドン（阿部美哉訳）『比較宗教学』，東京大学出版会，1993 年，97–131 頁；中野実『宗教と政治』，新評論，1998 年，36–39 頁。

107)　Rider, *op. cit.*, p. XX.

108)　シャルルの殉教が言及されるのは，一応の平和確立後の第二執筆時期までの部分であり，とくに第 14 章まででシャルルの事績と称賛が語られる。ただ，これについては後に加筆修正された可能性もある。

109)　G. Koziol, "Monks, Feuds and the Making of Peace in Eleventh-Century Flanders", in: *The Peace of God. Social Violence and Religious Response in France around the Year 1000*, ed. T. Head and R. Landes (New York, 1992), p. 239. 平和運動導入の年代には諸説あるが，コズィオルは 1024 年としている。

110)　Hoffmann, *op. cit.*, pp. 143–58. 以下，平和運動の展開についてはホフマンに拠る。

111)　ガルベルトゥスの平和運動の叙述においてこの図式は明白である。Galbert, c. 1., pp. 5ff. なお近年の研究では，11 世紀中のフランドル伯の平和運動に対するイニシアティヴは従来考えられていたほど強いものでなかったともいわれている。しかし，フランドル伯が平和集会において一定の役割を果たしていたことは事実であり，少なくとも理念上，伯が平和の守護者と看做されていた点は間違いないだろう。

112)　J. Flori, "L'église et la guerre sainte de la《Paix de Dieu》à la《Croisade》", *Annales ESC* 47 (1992), pp. 453–66.

113)　Gauthier, c. 20, pp. 45f; Galbert, c. 9, pp. 21ff.

114)　Gauthier, c. 21, p. 46.

115)　Gauthier, c. 22, pp. 46f; Galbert, c. 10, pp. 23ff.

116)　R. C. Van Caenegem, *Geschiedenis van het strafrecht in Vlaanderen van de XIe tot de XIVe eeuw* (Brussel, 1954), pp. 179f. 1092 年のソワソンの「神の平和」では，伯の同意なく建てられた城を破壊する権利をフランドル伯が保有する規定がなされているが，それはこの事例と起源を同じくしている。

117)　Gauthier, c. 28, pp. 52f. …*Ego*, inquit, *ibo et Deo protectore securus ibo, ubi etsi me occidi forte contigerit, pro iusticia certe occumbere non tam periculosum quam gloriosum erit. De Uindicta vero Deus prouidebit.…Quod etsi contingeret nos occidi pro Ueritate, quid hac, queso, gloriosius morte? Quid enim martyrio excellentius in gloria?* Quod procul dubio, quantum ego conicio, non dixisset, nisi martyrii amore flagraret.

118) *ibid.*, c. 27, pp. 51f.

119) Galbert, c. 38, p. 88. Omnia enim, tam vitam propriam quam rem extrinsecam, injuste possidetis, quandoquidem sine fide, sine lege vos fecistis et idcirco omnes christiani nominis professores contra vos armastis quoniam principem terrae hujus pro justitia Dei et hominum tradidistis, in sacro quadragenario, in sacro loco, in sacris orationibus Deo prostratum.

120) *ibid.*, c. 61, p. 113.

121) Klaniczay, *op. cit.*, p. 92.

122) R. Bonnaud-Delamare, "Fondement des institutions de paix au XIe siècle", in: *Mélanges d'histoire du moyen âge dédié à la mémoire de Louis Halphen* (Paris, 1951), pp. 19–26.

123) Hoffmann, *op. cit.*, p. 155.

124) Ganshof, "La Flandre", pp. 372f.; É. De Moreau, *Histoire de l'église en Belgique II* (Bruxelles, 1945), pp. 222–28.

125) Galbert de Marchiennes, *Patrocinium S. Rictrudis*, *AA. SS.* Maii III, p. 153; André de Marchiennes, *Miracula S. Rictrudis*, *AA. SS.* Maii III, p. 105.

126) Eichenberger, *op. cit.*, pp. 212–20.

127) Folz, *op. cit.*, p. 58.

128) Galbert, c. 6, p. 17. … qui propter justitiam Dei exequendam et propter salutem eorum quos regebat more christiani rectoris occubuit.

129) 堀米庸三「中世後期における国家権力の形成」および「戦争の意味と目的」,『ヨーロッパ中世世界の構造』, 1976 年, 岩波書店, 210–80 頁。

130) Gauthier, c. 13, pp. 39ff. Ab uniuersis autem amabatur aut timebatur, ut in tanta effere multitudine gentis uix aliquis inueniretur qui statutis eius publicam ob utilitatem promulgatis uel in minimo contraire tutum arbitraretur.

131) Gauthier, c. 18, p. 44. …, quod ad communem utilitatem facere laborabat, ad suam depressionem fieri querebantur.

132) 渡辺節夫『フランス中世政治権力構造の研究』, 東京大学出版会, 1992 年, 19–21 頁。

133) Galbert, c. 47, p. 98.

134) Galbert, c. 51, p. 100.

135) Hoffmann, *op. cit.*, p. 155; Eichenberger, *op. cit.*, pp. 217ff. また, 飢饉の際の, 貧者や農民の保護を主眼とした具体的な伯の経済統制政策に「公共の福利」の語が用いられていることも, この観念のもつ世俗的・経済的要素を示している。Gauthier, c. 12, pp. 38f.

136) A. Vermeesch, *Essai sur les origines et la signification de la commune dans le nord de la France (XIe et XIIe siècles)* (Heule, 1966). もっとも, フランドル都市の場合, 北フランスのコミューン都市と都市発展の経過は異なる。

137) 堀米庸三「中世国家の構造」,『ヨーロッパ中世世界の構造』, 64–74 頁。

138) W・ウルマン (朝倉文市訳)『中世ヨーロッパの政治思想』, 御茶の水書房, 1983 年,

75–103 頁。

139) J・ペーターゾーンは，グレゴリウス改革以降の若干の聖人支配者の出現から，列聖承認に関する教皇庁の制限も聖人の類型よりその性質に関係するものであったとしている。これは，まさに12世紀を境に聖人王という類型の内部で，その性質が明白に政治性を帯びた殉教者のそれから証聖者的なものへ移りゆくことを説明しているであろう。cf. J. Petersohn, “Politik und Heiligenverehrung im Hochmittelalter, Ergebnisse und Desiderate”, in: *Politik und Heiligenverehrung im Hochmittelalter* (*VuF 17*), ed. J. Petersohn (Sigmaringen, 1994), pp. 601f. また，グレゴリウス改革期にフランスの奇蹟王権に関する沈黙が見られることも，改革と王権の関係を考えるにあたって示唆的である。cf. M・ブロック『王の奇跡　―王権の超自然的性格に関する研究，特にフランスとイギリスの場合―』，刀水書房，1998年。

140) 野口洋二『グレゴリウス改革の研究』，創文社，1978年，25–48頁。

141) カントロヴィッチ「法学の影響下での王権」，『祖国のために死ぬこと』，79頁。

142) Galbert, c. 114, p. 161.

143) ガルベルトゥスにどれだけグレゴリウス改革の影響が見られるかについては微妙な問題ではあるが，少なくともH・シュプレーンベルクはガルベルトゥスの法思想にグレゴリウス改革の強い影響を認めている。cf. H. Sproemberg, “Galbert von Brügge ― Die Geschichtsschreibung des flandrischen Bürgertums”, In: *Mittelalter und Demokratische Geschichtsschreibung. Ausgewählte Abhandlungen*, ed. M. Unger (Berlin, 1971), pp. 235–38.

144) Huyghebaert, *op. cit.*, pp. 115f.

145) Coué, *op. cit.*, pp. 124–29.

146) シャルルの崇敬が正式に教皇庁により承認されたのは，1882年である。また，この列聖に至るまでのシャルル崇敬については以下の文献を参照。cf. A. Duclos, *De geschiedenis van den zaligen Karel den Goede graaf van Vlaanderen* (Brugge, 1884), pp. 215–36; J. M. De Smet, “Bijdrage tot de iconographie van de Glz. Karel de Goede, Graaf van Vlaanderen”, in: *Studies over de Kerkelijke en Kunstgeschiedenis van West-Vlaanderen opgedragen aan Z. E. H. Michiel English* (Bruges, 1952), pp. 136f; *De Carolo Bono, Comite Flandriae, martyre*, *AA. SS.* Martii I, pp. 153f.

147) F. -L. Ganshof, “Les origines du concept de sovereigneté national en Flandre”, *Tijdschrift voor rechtsgeschiedenis* 18 (1950), pp. 135–58; R. C. Van Caenegem, “Democratie en rechtsstaat in het twaalfde-eeuwse graafschap Vlaanderen”, *Tijdschrift voor rechtsgeschiedenis* 61 (1993), pp. 205–15.

第3部

1) ここでもケルダースの概観を参考にしている。cf. Kelders, *op. cit.*, pp. 23–28.

2） Bonenfant and Bonenfant-Feytmans, *op. cit.*, pp. 1129–65.

3） A. Cauchie and A. Bayot, “Rapport sur les chroniques de Brabant”, *Bulletin de la commission royale d'histoire* 1900, pp. XXXVII–XCIII.

4） G. Despy, “Les Bénédictins en Brabant au XIIe siècle. La <Chronique de l'abbaye d' Afflighem>”, *Problèmes d'histoire du Christianisme* 12 (1983), pp. 51–116. アフリヘムの経済的繁栄については，邦語文献でも詳細な実証的分析が試みられている。次の諸文献を参照。舟橋倫子「12世紀修道院領の積極経営とは何か？ ―アフリヘム修道院領をめぐって―」，『ヨーロッパ中世世界の動態像 ―史料と理論の対話―』，九州大学出版会，2004年，397–414頁；同「12世紀ゼーラントにおけるアフリヘム修道院所領をめぐる一考察」，『史学』第76巻第1号（2007年），57–65頁。

5） 厳密には『編年誌』がデスピィの命名であって，『年代記』の呼称は諸研究でも用いられてきた。いずれも叙述スタイルからの命名であり，妥当なものといえよう。これらの史料については，デスピィの他，以下の文献も参照。V. Coosemans and C. Coppens, “De eerste kroniek van Affligem”, *Affligemensia. Bijdragen tot de geschiedenis van de abdij van Affligem*, 4 (1947), pp. 53–93; C. Dereine, “La “spiritualité apostolique” des premiers fondateurs d'Affligem (1083–1100)”, *Revue d'histoire d'ecclésiastique*, 54 (1959), pp. 41–65; *Idem*, “La critique de l'Exordium Affligemense et les origines de l'abbaye d'Affligem”, *Cahiers bruxellois*, 14 (1969), pp. 5–24; *Idem*, “Le problème de la date de fondation d'Affligem”, *Cahiers bruxellois*, 3 (1958) 179–186; J. P. Gumbert, “Wanneer werkte C? Over een Egmonds annalist en het Auctuarium van Affligem”, in: *Egmond tussen Kerk en wereld. Egmondse Studiën*, 2, ed. G. N. M. Vis and J. P. Gumbert (Hilversum: Verloren, 1993) pp. 183–191; Vanderputten, *op. cit.*, pp. 227–230; S. Bijker and R. Rech, “Auctarium Affligemense Sigeberti Gemblacensis Chronographiae”, in: *The Encyclopedia of the Medieval Chronicle*, ed. G. Dunphy (Leiden: Brill, 2010), p. 125.

6） *Sigeberti Gemblacensis Chronographiae Auctarium Affligemense*（以下 *Auctarium* と表記）, ed. P. Gorissen (Brussel, 1952), pp. 45–59.

7） *Auctarium*, pp. 55–58.

8） ここで，史料状況について説明しておこう。両史料とも，12世紀の写本は遺されていない。『編年誌』の状況についてはホリッセンの上記の研究に譲るとして，ここでは本章の議論で重要な『年代記』の状況について説明しよう。『年代記』には複数の写本が遺されているが，いずれも15世紀から17世紀にかけて写されたものであり，時にはそのまま，時には断片的に書き写され，さまざまな史料と共に写本に収録されている。MGHに収録されているものも，16・17世紀のこれらの写本のうち状態の良いものから採録されている。こうした状況からも，本来この史料がどのような形態で，どのような史料とともに綴じられていたのかを明らかにするのは難しい。このような写本状況を含めた史料情報と校訂版テクストについては以下の文献を参照。“De eerste

kroniek van Affligem", ed. Dom C. Coppens, *Affligemensia* 4 (1947), pp. 53–93. 本章では，『年代記』本文箇所はMGH収録の版（*Chronicon Affligemense*〔以下 *Chronicon* と表記〕, *MGH SS*. 9, pp. 407–17.）で示すが，適宜この版も参照した。そして，これにはオランダ語訳が収録されており，デスピィの研究に付されている詳細なフランス語要約と併せて参照した。なお，上記の校訂版発表後，新たに発見された最古のものと思われる15世紀前半の『年代記』写本については，本章第3節で若干の議論を展開している。

9） 修道院初期史を彩る伝説の虚妄を偶像破壊的に暴きたてるデスピィの研究には，アフリヘムの修道士史家が反論を行っている。その代表はW・フェルレイエンである。cf. W. Verleyen, "L'*Exordium Affligemense*: Légende ou réalité?", *Revue d'histoire ecclésiastique* 90 (1995), pp. 471–83.

10） *Auctarium*, pp. 100–105. 862年の項のボードワン1世鉄腕が最初に確認される伯の名前である。

11） *ibid.*, pp. 105–31.

12） *ibid.*, pp. 117f, 125–29. ルーフェン伯については，修道院への寄進の他，その死と埋葬が記されることが多い。ただし，ロタリンギア公として登場することもある。

13） *ibid.*, pp. 105–31. フランドル伯については神の平和集会から十字軍，その死と伯位継承まで，さまざまな事績が語られる。

14） *ibid.*, p. 119.

15） Despy, *op. cit.*, p. 66.

16） *Chronicon*, pp. 407–412.

17） Despy, *op. cit.*, pp. 70ff.

18） Geary, *Phantoms of Remembrance*, pp. 115–33. なお，当時の修道院建立と荒地の関係については，次の文献を参照のこと。cf. 末永正道「荒野 (eremus) の形成　―ラ・グランド・シャルトルーズ修道院の成立をめぐって―」，『西洋史学論集』22 (1984)，37–49頁；杉崎泰一郎『12世紀の修道院と社会』，原書房，2005年。

19） *Auctarium*, p. 116.

20） *Chronicon*, p. 407.

21） このエピソードを教化目的と見るデスピィに対し，フェルレイエンは，当時修道僧の離脱はありえたとし，建立者の離反という悲しい出来事を『編年誌』があえて記さなかったのではないかと述べているが，根拠に乏しい。cf. Verleyen, *op. cit.*, p. 473.

22） 領邦間の争いについては，1150年にナミュール・リエージュ間の争いが，1155年にブラバント・リンブルフ間の争いが，1159年にフリンベルヘンをめぐる争いが記されている。イングランド史については，1154年から1162年までの間の何年かにおいて王家の歴史を中心に叙述されている。十字軍関連の記事は，1149年，53年，57年，61年に見られる。とくに53年にはかなり詳しい叙述がなされ，57年にはフランドル伯の十字軍における活躍が記されている。

23) バルバロッサに関しては，1152年以来，55年のローマ行および戴冠やイタリア遠征など62年までほぼ毎年何らかの記事が見られる。

24) アルナルドについては1155年，聖ベルナールの名声と死については53年，ブリュッセルの奇蹟については52年に言及されている。

25) アフリヘムについては，1149年の第四代院長ペトルスの死，64年の院長の交代が記されている。そして，52年のブリュッセルの奇蹟にもアフリヘムの修道士たちがかかわっている。

26) Goetz, *op. cit.*, pp. 238–42.

27) シジュベールについても，ゲッツは盛んに言及している。とくにpp. 182–88. を参照。

28) Despy, *op. cit.*, p. 88. また，この点については本章註54も参照のこと。

29) *Auctarium*, pp. 117f.

30) Despy, *op. cit.*, p. 93.

31) *Chronicon*, pp. 412–15.

32) 寄進文書の三つの同時的機能として，「法的」legal，「歴史的」historical，「典礼的」sacralなそれが指摘されている。cf. Geary. *Phantoms of Remembrance*, p. 86.

33) Oexle, *op. cit.*, pp. 19–77.

34) Althoff, *op. cit.*, pp. 87ff.

35) ヨハネクの提示する事例は，この考えをよく表している。パツェも取り上げた11世紀後半バイエルンのエーベルスベルク修道院年代記にも，寄進財への干渉で神罰を受ける事例が記されているのである。cf. Johanek, *op. cit.*, pp. 147f. また，ギアリの研究も参照のこと。cf. Geary, *Phantoms of Remembrance*, p. 118.

36) Verleyen, *op. cit.*, pp. 476f.

37) *Chronicon*, pp. 415–17.

38) Despy, *op. cit.*, pp. 100–107.

39) とくに，第20章の7件はすべてがフランドル関連のものである。

40) たとえば第17章のエレンベルガによる寄進の際や，第20章におけるフランドル伯による寄進の際に「魂のため」，「記憶のため」という表現が見られる。しかし，そうした表現が見られなくとも，その名が寄進とともに記されている事自体が重要なことである。

41) Geary, *Phantoms of Remembrance*, pp. 81–114, とくにp. 96.

42) アフリヘムの「周年記念祷名簿」はフランス革命期に散逸したと考えられる。フェルレイエンが1993年に刊行したアフリヘムの『周年記念祷名簿』は，フェルレイエン自身が18世紀後半のベーダ・レガリウスによる『修道士人名録』等，関連史料から再構成したものである。*Necrologium van Affligem 1083–1992*, ed. W. Verleyen (Brussel, 1993).

43) *Liber Anniversariorum (1426–1427). Fontes Affligemenses 1*, ed. C. Coppens (Hekelgem, 1966). 写本は現在デンデルモンデの修道院に保管されている。こうした典礼関連史料の区分

と機能については，次の諸文献を参照。cf. N. Huyghebaert, *Les document necrologiques (Typologies des sources du moyen âge occidental)* (Turnhout: Brepols, 1972); 関口武彦『クリュニー修道制の研究』，南窓社，2005年。

44） Verleyen, *op. cit.* フェルレイエンは，この論考で，アフリヘムの娘修道院であったフラヌの『命日表』も利用して『年代記』の分析を行っているが，『記念の書』，『命日表』ともほとんどその分析に役立っているようには思われない。なお，フラヌの『命日表』は以下の形で刊行されている。*Obituarium Fraxinense (XIV–XV s.). Fontes Affligemenses 3*, ed. Dom W. Verleyen (Hekelgem, 1967).

45） エレンベルガの名は7月8日，ボードワンの名は10月24日の項に記されている。

46） *Liber Anniversariorum*, pp. 28–40.

47） それぞれ，上記の『命日表』の以下の項に記されている。エメリヌス（1月24日），ティバルドゥス（2月5日），ゲルドルフス（2月15日），ゲラルドゥス（4月1日），ハルゲルス（7月21日）。また，フェルレイエンによれば，散逸した『過去帳』にもこれらの名前は記されていたという。しかしいずれにせよ，この建立者たちがアフリヘムの典礼世界において微妙な位置にいたことは確かである。

48） 上記のデスピィの他，次の研究が参考になる。L. Genicot, “Monastères et principautés en Lotharingie du Xe au XIIIe siècle”, in: *Etude sur les principautés lotharingiennes* (Louvain, 1975), pp. 59–139.

49） アフリヘムの典礼史料に現れるルーフェン伯をはじめとする世俗諸侯については，以下のフェルレイエンの研究を参照。cf. W. Verleyen, “Het Affligems Jaargetijdenboek en het hertogelijk geslacht van Leuven”, *Affligem* 3 (1965), pp. 94–96; *Idem,* “Weldoeners uit het Affligemse Jaargetijdenboek”, *Affligem* 4 (1966), pp. 42–48.

50） *Handschriftliches*, ed. W. Wattenbach, *Neues Archiv der Gesellschaft für ältere deutsche Geschichtskunde* 7 (1882), pp. 628f. 幽霊の人物特定に関しては，フェルレイエンの論考を参照。cf. Verleyen, “L'*Exordium Affligemense*”, pp. 473f.

51） *Chronicon*, p. 408; *Auctarium*, p. 117.『年代記』のみならずそれに先行する『編年誌』においても，アデラがその二人の息子たちと共に認可を与えたとされている。しかし1150年頃作成の偽認可文書ではアデラが登場せず，それゆえこの文書を知っていたであろう『年代記』作者は意識的にアデラを登場させたのであり，単純に『編年誌』に影響されただけではない。いずれにせよ，『編年誌』を含む叙述世界と典礼世界にずれがあることに変わりはない。偽文書についてはデスピィを参照。cf. Despy, *op. cit.*, pp. 54–59.

52） *Auctarium*, pp. 69–76. ジルベールの経歴については，『編年誌』に付されたホリッセンの研究が明らかにしている。しかし，ジルベールは最終的に修道院の経済的肥太りとクリュニー的典礼世界に批判的となり，修道院を去ってシトー派に入会したという。

53） Despy, *op. cit.*, p. 114. ただし，改革を導入したというだけでクリュニーに従属してい

たわけではない。

54)　*Cartulaires de l'abbaye d'Affligem et des monastères qui en dépendaient*, ed. E. de Marneffe (Louvain, 1894–1901). エウゲニウス3世のものはpp. 121–24，ヴィクトル4世のものはpp. 174ff。

55)　*Chronicon*, p. 407. グレゴリウス改革とその余波が，当時の歴史叙述に大きな影響を与えていたことは，ゲッツの研究の至るところで言及されているが，『年代記』もこの文脈で言及されている。cf. Goetz, *op. cit.*, p. 267.

56)　*ibid.*, p. 409.

57)　池上俊一「12世紀の歴史叙述と歴史意識」,『中世の歴史観と歴史記述』, 創文社, 1986年，89–107頁。

58)　*Auctarium*, p. 99.

59)　Geary, *Phantoms of Remembrance*, pp. 177ff.

60)　Goetz, *op. cit.*, pp. 423ff.

61)　Despy, *op. cit.*, pp. 110–13.

62)　たとえば，ロッブ修道院におけるクリュニー改革導入による修道士たちの分裂については先に述べたし，12世紀サン・ベルタン修道院でも同様にクリュニー改革導入をめぐる分裂から，フォルカンの作品の継続版が現れたことは本書第2部第1章で述べた。

63)　中世の修道院共同体が，しばしば三世代の後記憶保持のために文書を記す必要を感じたことを，ファン・ハウツは指摘している。cf. E. M. C. Van Houts, *op. cit.*, pp. 28f.

64)　R. Stein, "Brabant en de Karolingische dynastie. Over het ontstaan van een histriografische traditie", *Bijdragen en mededeelingen betreffende de geschiedenis der Nederlanden* 110 (1995), pp. 329–351. 近世以降の作品例としてステインは次のものを挙げている。16世紀 : J. Molanus, *Historiae Lovaniensium libri XIV*, 2 vols., ed. P. F. X. de Ram (Brussel, 1861); A. Barlandus, *Rerum gestarum a Brabantiae ducibus historia* (Antwerpen, 1551); P. Divaeus, *Rerum Brabanticarum libri XiX*, ed. A. Miraeus (Antwerpen, 1610); 17世紀 : L. van Haecht van Goidtsenhoven, *Chroniicke van de hertogen van Brabant* (Antwerpen, 1606); J. Lipsius, *Rerum belgicarum annales, chronici et historici* (Frankfurt, 1620); F. Haraeus, *Annales ducum seu principum Brabantiae totiusque Belgii* (Antwerpen, 1623); F. C. Butkens, *Trophees tant sacres que profanes de la duché de Brabant* (Antwerpen, 1652); *Den luyster ende glorie van het hertoghdom van Brabant* (Brussel, 1699); 18世紀 : J. B. Gramaye, *Antiquitates illustrissimi ducatus Brabantiae* (Leuven, Brussel, 1708); J. le Roy, *Groot werreldlyk tooneel des hertogdoms Braband* ('s-Gravenhage, 1730); J. B. Chrispijn, *Les délices des Pays-Bas, ou description geographique et historique des XVII provinces*, 5dl. (Luik, 1769); De Cantillon, *Vermakelykheden van Brabant en deszelfs onderhoorige landen*, 4dln (Amsterdam, 1770); J. Desroches, *Epitomes historiae Belgicae libri septem*, 2vols. (Brussel, 1782–1783); 19世紀 : L. D. J. Dewez, *Histoire générale de la Belgique*, 7vols. (Brussel, 1805–1807). 1672年には，ブラバントのさまざまな出自神話を批判的に調査し，カロリング起源説を確定したド・ファッデーレの次の研究が存在することも指摘されている。J. B. de Vaddere, *Traité de l'origine des ducs et duché de Brabant et de ses*

charges palatines héréditaires (Brussel, 1672). また，中世から 19 世紀に至るまでのベルギー地域における歴史叙述の系譜については第 1 部第 2 章でも参考にしたド・スフレイフェルの文献を参照。R. De Schryver, *op. cit.*, pp. 396–410.

65) Cauchie and Bayot, *op. cit.*, pp. XXXVII–XCIII. ただし R・スレイデリンクは，近年，12 世紀半ばのアフリヘム修道院で君主の系譜が作成された可能性を提示している。写本の微妙な解釈を伴うこの説に対して，筆者はひとまず態度を保留せざるをえないが，今後，その点についてより立ち入った考察が必要とされることは間違いない。R. Sleiderink, *De stem van de meester. De hertogen van Brabant en hun rol in het literaire leven (1106–1430)* (Amsterdam: Prometheus, 2003), p. 19.

66) R・フォルツが，シャルルマーニュ伝説についての研究で『家系譜』に言及している。フォルツは，『家系譜』において繰り返しロタリンギアへの権利の主張が現れることから，この『家系譜』をブラバント公がロタリンギア王国再興の努力への後ろ盾として作成させたものであると述べている。しかし，これは推測にとどまっている。cf. R. Folz, *Le souvenir et la légende de Charlemagne dans l'empire germanique médiévale* (Paris, 1950), pp. 377f.

67) J. G. Heymans, *Vanden derden Eduwaert, coninc van Ingelant, hoe hij van over die zee is comen in meyningen Vrancrijk te winnen ende hoe hij Doernic belach. Uitgegeven met een inleiding over de Brabantse histriografie tussen ca. 1270 en ca. 1350* (Nijmegen, 1983), pp. 3ff. 公家系の危機と歴史叙述の出現を結びつけるヘイマンスの見解を，文学史家 J・D・ヤンセンスも引き継いでいる。ただヤンセンスの場合，13 世紀初頭以来の俗語文学の発展が系譜論出現の契機になっているとも述べている。しかし，これもまた論拠に乏しい。cf. J. D. Janssens, "De 'Renaissance van de 12^{e} eeuw' en de literatuur in de volkstaal in Brabant", in: *Brabant in de twaalfde eeuw. Een renaissance?* , ed. R. Bauer, e.a. (Brussel, 1987), pp. 65–112.

68) R. Stein, *op. cit.*, pp. 329–351.

69) P. De Ridder, "Dynastiek en nationaal gevoel in Brabant onder de regering van hertog Jan I (1267–1294)", *Handelingen van de koninklijke zuidnederlandsemaatschappij voor taal- en letterkunde en geschiedenis* XXXIII (1979), pp. 73–99.

70) 以上の経過については，主に次の文献を参照。cf. P. Avonds, "Brabant en Limburg 1100–1403", in: *Algemene geschiedenis der Nederlanden*, dl. 2, 1980, pp. 452–482; De Ridder, *op. cit.*, pp. 73–99.

71) *Genealogiae ducum Brabantiae*, ed. I. Heller, *MGH SS*. 25, pp. 385–413. 本章では，以下のものも併せて参照した。H. Bormans, "Deux chroniques inédits des années 1269–1271 contenant la généalogie de Charlemagne et des ducs de Brabant, tirée dus ms. no 77 de la bibliothèque de l'université de Liège", *Bulletin de la Commision royale d'histoire*, 3e serie no. X (1869), pp. 65–86; La Bibliothèque Royale, Bruxelles, nr. 10953., folio 143v–160r.

72) Stein, *op. cit.*, p. 333.

73) *ibid.*, pp. 336f. ステインと編者のヘラーの間で見解の異なる 1a，1b の系譜について若

干説明をしておこう。ヘラーは1a，1bの系譜に関して，ほぼ同じ頃に書かれたもので，1268年後半から1271年末までをその時期としている。実際，系譜はヤンが1268年に公位に就いたという文言で締めくくられているが，ステインはこれに対し1268年という叙述はローマ王リヒャルトからの受封を支配の始まりと看做したことから説明できるのであって，系譜の作成が1267年である可能性も示唆している。そして同時に，ヤンの最初の結婚が言及されていないことから，1270年2月までの成立期間を提示しているのである。

74) J. Appelmans, "The Abbey of Affligem and the Emergence of a Historiographic Tradition in Brabant (1268–1322)", in: *Medieval Narrative Sources. A Gateway into the Medieval Mind*, ed. W. Verbeke, L. Milis and J. Goossens (Leuren: Leuven University Press, 2005), pp. 163–180. ステインの系譜＝ニヴェル成立説は，上記の論文ではさほど明言されているわけではない。しかし，次の文献でははっきりとニヴェルが系譜作成の地として議論が展開されている。Stein, "De kroniek van Peter van Os en de Brabantse historiografie" in: *Cultuur in het laatmiddeleeuwse Noord-Brabant*, pp. 122–138.

75) *Cartularium Affligemense (1254–1309). Fontes Affligemenses* 22, ed. Dom C. Coppens (Hekelgem, 1977). 公家系とアフリヘムの親密な関係を示す文書が散見される。とくにルーフェン伯家との関係では，礼拝堂の建設（n. 7 [1254.2.25], pp. 5f.）や墓の建立（n. 45 [1258.1], pp. 26f）などが挙げられる。

76) もっともL・ジェニコによれば，こうした家系譜と年代記その他の類型の史料との混合は，家系譜史料の発展において常識的なものである。cf. L. Genicot, *Les généalogies (Typologie des sources du moyen âge occidental)* (Turnhout: Brepols, 1975), pp. 22ff.

77) 事実，ブラバント公は12世紀以来ロタリンギア（低ロタリンギア）公位を有していた。ロタリンギア公領自体はエノー伯領，ナミュール伯領など南ネーデルラント諸領邦を含んでいたが，1190年の帝国会議における皇帝フリードリヒ・バルバロッサの宣告で，ロタリンギア公位の有名無実化が決定した。以後，諸領邦へのロタリンギア公の権威も名目上のものにとどまった。

78) Jacob van Maerlant, *Spiegel Historiael, met de fragmenten der later toegevoegde gedeelten bewerkt door Philip Utenbroeke en Lodewijk van Velthem*, 4vols., ed. M. De Vries and E. Verwijs (Leiden, 1861–1879: fotomechanische herdruk Utrecht, 1982), resp. III/7, c. 56, vv. 29–34.

79) 本章が系譜史料を扱うにあたって一つ考慮しておかねばならないのは，系譜史料の校訂についての問題である。L・ジェニコは，MGHに収録された『ブーローニュ伯家の家系譜』の校訂版をひじょうに不完全な継ぎはぎのテクストとして非難する。そして，自身新たに発見したいくつかの原史料をくわえ，およそ現存する諸写本の徹底した比較研究を行った。そこから，こうした系譜研究における，写本の作成地・作成年代などを考慮した厳密な考察の必要性を説いた（cf. L. Genicot, "Prince territoriaux et sang calrolingien. La Genealogia comitum Bulonensium", in: *Etudes sur les principautés*

lotharingiennes, pp. 217–306)。もちろんそうした指摘は考慮に入れねばならないだろう。しかし筆者は，『家系譜』においては以下のような理由からMGH校訂版テクストの使用は可能であると考える。まず，ブーローニュ伯のものほど写本のヴァリエーションがなく，作成年代・作成地ともに固定されていること，それらの収録においてもブーローニュ伯のものより数が多いこと。そして，各写本に基づいた数種類の校訂版が存在し，それらとつき合わせることで原形の想定が可能であること。これらの理由から，本章では『家系譜』の厳密な考察が可能であると考えるし，ステインもまたそうした認識の上でテクスト系譜論を展開していると思われる。

80)　ブラバントではすでに11世紀にウィレム・ファン・シント・トルイデンなる人物によって書かれた『ブラバント人の歴史』という作品が存在しており，そこでは後にブラバント公となるルーフェン伯家系のトロイア人，カロリング家への繫がりが示されていたという説がある。しかし，14世紀後半のジャック・ド・ギーズの年代記によって言及されるのみで現存しないこの書物は，ステインの研究によって13世紀後半『家系譜』作成地のアフリヘム修道院からシント・トルイデンの修道院に移り院長となったウィレムの手になるであろうことが明らかにされている。したがって，やはり系譜の伝統は『家系譜』により始まると見てよいだろう。cf. Stein, *op. cit.*, pp. 345ff.

81)　Stein, *op. cit.*, pp. 340–351.

82)　*Genealogiae*, pp. 387f.

83)　*ibid.*, p. 396.

84)　Stein, *op. cit.*, p. 345.

85)　以上の経過については次の文献を参照。cf. J. J. Hoebanx, *L'abbaye de Nivelles des origines au XIVe siècle* (Bruxelles, 1952); *Idem*, "Un aspect de la politique ducale en Brabant au milieu du XIIIe siècle: Le duc Henri III et le chapitre de Nivelles", *Bulletin de la commission royale d'histoire* 127 (1961), pp. 129–161; *Idem*, "Nivelles est-elle brabançonne au moyen âge?", *Revue belge de philologie et d'histoire* 41 (1963), pp. 361–396.

86)　L. Genicot, "Monastères et principautés en Lotharingie du Xe au XIIIe siècle", in: *Etudes sur les principautés lotharingiennes*, pp. 59–139.

87)　Hoebanx, "Nivelles est-elle brabançonne au moyen âge?", p. 37.

88)　G. Melville, "Vorfahren und Vorganger. Spätmittelalterliche Genealogien als dynastische Legitimation zur Herrschaft", in: *Die Familie als sozialer und historischer Verband. Untersuchungen zum Spätmittelalter und zur frühen Neuzeit*, ed. P. -J. Schuler (Sigmaringen, 1987), pp. 203–309.

89)　*Genealogiae*, p. 392.　…et Ansgisus, quem pater suus Sanctus Arnulphus benedixit et progeniem eius, prophetando de ipsis, quod ipsi essent futuri reges Francorum hereditarii et imperatores Romanorum excellentissimi, et factum est ita. Hec benedictio cum unctione descendit in nobilissimam et sanctissimam prosapiam ducum Lotharingie et Brabantie, que tunc Austria vocabatur.

90) O. G. Oexle, "Die Karolinger und die Stadt des heiligen Arnulf", *Frühmittelalterliche Studien* 1 (1967), pp. 250–364.

91) 『家系譜』以後の作品におけるこのモチーフが，旧約聖書に対応していることはヘイマンスも指摘している。しかし，ヘイマンスはこの部分が後の年代記類にも現れることを指摘し，それによって『家系譜』が後の時代に影響を与えたことのみを論じているのであり，この叙述のもつ象徴的意味については何ら指摘していない。cf. Heymans, *op. cit.* p. 17.

92) B. Guenée, "Les généalogies entre l'histoire et la politique: La fierté d'être capetien, en France, au Moyen Age", *Annales ESC* 33 (1978), pp. 450–477.

93) S. Reynolds, *Kingdoms and Communities in Western Europe 900–1300*, second edition (Oxford, 1997), とくに pp. 250–331.; *Idem*, "Medieval *Origines Gentium* and the Community of the Realm", *History* 68 (1983), pp. 375–90; スーザン・レイノルズ「ナショナリズムとネイションの理念 —近代もしくはそれ以前—」鶴島博和監訳 / 谷口光男訳,『歴史評論』584号（1998. 12），5–22頁。; 江川溫「民族意識の発展」,『西欧中世史〔下〕 —危機と再編—』, 朝治啓三 / 江川溫 / 服部良久編著, ミネルヴァ書房, 1995年, 105–129頁。レナルズのネイション概念は，A・D・スミスのエトニ概念に対してより政治性を打ちだした点で異なるという指摘がある。これについては以下の文献を併せて参照。佐藤公美「S・レナルズ"ナショナリズムとネイションの理念 —近代もしくはそれ以前—"をめぐって」,『新しい歴史学のために』233号（1999.5），京都民科歴史部会，18–23頁；アントニー・D・スミス『ネイションとエスニシティ 歴史社会学的考察』巣山靖司・高城和義他訳，名古屋大学出版会，1999年。ただし，これに関しては次のように補足しておくことも必要だろう。スミスの議論は，ナショナリズムの近代主義者が力点を置く政治的側面に対するものとして，出自神話や歴史，価値，記憶などの象徴的領域にエトニの凝集力の本質を見るものであり，あくまでも「近代的」な政治性を排したものとしてエトニ概念が設定されている。そのためそれは，同じく出自神話や歴史といった象徴的領域に共同性という中世的政治原理との結合を見いだし，中世の民族意識に政治性をもたせるレナルズの議論と相容れないものではない。つまり，スミスのエトニ概念は，本来前近代的な政治性と必ずしも排除しあうものではないのである。

もう一つここで述べておかねばならないのが，中世初期の「部族史 Volksgeschichte」と呼ばれるジャンルと本章で扱うブラバント出自神話を表現した系譜との相違である。H・H・アントンは，中世初期の部族史叙述に関する研究史を整理する過程でこのレナルズの議論に言及している。事実，レナルズの議論は中世初期の部族史の出自神話にも対応したものとなっている。しかし，アントンが述べるように，レナルズの議論は中世盛期・後期をもその射程に含んでいる。筆者は，以下に論ずるようにレナルズの議論に依拠しているが，中世初期の部族史とブラバント民族意識の表現たる一連の

系譜史料群を区別している。その区別の根拠は，中世初期の部族史叙述のほとんどが，キリスト教的世界観の枠内において部族の歴史を語っているのに対して，ブラバントの系譜史料群は世俗的な性質のものであり，“民族”こそが歴史を描く際の基軸になっている点にある。この点については以下で論証されるだろう。部族史に関しては，アントンの研究と共に以下の研究も参照。cf. H. H. Anton, “Origo gentis-Volksgeschichte. Zur Auseinandersetzung mit Walter Goffarts Werk „The Narrators of Barbarian History“”, in: *Historiographie im frühen Mittelalter*, pp. 262–307; 出崎澄男「中世初期の民族史　―歴史記述にあらわれたシュタム意識―」，『中世の歴史観と歴史記述』，69–88 頁。

94) S. Boffa, “Les soutiens militaires de Jean Ier, duc de Brabant, à Philippe III, roi de France, durant les expéditions ibériques (1276–1285)”, *Revue du nord* 78 (1996), pp. 7–33.

95) R. Van Uytven, “Vorst, adel en steden. Een driehoeksverhouding in Brabant van de twaalfde tot de zestiende eeuw”, *Bijdragen tot de geschiedenis* 59 (1976), pp. 93–122.

96) ヘンドリク2世の遺言書については G. Bolan and E. Lousse, “Le testament d'Henri II, duc de Brabant (22 janvier 1248)”, *Revue historique de droit français et étranger,* serie 4, 18 (1939), pp. 348–387. 詳細な解説論文とともに原文史料が掲載されている。3世のものについては G. Bolan, “Le testament d'Henri III, duc de Brabant (26 février 1261)”, *Revue d'histoire ecclésiastique* 38 (1942), pp. 59–96. これにもまた，解説論文とともに原文史料が掲載されているが，後の中世オランダ語版史料も併録されている。

97) Van Uytven, *op. cit.*, pp. 93–99; E. Lousse, “Les deux Chartes romanes brabançonnes du 12 juillet 1314”, *Bulletin de la commission royale d'histoire* 96 (1932), pp. 1–47；川口博『身分制国家とネーデルラントの反乱』，彩流社，1995 年，223–249 頁。法的共同体としての領邦と領邦形成のプロセスをめぐっては，次の文献を参照のこと。cf. 服部良久『ドイツ中世の領邦と貴族』，創文社，1997 年。

98) G. Bolan, “Les deux versions du pacte d'alliance des villes brabançonnes de 1261–1262”, *Revue belge de philologie et d'histoire* 23 (1944), pp. 281–289.

99) Jan van Heelu, *Rymkronyk betreffende den slag van Woeringen van het jaer 1288*, ed. J. -F. Willems (Brussel, 1836), pp. 24ff. この集会には parlement という語が用いられているが，ヘーリュの執筆は 1290 年代初頭であって厳密に同時代のものではない。しかし，この公位移譲の現場に多くの騎士たち，市民たちが集っていたことは同史料やその註に付されたラテン語史料からも明らかである。

100) Reynolds, “Medieval *Origines Gentium*”, p. 390.

101) Van Uytven, *op. cit.*, pp. 93f.

102) Jacob van Maerlant, *Spiegel Historiael*, IV, c. 22, vv. 83–88. Noch wijf, no man, alsict vernam, /Ne was noit zwane, daer hi af quam, /Al eist dattem Brabanters beroemen, /Dat si vanden zwane zijn coemen./Si willen meer edelheit bescriven/Dan van mannen ende van wiven. P・アフォンスは，この Brabanters の語を「ブラバント公家の者たち」の意味で解釈しよ

うとしているが，マールラントは同史料の別箇所で公家のカロリング起源を記しており，『家系譜』についての何らかの知識をもっていたと思われる。そうすると，ここではより広範囲の「ブラバント人」が白鳥伝説を無邪気に信じているとマールラントは考えていたのだ，と解釈することも可能である。cf. P. Avonds and J. D. Janssens, *Politiek en Literatuur: Brabant en de Slag bij Woeringen (1288)* (UFSAL Brussel, 1989), p. 106.

103) “白鳥の騎士”の伝説に関しては，前註のアフォンスとヤンセンスの書物，とくに pp. 102–133. に詳しい。

104) Reynolds, “Medieval *Origines Gentium*”, pp. 378ff.

105) *Genealogiae*, pp. 389, 395.

106) Jan van Boendale, *De Brabantsche Yeesten, of Rymkronyk van Braband*, v. 1, ed. J. -F. Willems (Brussel, 1839), pp. 1f.

107) *Genealogiae (Chronica)*, p. 406. ただし，MGH 収録のこの史料では第 1 章からカロリング家について述べた第 36 章までが省略されている。そのため，ここでは，オリジナル史料であるブリュッセル王立図書館所蔵写本も参照している。La Bibliothèque Royale, Bruxelles, nr 8046., fol. 402r–420r.

108) *Genealogiae*, pp. 391, 397.『家系譜』1 ではヘンドリクを愚直にして無知，無力で醜い者とし，ヤンを愛すべき，大いに誠実で，聡明な者とする写本も存在する。また，『家系譜』2 ではヘンドリクがルーフェンで，ヤンがブリュッセルで生まれたと対照的に述べられ，反乱を起こしたルーフェンとヘンドリクの，そして新たに首都機能を担うに至ったブリュッセルとヤンの結びつきが強調される。cf. *Genealogiae*, p. 397.

109) *Genealogiae (Chronica)*, p. 411.

110) *ibid.*, p. 409.

111) *ibid.*, p. 407

112) この経緯については次の文献を参照。Van Uytven, *op. cit.*, pp. 93–99; Van Uytven, “Standenprivileges en -beden in Brabant onder Jan I (1290–1293)”, *Revue belge de philologie et d'histoire* 44 (1966), pp. 413–456.

113) van Boendale, *Brabantsche Yeesten*, p. 3. ブーンダレはウィレムの依頼でこの書を著わすことを明言している。なお，Yeesten の語は，ラテン語の Gesta に対応するものであるが，第 2 部で扱った『事績録』と区分するためにもここでは「列伝」という別の訳語をあてた。

114) *ibid.*, c. 1, pp. 5–10. なお，ライン・スヘルデ間の支配は『家系譜』1b にも現れるが，ここでは「アウストリア Austrie」の地と呼びかえられ，ブリティルディスの子孫＝フランク王国宮宰の支配と結びつけられている。cf. *Genealogiae*, p. 387.

115) Van Uytven, *op. cit.*, pp. 97f.

116) *Epistola ad Ducissam Brabantiae,* in: *Sancti Thomae de Aquino Opera Omnia iussu Leonis XIII P. M. edita*, Tomus XLII, Roma, 1979, pp. 359–78.

117)　P. Avonds, "'GHEMEYN OIRBAER'. Volkssoevereiniteit en politieke ethiek in Brabant in de veertiende eeuw", in: *Wat is wijsheid? Lekenethiek in de Middelnederlandse letterkunde*, ed. J. Reynaert e. a. (Amsterdam, 1994), pp. 164–180.

118)　R. Stein, "Jan van Boendales Brabantsche Yeesten. Antithese of synthese?", *Bijdragen en mededelingen betreffende de geschiedenis der Nederlanden* 106 (1991), pp. 185–197.

119)　J. Van Gerven, "Nationaal gevoel en stedelijk politieke visies in het 14de eeuwse Brabant. Het voorbeeld van Jan van Boendale", *Bijdragen tot de geschiedenis* 59 (1976), pp. 145–64.

120)　若干補足的な情報を付けくわえておこう。まず，第一に言語の問題である。当時のブラバントでは，13 世紀中にネーデルラント文学の作品が増加することからもわかるように，文学的領域でもそして行政の領域でもオランダ語が支配的になってゆく。とはいえ，ヘンドリク 3 世はフランス語で詩作を行ったし，系譜作成と同時期のアフリヘムのカルチュレールもしばしばフランス語で作成された。本章の議論でもわかるように，ニヴェル周辺もフランス語地帯だった。全体としてみれば，ブラバントは混成言語地帯だったわけである。しかし中世の場合，言語の相違は近代以降に想像されるような形で民族の相違を示すメルクマールとはならなかった。よって中世ブラバントにおいても，言語が民族意識醸成の妨げとなることはなかった。

もう一つ付けくわえておかねばならないのが，他者との関係性である。具体的には，近隣諸邦との関係における"ブラバント人"の外在的規定に関する問題である。13 世紀当時の西欧世界においては"ブラバント人"＝傭兵・悪辣な者であって，彼らが悪の代名詞的存在として捉えられることもしばしばであった。また，ブラバント公の対外債務が，異邦におけるブラバント諸都市の商人拘留や商品差し押さえを引き起こすこともあったし，恒常的な近隣諸邦との敵対関係も見られた。こうした他者との関係のなかで，"ブラバント人"の枠組みが外在的側面から規定されていったことも見逃せないだろう。とはいえ，やはり決定的だったのは漠然と信じられていた出自神話が歴史叙述の形をとって現れ，確定されたことである。言語の問題に関しては，江川，前掲論文，114–119 頁，および De Ridder, *op. cit.*, pp. 97f. を参照。他者との関係については De Ridder の同論文 98 頁以降および Janssens, *op. cit.*, pp. 91ff. を参照。

121)　R. Stein, *Politiek en historiografie. Het ontstaansmilieu van Brabantse kronieken in de eerste helft van de vijftiende eeuw (Miscellanea Neerlandica X)* (Peeters-Leuven, 1994). ただし，ステインが指摘しているように，こうした歴史叙述に見られる君主と都市の関係は，厳密にはあくまでも公家と都市エリートの間での緊密な関係であり，君主が都市に滞在するごとに莫大な出費を強いられた中下層の都市民は，ブリュッセルが宮廷都市であることを必ずしも歓迎していたわけではない。したがって，歴史叙述の成立の背後に，都市内でのエリートと中下層民の鋭い緊張関係が存在していたことは記憶しておくべきだろう。中世後期のブリュッセルと君主の関係については，次の文献を参照。藤井美男『ブルゴーニュ国家とブリュッセル　―形成期近代国家と中世都市―』，ミネルヴァ書房，2007 年。

122)　ただし，『いともすばらしきブラバント年代記』がアフリヘムで成立した点については近年異論が提示されている。J. Tigelaar, *Brabants Historie ontvouwd. Die alder excellenste cronyke van Brabant en het Brabantse geschiedbeeld anno 1500* (Hilversum: Verloren, 2006).

123)　ユリウス・カエサルあるいはオクタウィアヌスと親類関係にあるブラボーと白鳥にまつわる伝説は，14世紀前半には成立していた可能性がある。cf. W. van Anrooij, "Zwaanridders en historiografie bij Hennen van Merchtenen", *Spiegel der letteren* 36 (1994), pp. 279–306; R. Stein, "Historiografie en Literatuur", in: *Geschiedenis van Brabant van het hertogdom tot heden*, ed. R. van Uytven e. al. (Leuven: Davidsfonds, 2004), pp. 133–147. 本章では詳しく扱わないが，これに対するブーンダレの批判についても，上記のW・ファン・アンローイの文献を参照。

124)　J. -F. Willems, "Introduction", in: Jan van Boendale, *De Brabantsche Yeesten, of Rymkronyk van Braband*, pp. V–XXXVII.

第4部

1）　A. -L. Van Bruaene, *De Gentse memorieboeken als spiegel van stedelijk historisch bewustzijn (14de tot 16de eeuw)* (Gent, 1998), pp. 33–45. ここでは低地地方を含むヨーロッパ各地の都市年代記の特徴が概観されており，地域ごとの史料の性質および研究状況を知るのに便利である。なお，ごく限定された期間について，多くの文書史料を利用しながら都市の出来事を記した同時代史的な史料はフランドルにも若干存在する。cf. *Dagboek van Gent van 1447 tot 1470 met een Vervolg van 1477 tot 1515*, 2vols., ed. V. Fris (Gent, 1904). この史料については，次の文献を参照。V. Fris, "Ontleding van drie Vlaamsche kronijken", *Handelingen van maatschappij voor Geschiedenis en oudheidkunde te Gent* 3 (1900–1902), pp. 135–171. ドイツとイタリアを中心とする都市年代記については次の諸文献を参照。*Städtische Geschichtsschreibung im Spätmittelalter und in der frühen Neuzeit*, ed. P. Johanek, (Wien: Köln: Weimar, 2000); 瀬原義生『ドイツ中世都市の歴史的展開』，未来社，1998年，570–78頁；P・ヨハネク（轟木広太郎訳）「中世後期のドイツにおける過去の叙述と表象」，『中世ヨーロッパにおける「過去」の表象と「記憶」の伝承　—歴史叙述・モニュメント・儀礼—』，9–30頁；服部良久「序言：中世ヨーロッパの歴史叙述」，『中世ヨーロッパにおける「過去」の表象と「記憶」の伝承』，1–7頁；清水廣一郎『中世イタリア商人の世界　—ルネサンス前夜の年代記—』，平凡社ライブラリー，1993年；樺山紘一『異境の発見』，東京大学出版会，1995年，153–171頁；徳橋曜「記憶とアイデンティティ　—中世フィレンツェの都市年代記—」，『中世ヨーロッパにおける「過去」の表象と「記憶」の伝承』，67–78頁。その他，ネーデルラントを含むヨーロッパ全体の傾向については，次の文献も参照。河原温『都市の創造力』，岩波書店，2009年。

2）　こうした領邦年代記については，以下の研究を参照。A. Kelders, *De kronieken van*

Vlaanderen. Aspecten van de laat-middeleeuwse historiografie in de Flandria Generosa C, (onuitgegeven licenciaatsverhandeling, Universiteit Gent, 1990); *Idem.*, "'Tot verbreiding der kennis en ontwikkeling der vaderlandsliefde'. Kronieken ter perse", in: *Verhalende bronnen. Repertoriëring, editie en commercialisering*, ed. L. Milis, V. Lambert and A. Kelders (Gent, 1996), pp. 35–49.; *Idem*, "Middelnederlandse kroniekschrijving in de Zuidelijke Nederlanden. Een Vlaams-Brabantse confrontatie", in: *Les chroniques de Hainaut ou les ambitions d'un prince Bourguignon*, pp. 23–28.; *Idem*, "Laverend tussen de hof der historie en de warande der literatuur. Kroniekschrijving in het graafschap Vlaanderen", in: *Medioneerlandistiek. Een inleiding tot de Middelnederlandse letterkunde*, ed. R. Jansen-Sieben and others (Hilversum: Verloren, 2000), pp. 167–177. なお，ヘント大学に提出されたA・ケルダースの博士論文は中世後期フランドルの系譜年代記を論じたものであるが，同大学の中央図書館および学部図書館にも収蔵されておらず，残念ながら参照することができなかった。ただし，この博士論文をもとに書かれた上記の諸文献から，その内容をある程度窺うことはできる（Kelders, *Kronieken van Vlaanderen. Historie en historiografie in de laatmiddeleeuwse Flandria Generosa* [onuitgegeven doctoraatsverhandeling, Universiteit Gent, 1999]）。また，系譜年代記群とは独立した形で成立した中世後期フランドルにおける主要な歴史叙述については，次の文献が見取り図を提示してくれている。cf. V. Lambert, *Chronicles of Flanders 1200–1500. Chronicles written independently from 'Flandria Generosa'* (Gent, 1993). また，南部低地地方の修道院歴史叙述を包括的に分析した優れた研究としてファンデルプッテンの文献を参照。Vanderputten, *Sociale perceptie en maatschappelijke positionering in de middeleeuwse monastieke historiografie.*

3） H. Patze, "Mäzene der Landesgeschichtsschreibung im späten Mittelalter", pp. 331–370.; ヨハネク「中世都市における歴史記述と歴史の伝統」。なお，ここではR・ステインが近年提示した都市年代記の類型と叙述・受容の場をめぐる議論に立ち入る用意はない。ただし，従来「都市年代記」として漠然とイメージされてきた，都市の出来事のみを記す年代記類を特権視するのではなく，その内容が都市に関するものに限定されなくとも，都市という場で記され受容された様々な史料を都市の歴史叙述として扱い，都市民のアイデンティティを考察する際に広く活用しようという点に筆者も同意していることは，明記しておく。R. Stein, "Selbstverständnis oder Identität? Städtische Geschichtsschreibung als Quelle für die Identitätsforschung", in: *Memoria, Communitas, Civitas. Mémoire et conscience Urbaines en Occident à la fin du Moyen Âge*, ed. H. Brand, P. Monnet and M. Staub (Sigmaringen: Jan Thorbecke, 2003), pp. 181–202.

4） 以下，本章で言及するムグランの文献を除いて，フランドル史研究の文脈で本格的に都市民の歴史意識を論じているのは，註1に挙げたA-L・ファン・ブリュアーネによるヘントのMemorieboek研究のみであろう。Memorieboekとは，毎年8月15日に選ばれていたヘントの都市参事会員の名簿に，徐々にその都市の出来事が書き込まれるようになっていった歴史叙述の一種であり，近世まで書き継がれていったものも多

い。ファン・ブリュアーネは複数の Memorieboek の写本を比較検討しながら，都市を舞台とする事件・出来事の叙述に浮かび上がって来る都市民の歴史意識を明らかにしているのである。この史料については，次の文献でも簡潔に議論されている。Van Bruaene, "S'imaginer le passé et le présent. Conscience historique et identité urbaine en Flandre à la fin du Moyen Âge", in: *Memoria, Communitas, Civitas*, pp. 167–180.

5) S. Reynolds, *Kingdoms and Communities in Western Europe 900–1300*, pp. 250–331; *Idem*, "Medieval *Origines Gentium* and the Community of the Realm", pp. 375–390; 江川前掲論文，105–129 頁。

6) 本書第 3 部第 2 章を参照。他に，以下の文献も参照のこと。R. Stein, "Brabant en de Karolingische dynastie", pp. 329–351.; *Idem*, *Politiek en historiografie.*

7) *Genealogiae comitum Flandriae*, ed. L. C. Bethmann, *MGH SS*. 9, pp. 302–336. フランドル歴史叙述の出発点と看做されることもあったウィトゲル『伯アルヌールの系譜』については本書第 2 部第 1 章を参照。なお，ケルダースは，フランドルにおけるナショナルな歴史叙述の始まりを，ヘントのシント・ピーテル修道院のそれに見いだしている。cf. Kelders, "Middelnederlandse kroniekschrijving", p. 23.

8) 『フランドリア・ゲネローサ』とその俗語翻案物については，以下のものが刊行されている。これらの史料に関するさまざまな情報は，上記のケルダースによる諸文献の他，Narrative Sourcesに拠っている。*Catalogus et chronica principum Flandriae*, in: *Recueil des chroniques de Flandre*, I, ed. J. -J. De Smet (Bruxelles, 1837), pp. 19–257; *Kronyk van Vlaenderen, van 580 tot 1467*, 2 vols., ed. C. P. Serrure and J. P. Blommaert (Gent, 1839); *Dits de cronike ende genealogie van den prinsen ende graven van den foreeste van Buc dat heet Vlaenderlant, van 863 tot 1436*, ed. J. J. Lambin (Ieper, 1835); *Laetste deel der kronijk van Jan van Dixmude*, in: *Recueil des chroniques de Flandre*, III, ed. J. -J. De Smet (Bruxelles, 1856), pp. 30–109.

9) 16 世紀初頭のフィリップ・ウィーラントは，ブルゴーニュ貴族出身説に加え，リスボン Lisbonne 出身説も紹介している。これによれば，リーデリクはリスボン出身で王家の血を引継いでおり，シャルル・マルテルに奉仕するためフランスにやって来たという。cf. Philippe Wielant, *Recueil des Antiquités de Flandre*, in: *Recueil des chroniques de Flandre*, IV., ed. J. -J. De Smet (Bruxelles, 1865), p. 15.

10) Kelders, "Laverend tussen de hof der historie en de warande der literatuur.", pp. 167–177; *Idem*, *De Kronieken van Vlaanderen*, pp. 12–21.

11) *Dits die excellente Cronike van Vlaenderen beghinnende van Liderick Buc den eersten Forestier tot den laetsten die door haer vrome feyten namaels Graven van Vlaenderen ghemaect worden, achtervolghende die rechte afcomste des voors. Graven tot desen onsen doorluchtigsten Hooghgeboren keyser Karolo, altijdt vermeerder des Rijcx*, ed. W. Vorsterman (Antwerpen, 1531).

12) *Genealogiae comitum Flandriae*, p. 317.... Lidricus Harlebeccensis videns Flandriam vacuam et incultam ac nemorosam, occupavit eam. Hic genuit Inghelramnum comitem. Inghelramnus

genuit Audacrum. Audacer vero genuit Balduinum Ferreum.

13) Kelders, *De Kronieken van Vlaanderen*, pp. 14–16; *Kronyk van Vlaenderen*, vol. 1, p. 10. 正確には，リーデリクの父はディジョンの城主とされている。

14) 本節を締めくくるにあたって，若干の補足をしておく。先にフランドルでは古代の英雄が伯家の始祖となることはほとんどなかったと書いたが，じつのところ若干ながらトロイア人出自神話を利用した歴史叙述が存在する。これは15世紀末にヘントのドミニコ会修道院で記されたと考えられるフランドル年代記群の一つなのだが，ここでは通常のリーデリクに始まる系譜年代記の冒頭部に，独立的な形で，トロイア人に始まり15世紀のフランス王ルイ11世に至る系譜が記されている。時折フランドルにまつわる叙述が盛り込まれてはいるものの，基本的にはトロイア人からメロヴィング家，そしてカロリング家からカペー家，ヴァロワ家へとつづく歴代のフランス王の系譜を記したものである。しかし，687年，11年間の統治の後に没したフランク王ロタールの治世に，現在フランドルと呼ばれるビュクの地の支配が始まるとされており，その理由としてロタールの娘イドネ（あるいはイドネア）をリーデリクが娶ることが挙げられている。こうして，フランドル伯の家系がリーデリクの妻イドネを通じてトロイア人にまで遡るとされるのである。そして系譜が記された後，具体的なリーデリクの叙述で年代記は幕を開ける。ロタールの娘イドネを妻とする叙述は他の『フランドル年代記』にも見られるが，ここを結節点として伯家系とトロイア人家系を関連づけている点にこの史料の特徴がある。Gent, Universiteitsbibliotheek, hs. 433, fol. 8r. 系譜は fol. 7r. から fol. 13v. までつづく。ここで写本ではなく，1531年刊行の『すばらしきフランドル年代記』における叙述についても触れておかねばならない。この作品でも，年代記本文はトロイア人の移住の物語と，リーデリクがトロイア人の末裔であるフランク王家の娘イドネと結婚するエピソードによって幕を開ける。ただし，この作者不詳の年代記の編纂と刊行は，次章で詳しく述べるようにアントウェルペンの印刷業者のイニシアティヴによるものだったのであり，この作品をもってフランドルにおけるトロイア人出自神話の流布を指摘するのは難しい。その他『すばらしきフランドル年代記』の2章からなる序文では，第1章にてフランドルの地誌的説明がくわえられた後，トロイア人のロタリンギア（ここではフランドル，ブラバント，エノーを意味する）移住や諸都市の建設，ユリウス・カエサルの事績などが物語られる。一人称で語られるこの序文をどのように解釈するかはひじょうに難しい問題だが，年代記の冒頭を地誌的叙述で飾る手法，そしてとりわけカエサルの事績に関する叙述が『いともすばらしきブラバント年代記』を想起させるものである点から見て，やはりこれらの叙述にもフランドル人の出自信仰の自然な表れを見いだすのは難しいように思われる。

なお，やはり次章で詳しく扱うことになる16世紀ブルッヘの人文主義者ヤコブス・メイエルスは，フランドル人がかつてギリシア語を話していたことが複数の編年誌に記されていたと証言している。このギリシア語を話すベルガエ族がトロイア人の子孫

なのかどうかはわからないが，もしそうであるなら，メイエルスが参照したという編年誌が上記の『フランドル年代記』だった可能性もある。Jacobus Meyerns, *Rerum Flandricarum, Tom X* (Bruges, 1842), p. 83.

15) Johannes de Thilrode, *Chronicon Sancti Bavonis*, ed. J Heller, *MGH SS*. 25, p. 560. Iste Gayus Iulius construxit nobile castrum et famosum supra Scaldam et Legiam propter decentiam et oportunitatem loci in hyeme quiescendum et in estate contra regem Cassibellaunum Britannie bellandum, quod nunc Anglia nuncpatur; quem regem et regnum dewicit totaliter. Gayus imposuit nomen castro suo a nomine suo Gayo Ganda, quod primo appellabatur Odnea. Quod nunc est monasterium Sancti Bavonis a sancto Amando episcopo constructum; ubi prius colebatur Mercurius… Iste Gayus Iulius, quando devicerat Britanniam et versus Romam pergebat, reliquit quosdam nobiles barones suos ad custodiendum castrum suum Ganda; unde postmodum cives Gandenses originem acceperunt. なお，p. 565 にも同様な叙述が見られる。

16) V・フリスは，1333 年にフランドルを訪れたペトラルカによる，ヘント人が自らの都市は「ユリウス・カエサルにより建立されたことを自慢している」との証言を紹介しているが，典拠は不明であり，筆者も確認することはできなかった。しかし，この証言を信用するならば，カエサルによる建立伝説は都市民の間でかなり広範に流布し，吹聴されていたことになるだろう。cf. V. Fris, *Tableau de la Flandre au début du XVIe siècle. D'après le journal de voyage du cardinal Louis D'Aragon (1517–1518) et l'essai sur la Flandre de l'historien Jacques De Meyere (1530)* (Gand, 1910), p. 3.

17) J. -M. Mœglin, "Saint-Bavon de Gand", pp. 927–941.

18) Wielant, *op. cit.*, p. 240. ただし，この後に英雄による建立伝説とはかけ離れた現実的な名前の由来も語られており，若干後のヤコブス・メイエルスはこの説を支持している。「他の者によれば，彼ら（市民）がそこで毛織物を縮絨するのにとても相応しい 'tYpre と呼ばれる川からイープル Ypre と呼ばれているのだという。」Ypre est la troisiesme ville et le tiers membre de Flandre flamingant, et a prins nom d'ung prince anglois, nommé *Ypreborus*, comme dict maistre Jehan Van den Broucke en sa cronicque, lequel Ypreborus, deschassé du roy Damelo, vint résider en Flandre et feist ung chastel qu'il nomma des deulx sommiers syllables de son nom Ypre. Autres dient qu'elle est appelée Ypre d'une eaue, qu'ilz ont là fort bonne et singulière pour fouler draps, nommée *'tYpre*. cf. Jacques De Meyere, *op. cit.*, p. 73. ウィーラントの作品については，次の文献を参照。cf. V. Fris, "Les Antiquités de Flandre de Philippe Wielant", *Compte rendu des séances de la commission royale d'histoire* 70 (1901), pp. 393–407; Lambert, *op. cit.*, pp. 149–167.

19) Wielant, *op. cit.*, p. 257. Loys de Cressy privilégia en l'an mil IIIc XXIIII la ville de Courtray, laquelle du temps des Romains se souloit nommer *Curia Trajani*.

20) *Merkwaerdige gebeurtenissen, vooral in Vlaenderen en Brabant, 1377–1443, van Olivier van Dixmude*,

ed. J. -J. Lambin (Ypres, 1835).

21） Lambert, *op. cit.*, p. 155.

22） L. A. Warnkönig, *Flandrische Staats-and Rechtsgeschichte bis zum Jahr 1305*, vol. 1 (Tübingen, 1835), p. 98. ヴァルンケーニヒは，これが Colonia Trajani である可能性を示唆している。

23） K. Tilmans, “De humanistische stedenmythe. Cultuurkritiek avant-la-lettre”, in: *De pijn van Prometheus*, ed. R. Aerts and K. Van Berkel (Historische Uitgeverij, 1996), pp. 68–82.

24） Jacobus Meyerus, *op. cit.*, p. 80. この史料については以下の文献を参照。A. Dewitte, “Jacob de Meyere historiograaf met een vertaling van de boeken IX en X van zijn *Flandricarum Rerum Libri X* uit 1531”, *Handelingen van het genootschap voor geschiedenis* 134 (1997), pp. 112–143; Fris, *Tableau de la Flandre au début du XVIe siècle*; *Idem*, *Notes sur les œuvres historiques de Jacques de Meyere* (Bruxelles, 1920).

25） ブルッヘについて，ウィーラントは Brugstocq という小集落から名前が採られたと述べているが，これは君主側の系譜年代記がブルッヘの前身を Brughstoc としている叙述と一致している。メイエルスは，橋を意味する brugga という言葉に都市名が由来するとしている。Wielant, *op. cit.*, p. 239; *Kronyk van Vlaenderen*, vol. 1, p. 4; Jacobus Meyerus, *op. cit.*, p. 71.

26） 註 18 を参照。

27） 斎藤絅子「中世フランドル伯領」，『岩波講座世界歴史 8 ―ヨーロッパの成長 11-15 世紀―』，岩波書店，1998 年，101–123 頁。；河原温『中世フランドルの都市と社会 ―慈善の社会史―』，中央大学出版部，2001 年，23–28 頁。

28） この点でムグランの見解にも触れておかねばならない。ムグランは，ヘントの建立伝説が出現した契機として，シント・バーフ修道院とシント・ピーテル修道院の争いを指摘している。第 2 部第 1 章で紹介したように，ほぼ同時期に聖アマンドゥスにより建立された両修道院は，中世初期以来，自修道院の優越を主張して激しく争ってきた。そのなかで，ヘントの発祥の地はシント・バーフの地にあるということを主張するために，カエサルによる建立伝説が登場したのだという。ただし，ヨハンネスの叙述が伯領全体に関わる事項も含んでいることから，彼の年代記が，シント・バーフとヘントおよびフランドルの歴史的アイデンティティの関係をめぐる問題にまで射程の及ぶものであったことも指摘している。Mœglin, “Saint-Baron de Gand”, pp. 929–937.

29） 註 25 を参照。

30） ブルッヘでは 1436 年から 2 年間大規模な反乱が起こるが，その鎮圧後フィリップ善良公の弟と私生児が相次いでシント・ドナース教会参事会長に就任している。これについては，次のプロソポグラフィー研究を参照。R. De Keyser, *Het St. Donaaskapittel te Brugge (1350–1450). Bijdrage tot de studie van de hogere geestelijkheid tijdens de late middeleeuwen*, (onuitgegeven doctraatsverhandeling, Katholieke Universiteit te Leuven, 1972). また，反乱の全般的動向については，次の文献を参照。J. Dumolyn, *De Brugse opstand van 1436–1438*

(Kortrijk-Heule, 1997).

31) Kelders, “Middelnederlandse kroniekschrijving”, p. 24.

32) 『フランドル年代記』には，ブルッヘで成立したイタリア語版も存在する。cf. S. Corbellini, “Cronache de singniori di Fiandra. Een Italiaanse kroniek van Vlaanderen”, *Handelingen van het genootschap voor geschiedenis* 134 (1997), pp. 102–111. なお，フランドルに特有な四者会議やこれと君主の関係については，以下の文献を参照。畑奈保美「ブルゴーニュ時代初期（14 世紀末–15 世紀初頭）におけるフランドル四者会議」，『西洋史研究』23 (1994)，65–87 頁；同「15 世紀初頭フランドルにおける高等バイイの「追放」事件」，『比較都市史研究』17 (1998)，29–42 頁；同「ブルゴーニュ時代フランドルのシャテルニー統治：14 世紀末–15 世紀中葉ブルフセ・フレイエ統治組織の人的構成」，『史学雑誌』116 (2007)，1497–1522 頁；同「中世末期のフランドルにおけるドイツ・ハンザ問題　―ブルゴーニュ時代フランドル四者会議の記録より―」，『ヨーロッパ文化史研究』10 (2009)，147–177 頁。

33) 川田順造『無文字社会の歴史　―西アフリカ・モシ族の事例を中心に―』，岩波現代文庫，203–218 頁。

34) 川田前掲書，60–70 頁。また，このフランドルの事例では，歴史の始点そのものについては，支配的地位にある君主家系のそれの方が騎士道文学的な空想的色彩を強くもっており，被支配的地位にある都市民の建立伝説の方がより現実的・歴史的な性質を帯びている点にも注意せねばならない。これには中世ヨーロッパの文化的特徴が影響しているのかもしれない。騎士道的理想がもてはやされていた中世ヨーロッパ，あるいはこの場合フランドルでは，支配者側の歴史の始点に騎士道的理想がもちこまれることがあり，君主の系譜年代記の冒頭部は叙事詩的性質を帯びることになったのだといえよう。

35) W. P. Blockmans, “Alternatives to Monarchical Centralisation. The Great Tradition of Revolt in Flanders and Brabant”, in: *Republiken und Republikanismus im Europa der frühen Neuzeit*, ed. H. Koenigsberger (München, 1988), pp. 145–154.

36) Johannes de Thilrode, *op. cit.*, p. 563. Prima fundatio ecclesie sancti Bavonis antiquior est Lidrico primo comiti Flandrie in centum et octoginta quatuor annis. なお，ムグランは，14 世紀後半のサン・ベルタン修道院が同様な論法を駆使していたことを指摘している。Moeglin “Land, Territorium und Dynastie”, pp. 38f.

37) *Ibid.*, pp. 566f. Heinardus abbas rexit ecclesiam sancti Bavonis, qui fuit tempore Karoli Magni et tempore Lidrici, qui fuit primus forestarius et regnavit primitus in Flandria nomine anno ab incarnatione Domini 792. Tempore Karoli Calvi imperatoris comitatus Flandrie exordium habuit. Fuerunt ante forestarii sub rege Francie. Lege superius in capitulo Karoli impetratoris. Heinardus abbas concessit licentiam Lidrico primo forestario Flandrie et Audacro venandi in silva Sancti Bavonis que Heimarsttrist nuncupatur, sub conditione, ut de omni

venatione sua darent abbati decimum cervum vel bestiam.

38） この点については，ヨハンネスの叙述がシント・ピーテル修道院との対立関係に影響されている点に注意しなければならない。これについては，上記のムグランの研究を参照。

39） *Annales sancti Bavonis Gandensis*, in: *Recueil des chroniques de Flandre*, I, pp. 437–451. p. 442では，リーデリクが782年にフランドル伯領を授けられたとされている。

40） *Chronicon sancti Bavonis, scriptum sub finem seculi XV ab auctore anonymo*, in: *Recueil des chroniques de Flandre*, I, pp. 453–588. 以上の叙述についてはp. 456。14世紀前半の君主側の年代記には，リーデリクが自らの妻フランドリヌFlandrineの名から領土をフランドルと名付けたと記されている。*Istore et Cronigues de Flandres*, ed. K. De Lettenhove (Bruxelles, 1879), pp1f. cf. Moeglin, "Land, Territorium und Dynastie", p. 38.

41） *ibid.*, p. 458. Anno DLVII, Finardus, tyrannus et praedo, fit forestarius Flandriae. Hic homo giganteae formae rapinis mercatorum coepit ditari; nec ausus fuit aliquis dominium hujus tyranni ingredi propter saevitiam ejus. Quia si bona capienda sui non invenissent, aliquoddam membrum intrantibus auferebant, sicque a mutilatione membrorum et spoliatione bonorum sui satellites Vlamingi nuncupati sunt. Hoc ergo vulgari eloquio nomen Flandriae intulit: quidem a *vlaen* et *myncken* acceptum est, ut scribit Adrianus *But*, monachus Dunensis.

42） *ibid.*, p. 459.

43） *Chants historiques et populaires du temps de Charles VII et de Louis XI,* ed. M. Le Roux De Lincy (Paris, 1857), pp. 42–47. 該当部分はp. 44. A nient venrra ce que Liedric/Mist en honneur quant il regna, /Ortingny le Roy gentil/Devant Ledric te deserta; Mais Ledric te renlumina/Et te mist en grande plaisance, /Par son Gand qu'il ediffia; Or est ce Gand en desplaisance. この詩では，12世紀のフランドル伯に対する反乱や1302年のコルトレイクの戦い，1382年のローゼベークの戦いなど，フランドル史上重要な反乱と戦闘がうたいこまれている。

44） *Kronyk van Vlaanderen*, vol. 2, p. 218. Item, ten hende van der Peperstraten was gemaect een stellagie waer up dat ghetoght was de figure van Gayus, den keyser van Rome; die was d'eerste stichtere van Gend, sittende in eenen keyserlykensetel...

45） これは，1440年までの記録をもちブルッヘで成立した『フランドル年代記』の継続版で，1450年から1467年までのヘントを中心とした叙述が付加されているため，ヘントで執筆されたと考えられている。これらの史料に関しては，差し当たりNarrative Sourcesを参照。

46） この反乱と入市式，そして活人画の詳細な分析については，次の文献を参照。河原温「十五世紀フランドルにおける都市・宮廷・儀礼　―ブルゴーニュ公のヘント「入市式」を中心に―」,『宮廷と広場　―出会いと創造のトポス―』，高山博・池上俊一編，刀水書房，2002年，207–227頁。また，反乱全般については，次の文献を参照。J.

Haemers, *De Gentse opstand (1449–1453). De strijd tussen netwerken om het stedelijke kapitaal* (Kortrijk–Heule, 2004). 入市式全般と1515年のオーストリア大公カールによるブルッヘへの入市式については，次章の議論を参照。

47) この点については，次の研究文献中の表を参照。cf. E. Lecuppre-Desjardin, *La ville des cérémonies. Essai sur la communication politique dans les anciens Pays-Bas bourguignons* (Turnhout Brepols, 2004), pp. 379f.

48) こうした公家のイメージ戦略については，次の文献を参照。M・ボーネ（青谷秀紀訳）「都市は滅びうる　―ブルゴーニュ・ハプスブルク期低地地方（14–16世紀）における都市破壊の政治的動機―」，服部良久編訳『紛争のなかのヨーロッパ中世』，京都大学学術出版会，2006年，278–308頁。また，カエサルを代表とする古代の英雄たちと君主との比較・同一視は，本文中の図29のようにフィリップの息子シャルル突進公の時代に，より頻繁に見られるようになる。歴史叙述の領域では，宮廷修史官ジャン・モリネがこうした傾向を代表している。cf. M. Zingel, *Frankreich, das Reich und Burgund im Urteil der burgundischen Historiographie des 15. Jahrhunderts* (Sigmaringen: Jan Thorbecke, 1995), pp. 164–194.

49) 表象の多義性については，次の文献を参照。P・ストリブラス，A・ホワイト（本橋哲也訳）『境界侵犯　その詩学と政治学』，ありな書房，1995年。

50) ボーネ前掲論文を参照。

51) *Relation des troubles de Gand sous Charles-Quint par un Anonyme, suivie de trois cent trente documents inédits sur cet événement*, ed. L. P. Gachard (Brussels, 1846), pp. 101f.... avant que icelluy monnasterre y fut fondé, ung petit chasteau y fait par les Romains, du temps de Julius César, lorsqu'ilz concquirent les Gaulles et la ville des Nerviens qui est à present nommée Tournay...

52) ヨハンネス・デ・ティルローデの叙述に，ガリア人征服の叙述がまったく見られないわけではない。ただし，あくまでもヨハンネスの叙述では，城塞はイングランド遠征のためのものであり，ローマ人がヘント人の祖先であると明記されている点が重要である。cf. Johannes De Thilrode, *op. cit.*, p. 561. Post victoriam Gallorum Cesar Romam revertitur.

53) Wielant, *op. cit.*, p. 8. Des meurs et conditions anciennes de ceuls de Flandres ne se trouve rien par escript, mais il faict bien à pressupposer que Flandres se régloit aux meurs et conditions des Belgiens, dont ilz estoient membres. Et dict Jule César, en descrivant les meurs et conditions des Belgiens, que les Belgiens estoient les plus fiers et les plus forts de tous les Gaulois, et qu'il avoit en plus de peine à les vaincre et subjuguer que tout le remenant de Gaule. ウィーラントの他にも，フランドル人文主義を代表するメイエルスの『フランドル史提要』のなかで，ガリア人をフランドル人の祖先とする著者たちの存在が示唆されている。それによれば，ネルヴィ族の配下にいたPleumosios族がフランドル人Flamingosで，Gordunos族がコルトレイク人Curtracensesかヘント人Gandavensesで

あると主張する者たちがいるという。ただし，メイエルスはこれらについて証拠が見当たらないとし，フランドル諸都市のガリア起源説を批判しており，フランドル人の祖先をゲルマン人と見ている点にも注意せねばならない。Jacobus Meyerus, *Compendium chronicorum Flandriae* (Nürnberg, 1538), fol. 10r.

54) D. Van Den Auweele, G Tournoy and J. Monballyu, "De bibliotheek van Mr. Filips Wielant (1483)", *Lias* VIII (1981), pp. 145–187. なお，ここにタキトゥスの名前あるいはゲルマニアの文字は見当たらない。ウィーラントが『フランドル古事記』を執筆するのは16世紀初頭であり，この目録の作成時期とは若干の開きがあるものの，こうした蔵書の傾向が前注で述べたメイエルスの叙述との差をもたらしているのかもしれない。

55) カエサルに関してはムグランも同様な指摘をしている。しかし，彼はその論稿の冒頭で『ヘント騒乱記』の巻末に付されたヨハンネス・デ・ティルローデの抜粋と思われる建立伝説を史料として引用しているにもかかわらず，筆者が註51で引用した箇所に言及していない。またガリア人に関する指摘も見られない（Mœglin, "Saint –Bavon de Gand", pp. 927f）。これは，上記の引用箇所のあと，無名作者が，城塞が立てられた地はもともと沼沢の多い地域であり人がほとんど住んでいなかったと記していることに拠るのかもしれない。しかし，フランドル人の祖先がガリア人であるという当時のウィーラントなどの見解を考慮に入れれば，ヘント人の祖先も当然ながらガリア人と考えられたはずであり，征服者カエサル＝カール5世対被征服者ガリア人＝ヘントの都市民を含むフランドル人という構図に変わりはない。このような対立の構図にもとづきつつ，修道院の城塞化を正当化するテクスト上でヘントの建立伝説のアプロプリアシオンが試みられたことが重要である点を指摘しておきたい。なお，近世フランスにおいてローマ人，フランク人，そしてガリア人の出自神話が，対立の構図のもと各階層によってどのように利用されたのかについては，次の文献を参照。轟木広太郎「中世フランスの歴史叙述について　—比較の視点から—」，『中世ヨーロッパにおける「過去」の表象と「記憶」の伝承　—歴史叙述・モニュメント・儀礼—』，31–42頁；阿河雄二郎「近世フランスの歴史記述　—フランス「国民」の起源問題を中心に—」，『関西学院史学』36（2009），51–78頁；高橋薫『歴史の可能性に向けて：フランス宗教戦争期における歴史記述の問題』，水声社，2009年。

56) H. Pleij, "Humanisten en drukpers in het begin van de zestiende eeuw", in: *Eer is het lof des deuchts. Opstellen over renaissance en classicisme aangebonden aan Dr. Fokke Veenstra,* ed. H. Duits, A. J. Gelderblom and M. B. Smits-Veldt (Amsterdam: De Bataafsche Leeuw, 1986), pp. 211–224. その他，フォルステルマンについては以下の文献も参照。A. Rouzet, *Dictionnaire des imprimeurs libraires et éditeur belges des XVe et XVIe siècles dans les limites géographiques de la Belgique actuelle* (Nieuwkoop: B. De Graaf, 1975).

57) A. -L. Van Bruaene, "L'écriture de la mémoire urbaine en Flandre et en Brabant (XIVe–XVIe siècle)", in: V*illes de Flandre et d'Italie (XIIIe–XVIe siècle). Les enseignements d'une comparaison*, ed. É.

Crouzet-Pavan and É. Lecuppre-Desjardin (Turnhout: Brepols, 2008), pp. 149–164.

58) Van Bruaene, *Om beters wille. Rederijkerskamers en de stedelijke cultuur in de zuidelijke Nederlanden (1400–1650)* (Amsterdam: Amsterdam University Press, 2008).

59) H. Pleij, "De laatmiddeleeuwse rederijkersliteratuur als vroeg-humanistische overtuigingskunst" In: *Liefde en Fortuna in de Nederlandse letteren van de late middeleeuwen.* Speciaal nummer van *Jaarboek Koninklijke soevereine hoofdkamer van retorica 'De Fonteine' te Gent* 34 (1984), pp. 65–95.

60) H. Soly, "Plechtige intochten in de steden van de Zuidelijke Nederlanden tijdens de overgang van Middeleeuwen naar Nieuwe Tijd: communicatie, propaganda, spektakel", *Tijdschrift voor Geschiedenis* 97 (1984), pp. 341–361; P. Arnade, "The Emperor and the City. The Cultural Politics of the Joyous Entry in early 16th Century Ghent and Flanders", *Handelingen der Maatschappij voor Geschiedenis en Oudheidkunde te Gent* 54 (2000), pp. 65–92; W. Blockmans and E. Donckers, "Self-Representation of Court and City in Flanders and Brabant in the Fifteenth and Early Sixteenth Centuries", in: *Showing Status. Representation of Social Positions in the Late Middle Ages (Medieval Texts and Cultures of Northern Europe Series)*, ed. W. Blockmans and A. Janse (Turnhout: Brepols, 1999), pp. 81–111; G. Kipling, *Enter the King. Theatre, Liturgy and Ritual in the Medieval Civic Triumph* (Oxford, 1998); *Idem*, "The King's Advent Transformed. The Consecration of the City in the Sixteenth-Century Civic Triumph", in: *Ceremonial Culture in Pre-Modern Europe,* ed. N. Howe (Notre Dame: University of Notre Dame Press, 2007), pp. 89–127.; 上尾信也「Musica pacis et guerrae：戦争と平和の音楽　―皇帝カロルス 5 世の入市式にみる王権の音楽表象」,『国際基督教大学学報』III–A　アジア文化研究別冊　11 (2002), 287–306 頁；ロイ・ストロング（星和彦訳）『ルネサンスの祝祭』（上・下）, 平凡社, 1987 年。

61) Remy Du Puys, *La tryumphante entree de Charles prince des Espagnes en Bruges 1515*, a facsimile with an introduction by S. Anglo (Amsterdam: New York, 1970). (http://special-1.bl.uk/treasures/festivalbooks/pageview.aspx?strFest=0074&strPage=1); *De Triomphe gedaen te Brugghe binnen ter intreye van Caerle etc* (Antwerpen, 1515). 現存するのは，デン・ハーグの王立図書館に存在するもののみである (Den Hague, Koninklijke Bibliotheek, 225)。

62) *Die cronike van Vlaenderen int corte*, ed. Thomas van der Noot (Brussel, 1515). この史料についても，現存する版はデン・ハーグの王立図書館に存在するもののみである。

63) W. Nijhoff and M. E. Kronenberg, *Nederlandsche bibliographie van 1500 tot 1540* vol.3 ('s-Gravenhage, 1965), p. 255.

64) Pleij, *De wereld volgens Thomas van der Noot, boekdrukker en uitgever te Brussel in het eerste kwart van de zestiende eeuw* (Muiderberg: Dick Coutinho, 1982).

65) H. Brinkman, "De *CONST* ter perse. Publiceren bij de rederijkers voor de Reformatie", in: *Geschreven en gedrukt. Boekproductie van handschrift naar druk in de overgang van Middeleeuwen naar Moderne Tijd*, ed. H. Pleij and J. Reynaert (Gent: AcademiaPress, 2004), pp. 157–175.

66) J. Stecher, "Jacques De Meyer", in: *Bibliographie nationale publiée par l'académie royale des sciences, des lettres et des beaux-arts de Belgique* vol. 5 (Bruxelles, 1875), pp. 534–550; A. Bonvarlet, "Jacques De Meyere, de Flêtre. Notice sur sa vie et ses travaux", *Annales du comité de Flamand de France* XXII (1895), pp. 1–51; V. Fris, *Tableau de la Flandre au début du XVI*[e] *siècle: Idem, Notes sur les œuvres historiques de Jacques de Meyere* (Bruxelles, 1920); A. Viaene, "Jacob De Meyere. Een herdenking", *Handelingen van het genootschap voor geschiedenis* 89 (1952), pp. 5–13; A. Dewitte, "Jacob de Meyere historiograaf met een vertaling van de boeken IX en X van zijn *Flandricarum Rerum Libri X* uit 1531", *Handelingen van het genootschap voor geschiedenis* 134 (1997), pp. 112–143. 他地域における人文主義的歴史叙述の展開を扱った文献としては，次のものを参照。E. Cochrane, *Historians and Historiography in the Italian Renaissance* (Chicago: The University of Chicago Press, 1981); 服部良久「歴史叙述とアイデンティティ　―中世後期・人文主義時代のドイツにおけるその展開―」，『知と学びのヨーロッパ史　―人文学・人文主義の歴史的展開―』，141–166 頁。

67) Pleij, "Humanisten en drukpers", pp. 211–224.

68) *ibid*., p. 124. このテクストに関しては，筆者が参照した刊本では確認できなかったため，1842 年刊行の『フランドル誌 10 巻』に収録されたテクストを参照した。*Rerum Flandricarum, Tom X* (Bruges, 1842), p. 124. Si vadis Antverpiam/Cave liber typographos/Malos, avaros, improbos/Rudes, ineptos, barbaros,/Effronte qui impudentia/Tersos, bonos, et integros/Audent libros corrumpere/Pios labores perdere./O magne princeps Carole/Qui jura das tot gentibus/Tuoque sceptro subjieis/Regum superbos spiritus/Tuam reforma Antverpiam/monstrisque purga talibus/Hinc tam nocentes belluae/Per omne tempus exulent/Artes colantur liberae/Et nemo ineptus imprimat/Pulsisque corruptoribus/Per te triumphent literae.

69) E. Armstrong, *Before Copyright. The French Book-Privilege System 1498–1526* (Cambridge, 1990); Ch. Witcombe, *Copyright in the Renaissance. Prints and the Privilegio in Sixteenth-Century Venice and Rome* (Leiden: Brill, 2004).

70) P. Verheyden, "Drukkersoctrooien in de 16[e] eeuw", *Tijdschrift voor boek- en bibliotheekwezen* 8 (1910), pp. 203–26, 269–78; M. Baelde, "De toekenning van drukkersoctrooien door de Geheime Raad in de zestiende eeuw", *De gulden passer* 40 (1962), pp. 19–58.

71) Jacobus Meyerus, *Compendium*.

72) Jacobus Meyerus, *Rerum Flandricarum*, pp. 4–7, 45–46, 69, 103; *Compendium*, fol. 2v.

73) 拙稿「大学を建て損ねた街　―フランドルの大学と人文主義について―」，『人文知の新たな総合に向けて』21 世紀 COE プログラム「グローバル化時代の多元的人文学の拠点形成」第 3 回報告書上巻（京都大学大学院文学研究科），2005 年 3 月，130–137 頁。

結　論

1） R. Wellens, "Le droit de préséance dans les assemblées des États Généraux des Pays-Bas au XVe siècle", *Standen en Landen* 47 (1968), pp. 113–147（該当箇所は p. 144); … la duchié de Brabant est ungne chose bien anchienne, car s'est ungne et de plus grandes parties de la duchié de Lothier, laquelle est toute anchienne et telle qu'elle souloit estre royaulme et apres archiduchié et hors d'icelle beaucop des empereurs et grans roys sont ysus. Et la conté de Flandre est chose toute novella, car il n'y a point grant nombre de ans qu'elle fust ung seigneurie gouvernee par ung forestier du roy de France…. cf. Stein, "De kroniek van Peter Van Os", p. 131.

2） たとえば，Guenée, *op. cit.*, p. 52. また，かつてL・アルブゾウは，フライジングのオットーとハインリヒ・リフラントの作品に典礼関連史料の痕跡を捜し求め，歴史叙述と典礼の関連性を指摘していた。この研究自体は興味深いものではあるが，扱っている対象及び手法の点で本書とはかなり異なるものである。そして近年では，ビザンツにおける典礼と歴史叙述の連続性について，C・ハニックが議論を展開している。ただし，ハニックの議論は，ビザンツ世界と西欧世界の共通性についても示唆している。cf. L. Arbusow, *Liturgie und Geschichtsschreibung im Mittelalter*, (Bonn, 1951); C. Hannick, "Liturgie und Geschichtsschreibung", in: *Historiographie im frühen Mittelalter*, pp. 179–85.

3） K. -F. Werner, "Gott, Herrscher und Historiograph. Der Geschichtsschreiber als Interpret des Wirken Gottes in der Welt und Ratgeber der König, 4–12. Jht.", in: *Deus qui mutat tempora: Menschen und Institutionen im Wandel des Mittelalters. Festschrift A. Becker*, ed. E. -D. Hehl, H. Seibert and F. Staab (Sigmaringen, 1987), pp. 1–31.

4） 青谷秀紀「プロセッションと市民的信仰の世界　—南ネーデルラントを中心に—」，『西洋中世研究』2（2010），36–49 頁；同「顕現する天上都市，遍在する永遠の都　—中世後期南ネーデルラントの宗教儀礼と都市の聖地化—」，藤巻和宏他編『聖地と聖人の東西　—比較起源（縁起）論への階梯—』，勉誠出版，2011 年（刊行予定）。

5） K. Graf, "Das "land" Schwaben im späten Mittelalter", in: *Regionale Identität and soziale Gruppen im deutschen Mittelalter*, pp. 127–164.

参考文献

未刊行史料

La Bibliothèque Royale, Bruxelles, nr. 8046., fol. 402r–420r.

La Bibliothèque Royale, Bruxelles, nr. 10953., folio 143v–160r.

Stadsbibliotheek te Brugge, 436.

Stadsbibliotheek te Brugge, 437.

Stadsarchief te Brugge, Stadsrekening 1514–1515.

Universiteitsbibliotheek Gent, hs. 433.

刊行史料

André de Marchiennes, *Miracula S. Rictrudis, AA. SS.* Maii III, pp. 89–118.

Annales Bertiniani, ed. G. Waitz, *MGH SSrG* 5.

Les annals de Saint-Pierre de Gand et de Saint-Amand, ed. Ph. Grierson (Bruxelles, 1937).

Annales sancti Bavonis Gandensis, in: *Recueil des chroniques de Flandre*, I, pp. 437–451.

The Annals of St-Bertin, translated and annotated by J. L. Nelson (Manchester University Press, 1991).

Cartulaire de l'abbaye de Saint-Bertin (Collection de documents inédits sur l'histoire de France), ed. B. Guérard (Paris, 1840).

Cartulaires de l'abbaye d'Affligem et des monastères qui en dépendaient, ed. E. de Marneffe (Louvain, 1894–1901).

Cartularium Affligemense (1254–1309). Fontes Affligemenses 22, ed. Dom C. Coppens (Hekelgem, 1977).

Catalogus et chronica principum Flandriae, in: *Recueil des chroniques de Flandre*, I, pp. 19–257.

Chants historiques et populaires du temps de Charles VII et de Louis XI, ed. M. Le Roux De Lincy (Paris, 1857), pp. 42–47.

Chronicon sancti Bavonis, scriptum sub finem seculi XV ab auctore anonymo, in: *Recueil des chroniques de Flandre*, I, pp. 453–588.

Dagboek van Gent van 1447 tot 1470 met een Vervolg van 1477 tot 1515, 2vols., ed. V. Fris (Gent, 1904).

De Carolo Bono, Comite Flandriae, martyre and *Vita B. Caroli Boni Comitis Flandriae, AA.SS.* Martii I, pp. 152–220.

"De eerste kroniek van Affligem", ed. Dom C. Coppens, *Affligemensia* 4 (1947), pp. 53–93.

"Deux chroniques inédits des années 1269–1271 contenant la généalogie de Charlemagne et des ducs de Brabant, tirée dus ms. no77 de la bibliothèque de l'université de Liège", ed. H. Bormans, *Bulletin de la Commision royale d'histoire*, 3e serie no. X (1869), pp. 65–86.

"Les deux versions du pacte d'alliance des villes brabançonnes de 1261–1262", ed. G. Bolan, *Revue belge de philologie et d'histoire* 23 (1944), pp. 281–289.

Die alder excellenste cronyke van Brabant (CD-Rom), in: *Brabants Historie ontvouwd. Die alder excellenste cronyke van Brabant en het Brabantse geschiedbeeld anno 1500*, ed. J. Tigelaar (Hilversum: Verloren, 2006).

Die cronike van Vlaenderen int corte, ed. Thomas van der Noot (Brussel, 1515).

Diplomata Belgica ante Annum Millesimum centesimum Scripta, ed. M. Gysseling and A. C. F. Koch, (Brussels, 1950).

Dits de cronike ende genealogie van den prinsen ende graven van den foreeste van Buc dat heet Vlaenderlant, van 863 tot 1436, ed. J. J. Lambin (Ieper, 1835).

Dits die excellente Cronike van Vlaenderen beghinnende van Liderick Buc den eersten Forestier tot den laetsten die door haer vrome feyten namaels Graven van Vlaenderen ghemaect worden, achtervolghende die rechte afcomste des voors. Graven tot desen onsen doorluchtigsten Hooghgeboren keyser Karolo, altijdt vermeerder des Rijcx, ed. W. Vorsterman (Antwerpen, 1531).

Epistola ad Ducissam Brabantiae, in: *Sancti Thomae de Aquino Opera Omnia iussu Leonis XIII P. M. edita*, Tomus XLII (Roma, 1979), pp. 359–78.

Ex Historia Relationis S. Walarici, ed. O. Holder-Egger, *MGH SS*. 15–2, pp. 693–98.

Ex Sermone de Adventu SS. Wandregisili, Ansberti, et Vulfranni, ed. O. Holder-Egger, *MGH SS*. 15–2, pp. 624–31.

Ex Vita Bertulfi Renticensis, ed. O. Holder-Egger, *MGH SS*. 15–2, pp. 631–41.

Flandria Generosa, ed. L. C. Bethmann, *MGH SS*. 9, pp. 313–34.

Folcwini Diaconi Gesta Abbatum Sithiensium, ed. O. Holder-Egger, *MGH SS*. 13, pp. 600–635

Folcuini Gesta Abbatum Lobiensium, ed. G. H. Pertz, *MGH SS*. 4, pp. 52–74.

Galbert de Bruges, *Histoire du meurtre de Charles le Bon comte de Flandre (1127–1128) par Galbert de Bruges suivie de poésies latines contemporaines publiées d'après les manuscrits*, ed. H. Pirenne (Paris, 1891).

——, *De Multro, Traditione, et Occisione Gloriosi Karoli comitis Flandriarum (Corpus Christianorum Continuatio Mediaeualis 131)*, ed. J. Rider (Turnhout: Brepols, 1994).

Galbert de Marchiennes, *Patrocinium S. Rictrudis, AA. SS.* Maii III, pp. 140–154.

Gauthier de Thérouanne, *Vita Karoli comitis Flandriae*, ed. R. Köpke, *MGH SS*. 12, pp. 537–61.

——, *Vita Karoli Comitis Flandrie (Corpus Christianorum Continuatio Mediaeualis 217)*, ed. J. Rider (Turnhout: Brepols, 2006).

Genealogiae comitum Flandriae, ed. L. C. Bethmann, *MGH SS*. 9, pp. 302–336.

Genealogiae ducum Brabantiae, ed. I. Heller, *MGH SS*. 25, pp. 385–413.

Gesta Abbatum Fontanellensium, ed. S. Loewenfeld, *MGH SSr G.* 28.

Handschriftliches, ed. W. Wattenbach, *Neues Archiv der Gesellschaft für ältere deutsche Geschichtskunde* 7 (1882), pp. 620–29.

Herman de Tournai, *Liber de restauratione S. Martini Tornacensis*, ed. G. Waitz, *MGH SS.* 14, pp. 274–327.

Itineraires de de 1506 a 1531. Journal des voyages de Charles-Quint, de 1514 a 1551, par Jean de Vandenesse (Collection des voyages des souverains des Pays-Bast. 2), ed. M. Gachard (Bruxelles: Hayez, 1874).

Jacob van Maerlant, *Spiegel Historiael, met de fragmenten der later toegevoegde gedeelten bewerkt door philip Utenbroeke en Lodewijk van Velthem*, 4dl, ed. M. De Vries and E. Verwijs, (Leiden, 1861–1879: fotomechanische herdruk Utrecht, 1982).

Jacobus Meyerus (Jacques De Meyere), *Compendium chronicorum Flandriae* (Nürnberg, 1538).

——, *Rerum Flandricarum, Tom X*, Bruges, 1842.

Jan van Boendale, *De Brabantsche Yeesten, of Rymkronyk van Braband*, ed. J. -F. Willems, 3 vols. (Brussel, 1839–69).

Jan van Heelu, *Rymkronyk betreffende den slag van Woeringen van het jaer 1288*, ed. J. -F. Willems (Brussel, 1836).

Johannes de Thilrode, *Chronicon Sancti Bavonis*, ed. I. Heller, *MGH SS.* 25, pp. 557–586.

De Kroniek van de hertogen van Brabant door Adrianus Barlandus, vertaling, inleiding en voortzetting, door A. -J. Bijsterveld e.a. ('s-Hertogenbosch, 2004).

Kronyk van Vlaenderen, van 580 tot 1467, 2 vols., ed. C. P. Serrure and J. P. Blommaert, (Gent, 1839).

Laetste deel der kronijk van Jan van Dixmude, in: *Recueil des chroniques de Flandre*, III, pp. 30–109.

Lamberti S. Audomari canonici Liber floridus, ed. A. Derolez (Gand, 1968).

Liber Anniversariorum (1426–1427). Fontes Affligemenses 1, ed. C. Coppens (Hekelgem, 1966).

Liber Traditionum Sancti Petri Blandiniensis, ed. A. Fayen (Gent, 1906).

Merkwaerdige gebeurtenissen, vooral in Vlaenderen en Brabant, 1377–1443, van Olivier van Dixmude, ed. J. -J. Lambin (Ypres, 1835).

The Murder of Charles the Good Count of Flanders by Galbert of Bruges, trans. J. B. Ross (New York: Columbia University Press, 1959).

Necrologium van Affligem 1083–1992, ed. W. Verleyen (Brussel, 1993).

Nicolaas Despars, *Cronijke van den lande ende graefscepe van Vlaendren* ed. J. de Jonghe 4 vols. (Bruges, 1837–40).

Obituarium Fraxinense (XIV–XVs.). Fontes Affligemenses 3, ed. Dom W. Verleyen (Hekelgem, 1967).

Philippe Wielant, *Recueil des Antiquités de Flandre,* in: *Recueil des chroniques de Flandre*, IV., pp. 1–442.

Le polyptique de l'abbaye de Saint-Bertin (844–859), ed. F. -L. Ganshof (Paris, 1975).

Recueil des chroniques de Flandre, I–IV., ed. J. -J. De Smet (Bruxelles, 1837–65).

Relation des troubles de Gand sous Charles-Quint par un Anonyme, suivie de trois cent trente documents inédits sur

cet événement, ed. L. P. Gachard (Bruxelles, 1846).

Reliquien in Gent, ed. W. Wattenbach, *Neues Archiv der Gesellschaft für ältere deutsche Geschichtskunde zur Beförderung einer Gesammtausgabe der Quellenschriften deutscher Geschichten des Mittelalters* VIII (1883), pp. 369–377.

Remy Du Puys, *La tryumphante entree de Charles prince des Espagnes en Bruges 1515*, a facsimile with an introduction by S. Anglo (Amsterdam: New York, 1970). (http://special-1.bl.uk/treasures/festivalbooks/pageview.aspx? strFest = 0074&strPage = 1)

Sancti Bertini Vita altera, AA. SS. Septembris II, pp. 590ff.

Sigeberti Gemblacensis Chronographiae Auctarium Affligemense, ed. P. Gorissen (Brussel, 1952).

"Le testament d'Henri II, duc de Brabant (22 janvier 1248) ", ed. G. Bolan and E. Lousse, *Revue historique de droit francais et étranger*, serie 4, 18 (1939), pp. 348–387.

"Le testament d'Henri III, duc de Brabant (26 février 1261)", ed. G. Bolan, *Revue d'histoire ecclésiastique* 38 (1942), pp. 59–96.

Une translation de reliques à Gand en 944. Le sermo de adventu sanctorum Wandregisili, Ansberti et Vulfranni in Blandinium, ed. N. -N. Huyghebaert (Bruxelles, 1978).

De Triomphe gedaen te Brugghe binnen ter intreye van Caerle (Antwerpen, 1515).

Vitae Audomari, Bertini, Winnoci, ed. W. Lewison, *MGH SSrM* 5, pp. 753–64.

Witgeri Genealogia Arnulfi Comitis, ed. L. C. Bethmann, *MGH SS.* 9, pp. 302–4.

研究文献

G. Althoff, "Anlässe zur schriftlichen Fixierung adligen Selbstverständnisses", *Zeitschrift für die Geschichte des Oberrheins* 134 (1986), pp. 34–46.

——, "Geschichtsbewußtsein durch Memorialüberlieferung", in: *Hochmittelalterliches Geschichtsbewußtsein im Spiegel nichthistoriographischer Quellen*, pp. 85–100.

H. H. Anton, "Origo gentis-Volksgeschichte. Zur Auseinandersetzung mit Walter Goffarts Werk „The Narrators of Barbarian History" ", in: *Historiographie im frühen Mittelalter*, pp. 262–307.

J. Appelmans, "The Abbey of Affligem and the Emergence of a Historiographic Tradition in Brabant (1268–1322)", in: *Medieval Narrative Sources. A Gateway into the Medieval Mind*, ed. W. Verbeke, L. Milis and J. Goossens (Leuven: Leuven University Press, 2005), pp. 163–180.

L. Arbusow, *Liturgie und Geschichtsschreibung im Mittelalter* (Bonn, 1951).

E. Armstrong, *Before Copyright. The French Book-Privilege System 1498–1526* (Cambridge, 1990).

P. Arnade, "The Emperor and the City. The Cultural Politics of the Joyous Entry in early 16th Century Ghent and Flanders", *Handelingen der Maatschappij voor Geschiedenis en Oudheidkunde te Gent* 54 (2000), pp. 65–92.

P. Avonds, "Brabant en Limburg 1100–1403", in: *Algemene geschiedenis der Nederlanden*, vol. 2, 1980, pp. 452–482.

P. Avonds and J. D. Janssens, *Politiek en Literatuur: Brabant en de Slag bij Woeringen (1288)* (UFSAL Brussel, 1989).

P. Avonds, " 'GHEMEYN OIRBAER'. Volkssoevereiniteit en politieke ethiek in Brabant in de veertiende eeuw", in: *Wat is wijsheid? Lekenethiek in de Middelnederlandse letterkunde*, ed. J. Reynaert e. a. (Amsterdam, 1994), pp. 164–180.

M. Baelde, "De toekenning van drukkersoctrooien door de Geheime Raad in de zestiende eeuw", *De gulden passer* 40 (1962), pp. 19–58.

R. -H. Bautier, "L'Historiographie en France au Xe et XIe Siècles (France du Nord et de l'Est)", in: *La storiografia altomedievale (SSCI 17)* (Spoleto, 1970), pp. 793–850.

S. Bijker and R. Rech, "Auctarium Affligemense Sigeberti Gemblacensis Chronographiae", in: *The Encyclopedia of the Medieval Chronicle* ed. G. Dunphy (Leiden: Brill, 2010), p. 125.

H. Beumann, "Die Historiographie des Mittelalters als Quelle für die Ideengeschichte des Königtums", *Historische Zeitschrift* 180 (1950), pp. 449–88.

W. P. Blockmans, "Alternatives to Monarchical Centralisation. The Great Tradition of Revolt in Flanders and Brabant", in: *Republiken und Republikanismus im Europa der frühen Neuzeit*, ed. H. Koenigsberger (München, 1988), pp. 145–154.

W. P. Blockmans, "Die Schlacht von Worringen im Selbstverständnis der Niederländer und Belgier", *Blätter für deutsche Landesgeschichte* 125 (1989), pp. 99–107.

W. Blockmans, "Fondans en melencolie de povreté. Leven en werken in Brugge 1482–1584", in: *Brugge en de Renaissance. Van Memling tot Pourbus*, (Brugge: Stichting Kunstboek/Luidon, 1998), pp. 26–42.

W. Blockmans and E. Donckers, "Self-Representation of Court and City in Flanders and Brabant in the Fifteenth and Early Sixteenth Centuries", in: *Showing Status: Representation of Social Positions in the Late Middle Ages (Medieval Texts and Cultures of Northern Europe Series)*, ed. W. Blockmans and A. Janse (Turnhout: Brepols, 1999), pp. 81–111.

W. Blockmans and W. Prevenier, *The Promised Lands. The Low Countries under Burgundian Rule, 1369–1530*, ed. E. Peters and trans. E. Fackelman (Philadelphia, 1999).

S. Boffa, "Les soutiens militaires de Jean Ier, duc de Brabant, à Philippe III, roi de France, durant les expéditions ibériques (1276–1285)", *Revue de nord* 78 (1996), pp. 7–33.

P. Bonenfant and A. -M. Bonenfant-Feytmans, "Du duché de Basse-Lotharingie au duché de Brabant", *Revue belge de philologie et d'histoire* 46 (1968), pp. 1129–65.

A. Bonvarlet, "Jacques De Meyere, de Flêtre. Notice sur sa vie et ses travaux", *Annales du comité de Flamand de France* XXII (1895), pp. 1–51

R. Bonnaud-Delamare, "Fondement des institutions de paix au XIe siècle", in: *Mélanges d'histoire du*

moyen âge dédié à la mémoire de Louis Halphen (Paris, 1951), pp. 19–26.

M. Boone, "Flemish and Brabantine identity in Late Mediaeval/Early Modern Europe. Cities and Princes in the Contest for Regional Identities", in: *Cultural Constructions of Europe. European identity in the 21st century*, ed. R. T. Segers (Frankfurt am Mein: Berlin, 2004), pp. 178–186.

——, "Urban Space and Political Conflict in Late Medieval Flanders", *Journal of Interdisciplinary History* 32 (2002), pp. 621–640.

H. Brinkman, "De *CONST* ter perse. Publiceren bij de rederijkers voor de Reformatie", in: *Geschreven en gedrukt. Boekproductie van handschrift naar druk in de overgang van Middeleeuwen naar Moderne Tijd*, ed. H. Pleij and J. Reynaert, (Gent: AcademiaPress, 2004), pp. 157–175.

C. J. Brown, "Introduction", in: Pierre Gringore, *Les entrées royals à Paris de Marie d'Agleterre (1514) et Claude de France (1517)* (Geneva: Droz, 2005), pp. 11–106.

E. A. R. Brown, "The Trojan Origins of the French: The Commencement of a Myth's Demise", in: *Medieval Europeans. Studies in Ethnic Identity and National Perspectives in Medieval Europe*, ed. A. P. Smyth (Basingstoke: Palgrave Macmillan, 1998), pp. 135–179.

A. Cauchie and A. Bayot, "Rapport sur les chroniques de Brabant", *Bulletin de la commission royale d'histoire* 1900, pp. XXXVII–XCIII.

Centnaire de la commission royale d'histoire 1834–1934, (Bruxelles, 1934).

E. Cochrane, *Historians and Historiography in the Italian Renaissance* (Chicago: The University of Chicago Press, 1981).

S. Corbellini, "Cronache de singniori di Fiandra. Een Italiaanse kroniek van Vlaanderen", *Handelingen van het genootschap voor geschiedenis* 134 (1997), pp. 102–111.

S. Coué, "Der Mord an Karl dem Guten (1127) und die Werke Galberts von Brügge und Walters von Thérouanne", in: *Pragmatische Schriftlichkeit im Mittelalter. Erscheinungsformen und Entwicklungsstufen (Münstersche Mittelalter-Schriften 65)*, ed. H. Keller, K. Grubmüler, and N. Staubach (München, 1992), pp. 108–29.

C. Cubitt, "Memory and Narrative in the Cult of Early Anglo-Saxon Saints", in: *The Uses of the Past in the Early Middle Ages*, pp. 29–66.

M. De Jong, "The Empire as Ecclesia. Hrabanus Maurus and Biblical *Historia* for Rulers", in: *The Use of the Past in the Early Middle Ages*, pp. 191–226.

R. De Keyser, *Het St. Donaaskapittel te Brugge (1350–1450). Bijdrage tot de studie van de hogere geestelijkheid tijdens de late middeleeuwen*, (onuitgegeven doctraatsverhandeling: Katholieke Universiteit te Leuven, 1972).

É. De Moreau, *Histoire de l'église en Belgique II* (Bruxelles, 1945).

P. De Ridder, "Dynastiek en nationaal gevoel in Brabant onder de regering van hertog Jan I (1267–1294)", *Handelingen van de koninklijke zuidnederlandsemaatschappij voor taal- en letterkunde en geschiedenis* 33 (1979), pp. 73–99.

R. De Schryver, "Tussen literatuur en wetenschap: tweeëntwintig maal Belgische Geschiedenis, 1782–1872", *Bijdragen en mededeelingen betreffende de geschiedenis der Nederlanden* 87 (1972), pp. 396–410.

J. M. De Smet, "Bijdrage tot de iconographie van de Glz. Karel de Goede, Graaf van Vlaanderen", in: *Studies over de Kerkelijke en Kunstgeschiedenis van West-Vlaanderen opgedragen aan Z. E. H. Michiel English* (Bruges, 1952), pp. 117–57.

L. Deam, "Flemish versus Netherlandish. A Discourse of Nationalism", *Renaissance Quarterly* 51 (1998), pp. 1–33.

G. Declercq, "Heiligen, lekenabten en hervormers. De gentse abdijen van Sint-Pieters en Sint-Baafs tijdens de eeste middeleeuwen (7de–12de eeuw)", in: *Ganda & Blandinium. De Gentse abdijen van Sint-Pieters en Sint-Baafs*, ed. G. Declercq (Gent: Snoeck-Ducaju & Zoon, 1997), pp. 13–40.

——, *Traditievorming en tekstmanipulatie in Vlaanderen in de tiende eeuw. Het* Liber Traditionum Antiquus *van de Gentse Sint-Pietersabdij* (Brussel, 1998).

D. J. Defries, *Constructing the Past in Eleventh-Century Flanders. Hagiography at Saint-Winnoc*, (Ph. D Dissertation: The Ohio State University, 2004).

J. Deploige, "Political Assassination and Sanctification. Transforming Discursive Customs after the Murder of the Flemish Count Charles the Good (1127)", in: *Mystifying the Monarch. Studies on Discourse, Power, and History*, ed. J. Deploige and G. Deneckere (Amsterdam: Amsterdam University Press, 2006), pp. 35–54.

C. Dereine, "Le problème de la date de fondation d'Affligem", *Cahiers bruxellois* 3 (1958) 179–186.

——, "La "spiritualité apostolique" des premiers fondateurs d'Affligem (1083–1100)", *Revue d'histoire d'ecclésiastique* 54 (1959) 41–65.

——, "La critique de l'Exordium Affligemense et les origines de l'abbaye d'Affligem", *Cahiers bruxellois* 14 (1969), pp. 5–24.

G. Despy, "Les Bénédictins en Brabant au XIIe siècle. La 〈Chronique de l'abbaye d'Afflighem〉", *Problèmes d'histoire du Christianisme* 12 (1983), pp. 51–116.

A. Dewitte, "Jacob de Meyere historiograaf met een vertaling van de boeken IX en X van zijn *Flandricarum Rerum Libri X* uit 1531", *Handelingen van het genootschap voor geschiedenis* 134 (1997), pp. 112–143.

J. Dhondt, "Les《Solidarités》médiévales. Une société en transition: la Flandre en 1127–28", *Annales ESC* 12 (1957), pp. 529–60.

——, "Une mentalité du douzième siècle. Galbert de Bruges", *Revue du nord* 39 (1957), pp. 101–9.

Diffusion des Humanismus. Studien zur nationalen Geschichtsschreibung europäischer Humanisten, ed. J. Helmrath, U. Muhlack and G. Walther (Göttingen: Wallstein Verlag, 2002).

S. Dicker, *Landesbewusstsein und Zeitgeschehen. Studien zur bayerischen Chronistik des 15. Jahrhunderts* (Wien: Köln: Weimar: Böhlau, 2009).

A. Duclos, *De geschiedenis van den zaligen Karel den Goede graaf van Vlaanderen* (Brugge, 1884).

J. Dumolyn, *De Brugse opstand van 1436–1438*(Kortrijk-Heule, 1997).

J. Dunbabin, "The Reign of Arnulf II, count of Flanders, and its aftermath", *Francia* 16 (1989), pp. 53–65.

T. Eichenberger, *Patria. Studien zur Bedeutung des Wortes im Mittelalter (6. – 12. Jahrhundert) (Nationes 9)* (Sigmaringen: Jan Thorbecke, 1991).

The Encyclopedia of the Medieval Chronicle, ed. G. Dunphy (Leiden: Brill, 2010).

J. Fentress and C. Wickam, *Social Memory* (Oxford, 1992).

Flanders 54 (2002), pp. 8–11.

J. Flori, "L'église et la guerre sainte de la《Paix de Dieu》à la《Croisade》", *Annales ESC* 47 (1992), pp. 453–66.

R. Folz, *Le souvenir et la légende de Charlemagne dans l'empire germanique médiévale* (Paris, 1950).

——, *Les saints rois du moyen âge en occident (VIe-XIIIe sièles)* (Bruxelles, 1984).

La Fortune historiographique des thèses d'Henri Pirenne, ed. G. Despy and A. Verhulst (Bruxelles, 1986).

E. Freise, "Die 'Genealogia Arnulfi comitis' des Priesters Witger", *Frühmittelalterliche Studien* 23 (1989), pp. 203–43.

V. Fris, "Ontleding van drie Vlaamsche kronijken", *Handelingen van maatschappij voor Geschiedenis en oudheidkunde te Gent* 3 (1900–1902), pp. 135–171.

——, "Les Antiquités de Flandre de Philippe Wielant", *Compte rendu des séances de la commission royale d'histoire* 70 (1901), pp. 393–407.

——, *Tableau de la Flandre au début du XVIe siècle. D'après le journal de voyage du cardinal Louis D'Aragon (1517–1518) et l'essai sur la Flandre de l'historien Jacques De Meyere (1530)* (Gand, 1910).

——, *Notes sur les œuvres historiques de Jacques de Meyere* (Bruxelles, 1920).

Gand: apologie d'une ville rebelled (Anvers, 1989).

F. -L. Ganshof, *La Flandre sous les premiers comtes* (Bruxelles, 1944).

——, "Les origines du concept de sovereigneté national en Flandre", *Tijdschrift voor rechtsgeschiedenis* 18 (1950), pp. 135–58.

——, "La Flandre", in: *Histoire des institutions françaises au moyen âge*, t. 1, ed. F. Lot and R. Fawtier (Paris, 1957), pp. 343–424.

——, "Introduction", in: *Le polyptique de l'abbaye de Saint-Bertin (844–859).*

P. J. Geary, *Furta Sacra. Thefts of Relics in the Central Middle Ages* (Princeton, revised edition 1990: originally published in 1978).

——, *Phantoms of Remembrance. Memory and Oblivion at the End of the First Millenium* (Princeton, 1994).

——, "Frühmittelalterliche Historiographie. Zusammenfassung", in: *Historiographie im frühen Mittelalter*, pp. 539–42.

L. Genicot, *Les généalogies (Typologie des source du moyen âge occidental)* (Brepols, 1975).

——, "Monastères et Principautés en Lotharingie du Xe au XIIIe siècle", in: *Etude sur les principautés*

lotharingiennes (Louvain, 1975), pp. 59–139.

——, "Prince territoriaux et sang calrolingien. La Genealogia comitum Bulonensium", in: *Etudes sur les principautés lotharingiennes*, pp. 217–306.

Geschichtsschreibung und Geschichtsbewusstsein im späten Mittelalter, ed. H. Patze (Sigmaringen: Jan Thorbecke, 1987).

L. Gevers, "The Catholic Church and the Flemish Movement", *Nationalism in Belgium. Shifting Identities, 1780–1995*, pp. 110–18.

Ch. Giry-Deloison "Le premier ouvrage imprimé à Arras? Jean [de] Buyens et l'entrevue de Charles Quint et d'Henri VIII à Calais en juillet 1520", in: *Monarchies, noblesses et diplomaties européennes* (Paris, 2005), pp. 167–202.

H. -W. Goetz, *Geschichtsschreibung und Geschichtsbewußtsein im hohen Mittelalter* (Berlin, 1999).

W. Goffart, *The Narrators of Barbarian History (A. D. 550–800), Jordanes, Gregory of Tours, Bede and Paul the Deacon* (Princeton, 1988).

F. Graus, "Zusammenfassungen: II. Zusammenfassung der Tagung Oktober 1981", in: *Geschichtsschreibung und Geschichtsbewußtsein im späten Mittelalter*, pp. 838–45.

P. F. Grendler, "Printing and Censorship", in: *The Cambridge History of Renaissance Philosophy*, ed. Ch. B. Schmitt and Q. Skinner (Cambridge, 1988), pp. 25–53.

H. Grundmann, *Geschichtsschreibung im Mittelalter* (Göttingen, 1965).

B. Guenée, "Les généalogies entre l'histoire et la politique: La fierté d'être capetien, en France, au Moyen Age", *Annales ESC* 33 (1978) , pp. 450–477.

——, *Histoire et culture historique dans l'occident médiéval* (Paris, 1980).

B. Guenée and F. Lehoux, *Les entrées royales francaises de 1328 à 1515* (Paris, 1968).

J. P. Gumbert, "Wanneer werkte C? Over een Egmonds annalist en het Auctuarium van Affligem", in: *Egmond tussen Kerk en wereld. Egmondse Studiën*, 2, G. N. M. Vis and J. P. Gumbert (Hilversum, 1993) pp. 183–191.

A. L. H. Hage, *Sonder favele, sonder lieghen. Onderzoek naar vorm en functie van de Middelnederlandse rijmkroniek als historiografisch genre* (Groningen, 1989).

T. Hage, "Van zwanen en trojanen. Laatmiddeleeuwse origografie in Noord-Brabant", in: *Cultuur in het laatmiddeleeuwse Noord-Brabant. Literatuur-Boekproductie-Historiografie*, ed. A. -J. A. Bijsterveld, J. A. F. M. Van Oudheusden and R. Stein, ('s-Hertogenbosch, 1998), pp. 75–88.

J. Haemers, *De Gentse opstand (1449–1453). De strijd tussen netwerken om het stedelijke kapitaal* (Kortrijk-Heule, 2004).

C. Hannick, "Liturgie und Geschichtsschreibung", in: *Historiographie im frühen Mittelalter*, pp. 179–85.

H. Hasquin, *Historiographie et politique en Belgique (3ème édition revue et augmentée)* (Bbruxelles et Charleroi, 1996).

Herkunft und Ursprung. Historische und mytische Formen der Legitimation (P. Wunderli) (Sigmaringen: Jan

Thorbecke 1994).

J. G. Heymans, *Vanden derden Eduwaert, coninc van Ingelant, hoe hij van over die zee is comen in meyningen Vrancrijk te winnen ende hoe hij Doernic belach. Uitgegeven met een inleiding over de Brabantse histriografie tussen ca. 1270 en ca. 1350* (Nijmegen, 1983).

Histoire et historiens depuis 1830 en Belgique, ed. H. Hasquin, (Bruxelles, 1981).

L'Historiographie médiévale en Europe. Actes du colloque organisé par la Fondation européenne de la science au Centre de recherches historiques et juridiques de l'Université Paris I du 29 mars au 1er avril 1989, ed. J. -Ph. Genet (Paris, 1991).

Historiographie im frühen Mittelalter, ed. A. Scharer and G. Scheibelreiter (Wien: München: Oldenbourg, 1994).

Hochmittelalterliches Geschichtsbewußtsein im Spiegel nichthistoriographischer Quellen, ed. H. -W. Goetz (Berlin, 1998).

J. J. Hoebanx, *L'abbaye de Nivelles des origines au XIVe siècle* (Bruxelles, 1952).

——, "Un aspect de la politique ducale en Brabant au milieu du XIIIe siècle. Le duc Henri III et le chapitre de Nivelles", *Bulletin de la commission royale d'histoire* 127 (1961), pp. 129–161.

——, "Nivelles est-elle brabançonne au moyen âge?", *Revue belge de philologie et d'histoire* 41 (1963), pp. 361–396.

H. Hoffmann, *Gottesfriede und Treuga Dei* (Stuttgart, 1964).

O. Holder-Egger, "Zu den Heiligengeschichten des Genter St. Bavoskloster", in: *Historische Aufsätze dem Andenken an Georg Waitz gewidmet* (Hannover, 1886), pp. 622–665.

N. -N. Huyghebaert, "Introduction", in: *Une translaton de reliques à Gand en 944*, pp. VII–CXXXV.

——, *Les document necrologiques (Typologies des sources du moyen âge occidental)* (Turnhout: Brepols, 1972).

——, "Gauthier de Thérouanne", in: *Dictionnaire d'histoire et de géographie ecclésiastiques* 20 (Paris, 1984), pp. 115–6.

N. W. Ingham, "The Sovereign as Martyr, East and West", *Slavic and East European Journal* 17 (1973), pp. 1–17.

M. Innes, "Introduction. Using the Past, Interpreting the Present, Influencing the Future", in: *The Uses of the Past in the Early Middle Ages*, pp. 1–8.

J. D. Janssens, "De 'Renaissance van de 12^{e} eeuw' en de literatuur in de volkstaal in Brabant", in: *Brabant in de twaalfde eeuw. Een renaissance?*, ed. R. Bauer and others (Brussel, 1987), pp. 65–112.

P. Johanek, "Zur rechtlichen Funktion von Traditionsnotiz, Traditionsbuch und früher Siegelurkunde", in: *Recht und Schrift im Mittelalter (Vorträge and Forschung 23)*, ed. P. Classen (Sigmaringen: J. Thorbecke Verlag, 1977), pp. 131–62.

J. Kastner, *Historiae fundationum monasteriorum. Frühformen monastischer Institutionsgeschichtssschreibung im Mittelalter (Münchener Beiträge zur Mediävistik und Renaissance-Forschung 18)* (München, 1974).

A. Kelders, *De kronieken van Vlaanderen. Aspecten van de laat-middeleeuwse historiografie in de Flandria*

Generosa C, (onuitgegeven licenciaatsverhandeling: Universiteit Gent, 1990).

——, " 'Tot verbreiding der kennis en ontwikkeling der vaderlandsliefde' kronieken ter perse", in: *Verhalende bronnen. repertoriëring, editie en commercialisering*, ed. L. Milis, V. Lambert and A. Kelders (Gent, 1996), pp. 35–49.

——, *Kronieken van Vlaanderen. Historie en historiografie in de laatmiddeleeuwse Flandria Generosa* (onuitgegeven doctoraatsverhandeling: Universiteit Gent, 1999).

——, "Laverend tussen de hof der historie en de warande der literatuur. Kroniekschrijving in het graafschap Vlaanderen", in: *Medioneerlandistiek. Een inleiding tot de Middelnederlandse letterkunde*, ed. R. Jansen-Sieben and others (Hilversum: Verloren, 2000), pp. 167–177.

——, "Middelnederlandse kroniekschrijving in de Zuidelijke Nederlanden. Een Vlaams-Brabantse confrontatie", in: *Les chronique de Hainaut ou les ambitions d'un prince bourguignon*, ed. C. Van den Bergen-Pantens (Turnhout: Brepols, 2000), pp. 23–28.

——, "De geschiedenis van Vlaanderen herzien en aangevuld. Recyclage en tekstuele innovatie in de laatmiddeleeuwse Flandria Generosa-kronieken", *Millennium: Tijdschrift voor middeleeuwse studies* 19 (2005), pp. 156–169.

N. Kersken, *Geschichtsschreibung im Europa der „nationes". Nationalgeschichtliche Gesamtdarstellungen im Mittelalter (Münstersche historische Forschungen 8)* (Wien. Köln: Weimar: Böhlau, 1995).

G. Kipling, *Enter the King. Theatre, Liturgy and Ritual in the Medieval Civic Triumph* (Oxford, 1998).

——, "The King's Advent Transformed. The Consecration of the City in the Sixteenth-century Civic Triumph", in: *Ceremonial Culture in Pre-Modern Europe* ed. Nicholas Howe (Notre Dame: University of Notre Dame Press, 2007), pp. 89–127.

G. Klaniczay, "From Sacral Kingship to Selfrepresentation. Hungarian and European Royal Saints", in: *The Uses of Supernatural Power: The Transformation of Popular Religion in Medieval and Early-Modern Europe,* ed. K. Margolis and trans. S. Singerman (Oxford, 1990), pp. 79–94.

——, *Holy Rulers and Blessed Princesses. Dynastic Cults in Medieval Central Europe* (Cambridge, 2002).

G. Koziol, "Monks, Feuds and the Making of Peace in Eleventh-Century Flanders", in: *The Peace of God. Social Violence and Religious Response in France around the Year 1000*, ed. T. Head and R. Landes (New York, 1992), pp. 239–58.

K. H. Krüger, "Sithiu/Saint-Bertin als Grablege Childerichs III. und der Grafen von Flandern", *Frühmittelalterliche Studien* 8 (1974), pp. 71–80.

V. Lambert, *Chronicles of Flanders 1200–1500. Chronicles written independently from 'Flandria Generosa'* (Gent, 1993).

E. Lecuppre-Desjardin, *La ville des cérémonies. Essai sur la communication politique dans les anciens Pays-Bas bourguignons* (Turnhout: Brepols, 2004).

J. -F. Lemarignier, "Les actes de droit privé de Saint-Bertin au haut moyen âge. Survivances et déclin du droit romain dans la pratique franque", in: *Recueil d'articles rassemblés par ses disciples. Structures*

politiques et religieuses dans la France du haut Moyen Age (Rouen: Publication de Université de Rouen, 1995), pp. 15–52.

(L'abbé) Looten, "Jacques De Meyere. Historien et poète latin", *Annales du comité de Flamand de France* XXII (1895), pp. 52–81.

E. Lousse, "Les deux Chartes romanes brabançonnes du 12 juillet 1314", *Bulletin de la commission royale d'histoire* 96 (1932), pp. 1–47.

R. McKitterick, *History and Memory in the Carolingian World* (Cambridge, 2004).

——, *Perceptions of the Past in the Early Middle Ages (Conway Lectures in Medieval Studies)* (Notre Dame: University of Notre Dam Press, 2006).

Medieval Concepts of the Past. Ritual, Memory, Historiography, ed. G. Althoff, J. Fried and P. J. Geary (Cambridge, 2002).

G. Melville, "Vorfahren und Vorganger. Spätmittelalterliche Genealogien als dynastische Legitimation zur Herrschaft", in: *Die Familie als sozialer und historischer Verband. Untersuchungen zum Spätmittelalter und zur frühen Neuzeit*, ed. P. -J. Schuler (Sigmaringen, 1987), pp. 203–309.

Le Métier d'historien au Moyen Age. Études sur l'historiographie médiévale, ed. B. Guenée (Paris, 1977).

L. Milis, *Religion, Culture, and Mentalities in the Medieval Low Countries. Selected Essays*, ed. J. Deploige e. al. (Turnhout: Brepols, 2005).

J. -M. Mœglin, "Saint-Bavon de Gand et l'identité flamande à la fin du Moyen Âge", in: *Retour aux sources. Textes, études et documents d'histoire médiévale offerts à Michel Parisse* (Paris, 2004), pp. 927–41.

——, "Une première histoire nationale flamande. L'ancienne chronique de Flandre (XIIe–XIIIe siècles)", in: *Liber Largitorius. Études d'histoire médiévale offertes à Pierre Toubert par ses élèves Hautes Études Médiévales Et Modernes*, ed. Pierre Toubert, Dominique Barthélemy, Jean-Marie Martin (Paris, 2004), pp. 455–476;

——, "Land, Territorium und Dynastie als Bezugsrahmen regionalen Bewußtseins am Beispiel Flanderns", in: *Spätmittelalterliches Landesbewusstsein in Deutchland (Vorträge und Forschungen LXI)*, ed. M Werner (Ostfildern, 2005), pp. 17–52.

Nationalism in Belgium. Shifting Identities, 1780 – 1995, ed. K. Deprez and L. Vos (London: Macmillan Press, 1998).

D. Nicholas, *Medieval Flanders* (London and New York: Longman: 1992).

W. Nijhoff and M. E. Kronenberg, *Nederlandsche bibliographie van 1500 tot 1540* ('s-Gravenhage, 1965–1971).

O. G. Oexle, "Die Karolinger und die Stadt des heiligen Arnulf", *Frühmittelalterliche Studien* 1 (1967), pp. 250–364.

——, "Die Gegenwart der Toten", In: *Death in the Middle Ages*, ed. H. Braet and W. Verbeke (Louvain, 1983), pp. 19–77.

J. Oosterman, "De Excellente cronike van Vlaanderen en Anthonis de Roovere", *Tijdschrift voor*

Nederlandse Taal- en Letterkunde 118 (2002), pp. 22–37.

H. Patze, "Adel und Stifterchronik. Frühformen territorialer Geschichtsschreibung im hochmittelalterlichen Reich", *Blätter für deutsche Landesgeschichte* 100 (1964), pp. 8–81; 101 (1965), pp. 67–128.

——, "Klostergründung und Klosterchronik", *Blätter für deutsche Landesgeschichte* 113 (1977), pp. 89–121.

——, "Mäzene der Landesgeschichtsschreibung im späten Mittelalter", in: *Geschichtsschreibung und Geschichtsbewußtsein im späten Mittelalter (Vorträge and Forschungen 31)* (Sigmaringen: Jan. Thorbecke Verlag, 1987), pp. 331–70.

——, "Zusammenfassungen: I. Zusammenfassung der Tagungen Oktober 1980 und Oktober 1982", in: *Geschichtsschreibung und Geschichtsbewußtsein im späten Mittelalter*, pp. 821–38.

J. Petersohn, "Politik und Heiligenverehrung im Hochmittelalter, Ergebnisse und Desiderate", in: *Politik und Heiligenverehrung im Hochmittelalter (Vorträge and Forschungen 17)*, ed. J. Petersohn (Sigmaringen: Jan Thorbecke, 1994), pp. 597–609.

H. Pirenne, *Histoire de Belgique*, I–VII (Bruxelles, 1900–1932).

A. Plassmann, *Origo gentis. Identitäts- und Legitimitätsstiftung in früh- und hochmittelalterlichen Herkunftserzählungen* (Oldenbourg: Akademie Verlag, 2006).

H. Pleij, *De wereld volgens Thomas van der Noot, boekdrukker en uitgever te Brussel in het eerste kwart van de zestiende eeuw* (Muiderberg Dick Coutinho: 1982).

——, "De laatmiddeleeuwse rederijkersliteratuur als vroeg-humanistische overtuigingskunst" In: *Liefde en Fortuna in de Nederlandse letteren van de late middeleeuwen*. Speciaal nummer van *Jaarboek Koninklijke soevereine hoofdkamer van retorica 'De Fonteine' te Gent* 34 (1984), pp. 65–95.

——, "Humanisten en drukpers in het begin van de zestiende eeuw", in: *Eer is het lof des deuchts. Opstellen over renaissance en classicisme aangebonden aan Dr. Fokke Veenstra,* ed. H. Duits, A. J. Gelderblom and M. B. Smits-Veldt (Amsterdam De Bataafsche Leeuw: 1986), pp. 211–224.

O. Plessow, *Die umgeschriebene Geschichte. Spätmittelalterliche Historiographie in Münster zwischen Bistum und Stadt* (Wien: Köln: Weimar: Böhlau, 2006).

R. M. Price, "Boris and Gleb. Princely Martyrs and Martyrology in Kievan Russia", in: *Martyrs and Martyrologies*, ed. D. Wood (Oxford, 1993), pp. 105–15.

P. Raxhon, "Henri Conscience and the French Revolution", *Nationalism in Belgium*, pp. 72–80.

W. Reichert, "Herrschaftliche Raumerfassung und Raumgliederung im Westen des Reiches am Beispiel der Grafen von Luxemburg, 1200–1350", *Zeitschrift für histrische Forschung* 19 (1992), pp. 257–316.

A. G. Remensnyder, *Remembering Kings Past. Monastic Foundation Legends in Medieval Southern France* (Ithaca: Cornell University Press, 1995).

S. Reynolds, "Medieval *Origines Gentium* and the Community of the Realm", *History* 68 (1983), pp.

375–90.

——, *Kingdoms and Communities in Western Europe 900–1300*, second edition (Oxford, 1997).

J. Rider, "Introduction", in: *De Multro, Traditione, et Occisione Gloriosi Karoli Comitis Flandriarum*, pp. VII–LXIV.

——, *God's Scribe. The Historiographical Art of Galbert of Bruges* (Washington, DC: The Catholic University of America Press, 2001).

J. Rider and A. V. Murray, *Galbert of Bruges and the Historiography of Medieval Flanders* (Washington, DC: The Catholic University of America Press, 2009).

J. B. Ross, "Introduction", in: *The Murder of Charles the Good Count of Flanders by Galbert of Bruges* (New York: Columbia University Press, 1959), pp. 3–75.

——, "Rise and Fall of a Twelfth-Century Clan. The Erembalds and the Murder of Count Charles of Flanders, 1127–1128", *Speculum* 34 (1959) , pp. 367–90.

A. Rouzet, *Dictionnaire des imprimeurs libraires et éditeur belges des XVe et XVIe siècles dans les limites géographiques de la Belgique actuelle* (Nieuwkoop: B. De Graaf, 1975).

J. Sanders, "De kroniek van Peter van Os. Constructie en inhoud", in: *Cultuur in het laatmiddeleeuwse Noord-Brabant.*, pp. 89–100.

Ch. Sauer, *Fundatio und Memoria. Stifter und Klostergründer im Bild 1100 bis 1350* (Göttingen, 1993).

F. -J. Schmale, *Funktion und Formen mittelalterlicher Geschichtsschreibung* (Darmstadt, 1993).

K. Schmid and J. Wollasch, "Societas et Fraternitas. Kommentiertes Quellenwerk zur Erforschung der Personen und Personengruppen des Mittelalters", *Frühmittelalterliche Studien* 9 (1975), pp. 1–48.

R. Schmid, *Geschichte im Dienst der Stadt. Amtliche Historie und Politik im Spätmittelalter* (Zürich: Chronos, 2009).

B. Schneidmüller, *Nomen Patriae. Die Entstehung Frankreichs in der politisch-geographischen Terminologie (10.–13. Jahrhundert) (Nationes. 7)* (Sigmaringen: Jan Thorbecke, 1987).

——, "Constructing the Past by Means of the Present. Historiographical Foundations of Medieval Institutions, Dynasties, Peoples, and Communities", in: *Medieval Concepts of the Past: Ritual, Memory, Historiography*, pp. 167–192.

R. Sleiderink, *De stem van de meester. De hertogen van Brabant en hun rol in het literaire leven (1106–1430)* (Amsterdam: Prometheus, 2003).

G. Small, *George Chastelain and the Shaping of Valois Burgundy. Political and Historical Culture at Court in the Fifteenth Century (Studies in History, n. s.)* (Rochester: Boydell and Brewer, for the Royal Historical Society, 1997).

B. Smally, *Historians of the Middle Ages* (1974, Thames and Hudson).

H. Soly, "Plechtige intochten in de steden van de Zuidelijke Nederlanden tijdens de overgang van Middeleeuwen naar Nieuwe Tijd: communicatie, propaganda, spektakel", *Tijdschrift voor*

Geschiedenis 97 (1984), pp. 341–361.

G. M. Spiegel, *Romancing the Past. The Rise of Vernacular Prose Historiography in Thirteenth-Century France*, (Berkeley: University of California Press, 1993).

G. M. Spiegel, *The Past as Text. The Theory and Practice of Medieval Historiography* (Baltimore: The Johns Hopkins University Press, 1997).

J. Spörl, *Grundformen hochmittelalterlicher Geschichtsanschauung. Studien zum Weltbild der Geschichtsschreiber des 12. Jahrhunderts* (Darmstadt, 1935).

H. Sproemberg, "Galbert von Brügge — Die Geschichtsschreibung des flandrischen Bürgertums", In: *Mittelalter und Demokratische Geschichtsschreibung. Ausgewählte Abhandlungen*, ed. M. Unger (Berlin, 1971), pp. 221–374.

Städtische Geschichtsschreibung im Spätmittelalter und in der frühen Neuzeit, ed. P. Johanek, (Wien: Köln: Weimar: Böhlau, 2000).

J. Stecher, "Jacques De Meyer", in: *Bibliographie nationale publiée par l'académie royale des sciences, des lettres et des beaux-arts de Belgique* t. 5 (Bruxelles, 1875), pp. 534–550.

R. Stein, "Jan van Boendales Brabantsche Yeesten. Antithese of synthese?", *Bijdragen en mededelingen betreffende de geschiedenis der Nederlanden* 106 (1991), pp. 185–197.

——, *Politiek en historiografie. Het ontstaansmilieu van Brabantse kronieken in de eerste helft van de vijftiende eeuw (Miscallanea Neerlandica X)* (Peeters-Leuven, 1994).

——, "Brabant en de Karolingische dynastie. Over het ontstaan van een histriografische traditie", *Bijdragen en mededeelingen betreffende de geschiedenis der Nederlanden* 110 (1995), pp. 329–351.

——, "De kroniek van Peter van Os en de Brabantse historiografie" in: *Cultuur in het laatmiddeleeuwse Noord-Brabant*, pp. 122–138.

——, "Selbstverständnis oder Identität? Städtische Geschichtsschreibung als Quelle für die Identitätsforschung", in: *Memoria, Communitas, Civitas. Mémoire et conscience Urbaines en Occident à la fin du Moyen Âge*, ed. H. Brand, P. Monnet and M. Staub (Sigmaringen: Jan Thorbecke 2003), pp. 181–202.

—— "Historiografie en Literatuur", in: *Geschiedenis van Brabant van het hertogdom tot heden*, ed. R. van Uytven e. al. (Leuven: Davidsfonds, 2004), pp. 133–147.

J. Tigelaar, *Brabants historie ontvouwd. Die alder excellenste cronyke van Brabant en het Brabantse geschiedbeeld anno 1500* (Hilversum: Verloren, 2006).

K. Tilmans, "De humanistische stedenmythe. Cultuurkritiek avant-la-lettre", in: *De pijn van Prometheus*, ed. R. Aerts and K. Van Berkel (Groningen: Historische Uitgeverij, 1996), pp. 68–82.

J. Tollebeek, "Le culte de la bataille des Eperons d'or de la fin du XVIIIe au XXe siècles", in: *1302. Le désastre de courtrai,* ed. R. C. Van Caenegem (Anvers Fonds Mercator: 2002), pp. 194–239.

K. Ugé, "Creating a Usable Past in the Tenth Century: Folcuin's Gesta and the Crises at Saint-Bertin", *Studi medievali* 37 (1996), pp. 887–903.

——, *Creating the Monastic Past in Medieval Flanders* (York: York Medieval Press, 2005).

The Uses of the Past in the Early Middle Ages, ed. Y. Hen and M. Innes (Cambridge, 2000).

W. van Anrooij, "Zwaanridders en historiografie bij Hennen van Merchtenen", *Spiegel der letteren* 36 (1994), pp. 279–306.

A. -L. Van Bruaene, *De Gentse memorieboeken als spiegel van stedelijk historisch bewustzijn (14de tot 16de eeuw)* (Gent, 1998).

——, "Printing Plays. The Publication of the Ghent Plays of 1539 and the Reaction of the Authorities", *Dutch Crossing. A Journal of Low Countries Studies* 24 (2000), pp. 265–284.

——, "S'imaginer le passé et le présent: conscience historique et identité urbaine en Flandre à la fin du Moyen Âge", in: *Memoria, Communitas, Civitas*, pp. 167–180.

——, "L'écriture de la mémoire urbaine en Flandre et en Brabant (XIVe–XVIe siècle", in: *Villes de Flandre et d'Italie (XIIIe–XVIe siècle). Les enseignements d'une comparaison*, ed. É. Crouzet-Pavan and É. Lecuppre-Desjardin (Turnhout: Brepols, 2008), pp. 149–164.

——, *Om beters wille. Rederijkerskamers en de stedelijke cultuur in de zuidelijke Nederlanden (1400–1650)* (Amsterdam: Amsterdam University Press, 2008).

R. C. Van Caenegem, *Geschiedenis van het strafrecht in Vlaanderen van de XIe tot de XIVe eeuw* (Brussel, 1954).

——, "Democratie en rechtsstaat in het twaalfde-eeuwse graafschap Vlaanderen", *Tijdschrift voor rechtsgeschiedenis* 61 (1993), pp. 205–15.

D. Van Den Auweele, G Tournoy and J. Monballyu, "De bibliotheek van Mr. Filips Wielant (1483)", *Lias* VIII (1981), pp. 145–187.

J. Van Gerven"Nationaal gevoel en stedelijk politieke visies in het 14 de eeuwse Brabant. Het voorbeeld van Jan van Boendale", *Bijdragen tot de geschiedenis* 59 (1976), pp. 145–64.

E. M. C. Van Houts, *Local and Regional Chronicles (Typologie des sources du moyen âge occidental)* (Turnhout: Brepol, 1995).

D. C. Van Meter, "Eschatology and the Sanctification of the Prince in Twelfth-Century Flanders. The Case of Walter of Thérouanne's *Vita Karoli comitis Flandriae", Sacris erudiri* 35 (1995), pp. 115–31.

R. Van Uytven, "Standenprivileges en -beden in Brabant onder Jan I (1290–1293)", *Revue belge de philologie et d'histoire* 44 (1966), pp. 413–456.

——, "Vorst, adel en steden. Een driehoeksverhouding in Brabant van de twaalfde tot de zestiende eeuw", *Bijdragen tot de geschiedenis* 59 (1976), pp. 93–122.

S. Vanderputten, *Sociale perceptie en maatschappelijke positionering in de middeleeuwse monastieke historiografie (8ste–15de eeuw)*, 2vols. (Brussel, 2001).

F. Vercauteren, *Cent ans d'histoire nationale en Belgique* (Bruxelles, 1959).

P. Verheyden, "Drukkersoctrooien in de 16^{e} eeuw", *Tijdschrift voor boek- en bibliotheekwezen* 8 (1910), pp.

203–226, 269–278.

W. Verleyen, "Het Affligems Jaargetijdenboek en het hertogelijk geslacht van Leuven", *Affligem* 3 (1965), pp. 94–96.

——, "Weldoeners uit het Affligemse Jaargetijdenboek", *Affligem* 4 (1966), pp. 42–48.

——, "L'*Exordium Affligemense.* Légende ou réalité?", *Revue d'histoire ecclésiastique* 90 (1995), pp. 471–83.

A. Vermeesch, *Essai sur les origines et la signification de la commune dans le nord de la France (XIe et XIIe siècles)* (Heule, 1966).

Y. G. Vermeulen, *Tot profijt en genoegen* (Groningen, 1986).

A. Viaene, "Jacob De Meyere. Een herdenking", *Handelingen van het genootschap voor geschiedenis 'Société d'émulation' te Brugge*, 89 (1952), pp. 5–13.

Vlaanderen: tweemaandelijks tijdschrift voor kunst en cultuur 31 (1982).

E. Warlop, *The Flemish Nobility before 1300* (Kortrijk, 1975).

R. Wellens, "Le droit de préséance dans les assemblées des États Généraux des Pays-Bas au XVe siècle", *Standen en Landen* 47 (1968), pp. 113–147.

K. -F. Werner, "Königtum und Fürstentum im französischen 12. Jahrhundert", in: *Probleme des 12. Jahrhunderts (Vorträge and Forschungen 12)* (Sigmaringen: Jan Thorbecke, 1968), pp. 177–225.

——, "Gott, Herrscher und Historiograph. Der Geschichtsschreiber als Interpret des Wirken Gottes in der Welt und Ratgeber der König, 4–12. Jht.", in: *Deus qui mutat tempora. Menschen und Institutionen im Wandel des Mittelalters. Festschrift A. Becker*, ed. E. -D. Hehl, H. Seibert and F. Staab (Sigmaringen, 1987), pp. 1–31.

H. White, *Metahistory. The Historical Imagination in Nineteenth-Century Europe* (Baltimore: Johns Hopkins University Press, 1973).

J. -F. Willems, "Introduction", in: Jan van Heelu, *Rymkronyk betreffende den slag van Woeringen van het jaer 1288* (Brussel, 1836), pp. VI–LXIX.

Ch. Witcombe, *Copyright in the Renaissance. Prints and the Privilegio in Sixteenth-Century Venice and Rome* (Leiden: Brill, 2004).

J. Wollasch, "Das Projekt, 'Societas et Fraternitas' ", in: *Memoria in der Gesellschaft des Mittelalter*, ed. D. Geuenich and O. G Oexle (Göttingen, 1994), pp. 11–31.

M. Zingel, *Frankreich, das Reich und Burgund im Urteil der burgundischen Historiographie des 15. Jahrhunderts* (Sigmaringer: Jan Thorbecke, 1995).

邦語文献

E・L・アイゼンステイン（別宮貞徳監訳）『印刷革命』，みすず書房，1987 年。

青谷秀紀「フランドル伯シャルル・ル・ボンの殉教　—12 世紀前半における支配と君主理

念―」，『史林』第 82 巻第 1 号 (1999)，36–67 頁。

同「中世盛期の修道院建立譚　― 12 世紀アフリヘムの歴史記述から―」，『史林』第 85 巻第 5 号 (2002)，77–97 頁。

同「中世ブラーバントにおける系譜的歴史記述と民族意識」，『史林』84 巻 2 号 (2001)，38–71 頁。

同「中世低地地方の歴史記述　―フランドルとブラーバントにおけるその展開―」(博士論文：2002 年度，京都大学大学院文学研究科)，2003 年。

同「君主の記憶，都市の記憶　―中世後期フランドルにおける歴史叙述と記憶文化―」，『中世ヨーロッパにおける「過去」の表象と「記憶」の伝承　―歴史叙述・モニュメント・儀礼―』，47–66 頁。

同「中世ヨーロッパの修道院建立伝説」，『アジア遊学』115 (2008)，52–64 頁。

同「12 世紀フランドルの政治的コミュニケーションと噂・風聞・世論」，『ヨーロッパ文化史研究』第 9 号 (2008 年)，1–45 頁。

同「プロセッションと市民的信仰の世界　―南ネーデルラントを中心に―」，『西洋中世研究』2 (2010)。

同「顕現する天上都市，遍在する永遠の都　―中世後期南ネーデルラントの宗教儀礼と都市の聖地化―」，藤巻和宏他編『聖地と聖人の東西―比較起源 (縁起) 論への階梯―』勉誠出版，2011 年 (刊行予定)。

阿河雄二郎「近世フランスの歴史記述　―フランス「国民」の起源問題を中心に―」，『関西学院史学』36 (2009)，51–78 頁。

上尾信也「Musica pacis et guerrae：戦争と平和の音楽　―皇帝カロルス 5 世の入市式にみる王権の音楽表象」，『国際基督教大学学報』III–A アジア文化研究別冊 11 (2002)，287–306 頁。

フィリップ・アリエス (成瀬駒男訳)『死を前にした人間』，みすず書房，1990 年。

ベネディクト・アンダーソン (白石隆・白石さや訳)『想像の共同体』，リブロポート，1987 年。

フランセス・A・イエイツ (玉泉八州男監訳)『記憶術』，水声社，1993 年。

池上俊一「12 世紀の歴史叙述と歴史意識」，『中世の歴史観と歴史記述』，創文社，1986 年，89–107 頁。

同『ヨーロッパ中世の宗教運動』，名古屋大学出版会，2007 年。

ヴァラフリド・ストラボ『ヴェッティヌスの幻視』，『中世思想原典集成 6　カロリング・ルネサンス』，平凡社，1992 年，395–436 頁。

上山益己「中世盛期北フランスの領邦における歴史叙述　―共属観念創出の試み―」，『西洋史学』210 号 (2003 年)，45–66 頁。

W・ウルマン (朝倉文市訳)『中世ヨーロッパの政治思想』，御茶の水書房，1983 年。

江川溫「中世フランス王国の民族意識　― 10–13 世紀―」，中村賢二郎編『国家　―理念と

制度―』，京都大学人文科学研究所，1989 年，1–40 頁。

同「民族意識の発展」，朝治啓三 / 江川溫 / 服部良久編著『西欧中世史〔下〕 ―危機と再編―』，ミネルヴァ書房，1995 年，105–129 頁。

R・エルツ（吉田禎吾・内藤莞爾他訳）「死の宗教社会学　―死の集合表象研究への寄与―」，『右手の優越　―宗教的両極性の研究―』，垣内出版，1980 年。

大黒俊二「逆なで，ほころび，テクストとしての社会」，森明子編『歴史叙述の現在　歴史学と人類学の対話』 人文書院，2002 年，286–298 頁。

岡崎勝世『キリスト教的世界史から科学的世界史へ　―ドイツ啓蒙主義歴史学研究―』，勁草書房，2000 年。

金尾健美「15 世紀初頭ブルゴーニュ宮廷の伝令に関する考察」，『西洋史学』162 (1991)，88–102 頁。

同「ヴァロワ・ブルゴーニュ公フィリップ・ル・ボンの家政期間：その規定と運営」，『一橋論叢』122 (1999)，544–561 頁。

樺山紘一『ゴシック世界の思想像』，岩波書店，1976 年。

同『異境の発見』，東京大学出版会，1995 年。

兼岩正夫『西洋中世の歴史家　―その理想主義と写実主義―』，東海大学出版会，1964 年。

メアリー・カラザース（別宮貞徳監訳）『記憶術と書物　―中世ヨーロッパの情報文化―』，工作舎，1997 年。

ガルベール・ド・ブリュージュ（守山記生訳）『ガルベールの日記：中世の領域君主と都市民』，渓水社，1998 年。

川口博『身分制国家とネーデルラントの反乱』，彩流社，1995 年。

川田順造『無文字社会の歴史　西アフリカ・モシ族の事例を中心に』，岩波現代文庫。

河原温「ピレンヌ（アンリ）　1862–1935」，『20 世紀の歴史家たち　―世界編上―』，刀水書房，1997 年，3–13 頁。

同『中世フランドルの都市と社会　―慈善の社会史―』，中央大学出版部，2001 年。

同「15 世紀フランドルにおける都市・宮廷・儀礼　―ブルゴーニュ公のヘント「入市式」を中心に―」，高山博・池上俊一編『宮廷と広場　―出会いと創造のトポス―』，刀水書房，2002 年，207–227 頁。

同『ブリュージュ　―フランドルの輝ける宝石―』，中公新書，2006 年。

同『都市の創造力』，岩波書店，2009 年。

エルンスト・H・カントーロヴィチ（小林公訳）『王の二つの身体　―中世政治神学研究―』，平凡社，1992 年。

E・H・カントロヴィッチ（甚野尚志訳）「中世政治思想における〈祖国のために死ぬこと〉」，『祖国のために死ぬこと』，みすず書房，1993 年，1–29 頁。

同「法学の影響下での王権」，『祖国のために死ぬこと』，63–88 頁。

カルロ・ギンズブルグ（竹山博英訳）「表象　―言葉・観念・事物―」，『ピノッキオの眼　―

距離についての九つの省察―』，2001 年，124–152 頁。

同（上村忠男訳）『歴史・レトリック・立証』，みすず書房，2001 年。

斎藤絅子「中世フランドル伯領」，『岩波講座世界歴史 8　―ヨーロッパの成長　11–15 世紀―』，岩波書店，1998 年，101–23 頁。

R・W・サザーン（大江善男他訳）『歴史叙述のヨーロッパ的伝統』，創文社，1977 年。

佐々木克巳『歴史家アンリ・ピレンヌの生涯』，創文社，1981 年。

佐藤彰一『歴史書を読む　―『歴史十書』のテクスト科学―』，山川出版社，2004 年。

佐藤公美「S・レナルズ“ナショナリズムとネイションの理念　―近代もしくはそれ以前―”をめぐって」，『新しい歴史学のために』233 号（1999.5），京都民科歴史部会，18–23 頁。

佐藤正幸『歴史認識の時空』，知泉書館，2004 年。

L・ジェニコ（森本芳樹監訳）『歴史学の伝統と刷新　―ベルギー中世史学による寄与―』，九州大学出版会，1984 年。

清水廣一郎『中世イタリア商人の世界　―ルネサンス前夜の年代記―』，平凡社ライブラリー，1993 年。

甚野尚志『十二世紀ルネサンスの精神　―ソールズベリのジョンの思想構造―』，知泉書館，2008 年。

末永正道「荒野（eremus）の形成　―ラ・グランド・シャルトルーズ修道院の成立をめぐって―」，『西洋史学論集』22（1984），37–49 頁。

杉崎泰一郎『12 世紀の修道院と社会』，原書房，2005 年。

鈴木道也「中世フランス王権と歴史叙述」，『社会文化研究所紀要』51 号（2002 年），135–154 頁。

同「「フランス史」の誕生　―『シャンティイ年代記』から『フランス大年代記』へ―」，高田実・鶴島博和編『歴史の誕生とアイデンティティ』，日本経済評論社，2005 年，39–77 頁。

同「『フランス大年代記』の普及とナショナル・アイデンティティ：歴史書叙述研究を巡る最近の動向から」，『西洋史研究』36（2007），21–41 頁。

P・ストリブラス，A・ホワイト（本橋哲也訳）『境界侵犯　その詩学と政治学』，ありな書房，1995 年。

ロイ・ストロング（星和彦訳）『ルネサンスの祝祭』（上・下），平凡社，1987 年。

ゲイブリエル・M・スピーゲル（渡部ちあき・越智博美訳）「歴史・歴史主義・中世テクストの社会論理」，『思想』838（1994 年），4–39 頁。

アントニー・D・スミス（巣山靖司・高城和義他訳）『ネイションとエスニシティ　歴史社会学的考察』，名古屋大学出版会，1999 年。

関口武彦『クリュニー修道制の研究』，南窓社，2005 年。

瀬原義生『ドイツ中世都市の歴史的展開』，未来社，1998 年。

高橋薫『歴史の可能性に向けて：フランス宗教戦争期における歴史記述の問題』，水声社，

2009 年。

『中世の歴史観と歴史記述』，創文社，1986 年。

『中世ヨーロッパにおける「過去」の表象と「記憶」の伝承　―歴史叙述・モニュメント・儀礼―』（京都大学大学院文学研究科　21 世紀 COE プログラム「グローバル化時代の多元的人文学の拠点形成」サブ・プロジェクト「ヨーロッパにおける人文学知形成の歴史的構図」国際セミナー報告書），服部良久編，2007 年。

出崎澄男「中世初期の民族史　―歴史記述にあらわれたシュタム意識―」，『中世の歴史観と歴史記述』，69–88 頁。

轟木広太郎「紛争の中の教会　―中世フランドルの聖人伝から―」，『史林』第 82 巻第 2 号（1999），1–31 頁。

同「中世フランスの歴史叙述について　―比較の視点から―」，『中世ヨーロッパにおける「過去」の表象と「記憶」の伝承　―歴史叙述・モニュメント・儀礼―』，31–42 頁。

中野実『宗教と政治』，新評論，1998 年。

西村由美子「12 世紀フランドルの政治的転換期　―暗殺・復讐・そして反乱へ―」，『史学雑誌』第 106 号第 1 号（1997 年），64–82 頁。

二宮宏之「歴史の作法」，『歴史を問う』4　岩波書店，2004 年，1–57 頁。

貫成人『歴史の哲学　―物語を超えて―』，勁草書房，2010 年。

野口洋二『グレゴリウス改革の研究』，創文社，1978 年。

野家啓一『物語の哲学』，岩波現代文庫，2005 年。

P・ノラ（谷川稔監訳）『記憶の場　―フランス国民意識の文化＝社会史―』第 1–3 巻，岩波書店，2002–2003 年。

P・バーク（井山弘幸・城戸淳訳）『知識の社会史　知と情報はいかにして商品化したか』，新曜社，2004 年。

同（亀長洋子訳）『ルネサンス』，岩波書店，2005 年。

畑奈保美「ブルゴーニュ時代初期（14 世紀末–15 世紀初頭）におけるフランドル四者会議」，『西洋中世研究』23（1994），65–87 頁。

同「15 世紀初頭フランドルにおける高等バイイの「追放」事件」，『比較都市史研究』17（1998），29–42 頁。

同「ブルゴーニュ時代フランドルのシャテルニー統治：14 世紀末–15 世紀中葉ブルフセ・フレイエ統治組織の人的構成」，『史学雑誌』116（2007），1497–1522 頁。

同「中世末期のフランドルにおけるドイツ・ハンザ問題　―ブルゴーニュ時代フランドル四者会議の記録より―」，『ヨーロッパ文化史研究』10（2009），147–177 頁。

服部良久『ドイツ中世の領邦と貴族』，創文社，1997 年。

同「序言：中世ヨーロッパの歴史叙述」，『中世ヨーロッパにおける「過去」の表象と「記憶」の伝承　―歴史叙述・モニュメント・儀礼―』，1–7 頁。

同「歴史叙述とアイデンティティ　―中世後期・人文主義時代のドイツにおけるその展開

—」,『知と学びのヨーロッパ史　—人文学・人文主義の歴史的展開—』, 141–166 頁。

パトリック・H・ハットン（村山敏勝訳）「現代歴史学における記憶の位置づけ」,『現代思想』23 (1995), 145–66 頁。

藤井美男『中世後期南ネーデルラント毛織物工業史の研究　—工業構造の転換をめぐる理論と実証—』, 九州大学出版会, 1998 年。

藤井美男『ブルゴーニュ国家とブリュッセル　—財政をめぐる形成期近代国家と中世都市—』, ミネルヴァ書房, 2007 年。

舟橋倫子「12 世紀修道院領の積極経営とは何か？　—アフリヘム修道院領をめぐって—」,『ヨーロッパ中世世界の動態像　—史料と理論の対話—』, 九州大学出版会, 2004 年, 397–414 頁。

同「12 世紀ゼーラントにおけるアフリヘム修道院所領をめぐる一考察」,『史学』第 76 巻第 1 号 (2007 年), 57–65 頁。

M・ブロック『王の奇跡　—王権の超自然的性格に関する研究, 特にフランスとイギリスの場合—』, 刀水書房, 1998 年。

ヨアヒム・ブムケ（平尾浩三他訳）『中世の騎士文化』, 白水社, 1995 年。

M・ボーネ（青谷秀紀訳）「都市は滅びうる　—ブルゴーニュ・ハプスブルク期低地地方（14–16 世紀）における都市破壊の政治的動機—」, 服部良久編訳『紛争のなかのヨーロッパ中世』, 京都大学学術出版会, 2006 年, 278–308 頁。

ウィリアム・E・ペイドン（阿部美哉訳）『比較宗教学』, 東京大学出版会, 1993 年, 97–131 頁。

堀米庸三『ヨーロッパ中世世界の構造』, 1976 年, 岩波書店。

森本芳樹『西欧中世形成期の農村と都市』, 岩波書店, 2005 年。

山田雅彦『中世フランドル都市の生成　—在地社会と商品流通—』, ミネルヴァ書房, 2001 年。

P・ヨハネク（甚野尚志監訳）「中世都市における歴史記述と歴史の伝統」, 2004 年 11 月 6 日東京大学講演会原稿。

同（轟木広太郎訳）「中世後期のドイツにおける過去の叙述と表象」,『中世ヨーロッパにおける「過去」の表象と「記憶」の伝承　—歴史叙述・モニュメント・儀礼—』, 9–30 頁。

P・リクール（久米博訳）『時間と物語（全 3 巻）』, 新曜社, 2004 年。

同（久米博訳）『記憶・歴史・忘却（上・下）』, 新曜社, 2004 年。

スーザン・レイノルズ（鶴島博和監訳・谷口光男訳）「ナショナリズムとネイションの理念—近代もしくはそれ以前—」,『歴史評論』584 号 (1998.12), 5–22 頁。

渡辺和行『近代フランスの歴史学と歴史家　—クリオとナショナリズム—』, ミネルヴァ書房, 2009 年。

渡辺節夫『フランス中世政治権力構造の研究』, 東京大学出版会, 1992 年。

著者紹介

青谷　秀紀（あおたに　ひでき）

清泉女子大学文学部専任講師

1972年生まれ。京都大学大学院文学研究科博士後期課程修了。京都大学博士（文学）。主要著訳書に，『紛争のなかのヨーロッパ中世』服部良久編訳（京都大学学術出版会，2006年），「中世ヨーロッパの修道院建立伝説」『アジア遊学』115号（2008年），「プロセッションと市民的信仰の世界―　南ネーデルラントを中心に―」『西洋中世研究』第2号（2010年），「顕現する天上都市，遍在する永遠の都　―中世後期南ネーデルラントの宗教儀礼と都市の聖地化―」藤巻和宏他編『聖地と聖人の東西　―比較起源（縁起）論への階梯―』（勉誠出版，2011年刊行予定）など。

記憶のなかのベルギー中世――歴史叙述にみる領邦アイデンティティの生成

2011年3月31日　初版第一刷発行

著　者　青　谷　秀　紀
発行人　檜　山　爲　次　郎
発行所　京都大学学術出版会

京都市左京区吉田近衛町69番地
京都大学吉田南構内（〒606-8315）
電　話（075）761-6182
FAX（075）761-6190
URL　http://www.kyoto-up.or.jp
振　替　01000-8-64677

ISBN978-4-87698-993-5
Printed in Japan

印刷・製本　㈱クイックス
定価はカバーに表示してあります